Friedrich Imhoof-Blumer, Hugo Gaebler

Die antiken Münzen Nord-Griechenlands

Friedrich Imhoof-Blumer, Hugo Gaebler

Die antiken Münzen Nord-Griechenlands

ISBN/EAN: 9783741166907

Hergestellt in Europa, USA, Kanada, Australien, Japan

Cover: Foto ©Lupo / pixelio.de

Manufactured and distributed by brebook publishing software
(www.brebook.com)

Friedrich Imhoof-Blumer, Hugo Gaebler

Die antiken Münzen Nord-Griechenlands

DIE ANTIKEN MÜNZEN

NORD-GRIECHENLANDS

UNTER LEITUNG VON

F. IMHOOF-BLUMER

HERAUSGEGEBEN

VON DER

KGL. AKADEMIE DER WISSENSCHAFTEN.

BAND III

MAKEDONIA UND PAIONIA

BEARBEITET

VON

HUGO GAEBLER.

MIT 40 TAFELN.

BERLIN

DRUCK UND VERLAG VON GEORG REIMER

1906

DIE ANTIKEN MÜNZEN

VON

MAKEDONIA UND PAIONIA

BEARBEITET

VON

HUGO GAEBLER.

ERSTE ABTEILUNG:

DIE MAKEDONISCHEN LANDESMÜNZEN (MIT EINSCHLUSS VON AMPHAXITIS UND
BOTTIAIA), DAS PROVINZIALGELD (NEBST HEROIA) UND MÜNZÄHNLICHE GEPRÄGE
MAKEDONISCHEN URSPRUNGS

TAFEL I—V.

BERLIN
DRUCK UND VERLAG VON GEORG REIMER
1906

Die vorliegende erste Abteilung des dritten Bandes der antiken Münzen Nordgriechenlands behandelt die makedonische Landes- bzw. Provinzialprägung von ihrem Beginn unter König Philipp V. bis zu ihrem Erlöschen unter Kaiser Philippus. Diesem Hauptthema sind unmittelbar angeschlossen noch die mit dem Provinzialgeld in engstem Zusammenhang stehenden Emissionen der Metropolis Beroia sowie gewisse münzähnliche Gepräge makedonischen Ursprungs*. Aus der alphabetisch geordneten Reihe der makedonischen Einzelpräggebiete, mit welcher die zweite Abteilung beginnen soll, haben ausser Beroia auch Amphaxitis und Bottiaia bereits hier ihren Platz erhalten** auf Grund der Erkenntnis, dass diese Namen nur unterscheidende Distriktsbezeichnungen für bestimmte Gruppen makedonischer Landesmünze sind.

Für die Anlage und Einrichtung des Werkes kann auf die von Herrn Pick in der Vorrede zu Band 1 mitgeteilten Einzelheiten verwiesen werden, die, mit unwesentlichen Modifikationen, auch dem dritten Band seine übereinstimmende äussere Gestalt gegeben haben. Bezüglich des inneren Ausbaues dagegen ist zu bemerken, dass die vorliegende Publikation in dieser Hinsicht aus zwei erheblich verschiedenen Teilen besteht. Das gilt zunächst schon für die Anzahl der verwerteten Sammlungen. Während des aus mancherlei Gründen sich in die Länge ziehenden Druckes waren nämlich die Vorbereitungen zu den anderen Bänden des Münzwerkes so weit gediehen, dass deren Bearbeiter mit den notwendigen Reisen beginnen konnten. Herr von Fritze und später Herr Regling hatten nun die Freundlichkeit, an den von ihnen besuchten Orten die makedonischen Provinzialmünzen des 3. Jahrhunderts nebst Beroia regelmässig mit aufzunehmen, so dass für diese Partie (von n. 288 ab) über 40 Sammlungen, einschliesslich einiger von mir selbst noch herangezogener, neu hinzutraten. Dieselben sind in der nachstehenden alphabetischen Übersicht, deren Veröffentlichung unter den obwaltenden Umständen geboten erschien, mit einem Stern bezeichnet, der also zugleich anzeigt, dass die betr. Sammlung für die erste Partie (n. 1—287) gar nicht oder nur unvollständig benutzt worden ist.

* Die angeblich aus einem im J. 1903 bei Abukir gemachten Fund stammenden 20 Goldmedaillons werden in den Nachträgen zu diesem Band ihre Behandlung finden. Vgl. vorläufig Bulletin de la société nationale des antiquaires de France 1903, 308 fg., und Jahrbuch der Königlich Preußischen Kunstsammlungen 25 (1904), Sp. VIII fg.

** Die dazugehörigen Abbildungen werden später auf den Tafeln VII, XI, XII folgen innerhalb der oben erwähnten alphabetischen Reihe, deren Anfang (Aigai, Aineia) umgekehrt bereits auf der vorliegenden Tafel V zwecks Raumfüllung vorweggenommen werden musste.

Öffentliche Sammlungen

*Agram, Nationalmuseum
Amsterdam, Akademie
Arolsen, Fürstl. Sammlung
Athen, Nationalmuseum
*Basel, Historisches Museum
*Belgrad, Nationalmuseum
Berlin, Königliches Münzkabinett
*Bern, Historisches Museum
Bologna, Bibliothek
Bologna, Universität
*Braunschweig, Herzogliches Museum
*Brüssel, Königliches Münzkabinett
Budapest, Nationalmuseum
*Bukarest, Nationalmuseum
Cambridge, Corpus Christi College (Sammlung Lewis)
Cambridge, Fitzwilliam-Museum (Sammlung Leake)
*Constantinopel, Russisches archäologisches Institut
Dresden, Kgl. Münzkabinett
*Florenz, Archäolog. Museum
*Frankfurt a. M., Stadtbibliothek
Glasgow, Universität (Sammlung Hunter)
*Göttingen, Universität
Gotha, Herzogliches Münzkabinett
Haag, Königl. Münzkabinett
Halle, Universität
*Karlsruhe, Großherzogliches Münzkabinett
Kiew, Universität
Klagenfurt, Stadt. Museum
Kopenhagen, Königl. Münzkabinett
Kopenhagen, Thorwaldsen-Museum
*Leiden, Universität

*Leipzig, Universität
Linz, Museum
London, British Museum
Mailand, Brera
*Modena, Estensische Sammlung
Moskau, Histor. Museum
Moskau, Universität
München, Königliches Münzkabinett
Neapel, Nationalmuseum
Neapel, Sammlung Santangelo (im Nationalmuseum)
Odessa, Museum
Odessa, Universität
Oxford, Bodleian Library
*Oxford, Christ Church
*Padua, Museo Civico
Palermo, Nationalmuseum
Paris, Bibliothèque Nationale
*Parma, Königliches Museum
*Philippopel, Nationalbibliothek
*Rom, Nationalmuseum
*Rom, Vatican
St. Florian, Stiftssammlung
St. Petersburg, Kaiserliche Eremitage
Sophia, Nationalmuseum
*Strassburg, Universität
*Stuttgart, Königliches Münzkabinett
*Tübingen, Universität
*Turin, Königliche Sammlung (in der Bibliothek)
Turin, Königliches Museum
Venedig, Marciana, jetzt im Archäologischen Museum
Venedig, Museo Civico e Correr
*Verona, Museo Civico
Wien, Münzkabinett des Ah. Kaiserhauses
*Wien, Mechitaristen
Wien, Schottenstift
Winterthur, Stadt. Museum

Privatsammlungen

*Abramow, Sophia
Allatini, inzwischen zerstreut
Brüning, Berlin
Bunbury, inzwischen zerstreut
*Dimo, Aidin
Du Chastel, jetzt Brüssel Königliches Münzkabinett
Fenerly, Constantinopel
Froehner, Paris
*Gaudin, Smyrna
*Glimenopulos, Athen
Greenwell, jetzt grösstenteils Boston Museum of fine arts
*Hollachek, Wien
Hunter, s. Glasgow
Imhoof-Blumer, jetzt Berlin Königliches Münzkabinett
*Jakuntschikoff, St. Petersburg
*Knechtel, Bukarest
Leake, s. Cambridge
Leopardow, Kiew
Lewis, s. Cambridge
Löbbecke, jetzt Berlin Königliches Münzkabinett
Mandl, inzwischen zerstreut
Meletopulos, Piräus
Montagu, inzwischen zerstreut
*Mordtmann, jetzt Freiherr v. Bodman, Constantinopel
*Mowat, Paris
Myron, Syra
Oman, Oxford
Peez, Wien
*Philipsen, Kopenhagen
*von Renner, Wien
Sehmann, London
Six, jetzt grösstenteils Haag Königliches Münzkabinett, das Übrige zerstreut
*Solou, inzwischen zerstreut
*Soutzo, Bukarest
Steffens, Constantinopel

| *Stuts, inzwischen zerstreut
Surutschan, „ „
Trau, „ „
Tsiburakis, Kanea
*Viganò, jetzt Fr. Ross, Mailand
Walcher von Molthein, inzwischen zerstreut | Ward, jetzt New-York Metropolitan Museum
*Warren, Lewes
*Weber, Hamburg
*Dr. Weber, London
Weiss, inzwischen zerstreut
Prinz Ernst zu Windisch-Grätz, Wien | **Münzhandlungen**
Egger, Wien
Fischer, Wien
Hoffmann, Paris
Lambros, Athen
Rollin und Feuardent, Paris
Rusopulos, Athen. |

Von noch viel wesentlicherer, fundamentaler Bedeutung ist aber, dass es gelang, für die genannten Provinzialmünzen und die beroiischen Parallelprägungen das Material bis auf ganz verschwindende Ausnahmen in Abgüssen zu vereinigen, so dass der Katalog hier dem idealen Ziel, die Stempel statt der Münzen zu publizieren, so nahe kommt, als es nach Lage der Dinge überhaupt möglich erscheint. Wenn in dieser Richtung ein solcher Schritt vorwärts getan werden konnte, so gebührt aufrichtigster Dank den Herren Museumsbeamten und Privatsammlern, welche mir immer von neuem Abdrücke, Abgüsse oder die Originale selbst zur Verfügung stellten, und nicht minder Herrn H. von Fritze, der auf zwei kleinen und drei grösseren Reisen mit unermüdlicher Geduld meine zahllosen Desiderata erledigte und dazu eine Fülle neuen Materials durchweg in Abdrücken für mich sammelte.

Bei der Auswahl und Zusammenstellung der Abbildungen, die bereits im Jahre 1895 geschah, hat Herr Imhoof-Blumer mich vielfach mit freundlichem Rat unterstützt, wie er auch die nachherige Ausführung der Tafeln statt meiner zu überwachen die Güte hatte.

Berlin, 1. Juli 1906.

Hugo Gaebler.

MAKEDONIA.

I.

Wie die autonome Münzprägung makedonischer Städte mit dem Erstarken der Königsherrschaft ihr Ende fand, so steht umgekehrt das Erscheinen autonomer makedonischer Landesmünzen mit dem Niedergang des Reiches in ursächlichem Zusammenhang. Von den Römern besiegt und in seiner Macht gebrochen, gibt Philipp V. dem ganzen Lande zurück, was die kraftvolle Münzreform Philipps II. den einzelnen Städten genommen. Philippoi allein, durch dessen Eroberung Philipp II. im Jahre 358 vor Chr. zur Verwirklichung seiner Finanzpläne die Mittel gewann, durfte eine Zeitlang eigene Münzen schlagen, und später (um 300 vor Chr.) erhielt nur noch die von Kassandres Bruder Alexarchos gegründete Stadt Uranopolis ganz vorübergehend dieses Privilegium. Sonst war allenthalben in Makedonien die städtische Prägung unterdrückt und das königliche Geld zur einheitlichen Reichsmünze erhoben.

So blieb es bis zum Jahre 185 vor Chr. Um diese Zeit traf Philipp V. die umfassendsten Vorbereitungen zu erneutem Kampf gegen Rom. Er ließ unter anderem zahlreiche alte und neue Bergwerke in Betrieb setzen und gestaltete gegen eine hohe Pacht den Bewohnern der betreffen-

den Distrikte, sich an der Ausbeutung zu beteiligen und den Ertrag durch Prägen eigener Münzen zu steigern.[1]

Von dieser Erlaubnis machten die Makedonen unter den beiden letzten Königen ausgiebigen Gebrauch. Es wurde in drei oder vier[2]) verschiedenen Distrikten gemünzt, am stärksten naturgemäß zu Amphipolis, dem Hauptorte der metallreichen Landschaft Edonis. Die Emissionen dieses Distriktes (n. 1—n. 69) tragen die Aufschrift MAKE oder MAKEΔONΩN ohne besondere Bezeichnung der Prägestätte, auf welche aber der Kopf des Flussgottes Strymon (n. 34 und n. 49 fg.) deutlich hinweist. Die Silberstücke, welche, wie die vollkommene Übereinstimmung ihrer Monogramme und Beizeichen mit denen des Reichsgeldes beweist, zunächst in der königlichen Münze und unter Kontrolle der königlichen Beamten hergestellt wurden, folgen selbstverständlich auch dem gleichen Münzfuss, der sog. leichten attischen Währung. Zur Ausgabe gelangten in Silber nur zwei kleine Nominale, Tetrobolen und Diobolen; sie bildeten für den Kleinhandel und den Wechsel ausländischen Geldes eine gewiss willkommene Ergänzung zu dem Silber königlichen Schlages, welches, offenbar im Zusammenhang damit, unter Perseus sich auf 4-, 2- und 1-Drachmen-

---

[1]) Hierüber sowie für die folgenden Angaben bis 168 vor Chr. vgl. H. Gaebler, Zur Münzkunde Makedoniens. I., Zschr. f. Num. 20 (1897), 169 193.
[2]) Vgl. unten S. 2, Anm. 2.

Die antiken Münzen Nord-Griechenlands. III.   1

Stücke beschränkt, während es vorher, unter Philipp V., bis zur Halbdrachme hinabreichte.

Mit den im Jahre 185 eingeführten Typen, Rundschild Rs. Helm, wurde in der Edonis Silbergeld bis in die erste Zeit des Perseus hinein geprägt, wie die Tetrobolen n. 8 und 9 beweisen, deren Monogramme auf den Silbermünzen dieses Königs wiederkehren. Dann aber hört der enge Zusammenhang der beiden Münzreihen auf und es tritt zugleich ein Wechsel der Typen ein (n. 16—31).[1]

Die Bronzeprägung der Edonis ist allem Anschein nach eröffnet worden mit den sog. serrati (n. 32. 33), doch wurde die Randzahnung, die sich von Rom aus etwa um 200 vor Chr. zuerst nach Karthago, sodann nach Syrien und also etwa gleichzeitig auch nach Makedonien verbreitet hatte, hier sehr bald wieder aufgegeben. Von den nachfolgenden Bronzemünzen mit gewöhnlichem Schrötling verdient ihrer Typen wegen Erwähnung die Emission n. 34 (Taf. I, 14); sie zeigt auf der Vs. den gehörnten, schilfbekränzten Kopf des Flussgottes Strymon von vorn dargestellt, auf der Rs. die langgewandete Artemis (Tauropolos) mit Köcher am

Rücken und einer grossen Fackel in den Händen nach r. stehend.

Zum Unterschied von den Emissionen der Edonis sind die Prägungen der anderen münzberechtigten Distrikte dadurch gekennzeichnet, dass sie neben dem Landesnamen oder auch ohne diesen eine besondere Distriktsangabe, voll ausgeschrieben oder als Monogramm[2], führen. So signiert die Amphaxitis (zu beiden Seiten des unteren Axios) mit

MAKEΔONΩN AMΦAΞIΩN,
MAKEΔONΩN A,
AMΦAΞIΩN,
A

Das Distriktsmonogramm wird gelegentlich auch ersetzt durch Œ, die Bezeichnung des Prägeortes Thessalonike (vgl. n. 106—109 und n. 114). An Silbermünzen ist bisher nur ein Tetradrachmon zum Vorschein gekommen (n. 72), während Bronzegeld in ziemlich grosser Anzahl sich erhalten hat (n. 73—114).

Die Emissionen des Distriktes Bottiaia(westlich von der Amphaxitis, zu beiden Seiten des Lydias) sind bezeichnet mit

MAKEΔONΩN B,
BOTTEATΩN,
B

[1] Dass diese autonomen Silbermünzen neben dem königlichen Gelde io Umlauf waren, bezeugen zwei in ihrer Zusammensetzung auffallend übereinstimmende Münzschätze. Der eine ist zu Grammenoo (im thessalischen Demos Kozanaia) ausgegraben worden und befindet sich jetzt im athenischen Nationalmuseum. Er enthält 130 Stücke, und zwar ausser 40 rhodischen Drachmen und 53 Tetrobolen der euböischen Histiaia auch 1 Drachme von Philipp V. und 27 makedonische Tetrobolen der Edonis, nämlich 18 mit Schild Rs. Helm (vgl. n. 1—7), 1 mit Schild Rs. Schilfshinterteil (o. 17,1) und 8 mit Menadenkopf Rs. Schilfshinterteil (vgl. o. 11—31); vgl. Svoronos, Journal international d'archéol. numism. 4 (1901).

[2] Der andere, bei weitem kleinere Fund stammt aus dem an der Stelle des alten Amphipolis gelegenen Dorfe Jeniboi und ist in das Pariser Münzkabinett gelangt. Seine Bestandteile sind 7 rhodische Drachmen und 3 Tetrobolen von Histiaia nebst 1 Didrachmon Philipps V. und 2 autonomen Tetrobolen mit Schild Rs. Helm (wie n. 1 und n. 7); vgl. Perdrizet, Revue num. 1903, 324 fg. Vgl. auch unten S. 3, Anm. 1.

[3] Ausser A = AMΘAΞIΩN) und B = BOTTEATΩN) ist wahrscheinlich auch AR als Distriktsmonogramm aufzufassen, doch sind, da diese Vermutung sich nicht beweisen lässt, die betreffenden Bronzemünzen (o. 70. 71) einstweilen den Geprägen der Edonis angereiht worden.

Die Silberprägung eröffneten hier 5- und 2¹/₂-Obolen-Stücke der leichten attischen Währung.') An die Stelle der grösseren Nominals (n. 115.116),welches anscheinend nur spärlich gemünzt wurde, trat später das mit dem Courant der Edonis übereinstimmende Tetrobolon (n. 125. 126). Die Typen des Silbergeldes, Schild Rs. Schiffshinterteil, sind die gleichen, deren sich auch die Edonis eine Zeitlang für ihre Tetrobolen bediente, doch wird die Aufschrift nicht, wie dort, im Feld der Rs., sondern mit sehr kleinen Buchstaben auf dem Münzbild selbst angebracht.

Von den Typen der Bronzemünzen finden wir Zeuskopf Rs. Blitz (n. 139fg.), Athenakopf Rs. Weidendes Kind (n. 131 fg.) und Panskopf Rs. 2 Ziegenböcke (n. 153) ebenso auf dem Stadtgeld des Distriktsprägeortes Pella wieder, wie Dionysoskopf Rs. Ziegenbock (n. 83 fg.) gleichermassen in Thessalonike und der Amphaxitis, Poseidonkopf Rs. Keule (n. 39 fg.) und Strymonkopf Rs. Dreizack (n. 49 fg.) gemeinschaftlich in Amphipolis und der Edonis.

II.

Die autonome Münzprägung der Makedonen fand mit dem Sturz des Königtums im Jahre 168 vor Chr. ihr Ende. Das Land wurde von den Römern in vier willkürlich abgegrenzte und vollständig voneinander isolierte *regiones* geteilt, deren jede für sich eine republikanisch-föderative Verfassung erhielt. Diesen vier Eidgenossenschaften, griechisch offiziell

μερίδες genannt,') gestattete der römische Senat im Jahre 158 vor Chr. die Wiederaufnahme des seit 168 untersagten Betriebes der Gold- und Silbergruben und im Zusammenhang damit auch die Prägung eigener Münzen. Von dem letzteren Privilegium machten, wie es scheint, nur die erste, zweite und vierte μερίς Gebrauch, wenigstens sind Münzen der dritten (mit der Hauptstadt Pella) bis jetzt nicht zum Vorschein gekommen.

Während die τετάρτη μερίς (mit dem Vorort Pelagonia) allem Anschein nach ausschliesslich Bronze gemünzt hat (n. 187. 188) und von der ζαυτέρα, deren Hauptstadt Thessalonike war, nur sehr spärliche Tetradrachmen bekannt sind (n. 185. 186), fand in Amphipolis, dem Hauptort der das metallreiche Pangaiongebirge einschliessenden πρώτη, das Prägerecht eine so überaus rege Betätigung, dass deren Tetradrachmen zu den häufigsten Münzen des Altertums gehören. An ihre Spitze sind ohne Zweifel die Emissionen n. 154. 155 zu setzen, welche sowohl stilistisch wie durch die Wahl der Typen, Zeuskopf Rs. Artemis auf dem Stier, eine Sonderstellung einnehmen und wahrscheinlich als eine Art Denkmünze die Wiedereröffnung der Gold- und Silberbergwerke feierten. Die danach folgende Massenprägung bedient sich einfacherer Münzbilder. In engstem Anschluss an eine Klasse Tetradrachmen Philipps V. wird als Rs.-Typus die Keule im Eichenkranz, für die Vs. der makedonische Rundschild

---

') Ein solches 2¹/₂-Obolen-Stück (n. 136.4) befand sich zusammen u. a. mit Silbermünzen von Philipp V. und Perseus in dem hauptsächlich aus rhodischen Drachmen bestehenden Fund von Oeros, der nach Svoronos' überzeugender Darlegung um 171 vor Chr. der Erde anvertraut worden ist. Vgl.

Journal international d'archéol. numism. 5 (1901), 318 fg. wie auch oben S. 2, Anm. 1.
') Für diese und die weiteren Einzelheiten bis zum Jahre 31 vor Chr. vgl. H. Gaebler, Zur Münzkunde Makedoniens; III., Zeitschr. f. Num. 83 (1908), 141–169.

gewählt und nur der Königskopf in dessen Mitte ersetzt durch das Brustbild der Artemis Tauropolos.

In Anbetracht des kurzen Zeitraumes von nur 8 Jahren (158—150 vor Chr.), über den sich die Prägung erstreckte, ist die Menge der auf uns gekommenen κράτη Tetradrachmen als ganz ausserordentlich gross zu bezeichnen. Freilich steht zu der gesteigerten Quantität die Qualität im umgekehrten Verhältnis. Von gutem Stil und sorgfältiger Ausführung sind durchweg die ganz spärlichen Stücke mit dem Stern als Beizeichen der Rs. (n. 156 —158). Schon etwas tiefer stehen im Durchschnitt n. 162—175, während die Hauptmasse (n. 159—161 und n. 176—180) eine stetig zunehmende Verschlechterung des Stiles und eine immer roher und flüchtiger werdende Arbeit zeigt. Offenbar wurden zur Anfertigung der zahllosen Stempel gute und minderwertige Hilfskräfte von nah und fern herangezogen. Daraus erklärt sich auch die auffallende Ungleichmässigkeit sowohl des Stils wie des Schriftcharakters. Kleine und sorgfältige Buchstaben auf dem einen Stück wechseln ab mit grossen und nachlässigen oder unbeholfenen auf einem anderen, und die älteren Formen Α, Κ, Μ, Π, Ϲ, Ω finden sich mit Α, Α, Κ, Κ, Μ, Μ, Π, Σ, Ω in allen möglichen Kombinationen durchsetzt.[1] Noch grösseren Schwankungen sind die Monogramme unterworfen. So nimmt das einfache Α unter diesen Verhältnissen nicht weniger als 8 verschiedene Gestalten an (n. 159, 160), und schier ins

Unendliche geht die Zahl der Abänderungen und Verstümmelungen, welche z. B. das komplizierte Monogramm ΠΓΕ erfährt (vgl. n. 176 fg.).[2]

Eine Folge des Massenbetriebes ist auch die Erscheinung, dass sehr oft Vorder- und Rückseite einer und derselben Münze im Stil merklich voneinander abweichen. Unverkennbar fand zumeist eine Arbeitsteilung in der Art statt, dass den tüchtigeren Künstlern vorzugsweise die Anfertigung der Vs.-Stempel oblag, die geringeren dagegen in erster Linie mit den einfacheren Rs.-Stempeln betraut wurden. Doch ist nicht etwa durchweg die Vs. stillistisch der Rs. überlegen, sondern es finden sich auch wiederholt Fälle, in denen das umgekehrte Verhältnis obwaltet, und solche, in denen beide Seiten gleich gut oder gleich schlecht sind. Denn selbstverständlich kam es auch vor, dass eine missratene Vs. mit einem wohlgelungenen Rs.-Stempel gepaart wurde oder zwei ungleichwertige Künstler in der Ausführung ihrer verschieden schweren Aufgabe das gleiche Niveau erreichten oder endlich, dass Vorder- und Rückseite von derselben Hand gearbeitet wurden.

III.

Die im Jahre 158 vor Chr. begonnene Münzprägung der getrennten μερίδες war nicht von langer Dauer. Unter Führung des adramyttenischen Walkers Andriskos, der sich Philippos nannte und für einen Sohn des Perseus ausgab, schüttelten die Makedonen im Jahre 150 vor Chr. die

---

[1] Erwähnung verdient, dass sehr häufig auf einem und demselben Rs.-Stempel neben gutem Ω in der unteren Schriftzeile ein roh und flüchtig gezeichnetes Ω in der oberen erscheint.

[2] Es sind Jαwεillot nur alle wesentlichen Varianten dieser und der anderen Monogramme wiedergegeben, zwischen deren Indes noch zahlreiche belanglosere Abweichungen stehen. Auch auf die letzteren in derselben Weise einzugehen, hat keinen Zweck und ist überdies technisch unmöglich.

unerträglich gewordene Fessel der gewaltsamen Viertelung ihres Landes ab. Ein glänzender Sieg über den Praetor P. Iuventius Thalna, der im Jahre 149 mit unzureichenden Streitkräften die Erhebung zu unterdrücken versuchte, schien die wiedergewonnene Freiheit zu sichern, aber schon im folgenden Jahre erhielt sie durch den Praetor Q. Caecilius Metellus den Todesstoss, und Makedonien wurde nunmehr zur römischen Provinz gemacht.

Der Aufstand des Philippos-Andriskos hat die Reihe der makedonischen Münzen um zweierlei Emissionen bereichert. Zuerst liess Iuventius Thalna, nachdem er sich in den Besitz von Amphipolis und damit auch der nahen Silbergruben gesetzt hatte, zur Deckung der Kriegskosten Tetradrachmen schlagen (n. 189—194). Sie zeigen die durch die ερώτη μερίς eingebürgerten Typen, tragen aber ausser dem Landesnamen noch das Wappen des Praetors, einen Ölzweig (θαλλός) in einer r. Hand, sowie die Signatur des verantwortlichen LEG(atus pro quaestore). Nach dem Untergang des Thalna bedienten sich die Makedonen, von ihrem neuen König ermächtigt, wiederum autonome Münzen zu prägen und auf denselben durch einen Lorbeerkranz im Haar der Landesgöttin triumphierend den errungenen Sieg zu verkünden (n. 195—196a). Stilistisch stimmen diese autonomen Tetradrachmen mit den vorangehenden des Thalna so genau überein, dass sie mit Sicherheit denselben Stempelschneidern zuzuschreiben sind. Von den Prägungen der πρώτη μερίς dagegen unterscheiden sie sich in dieser Hinsicht aufs schärfste, und es liegt deshalb die Vermutung überaus nahe, dass der Praetor

für seine Zwecke fremde Künstler mitgebracht hat, die dann nach seinem Untergang sich in den Dienst der Makedonen stellten.

IV.

Der makedonische Aufstand unter Philippos-Andriskos bot den Römern den willkommenen Anlass, nach seiner Niederwerfung auch jene Scheinfreiheit aufzuheben, welche dem Lande im Jahre 168 vor Chr. noch belassen worden war, und dieses jetzt ohne weiteres als Provinz dem römischen Reiche einzuverleiben. Noch einmal versuchte im Jahre 143 vor Chr. ein anderer angeblicher Sohn des Perseus namens Alexandros vergebens eine Befreiung. Makedonien verliert fortan jede selbständige Bedeutung und die Römer sind es, welche seine Nord- und Ostgrenze und damit die hellenische Kultur gegen die vordringenden Barbaren verteidigen. Erst unter Augustus fanden diese sich immer erneuernden Kämpfe ihren definitiven Abschluss. Wir verdanken ihnen eine ziemlich lückenlose Kenntnis der republikanischen Statthalterreihe Makedoniens, während weiterhin nur eine sehr dürftige Fortsetzung des Beamtenverzeichnisses zumeist aus zufälligen inschriftlichen Notizen sich gewinnen lässt. Was das verfügbare Material für die Zeit von 148 vor Chr. bis zur Regierung des Kaisers Philippus, unter welchem die makedonische Provinzialprägung erlosch, an römischen Beamten der Provinz Makedonien ergibt, vereinigt die nachstehende Übersicht[1]), in welcher diejenigen durch besonderen Druck hervorgehoben sind, deren Namen auf makedonischen Münzen erscheinen.

---

[1]) Die Belege für alle Einzelheiten sind enthalten in den beiden Aufsätzen »Zur Münzkunde Makedoniens III u. IV, Zeitschr. f. Num. 23 (1902), 136—189 und 24 (1904) 243—251.

Makedonien von 148 vor Chr. bis 249 nach Chr.

148—146 Q. Caecilius Metellus (Macedonicus) praetor und pro praetore
    L. Pulchrinus quaestor
    C. Publilius quaestor
146—144 L. Mummius consul und pro consule

143—142 A. Licinius Nerva praetor
    L. Tremellius Scrofa quaestor
142—141 D. Iunius Silanus Manlianus praetor

135—133 M. Cosconius praetor[*])

129—128 Ti. Latinius Pandusa praetor

121—120 (?) Cn. Cornelius Sisenna (praetor) pro consule
120—119 Sex. Pompeius praetor
    M. Annius quaestor
    119 M. Annius quaestor pro praetore
119—117 L. Caecilius Metellus (Delmaticus) consul und pro consule
116—114 Q. Fabius Maximus Eburnus consul und pro consule
114—113 C. Porcius Cato consul
113—112 C. Caecilius Metellus Caprarius consul
112—110 M. Livius Drusus consul und pro consule
110—108 M. Minucius Rufus consul und pro consule

101—100 T. Didius praetor

    ? Q. Ancharius pro quaestore

93—92 L. Iulius Caesar praetor
    Aemilius quaestor
92—88 C. Sentius Saturninus praetor und pro praetore
    Aemilius quaestor
    Q. Bruttius Sura legatus pro quaestore
    M. Fontius legatus
88—87 L. Cornelius Scipio Asiagenus praetor
87—86 Makedonien in der Gewalt des Ariarathes und Taxiles
86—83 L. Cornelius Sulla pro consule
    L. Hortensius, P. Gabinius Capito legati

80—78 Cn. Cornelius Dolabella pro consule
78—76 Ap. Claudius Pulcher pro consule

---

*) Dass Cosconius im Jahre 133 noch im Amte war, lehrt ein von Cichorius (Sitz.-Berichte der Berliner Akad., 1889, 36), 2) veröffentlichtes Psephisma der Stadt Kyzikos, auf welches Herr Prof. Mommsen mich freundlichst aufmerksam macht. Vgl. jetzt auch dessen Artikel in Pauly-Wissowas Realencyclopädie der classischen Altertumswissenschaft 4, 2 (1901), Sp. 1609, 8.

75—72 C. Scribonius Curio pro consule
72—70 M. Terentius Varro Lucullus pro consule
70—68 L. Rubrius Culleolus (ex praetura) pro consule
68—64 Q. Caecilius Metellus (Creticus) pro consule
      C. Liciolus Sacerdos, L. Valerius Flaccus legati
64—63 L. Manlius Torquatus pro consule
62—60 C. Antonius Hybrida pro consule
      P. Sestius pro quaestore
60—58 C. Octavius (ex praetura) pro consule
      L. Aemilius Paullus quaestor
58—57 L. Apuleius Saturninus (ex praetura) pro consule
      Cn. Plancius quaestor
57—55 L. Calpurnius Piso Caesoninus pro consule
      L. Valerius Flaccus, Q. Marcius, C. Vergilius legati
55—52 Q. Ancharius (ex praetura) pro consule
52—50 Cn. Tremellius Scrofa (praetorius) pro consule
      T. Antistius quaestor
50—49 T. Antistius quaestor pro consule
49—48 Makedonien im Besitz des Cn. Pompeius
48—47 Makedonico im Besitz des C. Iulius Caesar
      Q. Fufus Calenus, L. Cassius Longinus legati
46—45 Ser. Sulpicius Rufus pro consule
45—44 D. Laelius (legatus) pro consule (?)
44—43 Q. Hortensius Hortalus (legatus) pro consule
43—42 Q. Caepio Brutus (ex praetura) pro consule
      Q. Hortensius Hortalus Unterstatthalter (pro consule)
      L. Sestius pro quaestore

    42—31 Makedonien im Besitz des M. Antonius
41—40 L. Marcius Censorinus (praetorius) pro consule

    31—27 im Besitz des C. Iulius Caesar Octavianus
29—28 M. Licinius Crassus pro consule

    27 vor Chr.—15 nach Chr. Senatsprovinz

23 M. Primus (praetorius) pro consule
kurz vor 16 M. Lollius pro consule
16 L. Aelius Catus (praetorius) pro consule
13—11 L. Calpurnius Piso pro consule
kurz vor 1 P. Vinicius (praetorius) pro consule
kurz vor 1 P. Silius (praetorius) pro consule
c. 8 nach Chr. Sex. Pompeius (praetorius) pro consule
14 nach Chr. P. Sestius Lippinus Tarquitianus quaestor

15—44 mit Achaia und Moesien kaiserlich

15- 35　C. Poppaeus Sabinus legatus Aug. pro praetore
35—44 (?) P. Memmius Regulus legatus Aug. pro praetore

Seit 44 wieder Senatsprovinz

(praetorii) pro consule

L. Baebius Honoratus . . . . kurz vor oder unter den Flaviern
P. (?) Tullius Varro. . . . . Zeit der Flavier
C. Salvius Liberalis Nonius Bassus . . . . unter Domitianus
Q. Gellius Sentius Augurinus ｜
　Iunius Rufinus 　　　　　　｜. . . . . unter Hadrianus
P. Iulius Geminius Marcianus . . . . unter M. Aurelius
P. Aelius Coeranus 　　　　　　｜
M. Antius Crescens Calpurnianus ｜. . . . . unter Septimius Severus
P. Iulius Iunianus Martialianus . . . . . . kurz vor oder unter Severus Alexander
T. Clodius Pupienus Pulcher Maximus . . . . unter Severus Alexander
A. Pontius Verus 　　　　　　｜
　Cocceius Iustus 　　　　　　｜
　. . . . . . us Claudianus 　｜. . . . . Zeit unbekannt
　. . . . ius . . . . 　｜

legati pro praetore provinciae

M. Helvius Geminus . . . . unter Claudius
C. Eggius Ambibulus Pomponius Longinus Cassianus . . unter Traianus oder Hadrianus
Sex. Tadius Lusius Nepos Paullinus . . . . . * . . . . um 340
. . . . . lus . . . . Zeit unbekannt

quaestores pro praetore

L. Iulius Marinus Caecilius Simplex . . . . unter Domitianus
Sex. Minicus Faustinus Iulius Severus 　　　　｜
A. Platorius Nepos Aponius Italicus Manilianus ｜. . . . . unter Traianus
Q. Voconius Saxa Fidus . . . . unter Hadrianus
L. Novius Crispinus Martialis Saturninus . . . . unter Hadrianus oder Pius
Q. Antistius Adventus Postumius Aquilinus . . . . unter Pius
M. Cassius Paullinus 　｜
M. Marius Titius Rufinus ｜
L. Sinkelus Reginus 　　｜. . . . . Zeit unbekannt
M. Vettius Valens 　　　｜

procuratores

Quinctilius C. f. . . . . unter Pius
C. Vallius Maximianus . . . . unter M. Aurelius
L. Iulius Vehilius Gratus Iulianus . . . . unter M. Aurelius (um 176)
C. Neudius Martialis . . . . Zeit unbekannt

aediles

D. Terentius Gentianus . . . . unter Traianus.

Aus dieser Zusammenstellung geht zugleich in aller Kürze hervor, welche äusseren Veränderungen die Form der römischen Provinzialverwaltung mit der Zeit in Makedonien erfuhr. Im Inneren bestand die Einteilung des Landes in vier μερίδες unter Aufhebung der früheren Beschränkungen weiter fort. Die Vertreter der einzelnen Gemeinden bildeten in jeder μερίς ein σννέδρων. In der Kaiserzeit vereinigten sie sich alljährlich in Beroia zu einem Provinziallandtage, κοινòν Μακεδόνων, als dessen Schöpfer aller Wahrscheinlichkeit nach Augustus zu betrachten ist. Die Aufgabe dieses Landtages war in der Hauptsache eine sakrale, nämlich die Betätigung des offiziellen provinzialen Kaiserkultes und im Zusammenhang damit die Verwaltung der gemeinsamen Heiligtümer der Provinz sowie die Veranstaltung von Festen und Spielen.

Die griechische Halbinsel, südlich vom Olympos, welche seit 146 vor Chr. dem Statthalter Makedoniens unterstand, wurde im Jahre 27 vor Chr. von Augustus als besondere Provinz Achaia eingerichtet. Später, wahrscheinlich unter Antoninus Pius, rückte die makedonische Südgrenze bis an den Oeta vor, indem sie seit dieser Zeit die bisher zu Achaia gehörige Landschaft Thessalien einschloss. Im Westen reichte Makedonien seit 148 vor Chr. bis an das adriatische Meer. Nach Norden und Osten dehnte sich durch die römischen Eroberungen das Provinzialgebiet allmählich immer weiter aus, bis mit Einrichtung der Provinzen Moesien und Thrakien das dardanische Hochland definitiv Makedoniens Nordgrenze, der Nestos die endgültige Ostgrenze wurde.

Eigene Münzen hat die Provinz Makedonien während der republikanischen Zeit nicht prägen dürfen. Dagegen haben aus besonderem Anlass die römischen Statthalter gelegentlich den Münzhammer in Tätigkeit gesetzt. Aus der allerersten Zeit der römischen Provinzialverwaltung besitzen wir makedonische Bronzemünzen mit dem Namen des Quaestors L. Fulcinnius (n. 197—201). Sie zeigen auf der Vs. den Kopf der Roma in genauester Übereinstimmung mit den gleichzeitigen römischen Denaren, auf der Rs. die vier- oder dreizeilige Aufschrift im Eichenkranz. Aller Wahrscheinlichkeit nach waren diese Bronzestücke, die unter des Fulcinnius Nachfolger C. Publilius, teilweise mit Fortlassung des Landesnamens, weitergeprägt wurden (n. 203—206), zum vorläufigen Ersatz der mangelnden römischen Denare bestimmt und ihnen durch Zwangskurs gleichgesetzt. Sie wurden, nachdem geordnete Zustände eingekehrt und Denare in genügender Anzahl den römischen Kassen zugegangen waren, wieder eingezogen und umgeprägt. Dies geschah unter dem Statthalter D. Iunius Silanus (142—141 vor Chr.), auf dessen cognomen die Silensmaske als Vs.-Typus der Umprägung anspielt, während das D[ecreto] der Rs. zeigt, dass es sich um eine besondere Verfügung handelte (n. 212).

Ausser jenem Nominal mit dem Romakopf, das höchstwahrscheinlich die Münzschmiede zu Amphipolis entstammt, prägte der Quaestor C. Publilius ebenda Bronzestücke mit Poseidonkopf Rs. Keule im Eichenkranz (n. 202), also Typen, welche der dortigen autonomen Distriktsprägung unter den letzten Königen (n. 39fg.) entlehnt sind. In gleicher Weise wiederholen seine aus den Münzstätten Thessalonike (n. 207. 208) und Pella (n. 209—211) hervorgegangenen Emissionen sowohl die Typen der entsprechenden Distrikte (n. 83 fg. bezw. n. 131 fg. u. n. 153) als auch die Monogramme ⩗ = ΑΜΦΑ[ξίων] bezw. Ƀ = ΒΟΤΤ[ιαίων], deren sich die autonomen Makedonen vor dem Jahre 168 vor Chr. daselbst bedient hatten.

Während auf den Münzen des Publilius sich die Einwirkung des lateinischen »Gaius quaestor« zwar in der Fassung der Aufschrift mehr und mehr bemerkbar macht (vgl. n. 206 u. 209—211), die griechische Sprache aber noch einheitlich beibehalten ist, wird etwa ein halbes Jahrhundert später von dem Quaestor Aesillas sein und des Statthalters Name und Amtstitel in lateinischer Sprache und Schrift neben das griechische ΜΑΚΕΔΟΝΩΝ gesetzt und damit die vorübergehend schon von dem LEG[atus pro quaestore] des Praetors Thaina (n. 189 fg.) und dann unter dem Statthalter Silanus (n. 212) angewendete Zweisprachigkeit zur Regel erhoben.

Den Anlass zur Wiederaufnahme der Münzprägung in Makedonien gab ebenso, wie im Anfang der Provinzialverwaltung, der schlechte Stand der römischen Staatsfinanzen. Um diesen durch Erschliessung einer neuen Einnahmequelle zu verbessern, wurde der Statthalter L. Iulius Caesar (93—92 vor Chr.) angewiesen, die Silberbergwerke des Landes energisch auszubeuten. Dies geschah denn auch unter ihm und noch mehr seinem Nachfolger C. Sentius Saturninus (92—88 vor Chr.) so ausgiebig, dass die Tetradrachmen dieser Zeit mit denen der πρώτη μερίς an Häufigkeit wetteifern. Der Quaestor Aesillas, der unter Caesar die Prägung eingerichtet hatte (n. 213. 214), blieb auch unter dessen Nachfolger Sentius noch mehrere Jahre ihr Leiter (n. 215—224),

bis sein Amt (um 88 vor Chr.) von dem Legaten Q. Bruttius Sura übernommen wurde (n. 225). Wiederum traten die Münzschmieden der drei Distriktshauptstädte Amphipolis, Thessalonike und Pella in Tätigkeit, welche vor dem Jahre 168 vor Chr. die autonomen makedonischen Münzen und bald nach 148 vor Chr. das Bronzegeld des Quaestors Publilius geliefert hatten. Aber den ersten Rang nimmt jetzt nicht mehr Amphipolis ein (n. 213 und 215—218), sondern das im Jahre 148 zur Provinzialhauptstadt erhobene Thessalonike (n. 214 u. 222—225), während Pella nur noch eine ganz untergeordnete Rolle spielt (n. 219—221). Zur Herstellung gelangten hauptsächlich Tetradrachmen und daneben in ganz geringer Menge auch Drachmenstücke (n. 218 u. 220). Beide Nominale zeigen als gemeinsame Typen auf der Vs. den Kopf Alexanders des Grossen mit Widderhorn, auf der Rs. in einem Lorbeerkranz die als Landeswappen geltende Keule des Herakles zwischen den Insignien der Quaestur, (L) Geldkasten und (r.) Quaestorsessel. Im Anfang nennt sich ausser dem verantwortlichen Quaestor auch der Statthalter selbst (n. 213. 214); weitaus die Hauptmasse der Emissionen aber ist mit Weglassung des Statthalternamens geprägt. Den Schluss der ganzen Reihe bilden einige wenige Stücke, auf deren Vs. der Wert des griechischen Tetradrachmons durch die beigefügte Zahl SI = 16 in römischen Sesterzen ausgedrückt ist (n. 224. 225). Auf dem Stempel, welchem die Exemplare n. 224,1 und n. 225,1. 2 entstammen, hat man augenscheinlich versucht, diese Zahl wieder zu tilgen.

Die von Friedlaender als makedonische Prägungen des M. Brutus erklärten Bronzemünzen n. 226—228, welche an dieser Stelle auf Wunsch des Herrn Dr. Imhoof-Blumer verzeichnet sind, haben weder mit Brutus noch mit Makedonien etwas zu tun.

V.

Das Münzrecht erhielt die Provinz Makedonien unter Kaiser Claudius [1], wahrscheinlich im Jahre 44 bei ihrem Übergang aus der kaiserlichen in die mit grösseren Lasten verbundene senatorische Verwaltung. Es war beschränkt auf die Herstellung von Bronzegeld, wie ja überhaupt in der Kaiserzeit die Gold- und Silberprägung mit nur wenigen Ausnahmen als das Vorrecht der römischen Regierung erscheint. Die Reihe der von Claudius bis Philippus reichenden makedonischen Kaisermünzen gliedert sich in drei Perioden:

1. von Claudius bis Vespasianus
2. von Domitianus bis M. Aurelius
3. von Septimius Severus bis Philippus.

Aus dem ersten Zeitraum besitzen wir Münzen der Kaiser Claudius, Nero, Vitellius und Vespasianus. Zur Ausgabe gelangten zwei Nominale: ein grösseres (c. 30 mm), dessen Rs. unter Claudius einen geflügelten Blitz, unter Nero, Vitellius und Vespasianus den linkshin stehenden Ares (z. B. Taf. III, 19) zeigt, und ein Halbstück (c. 24 mm) mit dem makedonischen Rundschild als ständigem Münzbild (z. B. Taf. III, 14. 15). Die Aufschrift der Rs. lautet bei dem Ares-Typus MAKEΔONΩN, bei Blitz und Schild ΣΕΒΑΣΤΟΣ·MAKE-ΔONΩN, indem hier, wohl aus äusserlichen Gründen, das letzte Wort der Vs.-Legende auf die Rs. gezogen wurde.

In die erste Prägeperiode gehören

auch die kleinen Stücke ohne Kaiserkopf (n. 229—235). Sie stimmen in Grösse und Vs.-Typen genau überein mit entsprechenden Emissionen von Thessalonike und waren allem Anschein nach dazu bestimmt, als gemeinsames kleines Bruchnominal das Provinzialgeld und die Währung der bedeutendsten Stadt des Landes in ein praktisches Verhältnis zueinander zu bringen. Derselbe Zweck wurde dann unter Domitianus auf einfachere Weise erreicht durch eine Reduktion des Provinzialgeldes. Mit dieser beginnt

die zweite Prägeperiode, welche mit der Regierungszeit des M. Aurelius abschliesst. In ihr sind bis jetzt vertreten Domitianus, Hadrianus, Antoninus Pius, M. Aurelius nebst Faustina iun. und Commodus Caesar. Der linkshin stehende Ares erscheint nur noch unter Domitianus als Rs.-Typus des nun auf c. 26 mm verkleinerten Ganzstückes (Taf. III, 20); an seine Stelle tritt seit Hadrianus wieder der uns von Claudius her bekannte Blitz (z. B. Taf. III, 17. 18) und daneben unter Pius ganz vereinzelt die linkshin thronende Makedonia (n. 258). Das auf c. 22 mm reduzierte Halbstück zeigt nach wie vor auf der Rs. ausnahmslos den Rundschild (z. B. Taf. III, 16).

Die Umschrift der Rs. lautet seit Domitianus KOINON MAKEΔONΩN, d. h. zum makedonischen Landtag (geprägt). Die Provinz machte also von ihrem Münzrecht fortan nur Gebrauch im Zusammenhang mit den Tagungen des κοινόν, und ihre Emissionen erhalten so den Charakter von Festmünzen. Für die Vs. erneuert sich unter Hadrianus der bereits bei Nero beobachtete Brauch, dem Kaiser aus-

[1] Hierüber sowie für die folgenden Angaben bezüglich der Kaisermünzen vgl. H. Gaebler, Zur Münzkunde Makedoniens, IV., Zeitschr. f. Num. 24 (1904), 279–316.

schliesslich den Titel ΚΑΙCΑΡ zu geben, und zwar dem Namen vorangestellt, wie z. B. die Schriftverteilung ΚΑΙCΑΡ ΑΝ ΤΩ-ΝΕΙΝΟC beweist. Eine genauere Titulatur wird erst wieder üblich unter Septimius Severus, dessen Regierung

die dritte Periode eröffnet. Dieselbe reicht bis zum Erlöschen der Provinzialprägung unter Philippus u. schliesst ausser den Münzen der beiden letztgenannten Kaiser auch solche mit Julia Domna, Caracalla, Macrinus, Diadumenianus, Elagabalus, Severus Alexander und Gordianus III. ein. Von den zwei bisher geprägten Nominalen wird das grössere beibehalten, während das Halbstück mit dem Rundschild nur noch einmal unter Caracalla auftaucht, um sodann definitiv zu verschwinden. An die Stelle des Blitzes, der so lange Zeit hindurch die Rs. des Ganzstückes beherrscht hat, tritt jetzt eine immer mannigfaltiger werdende Reihe verschiedenartigster Typen. Auf Zeus (n. 288—290 sowie n. 295; z. B. Taf. III, 22) und Makedonia (n. 291—294; z. B. Taf. III, 21) bei Severus, Domna und Caracalla folgt unter Macrinus die Figur des Kaisers zu Pferde mit grüssend erhobener R. (n. 297—299; z. B. Taf. III, 25). Nach Ausweis der römischen Münzen ist dieses Prägbild als ADVENTVS-Darstellung zu deuten. Es berechtigt zu dem Schluss, dass der Kaiser mit seinem Sohne persönlich in der Provinz Makedonien geweilt hat. Wahrscheinlich geschah dies, als Macrinus nach Beendigung des Partherkrieges sich nach Rom begab; denn wir wissen, dass er bei dieser Gelegenheit in den Donauländern mit den Dakern verhandelte, und von dort führte die bequemste und schnellste Fortsetzung seines Weges durch das makedonische Provinzialgebiet. Das Wiedererscheinen des Adventus-Typus bei Severus Alexander (n. 313) und Philippus (n. 321) darf als Beweis gelten, dass auch diese beiden Kaiser, der erstere im Jahre 233 bei seiner Rückkehr aus dem Perserkriege, der letztere im Frühjahr 244 nach Gordianus' Ermordung der Hauptstadt zueilend, ihren Weg durch Makedonien genommen haben.

Mit Elagabalus beginnen die Darstellungen Alexanders des Grossen. Wir sehen den König bei seinem Abenteuer mit dem Bukephalos (n. 300. 301 sowie n. 309; z. B. Taf. III, 23) und ruhig neben dem gebändigten Ross stehend (n. 302; Taf. III, 24), späterhin, unter Severus Alexander, auch auf der Löwenjagd (n. 311) oder mit eingelegter Lanze rechtshin sprengend (n. 308. 312). Des letzteren Regierungszeit bereichert den Typenkreis ausserdem um das Münzbild der linkshin thronenden Athena mit Nike auf der R. (n. 304. 306. 314) oder einer Schale in der R. (n. 307) und die Profectio-Darstellung (n. 310), welche die Ausreise des Severus Alexander zum Kriege gegen Artaxerxes im Jahre 231 feiert und die Vermutung rechtfertigt, dass der Kaiser mit den in Illyrien gesammelten Truppen auf der via Egnatia weiter durch Makedonien zog. Unter Gordianus III. weist ein Löwe mit Keule darüber (n. 315) auf das bekannteste Abenteuer des makedonischen Nationalhelden Herakles hin, während die übrigen Prägbilder (n. 316—320), wie schon die Elagabalus-Rückseite n. 303, den Neokorietitel der Umschrift illustrieren.

Zum ersten Male erscheint dieser Titel unter Macrinus, jedoch nicht auf den Münzen mit seinem Bildnis, sondern auf den ein wenig später und von anderer Hand gearbeiteten Emissionen mit dem

Porträt seines Sohnes (n. 298. 299). Er ist überdies unverkennbar auf den bereits fertigen, ΚΟΙΝΟΝ ΜΑΚΕΔΟΝΩΝ beschrifteten Stempeln (n. 298,1 und n. 298,2 = 299,2) erst nachträglich hinzugefügt worden. Es kann somit nicht zweifelhaft sein, daß die Μακεδόνες sich auf ihren Münzen plötzlich νεωκόροι nennen kraft eines besonderen, von Macrinus der Provinz verliehenen Privilegiums. Im Grunde kommt dieser Ehrentitel nur einer Stadt zu, und zwar darf demselben seit der traianischen Zeit offiziell diejenige Gemeinde sich beilegen, welche mit Genehmigung des römischen Senates dem lebenden Kaiser einen Tempel errichtet und zu seinen Ehren einen ἀγών ἱερός gestiftet hat. Trotz dieses rein munizipalen Charakters berührt sich indessen die νεωκορία τῶν Σεβαστῶν in gewissen Fällen mit dem provinzialen Kaiserkult, indem an letzterem selbstverständlich auch der Neokorietempel einer πόλις νεωκόρος beteiligt wird, in welcher der Provinziallandtag sich versammelt. Das makedonische κοινόν tagte alljährlich zu Beroia und betätigte daselbst den provinzialen Kaiserkult, dessen Pflege ja seine Hauptaufgabe war, nicht nur in dem, wohl unter Augustus gebauten, Provinzialtempel, sondern seit Nerva auch in dem städtischen Neokorieheiligtum, welches die Metropolis diesem Kaiser hatte errichten dürfen. Der beroiische Neokorietitel ist es demnach, mit welchem auf Grund besonderer Ermächtigung durch Macrinus die makedonischen Provinzialmünzen fortan geschmückt sind, eine Erscheinung, der in keiner anderen Provinz etwas Analoges an die Seite zu stellen ist.

Die Elagabalus-Prägung (n. 300—303) zeigt ständig B νεωκόρος, und in Übereinstimmung damit sehen wir auf der Rückseite n. 303 einen Tisch mit zwei Preiskronen[1], welche das Nebeneinander zweier ἀγῶνες ἱεροί andeuten. Es geht daraus hervor, daß Beroia jetzt noch eine zweite Neokorie besaß, welche offenbar dem Elagabalus galt. Diese wurde jedoch selbstverständlich aufgehoben, nachdem der Senat die damnatio memoriae über den ermordeten Kaiser verhängt hatte, und so folgt denn auch dem B νεωκόρος, das noch die allerersten Emissionen unter Severus Alexander tragen (n. 304—307), auf dessen weiteren Münzen wieder einfaches νεωκόρος (n. 308—314).

Unter Maximinus hat die makedonische Provinzialprägung, wie es scheint, gänzlich geruht. Die Emissionen mit dem Bildnis des Gordianus III. zeigen ausnahmslos ein abermaliges B νεωκόρος, das auch unter Philippus bleibt. Es muß demnach Beroia die Genehmigung erhalten haben, dem Gordianus einen besonderen Tempel zu errichten, sodaß die Stadt sich jetzt wiederum zweier Neokorien rühmen konnte. Dies wird auf den Provinzialmünzen illustriert durch die Darstellung der beiden Tempel (n. 316) oder den von Elagabalus her bekannten Tisch mit zwei Preiskronen (n. 317—320). Der letztere Typus erscheint einmal in Verbindung mit der Beischrift OΛΥΜΠΙΑ (n. 320). So ward prunkvoll das Neokoriefest benannt, welches die Metropolis Beroia mit Beteiligung der ganzen Provinz im Spätherbst des Jahres 242 feierte. Zu besonders prächtiger Ausgestaltung

---

[1] Daß diese Tische als Spielurnen betrachtete runden Gegenstände vielmehr Preiskronen sind, hat H. Dressel nachgewiesen; vgl. seine Bemerkung

zu C. l. I., 15, 7045 und ausführlicher Zeitschr. f. Num. 24 (1904), 35 fg. wie auch K. Zahn ebenda 24 (1904), 355 fg.

desselben bildete ohne Zweifel die persönliche Anwesenheit des Kaisers den Anlaß; Gordianus begab sich, wie wir wissen, im Jahre 242 durch Moesien und Thrakien nach dem syrischen Kriegsschauplatz und hat jedenfalls bei dieser Gelegenheit auch die Huldigungen der Nachbarprovinz Makedonien entgegengenommen. Anderthalb Jahre später jubelte dieselbe seinem Mörder und Nachfolger Philippus zu, als dieser nach Abschluß des Friedens mit Sapor im Frühjahr 244 durch Makedonien nach Rom eilte, und verewigte das Andenken an die ihm zu Ehren veranstalteten Feste auf den Provinzialmünzen (n. 321 sowie n. 827—855) durch die ganz singuläre Beischrift der Jahreszahl ΕΟϹ (275 der aktischen Ära = 15. Oktober 243 bis 14. Oktober 244 nach Chr.).

VI.

In die letzte Periode der makedonischen Provinzialprägung gehören außer den eben betrachteten spärlichen Kaisermünzen auch die zahlreichen Emissionen mit dem Namen und Bildnis Alexanders des Grossen als Vs.-Typus. Augenscheinlich hat also die Provinz eine Zeitlang das Recht besessen, zu den Landtagsversammlungen und den hiermit verbundenen Festen gleichsam autonome Münzen in unbeschränkter Menge je nach Bedarf in Verkehr zu setzen, während daneben die Prägung mit dem Kaiserporträt von den Statthaltern anscheinend immer nur in geringem Umfange zugelassen wurde. Dass es sich um zwei der gleichen Münzschmiede entstammende Parallelreihen handelt, beweist die jeweilige genaue Übereinstim-

mung ihres Stils und Schriftcharakters, die sich vielfach sogar bis zur Stempelidentität gemeinschaftlicher Rückseiten verdichtet. Auf Grund solcher Beobachtungen ist es möglich, die Masse der autonomen Provinzialmünzen unter die einzelnen Kaiser zu verteilen und damit chronologisch zu fixieren.[1]

Nach den Wandlungen der Rs.-Aufschrift gliedert sich die autonome Prägung in drei Hauptgruppen:

I. ohne den Neokorietitel (n. 322—340)
II. mit einfachem νεωκόρος (n. 341—458)
III. mit β νεωκόρος (n. 459—859).

Von diesen gehören, wie auf dem angedeuteten Wege mit Sicherheit festzustellen ist, die beiden ersteren in die letzten Jahre des Severus Alexander, während die dritte ihrerseits in vier Sondergruppen zerfällt, deren jede sich einem bestimmten Kaiser zuteilen lässt, nämlich

IIIa. (n. 459—491) dem Elagabalus
b. (n. 492—525) der ersten Zeit des Severus Alexander
c. (n. 526—825) dem Gordianus III.
d. (n. 826—859) dem Philippus.

Chronologisch geordnet erhalten somit die einzelnen Serien nachstehende Reihenfolge:

IIIa. (n. 459—491) Elagabalus
IIIb. (n. 492—525) Severus Alexander
I. (n. 322—340) „ „
II. (n. 341—458) „ „
IIIc. (n. 526—825) Gordianus III.
IIId. (n. 826—859) Philippus,
in der es sich empfiehlt sie hier zu betrachten, während in dem Münzkatalog (unten S. 94 fg.) der praktische Zweck möglichst klarer Übersichtlichkeit die zusam-

[1] Vgl. H. Gaebler, Zur Münzkunde Makedoniens, IV., Zeitschr. f. Num. 24 (1904), 316—338 und ders., Zur Münzkunde Makedoniens, V, Zeitschr.

L. Num. 25, 1-30, woselbst die ausführliche Begründung für das oben in aller Kürze Vorgetragene gegeben ist.

liche Einteilung nach den drei Hauptgruppen erforderte.

Der Beginn der autonomen Provinzialprägung fällt, wie aus der obigen Zusammenstellung ersichtlich, in die Regierungszeit des Elagabalus, desselben Kaisers, welchem die Metropolis Beroia ihre zweite Neokorie verdankt. Im Durchmesser und Gewicht stimmen die autonomen Emissionen genau überein mit den parallelen Kaisermünzen und ihre gemeinschaftlichen Rückseiten sind sogar

vielfach mit identischen Stempeln geprägt. Daneben liegen aber in geringer Anzahl auch Halbstücke vor, während solche mit Kaiserporträt seit Caracalla gänzlich fehlen, und in gordianischer Zeit tritt ausserdem noch ein Zwischennominal im Werte von ¹/₂ des Ganzstücks hinzu.

Der Kopf Alexanders des Grossen, der als Ersatz für das Kaiserbildnis der Vs. sich den Makedonen von selbst darbot, erscheint zunächst in fünf verschiedenen Auffassungen:

A. mit Diadem im lang herabhängenden Haar nach r.

B. „ „ im fliegenden Haar nach r.

C. „ „ im fliegenden Haar nach l.

D. mit Löwenfell nach r.

E. mit attischem Helm nach r.

Zu diesen gesellt sich unter Severus Alexander

F. Brustbild mit Diadem im fliegenden Haar, Panzer und Mantel nach l., vom Rücken gesehen, an der l. Schulter der Schild, in der (nicht sichtbaren) R. die Lanze,

während die gordianische Zeit drei neue Typen

G. Kopf mit Widderhorn und Diadem im lang herabhängenden Haar nach r.

H. Brustbild mit Diadem im lang herabhängenden Haar, Panzer und (mit oder ohne) Mantel nach r., die Brust nach vorn

J. nacktes Brustbild mit Löwenfell nach r.

liefert und unter Philippus

K. Brustbild mit Diadem im lang herabhängenden Haar und mit Schuppenpanzer nach r., auf der nach vorn gewendeten Brust Gorgoneion, an der l. Schulter der Schild

die letzte Bereicherung in dieser Hinsicht bedeutet.

Mit welchen Rs.-Darstellungen die einzelnen Vs.-Typen in den sechs Serien der autonomen Prägung kombiniert sind, zeigen die nachstehenden Tabellen:

IIIa. (n. 439—491) Zeit des Elagabalus

	Vorderseite
1. Alexander nach r. stehend und den sich bäumenden Bukephalos bändigend	B'C D
2. „ „ l. „ „ „ „ „	D
3. Reiter rechtshin sprengend mit eingelegter Lanze	B C D
4. zwei Tempelfronten, dazwischen Saale mit Kriegerrüstung	B
5. zwei Tempelfronten	A C D
6. Tisch mit zwei Preiskronen, darunter Amphora	A H
7. Tisch mit zwei Preiskronen	A B C D
8. Tisch mit einer Preiskrone (Halbstücke)	E
9. Bogen zwischen Keule und Köcher (Halbstücke)	E

IIIb. (n. 492—525) erste Zeit des Severus Alexander

Vorderseite

1. Athena Nikephoros nach l. sitzend mit Lanze im l. Arm . . . . A B
2. Reiter rechtshin sprengend mit schräg abwärts gerichtetem Speer . . . . A
3. „ „ „ „ eingelegter Lanze . . . . A B D
4. „ „ „ „ emporgestreckter R. . . . . A D
5. Krieger rechtshin stehend und zurückblickend
   a) mit Lanze in der R. und Parazonium im l. Arm . . . . B
   b) mit Parazonium im r. Arm und Lanze in der L. . . . . A B
6. zwei Tempelfronten, dazwischen Säule mit Kriegerstatue . . . . A B
7. Tisch, darauf Beutel zwischen zwei Preiskronen . . . . A
8. Tisch mit zwei Preiskronen . . . . A B D

I. (n. 322—340) spätere Zeit des Severus Alexander
(231 nach Chr.)

1. Athena Nikephoros nach l. sitzend mit Lanze im l. Arm . . . . E
2. Athena linkshin sitzend mit dem Kabir statt der Nike auf der R. . . . . A B D
3. Makedonia nach l. sitzend und von der gegenüberstehenden Nike den Kabir empfangend A
4. Makedonia und Nike zusammen eine Schale über einen Altar haltend . . . . B
5. Makedonia mit dem Kabir auf der R. an einem Altar stehend, auf welchen Nike eine Schale ausgießt . . . . D
6. Makedonia nach l. sitzend mit dem Kabir auf der R. . . . . B D E
7. Alexander nach r. stehend und den sich bäumenden Bukephalos bändigend . . . . . . B
8. Reiter rechtshin sprengend mit erhobener R. (Adventus-Typus) . . . . A B
9. Löwe nach r. schreitend, darüber Keule . . . . B
   ebenso . . . . (Halbstücke) E

II. (n. 341—458) letzte Zeit des Severus Alexander
(231—235 nach Chr.)

1. Zeus nach l. stehend mit Blitz und Szepter . . . . A
2. Zeus linkshin thronend mit Schale und Szepter . . . . A B D E
3. Athena Nikephoros nach l. sitzend a) mit Lanze im l. Arm . . . . A B D E
   b) ohne die Lanze . . . . A B
4. Athena Nikephoros nach r. sitzend . . . . D
5. Athena mit Schale in der R. linkshin sitzend a) mit Lanze im l. Arm . . . . . A B C D E
   b) ohne die Lanze . . . . A D
6. Nike im rechtshin eilenden Zweigespann . . . . B D
7. Olympias auf einer Kline nach l. gelagert mit der Schlange ihr gegenüber . . . B
8. „ nach l. thronend und die vor ihr aufgerichtete Schlange fütternd . . . A D
9. „ „ „ „ „ „ „ „ „ E
10. Alexander nach r. stehend und den sich bäumenden Bukephalos bändigend . . . B D E
11. „ „ „ „ „ „ „ „ B
12. Reiter mit eingelegter Lanze nach r., von Nike geführt (Profectio-Typus) . . . D
13. Reiter rechtshin sprengend und den Speer abwärts gegen einen Feind richtend . A D
14. „ „ „ „ „ „ „ Löwen . B D E
15. „ „ „ „ „ „ „ eine Schlange „ A B
16. „ „ „ und den Speer schwingend . . . . A B D
17. Reiter mit schräg abwärts gerichtetem Speer nach r. a) sprengend . . . . . . A B D E F
    b) im Schritt . . . . A
18. Reiter wie vorher, aber linkshin sprengend . . . . D
19. Reiter mit eingelegter Lanze nach r. a) sprengend . . . . A B D E F
    b) im Schritt . . . . B C D E

Vorderseite

20. Reiter mit grüssend erhobener R. nach l. (Adventus-Typus)
 a) sprengend . . . . A B D E F
 b) im Schritt . . . . B D E
21. Krieger mit Parazonium und Lanze nach l. sitzend . . . . B
22. " " Lanze und Parazonium nach r. sitzend und zurückblickend . . B
23. " " " " linkshin stehend und zurückblickend . . . . A C D E
24. " " " " rechtshin " " . . . . . . A B D E
25. Löwe nach r. schreitend, a) darüber Speer . . . . A B D
 b) darüber Keule . . . . B D E
26. Korb mit hervorkriechender Schlange nach r. . . . . A B D E
27. Löwe rechtshin schreitend . . . . (Halbstücke) D
28. Köcher zwischen Bogen und Keule . . . . " D
29. Schrift im Kranz . . . . " D E

IIIc. (a. 526—825) Zeit des Gordianus III.

1. Zeus linkshin thronend mit Nike und Scepter . . . . A B D G
2. " " " " Schale und Scepter . . . . A
3. Athena Nikephoros nach l. sitzend a) mit Lanze im l. Arm . . . . A B D J
 b) ohne die Lanze . . . . A B D
4. Athena mit Schale in der R. linkshin sitzend a) mit Lanze im l. Arm . . . . B
 b) ohne die Lanze . . . . . . B E
5. Athena nach l. sitzend mit dem Helm in der R. . . . . H
6. Athena linkshin thronend und die um einen Ölbaum geringelte Schlange fütternd A D
7. Dionysos mit Kantharos u. Thyrsos nach l. stehend, zu Füssen der Panther . . B
8. Nike im rechtshin eilenden Zweigespann . . . . A B E
9. Ehrena, ... Schlange sich nach r. ringelnd . . . . D
10. Herakles nach r. vortretend und den kretischen Stier bändigend . . . . . . A D
11. Herakles im Schema des farnesischen in einer ... stehend . . . . B
12. Olympias linkshin thronend und die vor ihr aufgerichtete Schlange fütternd . . A B D G
13. Alexander nach r. stehend und den sich bäumenden Bukephalos bändigend . A B D J
14. Reiter mit eingelegter Lanze im Schritt nach r. und ein Soldat zu Fuss . . . . A E
15. Reiter rechtshin sprengend und den Speer abwärts gegen einen Feind richtend D H
16. " " " " " " Löwen " A B
17. " nach l. " " " " " " D
18. " rechtshin " " " " eine Schlange " A D E
19. " mit eingelegter Lanze nach r. sprengend, begleitet von einem Hund . . A
20. " rechtshin sprengend und den Speer schwingend . . . . A B
21. " " mit schräg abwärts gerichtetem Speer . . . . . A B E
22. " nach l. " " " " " " D H
23. " rechtshin " mit schräg aufwärts gehaltenem Speer . . . . . A
24. " " mit eingelegter Lanze nach r. a) sprengend . . . . . A B D E
 b) im Schritt . . . . A B
25. Reiter mit grüssend erhobener R. nach r. (Adventus-Typus)
 a) sprengend . . . . A B D E
 b) im Schritt . . . . A E
26. Krieger mit Lanze und Parazonium linkshin stehend und zurückblickend . . A B D
27. rechtshin stehend und zurückblickend
 a) mit Lanze in der R. und Parazonium im l. Arm . . . . A B D
 b) mit Parazonium im r. Arm und Lanze in der l. . . . . A
28. Löwe nach r. schreitend, darüber Keule . . . . A B D E
29. Korb mit hervorkriechender Schlange nach r. . . . . A D G
30. " " " " l. . . . . B H

18 MAKEDONIA

Vorderseite

31. zwei Tempel im Profil einander gegenüber, dazwischen Stele mit Kriegerstatue,
a) oben zwei Preiskronen . . . . A K E J
b) ohne die Preiskronen . . . . B
32. zwei Tempelfronten, oben zwei Preiskronen . . . . B
33. zwei Tempel im Profil einander gegenüber, a) oben zwei Preiskronen . . . . . A D J
b) unten zwei Preiskronen . . . . B
c) oben eine Preiskrone . . . . . B F
34. zwei Tempelfronten . . . . A B D
35. zwei Tempel im Profil einander gegenüber . . . . A B D E G
36. Tempel im Profil nach r. und ihm gegenüber Tisch mit zwei Preiskronen . . . D
37. Tisch, darauf Beutel zwischen zwei Preiskronen . . . . A B D
38. Tisch mit zwei Preiskronen, unten Amphora . . . . A B D E
39. Tisch mit zwei Preiskronen . . . . A B D E H J
40. zwei Preiskronen . . . . B
41. Schrift im Kranz . . . . B D E

Zweidrittelstücke

1. Athena Nikephoros nach l. sitzend a) mit Lanze im l. Arm . . . . H
b) ohne die Lanze . . . . H
2. Alexander nach r. stehend und den sich bäumenden Bukephalos bändigend . . . . H
3. Krieger mit Lanze und Parazonium linkshin stehend und zurückblickend . . . . A
4. zwei Tempelfronten . . . . A H

Halbstücke

1. Herakles in der Stellung des farnesischen, l. zwei Preiskronen . . . . . . B
2. Löwe nach r. schreitend, a) darüber Keule . . . . B
b) ohne die Keule . . . . B
3. Löwe rechtshin springend . . . . E
4. Goryt mit Bogen, r. daneben Keule . . . . D E
5. Köcher zwischen Bogen und Keule . . . . E
6. Keule, r. daneben Köcher mit Bogen . . . . E
7. Schrift im Kranz . . . . B

IIId. (n. 826—859) Zeit des Philippus

Emissionen des Jahres 244

1. Athena Nikephoros nach l. sitzend mit Lanze im l. Arm . . . . D E K
2. Athena linkshin sitzend mit Schale in der R. . . . . D
3. Reiter nach r. sprengend und den Speer schwingend . . . . D E
4. „ „ „ „ mit eingelegter Lanze . . . . E
5. Reiter mit grüssend erhobener R. nach r. (Adventus-Typus) . . . . A D E
a) sprengend . . . . D E
b) im Schritt . . . . E K
6. Krieger mit Lanze und Parazonium linkshin stehend und zurückblickend . . . . . B
7. Löwe nach r. schreitend, darüber Keule . . . . A D E K
8. Korb mit hervorkriechender Schlange nach l. . . . . A
9. zwei Tempelfronten . . . . A E K
10. zwei Tempel im Profil einander gegenüber . . . . A B D
11. Tisch mit zwei Preiskronen . . . . D

Emissionen des Jahres 245

1. Korb mit hervorkriechender Schlange nach r. . . . . E
2. Tisch mit zwei Preiskronen . . . . E
3. Schrift im Kranz . . . . A D

Der behelmte Alexanderkopf (E), welcher anfangs dem Halbstück vorbehalten ist und dessen alleinigen Vs.-Typus bildet (vgl. IIIa, 8. 9), erscheint seit Severus Alexander auch für das Ganzstück verwendet (vgl. I, 1. 6 u. die folgenden Tabellen). Ebenso werden die umgekehrt ursprünglich nur für dieses bestimmten Vorderseiten D und B später Gemeingut beider Nominale (vgl. II, 27 - 29 und IIIc) und mit dem Typus A in der gordianischen Zeit sowohl Ganz- wie ¾-Stücke ausgestattet. Der linkshin gewendete Kopf C spielt unter Severus Alexander nur noch eine ganz untergeordnete Rolle, um sodann völlig zu verschwinden. Wie zu ihm das Brustbild F eine Erweiterung bedeutet, so sehen wir in der Zeit des Gordianus A und D vervollständigt zu den Brustbildern II und J, deren ersteres als gemeinsamer Vs.-Typus aller drei Nominale in Gebrauch genommen wird.

Auf der Rückseite der autonomen Provinzialmünzen finden sich aus dem Kreise der Götter dargestellt Zeus, Athena, Dionysos und Nike (vgl. z. R. Taf. IV, 20—25). Besondere Erwähnung verdienen hier die unbedeckten Hauptes nach l. sitzende Athena mit dem Helm in der vorgestreckten R. (Taf. IV, 23) sowie das Münzbild, auf welchem die Göttin, nach l. thronend, die um einen Ölbaum geringelte Schlange aus einer Schale füttert (Taf. IV, 21).

Den makedonischen Nationalheros Herakles zeigt uns ein Stempel beim Kampfe mit dem kretischen Stier (Taf.

IV, 32), ein anderer in der farnesischen Ruhestellung innerhalb einer aedicula (Taf. IV, 33), welche auf dem zugehörigen Halbstück (n. 814) fortgelassen ist. Ein Löwe mit Keule darüber (z. B. Taf. V, 8) weist auf des Helden bekannteste »Arbeit« hin, und seine Waffen bilden den bevorzugten Rs.-Typus des Halbstückes (z. II. Taf. V, 14 u. 15).

Überaus zahlreich sind, wie sich von selbst versteht, die Münzbilder, denen Alexander der Grosse als Vorwurf dient. In heroischer Nacktheit ist der König dargestellt bei seinem Abenteuer mit dem Bukephalos (z. B. Taf. IV, 34). Sonst wird er regelmässig als Krieger charakterisiert. Panzer, Stiefel, flatternder Mantel und ein Speer in der R. sind die typischen Attribute für seine Wiedergabe zu Pferde.[1]) So sehen wir ihn auf der Löwenjagd, ferner im Begriff eine Schlange zu erlegen oder begleitet von einem Hunde (n. 560), sowie endlich ohne jedes Beiwerk (z. B. Taf. V, 4. 5). Dass auch im letzteren Falle mit dem speerbewaffneten Reiter Alexander der Grosse gemeint ist, beweist das gelegentlich (n. 563. 566, 1-3. 566a. 644—646) durch zwei herabhängende Zipfel kenntlich gemachte Pantherfell (z. B. Taf. V, 4), welches dem Könige ebenso auf den beiden Goldmedaillons von Tarsos (n. 872. 873; vgl. auch n. 724—726) als Schabracke dient und offenbar zu der von Diodor[2]) erwähnten βασιλικὴ σκευή (regius instratus bei Plinius) gehörte. Ganz ausnahms-

---

[1]) In den obigen Tabellen sowohl wie im Maaskatalog (unten S. 94 fg.) ist aus Zweckmässigkeitsgründen die Bezeichnung »Reiter« für den berittenen u. »Krieger« für den unberittenen König vorgezogen worden. Vgl. auch S. 20, Anm. 1.

[2]) Vgl. Diodor. XVII, 76, 6: ρωγὸς ἔων (sc. der Bukephalos) ἐν τὸν μακεδονεστὴν μόνον ἐφρ.

εἰἔχετο, τούτον ἐπὶ τῆς βασιλικῆς σκευῆς οἶδα τούτων ἐν προσίστα, μόνῳ δὲ Ἀλεξάνδρῳ παρίστατο καὶ τηροῦντος τὸ σῶμα πρὸς τὴν ἀνάβασιν. Plinius nat. hist. VIII, 42, 64, 154: ammium hic (i. e. der Bukephalos) alium quam Alexandrum regis instrato ornatus recepit in sedem, alias passim recipiens.

2*

welse ist auf einem Rs.-Stempel (n. 707
= n. 729) Alexander behelmt, und in einer
stilistisch besonders schönen Darstellung
(n. 723), welche unter dem Pferde einen
am Boden sitzenden Verwundeten hinzu-
fügt, trägt der König am l. Arm einen
Schild, während der Mantel fehlt. Als
ruhender Krieger erscheint Alexander der
Grosse ganz vereinzelt nach r. oder nach
l. sitzend mit aufgestütztem Speer in der
einen und Parazonium in der anderen
Hand (n. 393. 393a). Etwas häufiger ist
der Typus des stehenden Kriegers mit
Lanze und Parazonium (z. B. Taf. V, 7),
ohne Zweifel eine schematische Wiedergabe des Standbildes, welches dem Könige
zu Beroia auf hoher Säule errichtet war
(s. unten S. 21).

Alexanders Mutter Olympias zeigt
uns ein Rs.-Stempel (Taf. IV, 35) auf der
Kline liegend mit einer auf sie zu kommen-
den Schlange. Derselbe Gedanke an die
Sage von Alexanders Erzeugung liegt
jedenfalls auch dem Münzbild zu Grunde,
welches die Königin in dem konven-
tionellen Hygieia-Schema nach r. oder l.
thronend und die vor ihr aufgerichtete
Schlange aus einer Schale fütternd dar-
stellt (z. B. Taf. IV, 26. 27).

Von besonderem Interesse sind die
Illustrationen zur Zeitgeschichte.
Den Adventus-Typus, der uns bereits auf
Münzen des Severus Alexander und des
Philippus begegnete (oben S. 12), weisen
die autonomen Parallelemissionen nicht
nur unter diesen beiden Kaisern auf, son-
dern auch in der Zeit des Gordianus

(z. B. Taf. V, 6), wodurch die oben (S. 14)
ausgesprochene Ansicht, dass letzterer im
Jahre 242 Makedonien besuchte, eine
Stütze erhält. Bezüglich der Profectio-
Darstellung (Taf. V, 1) ist schon anlässlich
ihres Erscheinens auf einer dem gleichen
Rs.-Stempel entstammenden Münze des
Severus Alexander bemerkt worden (S. 12),
dass sie des Kaisers Auszug in den Perser-
krieg feiert. Seinen Sieg über Artaxerxes
verherrlicht die Gruppe des einem speer-
bewaffneten Reiter[1]) unterliegenden Persers
(Taf. V, 3), deren Wiederholung unter
Gordianus (n. 705) offenbar mit dessen
Feldzug gegen Sapor zusammenhängt.

Hierher gehören auch die OMONOIA-
Typen n. 326—336 (z. B. Taf. IV, 28—31).
Sie illustrieren eine Einigung zwischen
der Provinz Makedonien und der ausserhalb des σανὸν stehenden civitas libera
Thessalonike, und da diese Münzen den
Übergang bilden von gewissen spärlichen
Emissionen mit σανὸν Μακεδόνων zu der
Prägung mit σανὸν Μακεδόνων νεωκόρων, so
liegt es überaus nahe, jene OMONOIA
und das Wiedererscheinen des Neokorietitels miteinander in Verbindung zu bringen.
Wenn man beachtet, wie die Makedonen
sich unter Macrinus beeilten, den beroiischen Neokorietitel, zu dessen Führung
der Kaiser sie ermächtigt hatte, schleunigst
auf den bereits fertigen Stempeln nachzutragen (s. oben S. 13), so ist klar, dass
sein anfängliches Fehlen auf den Emissionen des Jahres 231 einen besonderen
Grund haben muss. Offenbar ist also jenes
Privilegium, als in dem genannten Jahre

---

[1]) Von dem oben beschriebenen Alexandertypus,
unterscheidet sich dieser Reiter nur durch einen
Lorbeerkranz im Haar, der ihn als den Kaiser
charakterisiert. Auf der späteren Münze (n. 705)
ist wegen ihrer mangelhaften Erhaltung der Kranz

nicht mit Sicherheit festzustellen. Das gleiche
trifft für viele Exemplare mit dem Adventus-
Typus zu, von welchem indessen ausserdem
noch Stempel ohne das genannte Attribut vorliegen.

die zugleich mit dem Erlöschen der Elagabalus-Neokorie sistierte Prägung autonomer Münzen vom Statthalter wieder
zugelassen wurde, nicht zur Erneuerung
gelangt. Dies geschah höchstwahrscheinlich auf Betreiben der freien Stadt Thessalonike, von deren heftiger Rivalität gegenüber der Provinz und ihrer Metropolis
uns sichere Beweise vorliegen. Beide
Parteien haben dann vermutlich die Anwesenheit des Severus Alexander im
Jahre 231 benutzt, um in ihrer Streitfrage
eine kaiserliche Entscheidung herbeizu-
führen, und diese wird durch die in Rede
stehenden OMONOIA-Typen gefeiert. Sie
gab der Provinz das Recht zurück, Ihre
Münzen fortan wiederum mit dem heroi-
schen Neokorietitel zu schmücken, den
man denn auch nicht versäumte auf bereits fertigen Stempeln mit einfachem
κυρία Μακεδόνων eiligst hinzuzufügen (vgl.
besonders n. 352; 364, 4; 375, 1; 389; 417;
425; 444 a).

Es bleiben als letzte Gruppe noch die
Neokorie-Typen kurz zu besprechen.
Sie finden sich ausschließlich auf Emissionen mit B ναικόρος, also unter Elagabalus (IIIa, 4—8) sowie in der ersten Zeit
des Severus Alexander (IIIb, 6—8) und
dann wieder unter Gordianus (IIIc, 31—
40; 4) und Philippus (IIId, 9—11; 2). Ihr
auffälliges Fehlen in der späteren Zeit des
Severus Alexander (L II) hängt vermutlich
mit dem Erlöschen der Elagabalus-Neokorie zusammen, wie umgekehrt ihr starkes
Hervortreten unter Gordianus sich ohne
Zweifel aus der Verleihung einer Neokorie
dieses Kaisers an Beroia und der hiermit
in Verbindung stehenden Stiftung der
Ολύμπια erklärt. Der Name des neuen
Festes, den wir schon oben (S. 13) auf
einer Gordianus-Münze (n. 320) lasen,

schmückt mehrfach auch die autonomen
Parallelemissionen (n. 795—800), einmal
(n. 801) noch mit dem prunkenden Zusatz
Ἀλεξάνδρια, aus welchem hervorgeht, dass
in Makedonien Kaiser- und Alexanderkult
eng miteinander verknüpft waren. Bildlich
kommt dies zum Ausdruck in der Komposition (z. B. Taf. V, 9), welche zu den
beiden Neokorietempeln auf einer Säule
die Figur des Königs gesellt, die wir bereits als selbständigen Münztypus kennen
lernten (oben S. 20). Wie bei dem letzteren der Wechsel des Rhythmus und die
gelegentliche Vertauschung der Attribute
beweisen, dass es den Stempelschneidern
nicht um eine genaue Kopie der Statue
zu tun war, so sehen wir auch die Neokorietempel in freier Variation mit je
7, 6, 5, 4 oder 3 Säulen ausgestattet. Auf
die mit den beiden Neokorien verbundenen
ἀγῶνες ἱεροί, deren einer seit dem Jahre 242
den schon erwähnten Namen Ολύμπια führt,
weisen die zwei je einen Palmzweig ein-
schließenden Preiskronen hin, welche
bisweilen über oder unter den Tempeln
hinzugefügt sind. Sie werden gelegentlich (n. 799, 800) auch allein als Prägbild verwendet, während ihre Darstellung
auf einem Tisch ein besonders beliebter
Typus ist, den mitunter ein Beutel zwischen
den Kronen oder eine Amphora am Boden
(z. B. Taf. V, 12) vervollständigen. Mit
nur einer Preiskrone statt der Zweizahl
begnügen sich die Halbstücke n. 489. 490
der elagaballischen Zeit sowie drei Stempel
eines unter Gordianus beschäftigt ge-
wesenen Künstlers, n. 679, n. 680 (= 788,
1, 2) und n. 681 (= 316), deren zwei letztere außerdem auch den sonst nur ganz
vereinzelt (n. 743. 744) wegen Raummangels unterdrückten Palmzweig innerhalb
der Krone fortlassen.

Während für die Reihe der Kaisermünzen das Philippus-Stück mit der Jahreszahl ΕΟϹ (275 der attischen Ära = 244 nach Chr.) den Abschluss bedeutet, ist die autonome Prägung zwar zur gleichen Zeit eingestellt worden, aber erst zwei Jahre später definitiv erloschen. Ihre letzten Ausläufer sind die unter n. 856—859 beschriebenen Emissionen, deren Erscheinen mit der Wiederkehr des Olympienfestes im Jahre 246 zusammenhängt, wie aus der Beischrift ΟΑΥΝΠΙΑ ·Β· auf der Rs. von n. 856 hervorgeht.

Mit den autonomen makedonischen Provinzialmünzen sind in mehrfacher Beziehung aufs engste verknüpft die Prägungen der Metropolis Beroia, weshalb es sich empfiehlt, dieselben an jene unmittelbar anschliessend sowohl im Münzkatalog (S. 189 fg.) zu verzeichnen wie hier kurz zu betrachten. Sie zerfallen in drei stilistisch sich scharf unterscheidende Gruppen, welche ohne verbindende Übergänge einander folgen. Die hieraus sich ergebende Vermutung, dass der Metropolis nur aus drei bestimmten, je durch ein zeitliches Intervall getrennten Anlässen das Münzrecht vorübergehend bewilligt worden ist, wird in überraschender Weise bestätigt durch die Resultate einer genaueren Vergleichung der beroiischen Emissionen mit dem autonomen Provinzialgeld.

Was zunächst die erste Gruppe (n. 860 —863) betrifft, so stammt die Vs. n. 860 unverkennbar von der Hand desselben Stempelschneiders wie die Provinzialmünze n. 798a, deren Rs. die Beischrift ΟΑΥΝΠΙΑ trägt. In dem gleichen Verhältnis steht der Vs.-Stempel n. 868 [= 869] der dritten Gruppe (n. 865—871) zu demjenigen der Provinzialmünze n. 856 mit ΟΑΥΝΠΙΑ ·Β· auf der Rs., während für die zweite Gruppe (n. 864) die beigefügte Jahreszahl ΕΟϹ analoge Feststellungen erübrigt. Die laut ihrer Rs.-Aufschrift κοινὸν Μακεδόνων Β νεωκόρων zum makedonischen Landtagsfeste geprägten Emissionen von Beroia verteilen sich also auf drei besonders glänzende Veranstaltungen dieser Art, deren Schauplatz natürlich die Metropolis selbst als der sakrale Mittelpunkt des κοινόν gewesen ist. Die Stadt erhielt das Münzrecht zum ersten Male im Jahre 242 anlässlich der in Gegenwart des Gordianus gefeierten Ὀλύμπια, sodann im Jahre 244 bei Gelegenheit der zu Ehren des anwesenden Philippus veranstalteten Festlichkeiten und ein letztes Mal endlich im Jahre 246 zur Wiederkehr der Ὀλύμπια, deren von der Iterationsziffer Β begleiteter Name denn auch auf einem Rs.-Stempel (n. 871) beigefügt ist.

Im Durchmesser und Gewicht stimmen diese städtischen Prägungen mit den provinzialen jeweils genau überein. Sie wurden von einer und derselben Stempelschneidergesellschaft geliefert, die sich mehrfach identischer Vs.-Stempel für beide Auftraggeber bediente und sogar einen ursprünglich für Beroia angefertigten Rs.-Stempel nach flüchtiger Tilgung des Stadtnamens zur Herstellung von Provinzialmünzen (n. 644) weiterverwendete.

Der Kopf Alexanders des Grossen erscheint auf den beroiischen Emissionen in den fünf Variationen (A—E), mit denen die autonome Provinzialprägung eröffnet wurde (s. S. 15). Als neu tritt im Jahre 246 hinzu die Vorderseite

A'. Kopf mit Diadem im lang herabhängenden Haar nach links.

Mit welchen Rs. Darstellungen diese 6 Typen in den einzelnen Gruppen gepaart
vorliegen, zeigt die nachstehende Tabelle.

Vorderseite

I. (n. 860–863). Emissionen des Jahres 242

1. Hygieia liebablu thronend und die Schlange fütternd . . . . | | | D
2. Krieger mit Lanze und Parazonium nach l. stehend und zurückblickend . . . . . . | B | |
3. zwei sechssäulige Tempel im Profil einander gegenüber . . . . | | | D

II. (n. 864). Prägung des Jahres 244

4. Jüngling mit Peitsche nach l. an einem Altar opfernd; links Tisch mit zwei Preis-
   kronen und in dessen Hintergrund Säule mit einer Amphora . . . . | | | E

III. (n. 865–871). Emissionen des Jahres 246

5. Reiter rechtshin sprengend und den Speer schwingend . . . . A | | |
6.   „   „   „   mit eingelegter Lanze . . . . | C |
7.   „   nach l. sprengend mit abwärts gerichtetem Speer . . . . D
8. zwei viersäulige Tempel im Profil einander gegenüber . . . . A |
9. zwei Preiskronen . . . . A |
   ebenso . . . . (Halbstücke) |A'. | E

Das Münzbild 1 (n. II. Taf. XI, 25)
unterscheidet sich von der ganz ähnlichen
Komposition auf dem Provinzialgeld (n. II.
Taf. IV, 27) dadurch, dass die Schlange
sich auf einem Korb emporringelt und
die Thronende nicht verschleiert ist. Demnach dürfte hier Hygieia gemeint sein,
während dort der Schleier diese Deutung
ausschliesst und in der Figur vielmehr die
Königin Olympias, Alexanders Mutter,
erkennen lässt. In genauer Übereinstimmung mit den Provinzialmünzen stellen
die beroiischen Emissionen Alexander den
Grossen als Krieger dar, und zwar sowohl
ruhig stehend (2) wie auf galoppierendem
Pferde (5–7). Auch die Neokorie-Typen (3.
8. 9.) sind Gemeingut beider Münzreihen.
Der angesichts der Siegespreise opfernde
Jüngling (4) wird durch die Peitsche, die
er im l. Arm hält, als Teilnehmer am
Wagenrennen charakterisiert. Es haben

also die im Jahre 244 zu Ehren des anwesenden Kaisers Philippus veranstalteten
Festlichkeiten auch die ἱπποδρομία einge-
schlossen, und die so bedeutsam nicht, wie
sonst, am Boden unter dem Tisch, sondern
die Kronen überragend auf einer Säule
aufgestellte Amphora ist vielleicht der
vom Kaiser selbst gestiftete Preis gewesen,
welcher dem Sieger in diesem glänzenden
Agon winkte.

Dass die beroiischen Münzen auf der
Rs. (in verschiedener Abkürzung) die Aufschrift κοινὸν Μακεδόνων II νεωκόρων tragen,
ist bereits bemerkt worden.[1] Sie unterscheiden sich also von dem Provinzialgeld
einzig und allein durch den beigefügten
Namen der prägenden Gemeinde. Dieser
lautet in der 1. Gruppe ΘEPOIEΩN, dagegen auf dem Rs.-Stempel des Jahres 244
ΘEPAIΩN und im Jahre 246 ΘEPOIAIΩN.
Daneben erscheint in der letzten Gruppe

----

[1] Auf dem Halbstück n. 871 ist, offenbar nur wegen
Raummangels, der sonst nie fehlende Neokorietitel fortgelassen. Wahrscheinlich indessen sollte
das so augenfällig im Feld angebrachte B nicht
nur als zu ΟΛΥΝΘΙΑ gehörig Geltung haben,

sondern konnte in Verbindung mit dem Münzbild der zwei Preiskronen zugleich auch als Neokorieziffer verstanden werden, zumal dieselbe
häufig zwecks stärkerer Betonung in dieser Weise
von der Umschrift losgelöst zu werden pflegte.

auch die Formel ΕΝΘΕΡΟΙΑ, die ihre Analogie findet in dem ἐν Φιλιππούλει auf
den Emissionen, welche die Metropolis
der Nachbarprovinz »κοινὸν Θρᾳκῶν Ἀλεξάν-
δρεια, d. h. zu den als thrakisches Landtagsfest gefeierten Alexanderspielen ver-
anstaltete.[1]

Als Anhang zu den eigentlichen
Münzen im engeren Sinne sind unter
n. 872—902 münzähnliche geprägte Gold-
und Silberstücke beschrieben, die, wenn
auch vielleicht nicht sämtlich, so doch
zum weitaus grössten Teil makedonischen
Ursprungs sein dürften. Ihrem Stil nach
gehören sie in das 3. Jahrhundert nach
Chr., und mehrfach ist ein Zusammenhang mit dem autonomen Provinzialgeld
unverkennbar.

Dies gilt ausser für n. 876 und 884
ganz besonders auch für die grossen Goldmedaillons n. 872. 873. Nicht nur ähnelt
die Löwenjagd-Darstellung ihres gemeinsamen Rs.-Stempels auffallend der gleichen
Gruppe auf der Emission n. 419, sondern
auch der Alexanderkopf auf der Vs. von
n. 872 mit den wie Kammzinken angeordneten Lockenspitzen des fliegenden Haares
findet eine überraschende Parallele z. B.
in dem Vs.-Stempel n. 618, 1-3 [= 660 =
667, 1. 2 = 694]. Hiernach kann es kaum
einem Zweifel unterliegen, dass die Medaillons in Makedonien, und zwar zur Zeit
der autonomen Provinzialprägung entstanden sind.

Aber es lässt sich noch ein viel enge-
rer Zusammenhang feststellen. Der Zweck

jener prunkvollen Schaustücke war, bei
festlichen Agonen als Siegespreise zu
dienen[2]), und Typen nebst Beischrift
weisen deutlich auf eine dem Andenken
Alexanders des Grossen geweihte Veranstaltung hin. Nun knüpfte der pro-
vinziale Kaiserkult des κοινὸν Μακεδόνων
an den Kult Alexanders des Grossen an
(s. oben S. 21), so dass die berolischen
'Ολύμπια geradezu als 'Αλεξάνδρεια bezeichnet
werden konnten, wie ja auch des Königs
Porträt der ständige Vs.-Typus der autonomen Landtagsfestmünzen ist und seine
mannigfachen Darstellungen in ganzer
Figur zu deren bevorzugtesten Rs.-Bildern
gehören. Man dürfte daher nicht fehlgehen
mit der Annahme, dass es gleichfalls das
makedonische κοινόν-Fest gewesen ist, für
welches jene kostbaren Siegespreise bestimmt waren.

Dass jedoch solch verschwenderischer
Luxus alljährlich entfaltet wurde, ist wenig
wahrscheinlich. Vielmehr werden wir zu
seiner Erklärung nach einem besonderen
Anlass suchen müssen. Auch hierfür geben uns die Münzen einen Fingerzeig. Unverkennbar bildet die Regierungszeit des
Elagabalus für die makedonische Provinzialprägung des 3. Jahrhunderts den be-
deutsamsten Wendepunkt. Unter diesem
Kaiser beginnt die üppige Reihe der autonomen Emissionen und auf seinen Münzen
nehmen die Darstellungen Alexanders des
Grossen sowie die Neokorietypen ihren
Anfang. Ohne Zweifel hängt dies alles
zusammen mit der Einrichtung der berolischen Elagabalus-Neokorie, deren ἀγὼν
ἱερός, wie später die gordianischen 'Ολύμ-

[1] Vgl. z. B. London Cat. Taurlc Chersonese etc. 166. 33 fg.
[2] Dies hat R. Mowat, Revue num. 1903, 25 fg., richtig erkannt. Die Schlüsse aber, welche er

aus dem Fundort der Medaillons zieht, sind hinfällig und brauchen nach dem oben Ausgeführten hier nicht im einzelnen widerlegt zu werden.

xin (s. oben S. 21), mit dem Landtagsfest des betreffenden Jahres verschmolzen wurde und diesem natürlich einen erhöhten Glanz verlieh. Da nun Elagabalus nur 3¹/₂ Jahre Kaiser war und nach seiner Ermordung der damnatio memoriae verfiel, hat eine Wiederholung des ihm geweihten pentaeterischen Agons kaum stattgefunden, und so dürften denn jene Goldmedaillons sich mit hoher Wahrscheinlichkeit der Stiftungsfeier desselben zuschreiben lassen. Bei dieser Annahme findet auch die Wahl des bärtigen Brustbildes von n. 874, das Th. Schreiber mit Recht als idealisiertes Caracalla-Porträt deutet,¹) ihre sehr einfache Erklärung. Als angeblicher Alexander redivivus²) und Vater des regierenden Kaisers bildet Caracalla das Bindeglied, welches letzteren mit dem grossen König (n. 872) und noch weiter hinauf mit dem makedonischen Nationalheros Herakles (n. 873) verknüpft, und die Trias der drei Medaillon-Vorderseiten legitimiert also gewissermassen die Einführung des Elagabalus-Kultes, der

fortan offiziell zu der allgewohnten Verehrung Alexanders und seines mythischen Ahnherrn hinzutreten sollte.

Als agonistischer Siegespreis ist möglicherweise auch das Taf. IV, 1 abgebildete Goldmedaillon n. 875 aufzufassen, während die zahlreichen kleinen, zum Teil einseitig geprägten Gold- und Silberstücke wohl als Schmuck³) oder Talisman zu dienen bestimmt gewesen sind. Von den gleichseitigen Münzen unterscheidet sie das ständige Fehlen des Punktkreises und die Besonderheit, dass die Aufschrift, soweit eine solche hinzugefügt ist, nicht, wie bei jenen, im Bogen sich um das Prägbild zieht, sondern durchweg geradlinig angeordnet steht. Sie hat ihren Platz regelmässig auf der Rs. und beschränkt sich, von n. 880 mit der Olympias abgesehen, auf den Namen Alexanders des Grossen, im Genitiv oder vereinzelt (n. 872. 873. 875, wo der König selbst dargestellt ist) auch im Nominativ, bei den drei grössten Stücken (n. 872—874) noch mit dem Königstitel davor.

¹) Vgl. Abhandlungen der philologisch-historischen Klasse der Kgl. Sächsischen Gesellschaft der Wissenschaften 21, 3 (1903), 190 fg. An Caracalla denkt auch R. Mowat, Revue num. 1903, 22.

²) Vgl. Dio LXXVII, 7, 2: καὶ οὐδὲ τοῦτο μόνον εἰπών (sc. dem Caracalla) Ἀλέξανρος, ἀλλὰ καὶ οὗτος Ἰαύτων λύγων Ἀδρυστος ἐκαλεῖτο, καὶ ποτε καὶ τῇ βουλῇ ἔγραψεν ὅτι ἐς τὸ σῶμα αὖθις τὸ

τοῦ Ἀδρύστου ἐσῆλθεν, ἵνα, ἐπειδὴ ὀλίγον τὸν χρόνον ἐζησεν, πλείονα αὖθις ἐν ἐκείνῳ ζήσῃ.

³) Bei einzelnen Exemplaren (n. 878, 881, 883, 901, s. d. 901) lässt die Beschaffenheit des Randes noch deutlich erkennen, dass sie gefasst waren. Auch die missfällend häufige, sichtlich vom Rand ausgehende Beschädigung der Schrötlinge (n. 885—888, 890. 892—894. 896. 897. 899) ist vermutlich auf ungeschicktes Herausbrechen aus einer Fassung zurückzuführen.

Makedonia unter Philipp V. und Perseus

(Prägezeit: c. 185—168 vor Chr.)

I. Ohne Distriktsbezeichnung (Edonis?), Prägestätte vermutlich Amphipolis

Tetrobolen (n. 1—18)

1 S 15	MA KE und dazwischen Keule mit dem Griff nach l., von einem Linlenkreis umgeben, in der Mitte eines makedonischen Rundschildes, dessen Rand mit ⊕ und ∴, sechsmal abwechselnd, verziert ist	Makedonischer Helm nach l. mit herabhängenden Seitenklappen. Im Felde l. N r. ◿ ⊥ Blitz (wagrecht)

Gewicht: 2,58 (2) — 2,54 (3) — 2,52 (6, 7) — 2,50 (1, algemein, mit Öse) — 2,41 (5, beschädigt) — 2,40 (8, beschädigt) — 2,13 (4, beschädigt)

1 Amsterdam — 2, 3 Athen (Fund von Grammenon) — 4, 5 Berlin Cat. 9, 3, 4; Zeitschr. f. Num. 20 (1897), 170 fg., VI, 9 (die Rs. von 5) — 6 Löbbecke — 7 München; Serilini desev. R4, 3 (ungenau) — 8 Wien. — — 9 Imhoof Graecia XXII, 1 (die Monogramme ungenau) (Havercamp algem. historie 2 (1737), XLI, 8; Gessner num. pop. 291, 9, XLI, 9). — (Die Vs. von 6 ist aus demselben Stempel wie die von n. 6, 8.)

Derselbe Helm findet sich auf Bronzemünzen der Amphaxitis, unten n. 111-114.

2 S 15	Ebenso	Ebenso, aber als 3. Monogramm (r.) ME

Gewicht: 2,98 (1) — 2,62 (10, subaerat) — 2,57 (5) — 2,55 (7) — 2,51 (4) — 2,46 (1) — 2,45 (3) — 2,41 (8) — 2,37 (6)

1 Athen Cat. 1222 a — 2, 3 Athen (Fund von Grammenon) — 4 Berlin Cat. 9, 3; Zeitschr. f. Num. 20 (1897), VI, 10 (die Rs.) — 5 Imhoof — 6 Klagenfurt — 7 Löbbecke — 8 London Cat. 9, 12 — 9 Philippopel — 10 Wien. — (4 und 7 sind aus demselben Stempeln.)

3* G 10	Kopf des jugendlichen Dionysos mit Efeu nach r.	Kopf eines Silens von vorn im vertieften Quadrat

1 Pellerin recueil 1, 176, XXIX, 1 (vermutungsweise unter Makedonia) — 2 Eckhel cat. 52, 1 Die Richtigkeit der Zuteilung bezweifelt Eckhel später selbst (d. n. v. 2, 61) und ebenso Serilini class. gen. 2 (1797), 35. Die Münze ist eine kleinasiatische Hekte und neuerdings von Wroth nach Lesbos gegeben worden, vgl. London Cat. Troas, Aeolis und Lesbos 164, 77, XXXIII, 20.

3* S 12	Jugendlicher Kopf nach r.	MA in 2 Feldern eines Rades mit 4 Speichen

1 Beger thes. Brand. 1, 481 Abb. (Gessner num. pop. 390, 3, XLI, 5) — 2 Gessner num. pop. 390, 5°, XLI, 5°; Cat. Pfau (1745) S. 10 — 3 Froelich notit. elem. 143 (nur Rs.) — 4 Wise num. Bodl. 6 — 5 Cat. Benihurk 1, 1007 — (sämtlich unter Makedonia) Wir haben Serilini class. gen. 2 (1797), 3, 15 bemerkt hat, gehören diese Münzen nach Massalia.

[Ohne Innenkreisbezeichnung]

3 S 15	**Ebenso**	Derselbe Helm, im Feld l. ⋔ r. ⋔ ± Dreifuss

Taf. I, 1 Abbildung der Vs. (7)

Gewicht: 2,63 (4) — 2,58 (1) — 2,53 (3) — 2,50 (14) — 2,49 (15) —
2,48 (6) — 2,45 (7) — 2,44 (12) — 2,40 (10) — 2,38 (5) — 2,37 (4)
— 2,34 (11) — 2,32 (13)

Abweichungen: Rs. das erste Monogramm (l. oben) unvollständig 13 — undeutlich
11. 12 — das dritte Monogramm (r. oben) unvollständig 3. 8 — undeutlich 9
1-4 Athen (Fund von Grammenon) — 5 Berlin Cat. 9, 7; Zeitschr. f. Num. 10 (1897), 170 fg.,
VI, 11 (die Rs.) — 6 Bologna Bibl. — 7 Imhoof — 8 Kiew — 9 Kopenhagen — 10
Löbbecke — 11. 12 London Cat. 9, 13. 14 — 13 München; Sestini descr. 84, 1 — 14. 15
Paris. — (Die Vs. von 5 ist aus demselben Stempel wie die von n. 3. 1. 5.)

4 S 15	**Ebenso**	Derselbe Helm, im Feld l. ⋔ r. ⋔ ± Dreizack (umb l.)

Gewicht: 2,97 (11) — 2,75 (19) — 2,69 (1) — 2,58 (8) — 2,55 (9) —
2,51 (3) — 2,49 (9, gelocht) — 2,48 (4; 12, gelocht) — 2,46 (11) —
2,40 (5. 6. 13) — 2,33 (7. beschädigt) — 2,30 (10. 16) — 2,27 (14) —
2,23 (17) — 2,14 (18)

Abweichungen: Rs. das dritte Monogramm (r. oben) unvollständig 8, 9, 18
1-5 Athen (Fund von Grammenon) — 6, 7 Berlin Cat. 9, 1. 2; Zeitschr. f. Num. 10 (1897),
170 fg., VI, 11 (die Rs. von 6) — 8 Gotha — 9 Haag — 10 Imhoof Cat. 330, 1 — 11 Imhoof — 12 Kopenhagen — 13 Löbbecke — 14 London Cat. 9, 11 Abb.; Num. chron.
1880, 56, IV, 11 (die Rs.) — 15 Odessa Univ. — 16, 17, 18 St. Petersburg — 19 Venedig
Museo civico — 20 Dr. Weber — 21 Wien — 22 Wien — 23 Bompois Macéd. 73, 1,
I, 4; vielleicht — Cat. Bompois 667 (hier 2,10 gr angegeben)

5 S 15	**Ebenso**	Ebenso, aber als 3. Monogramm (r.) ⋔

Gewicht: 2,60 (1) — 2,45 (2) — 2,43 (4) — 2,37 (7) — 2,25 (5)
1 Athen (Fund von Grammenon) — 2 Melitopulos — 3 Myron — 4. 5 St. Petersburg —
6 Tsharakis — 7 Windisch-Grätz Cat. 5 (1899), 45, 699. — (Die Vs. von 1 und 5 sind
aus demselben Stempel wie die von n. 3. 5.)

3* K 20	Brustbild der Artemis mit Stephane, Köcher l. ⋔ l. oben, Hirsch nach r. stehend. Pkr. und Bogen nach r. Pkr.

1 Beger thes. Brand. 1, 482 Abb. [Gessner num. pop. 290, 16, XI, 16] unter Makedonia
Die Münze, jetzt im Berliner Kabinett, hat auf der Vs. ⋔⋔ und ist von Maulkytes in
Lykien.

4* K 16	Behelmter bärtiger Kopf nach r. Pkr. ⋔⋔ so den Seiten einer Keule mit dem Griff nach unten. Das Ganze in einen ge- bundenen Lorbeerkranz. Pkr.

1 Gessner num. pop. 291, 16, XLVII, 39 (unter Makedonia)
Die Münze war jedenfalls nicht gut erhalten; sie hat in Wirklichkeit auf der Vs. den
lorbeerbekränzten Kopf des bärtigen Herakles, auf der Rs. ⋔⋔ und gehört nach Lakedaimon.

[Ohne Distriktsbezeichnung]

6
S 15

Ebenso

Derselbe Helm, im Feld
l. E   r. ꓕ
✚   Stern (mit 8 Strahlen)

Gewicht: 2,60 (5) — 2,59 (1) — 2,58 (4, gelocht) — 2,50 (2) — 2,49 (3)
— 2,46 (10) — 2,36 (8) — 2,31 (7, Erh. m.) — 2,15 (6, Erh. gut, gelocht)
1. 2. 3 Athen (Fund von Grammenon) — 4 Leake Europ. Gr. 63 — 5 Löbbecke —
6. 7 München, einer davon bei Bentinl dener, Rs, 1 angenm .. 8 Paris; Mionnet 1, 432, 1;
Cousinéry voyage 1, III, 9 (angenm); Zeitschr. f. Num. 10 (1897), 170 fg., VI, 13 (die
Rs.) — 9 Parma — 10 Ward Cat. (1901) 37, 373, IX, 372. — (Die Vs. von 8 ist aus
demselben Stempel wie die von n. 1, 6; die Rs. von 5 und 8 sind stempelgleich.)

7
S 15
Taf. I, 1

Ebenso

Abbildung der Rs. (6)

Ebenso, aber als 3. Monogramm
(r.) Ⓜ

Gewicht: 2,58 (2) — 2,53 (6) — 2,50 (7) — 2,43 (8) — 2,35 (4) —
2,12 (11) — 1,77 (5, Erh. schl.) — 1,69 (1) — 1,35 (3, subaerat)

Abweichungen: Rs. das erste Monogramm (l. oben) E 1. 5 — das zweite Monogramm (l. unten) ⚹ 1 — das dritte Monogramm (r. oben) unvollständig 1. 4. 5 —
der Stern mit nur 7 Strahlen 1

1 Athen (neue Erw.) — 2 Athen (Fund von Grammenon) — 3 Bologna Bild. — 4 Dresden
— 5 Gotha — 6 Imhoof — 7 Löbbecke — 8 Paris; Mionnet 1, 432, 1 — 9 Parma —
10 Sophia — 11 Dr. Weber. — 12 Bentinl saus. Hederv. 92, 3

8
S 15

Ebenso

Derselbe Helm, im Feld
l. A   r. Ɛ
A| Stern (mit 8 Strahlen)

Gewicht: 2,50 (8) — 2,43 (1) — 2,13 (2. 3) — 2,13 (3) — 1,93 (4) —
1,91 (7) — 1,85 (6, Erh. schl.)

Abweichungen: Rs. der Stern mit nur 6 Strahlen 3

1 Berlin Cat. 9, 6 — 2 Löbbecke — 3 London Cat. 9, 15 ungenau — 4 Neapel Santang.
Cat, 9959 — 5 Paris; Mionnet S. 3, 1, 2 — 6 Paris — 7 Turin Mus. Cat. 3170 — Lavy
1109 — 8 Wien. — (Die Vs. von 1 und 3 sind stempelgleich.)
Dieselben 3 Monogramme mit dem gleichen Beizeichen kehren auf Didrachmen und Drachmen des Perseus wieder; vgl. die Einleitung S. 2.

9
S 14

Ebenso

Derselbe Helm, im Feld
l. ♦   r. Ⱪ
A   Stern (mit 8 Strahlen)

Gewicht: 2,48 (1) — 2,20 (2, Erh. m.)

1 Hunter Cat. 330, 1 — 2 Kopenhagen — 3 Rollin und Feuardent
Dieselben 3 Monogramme finden sich vereint auf Tetradrachmen des Perseus.

Die folgenden 3 Münzen (n. 10. 11. 12) sind von roherem Stil und weichen
von der regelmässigen Prägung ab, indem n. 10 und 11 (mit stempel-
gleicher Vs.) auf der Rs. das Beizeichen im Felde links (statt rechts)
zeigen, während bei n. 12 der Typus der Vs. umgekehrt (im Spiegelbild)
erscheint; ausserdem sind n. 11 und 12 und wahrscheinlich auch n. 10
subaerat, obwohl bei letzterer, wie mir Herr Dr. Joergensen freundlichst
mitteilt, äusserlich nichts davon zu bemerken ist.

(Ohne Dialektbezeichnung)

10
S 15

Ebenso | Derselbe Helm, im Feld
l. $\mathcal{I}$ r. $\triangle'$
Stern $\pm$
(mit 4 Strahlen)

Gewicht: 2,35 (unbaeren)

1 Moskau Mus. (etwas barbarisch). — (Die Vs. mit demselben Stempel wie die von n. 11.)
Nach Analogie von n. 4 wäre als Beizeichen der Dreizack zu erwarten.

11
S 15

Ebenso | Derselbe Helm, im Feld
l. $\mathbb{E}$ r. $\triangle$l
Stern $\pm$
(mit 6 Strahlen)

Gewicht: 1,60 (Erh. m.)

1 Kopenhagen (etwas barbarisch). — (Die Vs. aus demselben Stempel wie die von n. 10.)

12
S 14

AM und dazwischen Keule mit dem | Derselbe Helm, im Feld
ЗN Griff nach r., von einem Ler. umge- | L E r. ME
ben, i. d. Mitte desselben Schildes | $\pm$ Stern (mit 8 Strahlen)
(= n. 7)

Taf. I, 1 Abbildung

Gewicht: 1,77 (unbaeren)

1 Berlin Cat. 10, 9 ungravant; Zeitschr. f. Num. III (1877), 170 fg., VI, 14 (die Rs.)

Diobolen (n. 13)

13
S 12

= n. 1, aber ⌣ und ∴ nur fünf- | Derselbe Helm, im Feld
mal abwechselnd | l. $\mathbb{M}$ r. $\pm$
A Kerykeion (nach r.)

Taf. I, 2 Abbildung (1)

Gewicht: 1,23 (3) — 1,13 (1; 2. geloch)

1 Imhoof; Bompois Macéd. 76, 6, I, 9 — 2 Karlsruhe; Zeitschr. f. Num. 7 (1880), 4 und
10 (1897), 170 fg., VI, 15 (die Rs.) — 3 Oman. — (1-3 sind aus demselben Stempeln.)

Tetrobolen (n. 14—31)

14
S 15

= n. 1 | Makedonischer Helm nach l. mit
herabhängenden Seitenklappen und
aufwärts gebogenem Naekenstück

Taf. I, 3 Abbildung (2)

Gewicht: 2,32 (2) — 2,10 (1, beschädigt)

1 Berlin Cat. 9, 8 ungrnan — 2 London Cat. 9, 16
Derselbe Helm erscheint auf Bronzemünzen der Botiäia, unten n. 149, 150.

15
S 16

Keule, von einem Linienkreis umge- | MAK E r. von oben
ben, in der Mitte desselben Schil- | ΔONΩN l. von oben in geraden
des, dessen Rand mit ⌣ und ∴ | Zeilen, zu den Seiten desselben
sechsmal abwechselnd, verziert ist | Helmes; l. F. l. unten Aphlaston

Taf. I, 6 Abbildung (1)

Gewicht: 2,70 (1) — 2,68 (2) — 2,65 (3) — 2,57 (4)

1 Imhoof — 2 Löbbecke, vorher Cat. Walcher 933, VII, 933 — 3 Mailand — 4 Paris; Mionnet S. 3, 1, 3; Bompois Macéd. 75, 2, I, 5. — (Die Vs. von 2 und 3 sind stempelgleich.)

[Ohne Distriktsbezeichnung]

16 S 14	Stern von 6 Sicheln (✳), von 2 Linienkreisen umgeben, in der Mitte desselben Schildes	MAKE oben ΔΟΝΩΝ unten, dazwischen Schiffshinterteil nach r. mit Andeutung von Wellen am Kiel

Gewicht: 2,29 (4) — 2,19 (6) — 2,14 (8) — 2,12 (3)

Abweichungen: Vs. der Sichelstern 10 ✳ 1. 2. 3. 6 — unsicher 7; — Rs. die untere Zeile nicht erhalten 7

1 Arolsen — 2. 3 London Cat. 9, 17. 18 — 4 Paris; Pellerin recueil 1, 177, XXIX, 7; Mionnet 1, 458, 4 — 5 Wels — 6 Wien. —|| — 7 Sestini ooo. Hedervr. p8, 1. — (1 und 2 sind aus demselben Stempels; aber die Vs. von 4 vgl. an n. 17, 2. 3. 5.)

Der Typus der Rs., bisher allgemein als Prora bezeichnet, ist zuerst von Ausmann, Jahrbuch des arch. Instituts 7 (1892), 51 richtig erklärt worden.

17 S 14	Ebenso	Ebenso, im Feld r. M

Gewicht: 2,29 (4) — 2,19 (3) — 2,16 (1) — 2,10 (3)

Abweichungen: Vs. der Sichelstern 10 ✳ 1. 4 — unsicher 6

1 Athen (Fund von Grammenos) — 2 Berlin Cat. 10, 11; Zeitschr. f. Num. 20 (1897), 176, VI, 18 — 3 Leake Europ. Gr. 65 — 4 London Cat. 10, 20 — 5 Waleker Cat. 935 (modernet Guss). — 6 Sestini mus. Hedervr. 92, 2. — (Die Vs. von 2. 3. 5 sind aus demselben Stempel wie die von a. 16, 4; die Vs. von 1 und 4 sind stempelgleich.)

18 S 14	Ebenso	Ebenso, im Feld r. Π

Gewicht: 2,17 (1) — 2,07 (2)

Abweichungen: Rs. im Feld r. Π (statt Π) 2

1 Berlin, vorher Cat. Walcher 934. VII, 934 — 2 London Cat. 10, 21 (Rs. etwas verprägt)

19 S 15 Taf. 1, 6	Ebenso, aber mit ✳	Ebenso, im Feld r. Ρ

Abbildung (2)

Gewicht: 2,22 (1) — 2,15 (4) — 2,14 (2. 3) — 2,13 (5) — 2,09 (6)

Abweichungen: Rs. schreiber Ρ (statt Ρ) 1. 3. 4. 6

1 Berlin Cat. 10, 12 — 2 Imhoof — 3 London Cat. 10, 22 — 4 Meletopulos — 5 Paris. —|| — 6 Bompois Macrid. (73. 3) 1, 6; vielleicht = Cat. Bompois 668 (hier 2, 80 gr angegeben). — (Die Vs. von 1. 3. 4 sind stempelgleich, ebenso die Rs. von 1. 4 und von 2. 3.)

20 S 14	Ebenso, aber mit ✳ und auf dem Schildrand ⏚ und ⋮, sechsmal abwechselnd; doppelter Randkreis	Derselbe Typus, i. F. oben achtstrahliger Stern; innerhalb der Rundung des Akrostolion kleines N

Gewicht: 1,68 (Rand sehr beschädigt)

1 Kopenhagen, vorher Cat. Huber 192

21 S 15 Taf. 1, 9	Ebenso, aber mit ⚶	Ebenso (mit Stern), aber ohne den kleinen Buchstaben

Abbildung (5)

Gewicht: 2,26 (4) — 2,25 (2) — 2,23 (5) — 2,19 (3) — 1,95 (6)

Abweichungen: Vs. ♄ (statt ⚶) 1 — der Schild mit doppeltem Randkreis 3. 4. 6 — mit einfachem Randkreis 1. 2. 5; — Rs. der Stern mit nur 7 Strahlen 1. 4. 6

1 Berlin Cat. 10, 10 (sehr beschädigt) — 2 Imhoof — 3 Leake Europ. Gr. 65 — 4 Leipzig — 5 London Cat. 10, 19 Abb. — 6 Paris; Mionnet 1, 457. 3: Conninery voyage 1. III, 8 (angeroost). — (Die Vs. von 4 und 6 sind stempelgleich.)

[Obere Distriktsbezeichnung]

22
S 14
Taf. I, 13

Kopf einer Maenade nach r. mit Weinkranz im gerollten Haar, Ohrgehänge und Perlenhalsband

MAKE ΔONΩN über einem Schiffshinterteil nach r. mit Andeutung von Wellen am Kiel

Abbildung (Vs. von 7 u. Rs. von 3)

Gewicht: 2,21 (8) — 2,20 (11) — 2,18 (3. 5) — 2,16 (7) — 2,15 (2) — 2,14 (9) — 2,09 (1. 4) — 2,05 (6)

1 Athen Cat. 1222 f — 2 Athen (Fund v. Grammenon) — 3 Imhoof; Bompois Macéd. 76, 5, 7, 8 — 4 Klagenfurt — 5. 6 Leake Europ. Gr. 65 — 7 London Cat. 10, 23 Abb. — 8 Paris; Pellerin recueil 1, 177, XXIX, 6; Mionnet 1, 453, 7 — 9 St. Petersburg — 10 Thorvaldsen Cat. 100, 553 — 11 Wien; Eckhel cat. 82, 3. — (Die Rs. von 3 und 8 sind stempelgleich.)

23
S 15

Ebenso

MAKE oben **ΔONΩN** unten, dazwischen dasselbe Schiffshinterteil nach r. (= n. 16)

Gewicht: 2,44 (7) — 2,35 (8) — 2,28 (5) — 2,15 (9. 10) — 2,00 (6)

1 Athen Cat. 1222 β — 2. 3 Athen (Fund von Grammenon) — 4 Kopenhagen, vorher Cat. Huber 190 — 5. 6 Leake Europ. Gr. 65 — 7 London Cat. 10, 24 — 8 Moskau Univers. Cat. 1911 — 9 St. Petersburg — 10 Walcher Cat. 936

24
S 15
Taf. I, 10 und 12

Ebenso

Ebenso, im Feld r. M (= n. 17)

Abbildung (9 und Vs. von 5)

Gewicht: 2,41 (7. 12) — 2,30 (8) — 2,25 (9. 17) — 2,24 (6) — 2,23 (5. 18) — 2,18 (16) — 2,17 (11) — 2,15 (13) — 2,00 (19, Erh. schl.)

1-4 Athen (Fund von Grammenon) — 5. 6 Berlin Cat. 10, 13. 14; Zeitschr. f. Num. 10 (1883), VI, 19 (Abb. von 6) — 7 Hunter Cat. 350, 3, XXIV, 19 — 8 Hunter Cat. 350, 4; Combe descr. 179, 10 — 9 Imhoof — 10 Kopenhagen — 11 Lübbecke — 12 London Cat. 10, 26 — 13 Mailand — 14 München (gelocht); Sestini descr. 84, 4 — 15 Odessa Univers. — 16 Paris; Mionnet 1, 452, 5 — 17-19 St. Petersburg — 20 Thorvaldsen Cat. 100, 554

25
S 15
Taf. I, 11

Ebenso

Ebenso, im Feld r. Γ (= n. 18)

Abbildung der Rs. (2)

Gewicht: 2,30 (6. 11) — 2,25 (5) — 2,24 (12) — 2,17 (9) — 2,15 (7) — 2,09 (10) — 2,06 (4) — 2,05 (13) — 2,00 (2) — 1,98 (1)

Abweichungen: Rs. Γ 1. 3. 7. 9. 13 — Γ 4. 6. 10. 11. 15 — undeutbar 2

1. 2 Berlin Cat. 10, 15. 16 — 3 Gotha — 4 Haag — 5 Lübbecke — 6 London Cat. 10, 27; Combe 95, 3 — 7 Melatopolis — 8 München — 9 Neapel Santang. Cat. 9960 — 10 Paris — 11. 12 St. Petersburg — 13 Six — 14 Windisch-Grätz Cat. 5 (1895), 45, 698 — 11 — 15 Bompois Macéd. (76, 4) 4, 3. — (Die Rs. von 9. 13 sowie von 12. 14 stempelgleich.)

26
S 14

Ebenso

Ebenso, im Feld r. Γ

Gewicht: 2,14 (1)

1 Berlin Cat. 10, 17 (ungenau, der angebliche Punkt ist zufällig) — 2 Six

27
S 15

Ebenso

Ebenso, im Feld r. A

Gewicht: 2,15 (1) — 2,13 (2)

1 Leipzig — 2 London Cat. 10, 28. — (Die Rs. von 1 und 2 sind stempelgleich.)

28
S 15

Ebenso

Ebenso, im Feld r. P (= n. 19)

Gewicht: 2,34 (2) — 2,27 (1) — 2,15 (2)

1 Berlin, vorher Cat. Walcher 937 — 2 Leake Europ. Gr. 65 — 3 London Cat. 10, 29

[Ohne Distriktsbezeichnung]

29
S 14
Ebenso | Ebenso, im Feld r. Λ
　　Gewicht: 1,87 (unkenntl.)
　　1 London Cat. 10, 30

30
S 14
Ebenso | Ebenso, im Feld r. undeutlicher
　　　　　　　　　　　Buchstabe (oder Monogramm)
　　Gewicht: 2,28 (1) — 1,80 (2, unkenntl.)
　　Abweichungen: Rs. ⊄ statt Λ in der Aufschrift r
　　1 Berlin Cat. 10,30 — 2 London Cat. 11,31 (etwas barbarisch)

31
S 15
Taf. I, 11
Ebenso | Derselbe Typus, im Feld oben
　　　　　　　　　　achtstrahliger Stern (= n. 21)
　　Abbildung (3)
　　Gewicht: 2,33 (3) — 2,27 (5) — 2,26 (9. 10) — 2,22 (6) — 2,21 (1) —
　　2,20 (4) — 2,16 (8) — 2,08 (11)
　　1 Athen (Fund von Grammenon) — 2. 3 Berlin Cat. 10, 18. 19 — 4 Gotha — 5 Haag —
　　6 Imhoof — 7 Leake Europ. Gr. 65 — 8 London Cat. 10,251 Combe 95,4 — 9 Meletopulos
　　— 10 Paris; Mionnet I, 453. 6 — 11 Walcher Cat. 938. — ‖ — 11 Cousinéry voyage 1,
　　III, 7. — (1 und 10 sind von demselben Stempelpaar; die Rs. von 1 und 3 sind stempelgleich.)

　　　　　　　Mit gezahntem Rand (n. 32. 33)

32
K 25
Taf. I, 12
Kopf des Poseidon mit Taenie | ΜΑΚΕ dazwischen Keule mit dem
nach r., am Nacken der (geschul- | ΔΟΝΩΝ Griff nach l., im Feld unten HI M;
terte) Dreizack | das Ganze in einem l. gebundenen
　　　　　　　　　　　　 | Eichenkranz
　　Abbildung (4)
　　Gewicht: 13,75 (13) — 12,71 (1) — 12,18 (4) — 10,70 (1. 3) — 9,58 (11)
　　1. 2 Berlin Cat. 12, 35. 36; Zeitschr. f. Num. 20 (1897), VI, 16 (die Vs. von 1) — 3 Gotha
　　— 4 Imhoof; Bompois Macéd. 91, 4; Overbeck Kunstmyth. 2, 272, 5, Münzt. V, 5. Abb.
　　der Vs. (ohne den gezahnten Rand) — 5 Lewis — 6. 7 London Cat. 16, 67. 68 Abb.;
　　Zeitschr. f. Num. 20 (1897), VI, 16 (die Rs. von 7) — 8 Meletopulos — 9 München —
　　10 Paris; Mionnet S. 3, 2, 8, III, 1; Cousinéry voyage 1, 256, III, 11; Bompois Macéd. 89, 1
　　IV, 1 (die Abb. aber nach einem anderen Exemplar, vgl. zu 14) Svoronos, Bull. de corresp.
　　hell. 18 (1894), 126, 61 Abb. der Vs.) — 11 Paris; Bompois Macéd. 89, 3 — 12 Wien —
　　13 Winterthur. — ‖ — 14 Cat. Bompois 684; Bompois Macéd. 89, 2 (die Abb. IV, 1 wohl
　　nach diesem Exemplar, vgl. zu 10) — (1 n. 10 aus demselben Stempeln, ebenso 1 u. 7.)
　　Das Metall dieser Münzen hat bisweilen (2. 3. 6. 10. 12. 14) eine hellere, dem Potin glei-
　　chende Farbe. Über den gezahnten Rand vergl. Zeitschr. f. Num. 20 (1897), 175.

33°
S (15)
Weiblicher Kopf nach r. mit stilisiertem Lor- | ΜΑΚΕ ohne
beerkranz im gerollten Haar und Perlen- | ΔΟΝΩΝ unten, darzwischen Schiffsvorder-
halsband | teil nach r., auf welchem zwei Männer
　　　　　　　　　　　　　　　 | rechtshin laufen; L F. r. Φ
　　1 Goltz Graecia XXII, 6 (Gronov. num. pop. 291, 6, KLI, 6)
　　Es handelt sich bei dieser Abbildung ohne Zweifel nur um unrichtige Wiedergabe einer
　　Münze wie oben n. 23 fg. Auf der Vs. ist der Weinkranz verkannt, auf der Rs. ist aus den
　　Wellen am Kiel ein Tierkopf gemacht und die zwei Männer sind entstanden aus den
　　beiden senkrechten Pfosten, Pallei genannt. Der Buchstabe Φ ist auf keinem anderen
　　Exemplar nachweisbar.

Ohne Distriktsbezeichnung

33 Ebenso   Ebenso, aber im Feld unten ₥ Ħ
K 25   1 München

34 Jugendlicher gehörnter Kopf des   ΜΑ ΚΕ   oben
K 22   Flussgottes Strymon, mit Schilf   ΔΟ ΝΩΝ unten (in geraden Zeilen).
        bekränzt, von vorn, etwas nach r. Langgewandete Artemis nach r.
                                          stehend mit Köcher am Rücken, in
                                          den Händen eine Fackel (fast wage-
                                          recht) nach r. haltend; im Feld
                                          l. ΜΕ   r. ₥

Taf. I. 14   Abbildung (1)
         Gewicht: 10,52 (3) — 9,51 (1) — 9,40 (4) — 8,58 (2)
         Abweichungen: Rs. das l. Monogramm über der Fackel stehend 1, 2   unter der
         Fackel 3, 4 — wie es scheint; ϷΕ 2
         1, 2 Berlin Cat. 11, 23 (Abb.), 24, ungenau — 3 Haag   4 Paris: Pellerin recueil 1, 178,
         XXIX, 10; Mionnet 1. 444, 37; Koupusis Maced. 78, 7. I, 12 angeraut
         Über die Deutung der Typen als Strymon und Artemis vgl. von Sallet, Berliner
         Catalog 2, 11 zu No. 23. Derselbe Kopf des Flussgottes erscheint unten n. 49 fg. im Profil
         nach r. dargestellt. Die Artemis ist wahrscheinlich die in Makedonien und besonders in
         Amphipolis verehrte Tauropolos; vgl. zu n. 155.

35 Kopf des jugendlichen Herakles   ΜΑΚ Ε oben und im Abschnitt.
K 18   nach r., mit dem Löwenfell be-   ΔΟΝΩΝ Gezäumtes Pferd nach r. schrei-
        deckt   tend; unter dem Leibe ₤, unter
                                          dem erhobenen r. Vorderfusse ₥

Taf. I. 18   Abbildung (3)
         1 Gotha — 2 Kopenhagen, früher Cat. Welzl 1730 — 3 Lobbecke

36 Ebenso   Ebenso, aber unter dem Leibe ₥,
K 18   1 München   unter dem r. Vorderfusse ₩

37 Ebenso   Ebenso, aber im Feld r. Γ (?), unter
K 18   1 Mailand   dem r. Vorderfusse ₩
         Von dem Monogramm i. F. r. ist nur die linke Hälfte erhalten; ob es zu ₥ oder zu ₥
         zu ergänzen ist, muss unentschieden bleiben.

38 Ebenso   ΜΑΚ Ε oben und im Abschnitt.
K 18   ΔΟΝΩΝ Pferd ohne Zaum nach r. schrei-
                                          tend; im Feld r.   ₥
                                                            ΜΕ

         Gewicht: 5,96 (7) — 5,55 (3) — 5,30 (4) — 4,68 (5) — 3,67 (6)
         Abweichungen: Rs. ohne Bodenlinie 1, 5, 6, 7 und vielleicht öfter
         1 Lobbecke — 2 Meletopulos — 3, 4 München — 5 Paris: Mionnet 8, 3, 4, 27 (ungenau)
         — 6 Turin Mus. Cat. 2170 — Lavy 1110 (ungenau) — 7 Wien, früher Cat. Welzl 1737

Die antiken Münzen Nord-Griechenlands. III.   3

[Ohne Distriktsbezeichnung]

39
K 24
Kopf des Poseidon mit Taenie MAKE oben
nach r. ΔONΩN unten, dazwischen Keule
mit dem Griff nach l., im Feld
oben ΗP; das Ganze in einem l.
gebundenen Eichenkranz

Taf. I, 1)   Abbildung der Vs. (1)

Gewicht: 12,19 (3) — 11,18 (1) — 10,41 (4) — 10,30 (1) — 9,71 (1)
1 Berlin Cat. 11,31 — 2 Gotha — 3 Imhoof — 4 Löbbecke — 5 London Cat. 14,51 —
6 Mailand — 7 Paris; Mionnet 1, 453, 16 = S. 3, 2, 10 (ungenau) — 8 Paris; Mionnet
S. 3, 3, 12 (ungenau). — 9 Cat. Rompois 670; Bompois Macéd. 170, 1) 1, 10
Der Kopf dieser Münzen (n. 39—48) ist von Overbeck (Kunstmythologie 1, 93, zu und
103 fg.) für Zeus erklärt worden. Doch sind seine gegen die Benennung Poseidon
geltend gemachten Gründe nicht stichhaltig, was er auch später (Kunstmythologie 2, 201,
Anm. 211 selbst zugibt. Über die Typen vgl. auch unten zu n. 103.

40
K 23
Ebenso   Ebenso, im Feld oben AΓ, unten ΓΡ
1 Dresden

41
K 24
Taf. I, 20
Ebenso   Ebenso, im Feld oben ΓΡ, unten AΓ
Abbildung (2)
Gewicht: 12,18 (2) — 11,81 (1)
1 Berlin Cat. 11,32 — 2 London Cat. 14,51 Abb. — (Die Vs. von 1 und 2 sind stempel-
gleich.)

42
K 24
Ebenso   Ebenso, im Feld oben ΓΡ, unten ΗP
Abweichungen: Rs. oben scheinbar ΡΡ (vgl. n. 48) 3
1 Löbbecke — 2 München   3 Philippopel

43
K 24
Ebenso   Ebenso, im Feld oben ΓΡ, unten M
Gewicht: 12,20 (6) — 11,25 (3) — 10,99 (1) — 10,33 (1) — 10,12 (3)
Abweichungen: Rs. das obere Monogramm ΓΡ 3 — etwas verrieben 4
1 Athen Cat. 2224 (ungenau) — 2 Berlin Cat. 12,33 (ungenau) — 3 Lambros — 4 Leake
Europ. Gr. 10 — 5 Löbbecke — 6 Mailand — 7 Paris; Mionnet S. 3, 3, 11 (ungenau) —
8 Wien; Mus. Theup. 2. 1278. — (Die Vs. von 2, 3, 5 sind stempelgleich, ebenso die Rs.
von 2 und 5.)

44
K 22
Ebenso   Ebenso, im Feld oben Θ, unten N
Gewicht: 7,50 (1) — 6,85 (2)
Abweichungen: Vs. mit Pkr. 2
1 Athen Cat. 1250   2 München

45
K 23
Ebenso   Ebenso, im Feld oben Η, unten AΓ
Gewicht: 11,35 (6) — 11,08 (2) — 9,82 (1) — 9,65 (4) — 9,24 (3)
1 Berlin Cat. — 2 Kopenhagen — 3 Mailand — 4 München — 5 Neapel Cat. 6400
6 Paris; Mionnet 1, 453, 15 = S. 3, 2, 9 — 7 Wien, voher Cat. Welzl 1702. —
8 Cat. Thomsen 3, 777

46
K 21
Ebenso   Ebenso, im Feld oben Η, unten ΓΡ
Abweichungen: Rs. ΔONO (ohne N) und oben ⊡, unten ΓΡ 1
1 Sophia (barbarisch, 13 mm) — 2 Wien

'Ohne Distriktsbezeichnung

47 Ebenso   Ebenso, im Feld oben ⋈, unten ◁
K 22   1 Leake Europ. Gr. 66

48 Ebenso   Ebenso, im Feld oben ◱, unten ⋈
K 24   Abbildung der Ks. (4)
Taf. I. 25
        Gewicht: 14,08 (1) — 12,85 (9) — 12,10 (2) — 11,35 (4) — 11,07 (5)
        Abweichungen: Rs. das untere Monogramm ⋈ 3. 6. 8. 9
        1 Athen Cat. 1225 (ungenau) — 2 Gotha — 3 Haag — 4 Imhoof — 5 London Cat. 14.53
        (ungenau) — 6 Meletopulos — 7. 8 St. Petersburg — 9 Turin Mus. Cat. 2) Rs. — Lavy 1117

49 Jugendlicher gehelmter Kopf des   ΜΑΚΕ oben
K 24-20 Flussgottes Strymon nach r.,   ΔΟΝΩΝ unten, dazwischen Drei-
        mit Schilf bekränzt; an der Wange   zack nach r., mit 2 Delphinen
        leichter Bart   verziert; am Schafte oben N
                                           unten ⋈
Taf. I. 23   Abbildung der Vs. (7)
        Gewicht: 9,70 (2) — 9,68 (1) — 7,70 (10) — 6,90 (7) — 6,54 (6)
        1. 2 Berlin Cat. 14. 50. 51 — 3. 4 Bologna Bibl. — 5 Gotha — 6 Hunter Cat. 350.5 —
        7 Imhoof — 8 Kopenhagen, vorher Cat. Welzl 1754 — 9 Lobbecke — 10 London
        Cat. 12.41 — 11 Moskau Univ. Cat. 1013 — 12 Paris — 13 Wien
        Der Kopf dieser Münzen (n. 49-63) ist zuerst von Müller (Musée Thorvaldsen (10), 536)
        richtig gedeutet worden. Die älteren Beschreibungen bezeichnen ihn als Ceres oder als
        Pan. — Vgl. oben zu n. 34.

50 Ebenso   Ebenso, mit ⋈
K 23-20   N
        Gewicht: 7,80 (1) — 7,64 (3) — 6,93 (1)
        Abweichungen: Rs. das obere Monogramm ⋈ 2. 4
        1 Berlin Cat. 14.52 — 2 Hunter Cat. 351.9; Combe descr. 180,21 (Mionnet S. 3. 4. 23)
        ungenau — 3 London Cat. 12.40 Vds. — 4 Parma — 5 Rhousopulos

51 Ebenso   Ebenso, mit ⋈
K 20   A⋈
        Gewicht: 8,45
        1 Berlin Cat. 14.55

52 Ebenso   Ebenso, mit ⋈
K 21   ⋈
Taf. I. 22 Abbildung (5)
        Gewicht: 8,20 (5) — 8,16 (4. 9) — 7,79 (1) — 7,76 (8. — 6,06 (2)
        Abweichungen: Rs. das untere Monogramm ⋈ 4. 7. 9. 10. 12. 13 — ⋈ 6 —
        angeblich ⋈ 14
        1. 2 Berlin Cat. 14.53. 44 — 3 Eggers — 4 Hunter Cat. 350.6; Combe descr. 180,24 un-
        genau — 5 Imhoof — 6 Leopardov — 7 Lobbecke — 8 London Cat. 12.42 ungenau;
        Combe 05.5 — 9 München; Sestini descr. 85.11 ungenau — 10 Paris; Rhompais Macéd.
        78,6 (die Abb. I. 15 nach einem anderen Ex., vgl. zu 49) — 11 Sophia — 12 Wien
        13 Windisch-Graetz Cat. 5 (1899), 45, 701. — 14 Gotha Graecia XXII, 4 (Gessner num.
        pop. 290.28, XI, 18 — 15 Cat. Rhompis 177, wohl = Rhompais Macéd. I. 15 (vgl. zu 10)

——
49*   n. 49   = n. 49, in late monogramm ...
K III   1 Mus. Sanclem. I, 230 (irrig Panskopf), nicht in Mailand
        Da die Monogramme nicht wiedergegeben sind, lässt sich die Münze oben nicht einreihen.
                                                                            5*

(Ohne Distriktsbezeichnung)

52
K 18
Ebenso   Ebenso, mit ⌂
                                          ⊠

Gewicht: 8,29
1 Hunter Cat. 351. 8

54
K 21
Ebenso   Ebenso, mit ⌂
                                          ℒ

Gewicht: 9,20 (1) — 9,19 (7) · 8,53 (6) — 7,67 (4) – 7,58 (1)
Abweichungen: Rs. das obere Monogramm nicht angegeben 9 neben dem unteren Monogramm ein fünfstrahliger Stern 7
1 Hunter Cat. 350. 7 — 2 Leake Europ. Gr. 10 (irrig Perrekopf) — 3 Lobbecke 4 London Cat. 12. 43 — 5 Odessa Mus. — 6 Paris; Mionnet 1. 454. 30 — N. 3. 4. 14 – 7 Paris; Mionnet 1. 454. 31 — 8 Peer. .. — 9 Sestini aus. Hedern. 92. 14 ungenau

55
K 18
Ebenso   Ebenso, mit ⌂
                                          ⊡

Gewicht: 7,97 (2)
1 Haag — 2 London Cat. 12. 44

56
K 21
Ebenso   Ebenso, mit ⌂
                                          Φ (?)

1 Wien

57
K 20
Ebenso   Ebenso, mit ?
                                          ⊞

Gewicht: 9,50
1 Imhoof

58
K 21
Taf. I. 24
Ebenso   Ebenso, mit ⋔
                                          ME

Abbildung des Vs. (11)
Gewicht: 8,95 (3) — 8,12 (11) — 7,46 (2) — 7,23 (4) · 6,66 (a. Erh. schl.)
Abweichungen: Rs. das obere Monogramm ⋔ 3
1 Amsterdam — 2 Berlin, vorher Cat. Walcher 945 (ungenau) — 3 Gotha — 4 London Cat. 12. 43 — 5. 6 Melchopulos — 7 Neapel Cat. 6500 · 8 St. Petersburg · 9 Turin Mus. Cat. 2178 — Lavy 1115 (ungenau) · 10 Wien · 11 Wien; Eckhel cat. 87. 4

59
K 21
Ebenso   Ebenso, aber außerdem unten am
                          Rande B

Gewicht: 6,83
1 Imhoof

60
K 21
Ebenso   Ebenso, aber am Rande Δ

Gewicht: 7,00 (2) — 6,80 (2)
1. 2 Hunter Cat. 351. 10. 11. Combe descr. 186. 23. 22 (ungenau)

61
K 21
Ebenso   Ebenso, aber am Rande H

Gewicht: 6,82 (1)
1 München · 2 Odessa Mus. — 3 Paris; Mionnet S. 3. 4. 25; Rompols Macéd. 78, 8, II. 17 · 4 Paris. · (Der Vs. von 1 und 3 sind stempelgleich.)

Ohne Distriktsbezeichnung?

62
K 22   Ebenso   Ebenso, aber am Rande ⩞

    1 Thessalien Cat. 100, 550

63
K 31   Ebenso   Ebenso, aber am Rande Ν

    Gewicht: 9,80 (2) — 9,20 (4) — 7,40 (5
    Abweichungen: Rs. die Monogramme Ⲙ ⲘΕ 1   angeblich Ⲙ ΝΕ 3
    1 Bologna 1466 — 2 München · 3 Paris: Münzel 1, 454. 38   4 Winterthur.
    5 Wiczay 2570; Sestini mus. Hederv. 92, 13   6 Cat. Thomsen 1, 779

64   Stern von 7 (?) Sicheln, von 2 Linien-   ΜΑΚΕ   in einem l. gebundenen
K 15   kreisen umgeben, in der Mitte   ΝΕ Ⲙ   Eichenkranz
    eines makedonischen Rundschil-   ΔΟΝⲰΝ
    des, dessen Rand mit ⩊ und ⸪ (?),
    sechsmal abwechselnd, verziert ist

    1 Paris; Rompols Macéd. 81, 17 (ungenau)
    Die Münze ist leider so schlecht erhalten, dass auf der Vs. die Einzelheiten der Ornamente
    sich nicht genau feststellen lassen.

65   Achtstrahliger Stern, von 2 Linien-   ΜΑΚΕ
K 16 13   kreisen umgeben, in der Mitte des   Ⲙ ΜΕ   ebenso
    Schildes, dessen Rand mit ⩊   ΔΟΝⲰΝ
    und ⸪, sechsmal abwechselnd, ver-
    ziert ist
Taf. I. 29   Abbildung
    Gewicht: 2,20
    1 Imhoof

66   Ebenso, aber auf dem Rand ⩊   ΜΑΚΕ   in einem unten gebunde-
K 14   und ⸪, sechsmal abwechselnd   Ⲙ ⲙ   nen Eichenkranz
                                               ΔΟΝⲰΝ
    Gewicht: 2,94 (1)
    Abweichungen: Rs. das erste Monogramm angeblich ⅅⲢ 2
    1 Berlin Cat. 15.65.   2 Wiczay 2575; Sestini mus. Hederv. 92, 4

67   Ebenso   Ebenso, aber in der Mitte Ⲉ Ⲧ⪙
K 14   Gewicht: 3,28 (3) — 3,12 (4) — 2,95 (5) — 2,23 (6)
    Abweichungen: Rs. mit e zwischen den Monogrammen 1; ·· dicker Schrötling 4
    1 Berlin Cat. 15.64   2 Gotha — 3 Hoffmann — 4 Kopenhagen ·· 5 München

68   Ebenso   Ebenso, aber in der Mitte ⪙ ⅀
K 14
Taf. I. 30   Abbildung (3)
    Gewicht: 2,20 (4.3)
    Abweichungen: Rs. das zweite Monogramm ⅀ 4
    1 Imhoof   2 Leake Europ. Gr. 65 ·   3 München: Sestini descr. 64, 5 ·   4 Rollin und
    Feuardent

69   Ebenso   Ebenso, aber die Monogramme
K 14   zerstört

    1 Berlin Cat. 15.66

[Ohne Distriktsbezeichnung ()

Die folgenden Münzen n. 70. 71) sind von etwas abweichender Fabrik und gehören vielleicht einem besonderen Distrikt an, dessen Name in dem Monogramm der Rs. enthalten ist; vgl. die Einleitung S. 2 nebst Anm. 2.

70 K 24-21	Kopf des Apollon nach r. mit Lor- beerkranz im langen Haar, das hinten aufgerollt ist und in 3 lan- gen gedrehten Locken (1 vor dem Ohr, 2 im Nacken) herabhängt	MAKE oben ΔONΩN unten. Lyra; im Feld l. Bogen (senkrecht, r. ⚹
Taf. I, 10	Abbildung (Vs. von 7 und Rs. von 12)	

Gewicht: 10,50 (3) — 9,76 (2) — 9,75 (1) — 9,06 (7) — 8,10 (6)
Abweichungen: Rs. das Monogramm ⚹ 6. R. 16. 19 — unvollständig 4 — undeutlich 14. 15 — gar nicht angegeben 23

1. 2. 3 Berlin Cat. 11, 23-27 — 4 Gotha 5 Haag — 6 Hunter Cat. 351. 11; Combe descr. 180, 25, XXXIV, 11 — 7 Imhoof 8 Kopenhagen — 9. 10 Leake Europ. Gr. 66 — 11 Lübbecke — 12 London Cat. 14, 54 Abb. — 13 Mailand 14 München — 15 Neapel Santangelo Cat. 9993 — 16 Odessa Univers. 17 Oxford — 18 Paris; Pellerin recueil 1, 178, XXIX, 11; Mionnet S. 3, 3, 20; Bompois Macéd. 77, 5 (die Abb. I, 14 nach einem anderen Exemplar, vgl. zu 24) — 19 Paris — 20 Walcher Cat. 941 — 21 Wien; Eckhel cat. h2. 7. — — 22 Mionnet 1, 454, 26 (nicht mehr in Paris, durch 19 ersetzt) — 23 Sestini coll. Hedervar. 112, 12 — 24 Cat. Bompois 673, vielleicht — Bompois Macéd. 3, 14 (vgl. zu 18)

71 K 17	Kopf des jugendlichen Herakles nach r., mit dem Löwenfell be- deckt	MAKE oben ΔONΩN unten, dazwischen Keule mit dem Griff nach r., im Feld unten ⚹; das Ganze in einem unten gebundenen Lorbeerkranz
Taf. I, 17	Abbildung	

1 Oxford; Wise num. Bodl. 2 (ungenau)

II. Distrikt Amphaxitis (◮)
Prägestätte Thessalonike (E)

a. Mit vollem Distriktsnamen

72 S 31	Stern von 6 Sicheln, von zwei Linienkreisen umgeben, in der Mitte eines makedonischen Rund- schildes, dessen Rand mit ⚬ und A, achtmal abwechselnd, ver- ziert ist	MAKEΔONΩN oben AMΦAΞIΩN unten, dazwischen Keule mit dem Griff nach l., im Feld oben ◁ ± Das Ganze in einem l. gebundenen Eichenkranz; am Rande l. Blitz (?)
T. VII, 21	Abbildung	

Gewicht: 16,97

1 Paris; Millingen sylloge 50, I, 24; Bompois Revue num. 1860, X, 11 und 1867, 99; Hennin manuel (1872), XVIII, 7

Distrikt Amphaxitis]

73
K 32
Kopf des jugendlichen Herakles
nach r., mit dem Löwenfell bedeckt

ΑΜΦΑ
ΞΙΩΝ und dazwischen Keule mit
dem Griff nach l., im Feld oben
Ɵ, unten Ʀ ±; das Ganze in
einem L gebundenen Eichenkranz

T. VII. 31
Abbildung (7)
Gewicht: 8,99 (1. -- 8,64 (u) — 8,15 (3) -- 8,06 (4 · 7,85 (1)

1 Athen Cat. 1253,5   2 Berlin Cat. 34,1 — 3 Gotha · 4 London Cat. 42,3: Combe 98, 1
· 5 Odessa Univers. · 6 Paris; Pellerin recueil 1, 180, XXX, 10 (die Monogramme ungenau); Mionnet 1, 462, 100 · 7 Rollin und Feuardent -- 8 Kl. Petersburg.   — 9 Mus.
Arigoni 1, urb. II, 18; Sestini catal. cast. 20 · 10 Cat. Bentinck, Suppl. 171 (die Monogramme nach Pellerin, vgl. oben 6) · 11 Wiczay 2103; Sestini mus. Hedery. 91, 1 (das
letzte Monogramm ungenau). - Hierher wohl auch 12 Sestini descr. 88 (sper arcum turia
monogrammatae) von Ainslie, vgl. o. 78, 2

Dieselben 3 Monogramme kehren vereint auf n. 85 wieder; vgl. auch p. 83 fg. und n. 120.

74
K 23
Ebenso

ΑΜΦΑ
ΞΙΩΝ und dazwischen Keule mit
dem Griff nach l., das Ganze in
einem unten gebundenen Eichenkranz; unterhalb der Kranzschleife
ΑΠ

Gewicht: 11,63 (5 — 10,00 (4) — 9,74 (3) -- 9,73 (6) — 8,97 (2)

Abweichungen: R., das Monogramm ΑΠ 10 · ΑΠ 4. 3. 8 -- zerstört 2. 3 -- nicht
angegeben (wohl nur verrieben oder nicht zur Ausprägung gelangt) 11

1 Athen (neue Erwerbung)   2 Berlin Cat. 34,2 -- 3 Hunter Cat. 351,1; Combe descr. 23,1
· 4 Imhoof · 5,6 London Cat. 42,1 (Abb.). 2, ungenau   7 Mailand; Mus. Sanclem. 1, 143
8 Oxford — 9 Paris; Mionnet 1, 462, 98   10 Turin Kgl. Slg.   Hierher wohl auch
11 Cat. Billoin 1886) 525. — (Die Rs. von 1, 6, 7, 9 sind stempelgleich, ebenso die Rs.
von 3 und 5.)

75
K 23
Ebenso

Ebenso, aber oben über dem Kranz
ΑΔ, unter der Schleife ΑΙ

1 Löbbecke · 2 Wien

76
K 23
Ebenso

Ebenso, aber oben ΑΔ, unten Ɛ

1 Gotha; Liebe 158 Abb., ungenau · 2 Kopenhagen · 3 Paris; Mionnet 1, 463, 99
Das untere Monogramm ist nur bei 2 vollständig erhalten; es kehrt auf Tetradrachmen
des Perseus wieder.

77
K 22
Ebenso

ΑΜΦΑ
ΞΙΩΝ und dazwischen Keule mit
dem Griff nach rechts, im Feld
unten Ρ; das Ganze im unten
gebundenen Eichenkranz

T. VII. 23
Abbildung
Gewicht: 8,57

1 London Cat. 42,4

[Distrikt Amphaxitis]

N
K 22 Ebenso

1 Hunter Cat. 331. 2; Combe descr. 7,1,2 · 2 München; Sestini descr. 88 (zugleich von Ainslie, vgl. n. 73,12) — 3 Wien, vorher Cat. Welzl 1832. — (Die Rs. von 1, 2 und 3 sind stempelgleich.)

Dasselbe Monogramm kehrt auf n. 90, 93, 98 u. 101 wieder; vgl. auch n. 101 und a. 109.

Ebenso, aber im Feld unten N

b. Mit Distriktsbezeichnung im Monogramm

N
K 22 Kopf des Poseidon mit Taenie nach r., im Nacken der (geschulterte) Dreizack

Taf. I, 17 Abbildung (1)

MAKE oben
ΔONΩN i. A. Gezäumtes Pferd nach r. schreitend; l. F. l. Ⓜ   r. ⚓

Abweichungen: Vs. angeblich Zeuskopf mit Lorbeer 2; · Rs. keine Monogramme angegeben 2

1 München. · · · · Ilkerher wohl auch 2 Cat. Nobby Paris 523 (Bompois Macéd. 77. 3)
Die Münze ist auf der Rs. stark korrodiert und etwas verrieben, so dass die Monogramme nur ganz schwach sichtbar sind.

N
K 19 Kopf der Athena mit korinthischem Helm nach r.

Gewicht: 6,44

1 München

MAK E oben
ΔONΩN i. A. Gezäumtes Pferd nach r. springend; i. F. oben Spuren von Monogrammen, unter dem Leibe ⚓

N
K 17 Ebenso

1 Leake Suppl. 131 · · 2 München

MAK E oben
Δ **ONΩN** unten. Ebenso; i. F. oben ΓP ⊿, unten am Rande IAI

Bei dieser und der folgenden Münze (n. 89) fehlt, wer es scheint, das Distriktsmonogramm; doch wird ihre Zugehörigkeit zur Amphaxitis bewiesen durch die Typengleichheit mit n. 80 und die Wiederkehr der gleichen Monogramme auf sicheren Münzen dieses Distrikts.

N
K 17 Ebenso
Taf. I, 16 Abbildung

Ebenso, aber i. F. oben Є Ⓜ unten am Rande   ?

1 Kopenhagen; wohl dieses Exemplar vorher Weczay 2573 (Mionnet S. 3. 4. 26; Bompois Macéd. 79, 11]; Sestini mus. Hederv. 98. 11

Die folgenden Münzen (n. 83—96) zeigen in Grösse und Stil erhebliche Verschiedenheit. Die Stempel erforderten, um vollständig zur Ausprägung gelangen zu können, einen Durchmesser des Schrötlings von etwa 24 mm. Einen solchen haben jedoch nur sehr wenige Exemplare, bei der Mehrzahl beträgt er nur 21 mm und darunter. Infolgedessen sind auch selten alle 4 bezw. 3 Monogramme zugleich vollständig ausgeprägt. Mit der Abnahme des Durchmessers verschlechtert sich auch der Stil; am rohesten sind n. 92. 94. 95 und 96, wie schon die Entartung des Distriktsmonogramms zeigt. Über die Typen vgl. auch unten zu n. 207.

Distrikt Amphaxitis

83
K 26-21
Kopf des jugendlichen Dionysos nach r. mit Binde um die Stirn und Efeukranz im Haar, das hinten aufgerollt ist und im Nacken lang herabhängt

MAKE oben
ΔON ΩN unten. Ziegenbock nach r. stehend; i. F. oben ± E¹
L N   r. ⋏

Taf. I. 15   Abbildung (3)

Gewicht: 11,19 (1) — 9,88 (2) — 9,78 (3. — 9,65 (8. — 6,71 (4)

Abweichungen: Rs. das 2. Monogramm oben E¹ 4. 5. 7   E¹ 3 — oben abgeschnitten 8   1. undeutlich 4. 5. 10

1. 2 Berlin Cat. 12. 37. 39 (ungenau)   3. 4 London Cat. 11. 32 (Abb.). 33 - 5 Mailand — 6 München   7 Oxford   8 Paris: Mionnet 1, 454, 29 (ungenau) - 9 Parma — 10 St. Petersburg

84
K 24-22
Ebenso

Ebenso; i. F. oben ± E¹, r. ⋏
i. A. ⱪ

Gewicht: 11,89 (1) — 10,44 (3)

Abweichungen: Rs. oben abgeschnitten 2

1 Berlin Cat. 12, 38 (ungenau) - 2 Meletopulos   3 München

85
K 21
Ebenso

Ebenso, aber i. A. Ᵽ

1 London Cat. 11, 35 (ungenau.

86
K 21
Ebenso

Gewicht: 7,04

Ebenso, aber i. A. Τ

1 Berlin Cat. 13, 40

87
K 21
Ebenso

Abweichungen: Rs. die oberen Monogramme unvollständig 1. 2

Ebenso, aber i. A. ?

1 Bologna Bibl. - 2 Paris: Mionnet 8, 5, 5, 33: Bompois Macéd. 80, 13, 20 (ungenau)

88
K 18
Ebenso

Ebenso, aber i. A. Γ

1 Leake Europ. Gr. 66   2 London Cat. 11, 34 (ungenau). - Die beiden Münzen sind etwas barbarisch und die verwilderten oberen Monogramme deshalb nicht ganz sicher.

89
K 22
Ebenso

Abweichungen: Rs. oben MAKE 1 — das 1. Monogramm unvollständig 2

Ebenso; i. F. oben ± Æ, r. ⋏

1 Paris — 2 Wien (etwas barbarisch), vorher Cat. Weld 1701

90
K 23-21
Ebenso

Abweichungen: Rs. das 1. Monogramm unvollständig 1

Ebenso; i. F. oben N Æ, r. ⋏

1 London Cat. 11, 34   2 Paris: Mionnet 1, 454, 28: Bompois Macéd. 80, 14, 11, 11

91
K 19
Ebenso

Gewicht: 8,56

Ebenso; i. F. oben A, r. ⋏

1 Athen Cat. 1231.   Dicker Schrötling.

92
K 18
Ebenso

Abweichungen: Rs. MAK - oben, ΔON -- unten

Ebenso; i. F. oben ??, r. ⋏

1 Haag (barbarisch)

Distrikt Amphaxitis?

93
K 22 Ebenso

MAKE oben
Δ ONΩN unten. Ziegenbock nach
r. stehend; i. F. oben N
l. Stern (mit 7 Strahlen), r. ⚔

Abweichungen: K. Δ ONΩ N 1 — das obere Monogramm undeutlich 1
1 Athen (neue Erwerbung) — 2 Palermo

94
K 20 Ebenso

MAKE oben
ΔONΩ N unten. Ebenso; i. F. l.
nichts, r. ✝

Gewicht: 8,94

1 Berlin Cat. 13,41 (ungenau)

95
K 17 Ebenso

(M¦AKEN (so!) oben
ΔONΩ unten. Ebenso; i. F. r. ✝

Gewicht: 5,48

1 Berlin Cat 13,42

96
K 19 Ebenso

Ebenso; i. F. r. ✦

Gewicht: 7,90

1 Innsbruck

Bei den folgenden Münzen (n. 97—110) stehen die Monogramme am Rande
ausserhalb der Aufschrift und zwar so, dass sie in gleicher Richtung wie
diese zu lesen sind, also bei senkrechter Stellung des Dreifusses gleichsam
liegend erscheinen. Der Schrötling ist meist zu klein und die Monogramme
sind infolgedessen selten ganz vollständig.

97
K 22-20 Kopf des Apollon nach r. mit Lorbeerkranz im langen Haar

MAKE r. von oben
ΔONΩN l. von oben (in geraden
Zeilen). Dreifuss mit 3 Henkel-
ringen und einem Aufsatz (Ὄμφαλος),
der mit 3 Lorbeerzweigen besteckt
ist; i. F. l. ⚔

Taf. 1, 21   Abbildung (no)

Gewicht: 8,67 (2) — 8,48 (13) — 8,21 (4) — 7,80 (5) — 7,50 (3)

Abweichungen: K. das Monogramm ⚔ 4. 18   unvollständig 5
1 Amsterdam   2. 3 Athen Cat. 1228. 1229   4. 5 Berlin Cat. 14. 50 und 62   6 Gotha
7 Hunter Cat. 351, 3; Combe descr. 181, 26, XXXIV, 12 — 8 Klagenfurt ·
9 Löbbecke · 10. 11 London Cat. 11, 37 (Abb.) und 13, 38; eine davon Combe cat. 95, 6
12 Mailand, Mus. Sanclem. 1, 230 (ungenau)   13 Menil   14 München · 15 Oxford
16 Paris; Mionnet 1. 453, 20   17 Turin Mus. Cat. 1175 — Lavy 1113   18 Wien
— 19 Cat. Sestinck 2, 1107 · 20 Cat. Thomsen 1.778. · (Die Vs. von 4 und 5 sind
stempelgleich.)

98
K 20 Ebenso

Ebenso; i. F. r. N
l. ⚔

Gewicht: 8,30 (1)   6,84 (1)

1 Athen Cat. 1230   1 Wien

Dreifität Amphaxitis.

99
K 20-18 | **Ebenso** | Ebenso; i. F. r. £
 | | | l. ⊞ ⚔

Gewicht: 8,94 (9) — 8,34 (11) — 8,07 (4) — 6,50 (5) — 5,57 (1)

Abweichungen: Rs. das Monogramm l.F. r. unvollständig 1. 3. 7. 8. 9. 11. 12 - die Monogramme l. F. l. unvollständig 4. 6. 10. 11

1 Berlin Cat. 14,57 · 2. 3 Haag — 4 Hunter Cat. 351,4; Combe descr. 181,27 · 5 München 6 Oxford — 7 Paris; Mionnet 1, 454, 25 (ungenau); Bompois Macéd. 77, 3, 1, 13 -- 8 Paris; Mionnet 8, 3, 3, 18 9 St. Petersburg — 10 Weiss -- 11 Wien; Mus. Theup. 2, 1278. — · 13 Wiczay 2572; Sestini mus. Hederv. 92,9 (ungenau)

100
K 20 | **Ebenso** | Ebenso; i. F. r. ⊟ ±
 | | | l. ⚰ (?) ⚔

Gewicht: 7,68 (1) — 6,36 (4)

Abweichungen: Vs. undeutlicher Gegenstempel 2; Rs. die Monogramme l. F. l. nicht sichtbar 1. 2. 4

1 Berlin Cat. 15, 60 · 2 Paris; Mionnet 1, 454, 23 - 3 Paris; Mionnet K. 3, 3, 21 - 4 St. Petersburg

101
K 20 | **Ebenso** | Ebenso; i. F. r. ⊟ ◎
 | | | l. ⋈ ⚔

Gewicht: 10,50 (2) — 8,15 (6) — 7,51 (2) — 7,30 (1)

Abweichungen: Rs. die Monogramme i. F. r. abgeschnitten 1. 4

1 Berlin Cat. 15, 61 · 2 Imhoof -- 3 Mailand · 4 Paris; Mionnet 1, 454, 21 — 5 Paris; Mionnet 8, 3, 3, 15 (ungenau) · 6 St. Petersburg

102
K 20 | **Ebenso** | Ebenso; i. F. r. ? ?
 | | | l. ⋈ ⚔

1 Gotha

103
K 20 | **Ebenso** | Ebenso; i. F. r. ⊟ ⋈
 | | | l. ⟁ ⚔

Gewicht: 8,47 (2) — 8,38 (4) — 7,52 (1) — 6,05 (3)

Abweichungen: Rs. die Monogramme i. F. r. unvollständig 4 nicht angegeben 5 · die Monogramme i. F. l. unvollständig 2. 3 — abgeschnitten 1

1 Berlin Cat. 15, 58 (ungenau) — 2 Haag - 3 Löbbecke — 4 Turin Mus. Cat. 2170 — Lavy 1114. 5 Wiczay 2571; Sestini mus. Hederv. 92,7. — (Die Rs. von 2 und 4 sind stempelgleich.)

104
K 20 | **Ebenso** | Ebenso; i. F. r. ⋏ ⋈
 | | | l. ± ⚔

1 Berlin, vorher Cat. Walcher 943 · 2 Dresden (sehr dick) — 3 Leake Europ. Gr. 66

105
K 20 | **Ebenso** | Ebenso; i. F. r. ⋈ ⋈
 | | | l. wie vorher

Taf. I, 20 | Abbildung (3)

Gewicht: 9,48 (2) — 9,45 (3) — 9,30 (1) — 8,95 (4) — 8,33 (6)

Abweichungen: Rs. das 1. Monogramm i. F. r. undeutlich 6

1 Imhoof · 2 Kopenhagen - 3 Laminon — 4 München · 5 Paris; Mionnet 1, 454, 22 (ungenau) 6 Turin Mus. Cat. 2177. (Die Rs. von 1 und 6 sind stempelgleich.)

[Distrikt Amphaxitis]

Auf den folgenden Münzen (n. 106—109) ist das Distriktsmonogramm ersetzt durch Œ, das Monogramm des Prägeortes Thessalonike. Dieses steht bei n. 107 und 108 hinter dem E der Aufschrift, bei n. 109 rechts unterhalb desselben.

106 K 20	Ebenso	Ebenso; i. F. r. ⊓ΔŒ l. ₩

Gewicht: 8,96 (4) — 7,20 (2) — 6,20 (3)

Abweichungen: Rs. die Monogramme i. F. r. unvollständig 2, 4 — nicht angegeben (wohl nur verrieben oder nicht zur Ausprägung gelangt) 5

1 Berlin Cat. 15, 59 · 2 Leake Europ. Gr. 66 (ungenau) — 3, 4 München. — 5 Golz Graecia XXII, 3 (Gessner num. pop. 290, 27. XI, 27)

107 K 20	Ebenso	Ebenso; i. F. r. ⊓Δ Œ l. wie vorher

Gewicht: 8,25 (3) — 8,20 (1)

Abweichungen: Rs. i. F. r. ⊓PΔ statt der Monogramme 3

1 Imhoof — 2 Klagenfurt — 3 Paris; Mionnet S. 3, 3, 19

108 K 20	Ebenso	Ebenso; i. F. r. Ar Δ Œ l. wie vorher

Abweichungen: Rs. die Monogramme i. F. r. unvollständig 4 — das 3. Monogramm r. nicht angegeben 6 — das Monogramm l. F. l. unvollständig 2. 3, 5

1 Haag · 2 Leake Europ. Gr. 66 (ungenau) — 3 Mailand — 4 Paris; Mionnet 1, 454, 84 — 5 Paris; Mionnet S. 3, 3, 16 (ungenau) — 6 Steffens

109 K 20	Ebenso	Ebenso; i. F. r. ↑↑ Œ l. ΔΒ Ñ

1 Paris; Mionnet S. 3, 4, 22 (ungenau)

110 K 20	Ebenso	Ebenso; die Monogramme zerstört

1 Kopenhagen · 2 Palermo — 3 Parma. — 4 Mionnet S. 3, 3, 17 (nicht in Paris)

110* K III	n. 97-110	n. 97-110; l. F. Ñ ₦

1 Wien 2572: Sestini mus. Hedervar. 92, 8

110** K III	Ebenso	Ebenso; i. F. Ӻ

Münzen mit diesen Monogrammen haben sich nicht nachweisen lassen. Da die Monogramme jedenfalls unrichtig wiedergegeben sind und auch ihre Stellung nicht genauer bezeichnet ist, können diese Stücke oben nicht eingereiht werden.

110* K IV	n. 111	n. 111; l. F. K…B

1 Mionnet S. 3, 341, 300 (als Kassander) von La Goy ;Bompois, Revue num. 1866, 296, 3; Dieser Beschreibung liegt ein Versehen Mionnet's zu Grunde, der für die Vs. irrtümlich mangr. 199 du Suppl. statt 200 citiert in Verwechselung mit Suppl. 3, 2, 4 (vgl. n. 111,2), wo umgekehrt 200 statt 199 angegeben ist. Durch Vertauschung der beiden Monogrammcitate ergibt sich für die Pariser Münze (n. 111, 2) die richtige Beschreibung und für das vorliegende Stück von La Goy, dass es sich um eine (schlecht erhaltene) Königsmünze wohl mit Kerykeion (das irrig für ein Monogr. angesehen ist) im Schild handelt, wie z. B. Mionnet 1, 584, 888 u. S. 3, 344, 500.

[Distrikt Amphaxitis]

III
K. 16

ΜΕ, von einem Linienkreis umgeben, in der Mitte eines makedonischen Rundschildes, dessen Rand mit ☽ und ⁙, sechsmal abwechselnd, verziert ist

Makedonischer Helm nach L. mit herabhängenden Seitenklappen; i. F. r. unten ⚔

1 London Cat. 32, 39 — 2 Paris; Mionnet S. 3, z. 4 (irrig *monogr.* 200 *du Suppl.* statt 199, vgl. zu n. 111[*]); Hompols Maced. St. 10. II. 24 (ungenau) — 3 Hompols. Revue num. 1860, 203. N, 2; Cat. Hempois 670

Das Monogramm der Vs. ist schon von Sestini (descr. 84, 6) richtig als ΜΑΚΕ(δόνων aufgelöst worden. Hompois (Revue num. 1860, 202 fg.) wollte es ΜΕΛΕΑΓρος deuten, hat aber, von Müller (Revue num. 1867. 193 fg.) belehrt, seine Erklärung später selbst als unhaltbar verworfen (Maced. 81). — Der Schild gleicht genau demjenigen der Silbermünzen oben n. 1 fg., ebenso der Helm auf der Rs.

112
K. 16

Ebenso

Ebenso; i. F. l. 㗊 r. Є
⚔

1 Gotha — 2 Paris — 3 Wien; vorher Cat. Welzl 1742. — 4 Wiczay 3010; Sestini mus. Hedero. 92.5 und 141 ungenau, berichtigt castigationes N. 25 — (1 und 3 sind aus denselben Stempeln.)

113
K. 16

Ebenso

Ebenso; i. F. l. ☊ r. ⋈
⚥ ⚔

Gewicht: 3,80 (2)

Taf. I. 4

Abbildung (2)

1 Budapest 2 Imhoof. — 3 Sestini descr. 84, 6 von Cousinéry (nicht in München)

114
K. 16

Ebenso

Ebenso; i. F. l. ⊓ r. ◁
⋈ Œ

Gewicht: 4,80 (2) — 3,95 (3)

1 Leake Europ. Gr. 66 — 2 München — 3 Winterthur

Über das Fehlen des Distriktsmonogramms und dessen Ersatz vgl. die Bemerkung vor n. 106.

III. Distrikt Bottiaia (Ϝ)

Prägestätte Pella

a. Mit vollem Distriktnamen

Pentobolen (n. 115. 116)

115
S. 18

Stern von 6 Sicheln (✳), von zwei Linienkreisen umgeben, in der Mitte eines makedonischen Rundschildes, dessen Rand mit sechs ☽ verziert ist

ΒΟΤΤΕΑΤΩΝ auf einem nach r. gewendeten Schiffshinterteil mit Andeutung von Wellen am Kiel; im Feld oben ΦΙ unten ΔΙ

T. XII. 13

Abbildung (1)

Gewicht: 3,60 (4) — 3,57 (3) — 3,54 (2) — 3,53 (1)

1 Berlin Cat. 68,1; Zeitschr. f. Num. 20 (1897), 188 fg., VI, 20 — 2 Hompois Cat. 723 (ungenau) — 3 Brüssel — 4 Imhoof; Monn. grecques 66, 28. — (Die Vs. von 1, 2, 3, 4 sind stempelgleich, 1, 4 mit leichter, 3 mit sehr starker Verprägung.)

(Distrikt Bottiaia)

116
S 18

Ebenso, aber der Stern mit nur 5 Sicheln (✳) und das Randornament siebenmal

BOTTEATΩN ebenso; im Feld oben ⊬ (unten nichts)

T. XII. 11   Abbildung (1)

Gewicht: 3,50 (2) — 3,11 (1, beschädigt)

1 Imhoof - 2 im Handel: Imhoof monn. grecques 67,29

¼-Obolen-Stücke (n. 117 - 124)

117
S 13

Stern von 5 Sicheln (✳), von zwei Linienkreisen umgeben, in der Mitte des makedonischen Schildes, dessen Rand mit sechs ◡ verziert ist; doppelter Randkreis

[B•]TTEAT•N auf einem nach r. gewandeten Schiffshinterteil mit Andeutung von Wellen am Kiel

Gewicht: 1,77 (1)

1 Paris.   · Hierher oder zu einer der folgenden n. nach 2 Cat. Billoin (1856) 332

118
S 13

Ebenso, aber der Sichelstern ohne Punkt in der Mitte (✳) und auf dem Schildrand sechsmal ◡

B•TTEAT•N ebenso

Gewicht: 1,80 (5) — 1,74 (1) — 1,63 (3) — 1,58 (6, Erh. schl.)

Abweichungen: Vs. Stern mit 7 Sicheln 1, 2 · mit 6 (?) Sicheln 7 — welcher 6 der Schild mit doppeltem Randkreis 4, 5, 7 -- mit einfachem Randkreis 1, 2, 3, 6

1 Gotha — 2 Hunter Cat. 351, 1; Combe descr. 174, 11, XXXIV, 9 [Monnet S. 3, 1, 1] angrwan: berichtigt von Sestini lett. 5 (1794), 68, 41 — 5 (1821), 63,93; descr. 94,3; class. genrrales 1 (1797), 25 fg.; vgl. Imhoof. Zeitschr. f. Num. 1 (1874), 323 · 3 Kopenhagen — 4 Leake Europ. Gr. 30 ungenau — 5 Lobbecke - 6, 7 Wien (Erh. schl.). — (Die Vs. von 1, 2 sind stempelgleich und die Vs. von 4, 5 aus demselben Stempel wie die von n. 119, 1, 2, 3, 4; ausserdem sind auch die Rs. von 1, 2, 5, 6, 7 stempelgleich.)

119
S 13

= n. 117, aber mit 6 Sicheln

[B•T]TEATΩN ebenso

Gewicht: 1,65

1 Leake Europ. Gr. 29

120
S 13

= n. 118; doppelter Randkreis

BOTTEATΩN ebenso

Gewicht: 1,70 (5, 6) — 1,69 (1) — 1,59 (4) — 1,48 (1)

1, 2 Berlin Cat. 68, 4, 5; Zeitschr. f. Num. 20 (1897), 188 fg., VI, 21 (Abb. von 1 — 3 Leake Europ. Gr. 30 ungenau — 4 London Cat. 64, 1 Abb. — 5 Munchen; Sestini lett. 5 1794), 68, 41 — 5 (1821), 63, 94; descr. 98, 1, 1   6 Neapel Santangelo Cat. 6980. — (Die Vs. von 1, 2, 3, 4 sind aus demselben Stempel wie die von n. 118, 4, 5; ausserdem sind die Rs. von 1, 3, 6 sowie die Rs. von 2, 4 stempelgleich.)

121
S 14

= n. 117, aber auf dem Rand sechsmal ◡; doppelter Randkreis

B•TTEATΩN ebenso; im Feld unten ⊬

Gewicht: 1,57 (oxydiert)

1 Berlin Cat. 68, 3

122
S 14

= n. 117

Ebenso; im Feld unten A⌐

Gewicht: 1,75

1 Imhoof; Monn. grecques 67, 31 ungenau

(Distrikt Bottaia)

123
S 14
≈ n. 117   Ebenso; im Feld unten ΘΕ

    Gewicht: 1,80 (3) — 1,70 (1) — 1,65 (4) — 1,60 (1) — 1,49 (3).

    1 Berlin Cat. 68, 3 — 2 London Cat. 64, 3; Num. chron. 1880, IV, 8 (Vs.) — 3 München — 4 Paris; Mionnet 1, 470, 167 [Num. chron. 1874, 283, 1]   5 Windisch-Grätz Cat. 5 (1899), 47, 730. — (Die Vs. von 2, 3 sowie die Rs. von 1-5 sind stempelgleich.)

124
S 14
Ebenso, aber mit ✳ und auf dem   Ebenso; im Feld oben Λ
Rand sechsmal ∾   unten Θ (?)

    1 Athen (neue Erwerbung)

Tetrobolen (n. 125, 126)

125
S 16
Stern von 6 Sicheln (✳), von zwei   ΒΟΤΤΕΑΤΩΝ auf einem nach r. ge-
Linienkreisen umgeben, in der   wendeten Schiffshinterteil mit
Mitte eines makedonischen Rund-   Andeutung von Wellen am Kiel.
schildes, dessen Rand mit ∾   Im Feld oben Keule mit dem
und ⁂, sechsmal abwechselnd,   Griff nach l.
verziert ist (= n. 16 fg.)

    Gewicht: 2,85 (2) — 2,70 (3) — 2,50 (1, Erh. schl.)

    1 Gotha — 2 Lübbecke — 3 Mandl   4 Myron — 5 Paris; Mionnet S. 3, 50, 320 [Rompois, Num. chron. 1874, 283, 1] — (Die Vs. von 1, 2 und 3 sind aus demselben Stempel wie die von n. 126, 1, 2; ausserdem sind die Rs. von 1 und 5 stempelgleich.)

126
S 16
Ebenso   Ebenso; ausserdem im Feld unten Ι

    Gewicht: 2,85 (2) — 2,75 (1, 3)

    1 Fischer; Zeitschr. f. Num. 20, 198 fg., VI, 22 — 2 Kopenhagen — 3 Paris; Imhoof mona. graecae 67, 30.   (1, 2 aus demselben Stempel; über die Vs. vgl. zu n. 125.)

2½-Obolen-Stücke (n. 127—130)

127
S 13
Ebenso, aber auf dem Rand ∾   Ebenso; im Feld oben Μ
und ⁂, sechsmal abwechselnd   (unten nichts)

    Gewicht: 1,81 (2, 4) — 1,75 (5) — 1,52 (3, Erh. schl.)

    Abweichungen: Rs. Schrift vertiefen 3

    1 Athen (neue Erw.)   2 Imhoof — 3 Linz — 4 London Cat. 64, 4. — 5 Rompois Cat. 734. — (Die Vs. von 2 und 4 sowie die Rs. von 1, 2 und 4 sind stempelgleich.)

128
S 13
Stern von 5 Sicheln (✳), von 2 Li-   Ebenso; im Feld oben Kerykeion
nienkreisen umgeben, in der Mitte   aufrecht stehend
eines makedonischen Rundschil-
des, dessen Rand mit ∾ und ⁂,
fünfmal abwechselnd, verziert ist

T. XII, 14
Abbildung

    Gewicht: 1,67

    1 Rompois; Imhoof mona. graecae 67, 31

129
S 13
Ebenso   Ebenso; im Feld oben Dreifuss

    Gewicht: 1,81 (2) — 1,48 (3)

    Abweichungen: Vs. der Sichelstern angeblich ✳ 1

    1 Egger — 2 München; Sestini descr. 98, 3 Mionnet S. 3, 50, 321 — 3 St. Petersburg; Zeitschr. f. Num. 20 (1897), 198 fg., VI, 23

(Distrikt Bottiaia)

130
S 13
Stern von 4 Sicheln mit je einem Punkt dazwischen (✷), von 2 Linienkreisen umgeben, in der Mitte eines makedonischen Rundschildes, dessen Rand mit ✶ und ε, siebenmal abwechselnd, verziert ist

BOTTEATΩN ebenso; im Feld oben Dreifuss

Gewicht: 1,68 (1) — 1,51 (2) — 1,30 (3. Erh. schl.)

1 Kopenhagen — 2 London Cat. 64,1; Num. chron. 1880, IV, 9 (Vs.) — 3 München — 4 Fund von Oreus, Journ. intern. 5, 324, 37, XI, 6.   (Die Vs. sind 1, 2 stempelgleich.)

131
K 22
Kopf der Athena Parthenos nach r. mit Ohrgehänge; der attische Helm hat einen dreifachen Busch und ist mit einem nach r. eilenden Pegasos und vier (oder fünf) Pferdevorderleibern verziert

BOTTE oben
ATΩN im Abschnitt.
Weidendes Rind nach r. Feld konkav

T. XII. 16
Abbildung (4)

Gewicht: 10,39 (1) — 9,36 (4) — 8,70 (3) — 8,58 (5) — 7,87 (7)

Abweichungen: Rs. Schrift im Abschnitt nicht erhalten 3, 9, 11

1, 2 Berlin Cat. 69, 10, 11 (ungenau, die angeblichen Buchstaben im Feld sind Oxyd) — 3 Imhoof — 4, 5 London Cat. 64, 5 (Abb.), 6; Combe 97, 1 — 6 Neapel Cat. 6531 — 7 Paris; Pellerin recueil 1.182, XXXI, 32 (Eckhel d. n. v. 2.70; Mionnet 8, 3, 50, 333; Rompois, Num. chron. 1874, 223, 4 ungenau, berichtigt schon von Nordini deser. 90,4 und einem, gutert. 2 (1797) 36; dasselbe Stück Mionnet 1, 470, 170 (Rompois a. a. O. 333, 2); Lenormant, Revue num. 1852, 324, N. 3 (Rompois a. a. O. 333, 3 ungenau; vgl. Imhoof mon. grecques 67 — 8 Paris: Mionnet 1, 470, 171 — 9 Thorwaldsen Cat. 104, 364 — 10 Wakker Cat. 914 — 11 Wien — 12 Winterthur

Der Athenakopf der Vs. ist genau dem Parthenoskopfe der gleichzeitigen athenischen Tetradrachmen nachgebildet; die Einzelheiten sind wegen der Kleinheit der Münztafeln und der meist schlechten Erhaltung der Vs. selten ganz deutlich. Vgl. auch n. 209 fg.

132
K 22
Ebenso

Ebenso; im Feld r. 𝕹

Abweichungen: Rs. das Monogramm undeutlich 2, 3, 4

1 Athen (neue Erw.) — 2 Berlin Cat. 69,9 — 3 Kopenhagen — 4 München; Nordini deser. 90,4 — 5 München — 6 St. Florian

133
K 18
Ebenso

BOTT oben
...... i. Abschnitt. Derselbe Typus;
i. F. oben r. hinter der Schrift ☉

1 Paris (nicht mehr vorhanden); Pellerin recueil 1.182, XXXI, 30 (Eckhel d. n. v. 2.70; Mionnet 8, 3, 50, 332; Rompois, Num. chron. 1874, 219, 1 ungenau; dasselbe Stück Mionnet 1, 470, 169 (Rompois a. a. O. 330, 1 ungenau; vgl. Imhoof mon. grecques 67, — 2 Cat. Deutinck, Suppl. 173 (offenbar nach Pellerin)

Das scheinbare Monogramm ist vielleicht nur ein retuschiertes oder durch Stempelverletzung entstelltes g, was die mir vorliegende Schwefelpaste zu entscheiden nicht gestattet. Dann wäre die Münze = n. 131. Dass die Lesung BOTTAIΩN bei Pellerin und Mionnet irrig und damit Rompois' Hypothese einer Prägung der „Bottiäens de la Thrace Epirote" hinfällig ist, hat bereits Imhoof a. a. O. bemerkt.

[Distrikt Bottiaia]

b. Mit Distriktsbezeichnung im Monogramm

134
K 20

Kopf des jugendlichen Herakles MA KE oben
nach r., mit dem Löwenfell be- ΔONΩN i. A. Nackter Jüngling auf
deckt. Pkr. einem nach r. schreitenden Pferde,
mit der R. einen Kranz über den
Kopf des Tieres haltend; der L.
gebogene Arm ist hinter dem
Rücken sichtbar. Im Felde r. B
Feld konkav

Gewicht: 9,08 (4) — 8,84 (5) — 8,36 (1) — 8,20 (8) — 7,98 (9)

1 Berlin Cat. 13,63 Abb. — 2 Budapest — 3 Haag — 4 Löbbecke — 5 Neapel Santangelo Cat. 11790 ungrenze — 6. 7 Paris — 8 St. Petersburg — 9 Winterthur. — [?] —
10 Pellerin rois 25, II, 9; recueil 1,277, XXIX, 3 [Eckhel d. n. v, 2,63]'; Mionnet 1, 457, 63
— S. 3, 4, 18 [Lenormant, Revue num. 1852, 324, 1; Bompois. Num. chron. 1874, 274, 8]';
Bompois Macéd. 80, 13, II, 19 (aur MA k sichtbar, jetzt in Paris eingeschieden). — Hierher
oder zu n. 138 auch 11 Cat. Thomsen 1,782
Der Kranz in der R. des Reiters ist sehr dünn gezeichnet und sieht meist nur wie ein
kleiner Strich aus; oft ist er gar nicht zu sehen. Eckhel las mit Pellerin statt des
Monogrammes auf der R., B als Zahl und hielt diese Münzen deshalb für Prägungen der
zweiten Eidgenossenschaft (ΔΕΥΤΕΡΑ, vgl. unten n. 185 fg.); schon Sestini dieser, 86 und
class. gen. r (1797), 35 vermutet, dass das Monogramm vielmehr ΒΟΤΤΕΑΤΩΝ bedeutet.

135
K 21
T. XII, 16

Ebenso. Pkr. Ebenso, aber unter B noch ein
Stern

Abbildung (1)
1 London Cat. 13,47 Abb. — 2 München

136
K 17

Ebenso, ohne Pkr. Ebenso, aber B unter dem erhobenen r. Vorderfusse des Pferdes
(ohne Stern)

Gewicht: 5,33
1 Löbbecke

137
K 20

Ebenso. Pkr. MAK E oben
ΔONΩN i. A. Derselbe Reiter nach
r., unter dem Leib des Pferdes B

Gewicht: 8,60 (2)
1 Bologna Bibl. — 2 Imhoof — 3 Leake Europ. Gr. 66

138
K 17

Ebenso, ohne Pkr. Ebenso, aber B r. im Felde
Gewicht: 6,30 (3) — 5,43 (2) — 5,34 (1)

1 Imhoof — 2 Kopenhagen — 3 München; Sestini descr. 86,1 (Mionnet S. 3, 4, 29) —
4 Paris; Mionnet S. 3, 5, 30; Bompois Macéd. 79, 11, II, 18 (mit undeutligem Clm)

139
K 23

Kopf des Zeus mit Lorbeerkranz MAKE oben
nach r. Pkr. ΔONΩN unten Geflügelter Blitz
nach l., i. F. l. unten (über ΔO) B
Feld konkav

1 Bologna Bibl. — 2 Klagenfurt — 3 Paris; Bompois Macéd. 77, 2, I, 11 — 4 Sis

Die antiken Münzen Nord-Griechenlands III. 4

(Distrikt Bottiaea)

140
K 22   Ebenso   MA KE oben
ΔO NΩN unten; derselbe Blitz; im
Felde L unten (am Rande) ツ

Gewicht: 11,17 (2) — 10,70 (3) — 9,64 (1) — 9,41 (5)

Abweichungen: Rs. das Monogramm undeutlich 1. 4 — gar nicht angegeben 8
1 Berlin Cat. 13,48 — 2 Gotha — 3 Imhoof — 4 Moskau Univ. Cat. 1911 — 5 Neapel
Santang. Cat. 9961 (ungenau) — 6 Paris; Mionnet 1. 453, 13 — 7 Thorwaldsen Cat. 105,
555. — 8 Mus. Atigoni 1, tab. XIV, 141; Sestini cat. cost. 80

141
K 22   Kopf des Zeus mit Eichenkranz   Ebenso
nach r. Pkr.
T. XII, 17
Abbildung der Rs.
1 London Cat. 13,48 Abb.; Combe 95,7 (ungenau)

142
K 24·20   Kopf des Zeus mit Lorbeerkranz   MA KE oben
nach r. Pkr. (= n. 139)   ΔON ΩN unten; sonst alles ebenso

Gewicht: 10,24 (5) — 10,04 (13) — 9,98 (6) — 9,89 (2) — 9,77 (1)

Abweichungen: Vs. der Pkr. nicht angegeben 1. 3. 4. 7. 8. 9. 11. 12. 13 — fast
wie im Lkr. versehrend 2; — Rs. das Monogr. ツ 3. 9 — nicht angegeben 16
1 Athen Cat. 1293 — 2 Berlin Cat. 13,44 — 3. 4 Haag — 5 Hunter Cat. 352,1; Combe
descr. 184,12 — 6 Kopenhagen; Ramus cat. 1, 115, 1 — 7 Löbbecke — 8 Mailand —
9 Meletopulos — 10 München; Sestini descr. 56,2 Mionnet S. 3, 5, 31; Lenormant, Revue
num. 1852, 316, 2; Rampols, Num. chron. 1874, 223, 6) ungenau; vgl. Imhoof monn.
grecques 67 — 11. 12 Paris; Mionnet 1, 453, 14 — 13 Turin Mus. Cat. 2172 — Lavy 1111
— 14. 15 Wien. — 16 Wilde num. vet. 57, X, 58 Gessner num. pop. 296, 30, XI, 30)

143
K 23   Ebenso   Ebenso, aber i. F. unten r. noch
ein achtstrahliger Stern

Abweichungen: Vs. der Pkr. nicht sichtbar 2
1 Athen (neue Erw.) — 2. 3 Berlin Cat. 13, 45 und 46 (ungenau) — 4 Gotha — 5 Imhoof
Europ. Gr. 60 — Addenda 161 — 6 London Cat. 13. 50 — 7 Turin Kgl. Slg. — 8 Walcher
Cat. 942 (ungenau). — — 9 Cat. Thomsen 1,780

144
K 21   Ebenso   Ebenso, aber i. F. r. unten Mond-
sichel (statt des Sternes)
T. XII, 17
Abbildung der Vs. (2)

Gewicht: 9,63 (8) — 8,29 (2) — 8,05 (10) — 7,52 (4) — 7,51 (9)

Abweichungen: Vs. der Pkr. nicht angegeben 3. 5. 10; — Rs. das Monogr. ツ 10
1 Bologna Bibl. — 2 Hunter Cat. 352,4; Combe descr. 180, 15 — 3 Klagenfurt — 4 London
Cat. 13,49 — 5 Mailand — 6 München; Sestini descr. 86, 3 (Mionnet S. 3, 5, 32; Lenor-
mant, Revue num. 1852, 316 Anm. 2, ungenau — 7 Paris; Mionnet 1, 453, 12 — 8 Turin
Mus. Cat. 2171 — Lavy 1110 — 9 Turin Mus. Cat. 2173 (ungenau) — 10 Wien; Eckhel
Cat. 82, 5 (6 ausgeschieden) — 11 Wien; vorher Cat. Welzl 1743 fg.

145
K 21   . = n. 141   Ebenso

Gewicht: 8,92 (2) — 7,80 (1)

1 Berlin Cat. 13, 47 (ungenau) — 2 Windisch-Grätz Cat. 5 (1899), 45. 700 (ungenau)

146
K 21   Kopf des Zeus mit Lorbeerkranz   Ebenso, aber die Mondsichel i. F.
nach r. Pkr. (= n. 139)   oben

1 Hunter Cat. 352 3; Combe descr. 184, 14

[Distrikt Bottiaia]

147
K 20
Ebenso

Ebenso, aber i. F. oben ✠
unten ⊤

Abweichungen: Rs. an ⊤ oben L ein schräger Strich (gewiss nur zufällig) 1

1 Leake Europ. Gr. 66 (ungenau) — 2 Paris

148
K 21
Ebenso

Ebenso, aber i. F. oben ▦
unten ⊤ ⋈

Gewicht: 9.35 (3) — 7.97 (1) — 6.35 (2)

Abweichungen: Rs. ΔΟΝΩΝ 2 — oben ▦ 2 — das 1. Monogr. unten ⊤ 1

1 Berlin Cat. 13.45 (ungenau) — 2 Hunter Cat. 352.5; Combe dieser. 186.13 (ungenau) —
3 München; Sestini descr. 80, 4 [Mionnet S. 3, 2, 6; Leuormant, Revue num. 1853, 326, 3;
Bompois, Num. chron. 1874, 223, 5] ungenau

149
K 18
Stern von 6 Sicheln (✳), von einem
Linienkreise umgeben, in der
Mitte eines makedonischen Rund-
schildes, dessen Rand mit ☷
und ⁘ siebenmal abwechselnd,
verziert ist

ΜΑ KE r. von oben
ΔΟΝΩΝ L von oben (in geraden Zeilen). Makedonischer Helm nach l.
mit visierartigem Ansatz, herabhängenden Seitenklappen und langem, aufwärts gebogenen Nacken-
stück. Im Felde L unten ⊤

T. XII, 15

Abbildung (2)

Gewicht: 6.00 (3) — 5.46 (4) — 4.86 (1, Erh. schl.)

1 Berlin Cat. 10, 22 ungenau — 2 Imhoof — 3 Klagenfurt — 4 Löbbecke — 5 Niz.
. — 6 Bompois Macéd. 80, 18, 13, 14 (nicht des Pariser Ex.) ungenau. — (1. 3. 4
sind aus denselben Stempeln; ausserdem sind die Rs. von 2 und 5 stempelgleich.)
Der Helm dieser und der folgenden Münzen (n. 150) stimmt in allen Einzelheiten mit
dem der Silbermünzen n. 14. 15 (Tafel I, 5. 6, überein.

150
K 17
Ebenso, aber auf dem Schildrande
☷ und ⋋ sechsmal abwechselnd

Ebenso

Gewicht: 6.20 (4) — 6.05 (2) — 5.95 (1) — 5.65 (3)

Abweichungen: Rs. MAKE 3. 4

1 Athen Cat. 1233 — 2 Gotha — 3 Leake Europ. Gr. 65 — 4 Löbbecke — 5 München.
— — 6 Cat. Bompois 674, wohl dieses Ex. Revue num. 1866, X, 30 und 1867, 89 (ungenau). — (1. 2. 5 sind aus denselben Stempeln; ausserdem sind die Rs. von 3 und 4
stempelgleich.)

151
K 16
Ebenso, aber auf dem Schildrande
☷ und ⁒ sechsmal abwechselnd

ΜΑΚΕ
ΔΟΝΩΝ ebenso.
Makedonischer Helm wie vorher,
aber mit kurzem, geraden Nacken-
stück. Im Felde L unten ⊤

Abweichungen: Rs. ΜΑΗΕ und ΔΟΝΩΝ 1

1 Klagenfurt — 2 Paris; Mionnet 1. 453, 11 [Leormant, Revue num. 1853, 326, 3; Bompois,
Num. chron. 1874, 224, 7]

148*
K 25
Kopf des Zeus mit Lorbeerkranz nach r. Pkr. ΜΑΚ..... oben. Geflügelter Blitz nach L,
(= n. 146-148)   , im Feld 1. unten ⓡ
1 Berlin Cat. 14. 49
Die Münze hat die Aufschrift [ΣΕ]ΛΕ[ΥΚΕΩ]Ν und gehört nach Seleukeia in Syrien.

4*

[Distrikt Bottiaca]

152
K 16

Dieselbe Sichelstern, aber von   ΛΑ ΚΕ r. von oben,
zwei Linienkreisen umgeben und   ΔΟΝ ΩΝ L von oben (in geraden
auf dem Schildrande ☸ und ⸪,   Zeilen). Dieselbe Helm nach l.,
sechsmal abwechselnd   im Feld l. ⸗

Gewicht: 6,32

Taf. I, 7   Abbildung

1 Berlin Cat. 10, 11

Von dem Distrikhsmonogramm auf der Rs., das hier antonehmerweise in gleicher Richtung
wie die Buchstaben der Aufschrift dargestellt erscheint, hat auf dem zu knappen Schrötling nur der obere Teil Platz gefunden, der noch erkennen läßt, daß es die etwas sel-
tenere Form ꟿ (mit erhöhtem T) hatte, welche sich auch auf n. 136, n. 142, 3, 9, n. 144,
10, n. 148, l, n. 153, 3, 7, 13 sowie n. 209, 2, 7, 11 und n. 210, 1, 5, 8 u. s. w. findet.

153
K 23-18

Unbärtiger Kopf des Pan mit kurzen   ꟿ über dem Rücken zweier neben-
Hörnern nach r., um den Hals die   einander nach r. liegenden Ziegen-
Nebris, im Nacken das (geschul-   böcke; das Ganze in einem L ge-
terte) Pedum   bundenen Eichenkranz

T. XII, 10   Abbildung (Vs. von 7 und Rs. von 6)

Gewicht: 9,10 (6) - 8,92 (7) - 8,35 (4) - 7,79 (3) - 7,11 (2) - 5,67 (1)

Abweichungen: Vs. angeblich ohne Nebris 14: — Rs. das Monogr. ꟿ 3, 7, 13

1 Athen Cat. 1280   2, 3, 4 Berlin Cat. 68, 6-8 — 5 Gotha — 6, 7 Imhoof — 8, 9 Lauke
Europ. Gr. 30 — 10 London Cat. 13, 46 Abb. — 11 München; Sestini descr. 86, 5 —
12 Paris; Mionnet S. 3, 51, 334 — 13 Walcher Cat. 970 (ungenau). — . . 14 Sestini
descr. 86, 6 [Mionnet S. 3, 51, 336] von Cousinéry, nicht in München — 15 Mionnet 1, 586,
912, berichtigt S. 3, 51, 335 [Lenormant, Revue num. 1851, 374, 8; Rompois, Num. chron.
1874, 224, 9; vgl. Imhoof mon. grecques 67] nicht in Paris

Dieselben Typen finden sich auf Münzen von Pella und von Philipp V. Vgl. auch unten
n. 311.

Makedonia in vier Eidgenossenschaften geteilt

(Prägezeit: 158—150 vor Chr.)

Erste Eidgenossenschaft (Hauptstadt Amphipolis)

Tetradrachmen (n. 154—150)

154
S 32

Kopf des Zeus mit Eichenkranz MAKEΔONΩN oben, ΠΡΩΤΗΣ unten.
nach r.

Langgewandete Artemis Tauropolos auf einem nach l. springenden und den taeniengeschmückten Kopf nach vorn wendenden Stier rechtshin sitzend, in jeder Hand eine kurze Fackel; am Rande unten ⊠ ΛΕ

Gewicht: 16,57

1 Berlin Cat. 18, 23, 1, 11; Friedlaender, Zeitschr. f. Num. 4 (1877), 16 Abb.; Friedlaender u. von Sallet, das Konigl. Münchkabinet (1877) 121, 393 Abb.

155
S 30
Taf. II, 1

Ebenso (derselbe Stempel)

Abbildung (1)

Gewicht: 16,50 (1)

Ebenso, am Rande unten Ϝ ⊠

1 Neapel Cat. 6506; Müllingen sylloge 49, III, 23; Beaupols, Revue num. 1866, X, 12 und 1807, 99 Anm. 3; Bompois Maced. 31 u. 85, III, 1; Imhoof monn. greeques 126 Anm. 13, Taf. D, 11; Svoronos, Ball. de corresp. hell. 18 (1894), 126, 63 Abb. der Rs. — 1 (wohl — 1) Gohs Graecia XXII, 8 (Spanheim de praes. 1,051 Abb.; Gessner num. pop. 290,7, XI.I, 7, wo irrig Beger statt Spanheim citiert ist)

Der Zeuskopf dieser beiden Münzen (n. 154, 155) ist dem Poseidonkopf der Tetradrachmen des Antigonos Gonatas nachgebildet. Die Göttin auf der Rs. ist die in Amphipolis besonders verehrte Artemis Tauropolos, die ähnlich (aber ohne Fackeln) auf zahlreichen Bronzemünzen dieser Stadt erscheint. Eine abweichende Darstellung wohl derselben Artemis (stehend mit einer grossen Fackel in den Händen) ist oben n. 34 beschrieben und Tafel I, 14 abgebildet. - Vgl. auch die Einleitung S. 3 u. Zschr. f. Num. 23 (1902), 144.

156
S 32

Makedonischer Rundschild, dessen Rand mit (B) und ↔, siebenmal abwechselnd, verziert ist. In der Mitte, von einem Pkr. und einem l.kr. umgeben, Brustbild der Artemis Tauropolos mit Stephane und Gewand nach r., im Nacken Köcher und Bogen

MAKEΔONΩN oben

ΠΡΩΤΗΣ unten, dazwischen Keule mit dem Griff nach l., l. F. oben AI, unten ΔA, das Ganze in einem l. gebundenen Eichenkranz. Am Rande l. achtstrahliger Stern

Gewicht: 16,60 (1) — 16,48 (1)

Abweichungen: Rs. der Stern abgeschnitten 1

1 München — 1 Schottenstift

Das Brustbild auf der Vs. dieser Münzen (n. 156—186) sowie das ähnliche späteren (n. 189—196a) bedeuten die Artemis Tauropolos, die in ganzer Figur oben auf n. 34 und n. 154 fg. dargestellt ist.

Erste Eidgenossenschaft]

157
S 32
Taf. II, 2

Ebenso

Ebenso; im Feld oben ΔΑ
unten ΑΙ

Abbildung
Gewicht: 16,66

1 Imhoof; Bompois Maced. 87, 2, III, 2

158
S 32

Ebenso

Ebenso; im Feld oben ₧
unten nichts

Gewicht: 16,79

1 Wien

Die vorstehenden Tetradrachmen mit dem Stern als Beizeichen sind durchweg von gutem Stil und sauberer Arbeit. Von der folgenden Reihe (mit dem Blitz als Beizeichen) kommen ihnen nur wenige gleich, z. B. n. 172, 1. 3 (Taf. II, 3). 6 und n. 173, während die Hauptmasse an Roheit des Stiles und Flüchtigkeit der Arbeit stetig zunimmt.

159
S 35-29

Ebenso

Ebenso, aber am Rande l. Blitz (statt des Sternes); i. F. oben Α

Gewicht: 17,04 (41) — 16,96 (33) — 16,93 (18) — 16,92 (27) — 16,89 (6) — 16,85 (16) — 16,80 (5. 14. 31) — 16,78 (19) — 16,75 (20) — 16,71 (1; 16,70 (15. 22) — 16,68 (4) — 16,65 (17) — 16,63 (34) — 16,49 (11) — 16,48 (8) — 16,16 (23) — 16,15 (12, unbexact)

Abweichungen: Vs. mit Ohrgehänge 4. 6. 15; — Rs. ΜΑΚΕΔΟΝΩΝ 1 — das Monogramm ₳ 7. 16. 17. 19. 20. 22. 25. 27. 30. 30. 31. 38. 39. 40 — ₳ 10. 11. 12. 27 — ₳ 32; — Stil gut 27 — mittel 2. 4. 5. 15. 19. 20. 21. 28. 29. 31. 38. 33 — schlecht 6. 14. 30. 34 — schaerat 12. 13

1 Amsterdam — 2. 3 Athen (neue Erw.) — 4-6 Berlin Cat. 17, 1-4 — 7 Budapest — 8 Gotha — 9 Greenwell — 10-13 Haag — 14 Hunter Cat. 354.1; Combe descr. 179.6 — 15 Imhoof — 16. 17 Klagenfurt — 18 Lewis — 19. 20 Lübbecke — 21 London Cat. 7.1; Combe cat. 95.1 — 22 Mailand — 23. 24 München — 25 Neapel Santang. Cat. 9906 — 26 Oxford — 27 Paris; Mionnet 1.456.48; Cousinéry voyage 1.251. III, 1 — 28 Paris. Mionnet 1.456.49 — 29. 30 St. Florian — 31 St. Petersburg — 32 Stuttgart — 33. 34 Wien. — 35 Duellius excerpt. geneal.-historic. (1725) 340 fg., antiq. tab. XI, 44 (Abb. ungenau) — 36. 37 Cat. Bentinck 2, 1006 und Suppl. 170 — 38. 39. 40 Wicray 2582, 2583; Neumi nus. Reserv. 93, 22 (triplex) — 41 Cat. Corfiae (1894) 132. — (4 und 6 sind aus denselben Stempeln.)

160
S 33-29

Ebenso

Ebenso; im Feld oben Α

Gewicht: 17,05 (2) — 17,00 (13) — 16,83 (7) — 16,74 (8) — 16,69 (4) — 16,68 (3) — 16,50 (1) — 16,40 (5) — 15,37 (9)

Abweichungen: Vs. mit Ohrgehänge 5. 13. 16; — Rs. das Monogramm ₳ 5 — ₳ 1. 2. 4. 6. 8. 9. 13. 16 — ₳ 10. 11. 12. 14; — Stil gut 1. 6. 16 — mittel 2. 3. 11. 12 — schlecht 4. 5

1 Athen Cat. 1336 — 2 Berlin Cat. 17, 1 (ungenau) — 3. 4. 5 Berlin Cat. 17, 5. 6. 7 — 6 Dresden — 7 Kopenhagen; Ramus cat. 2,115, 5 — 8. 9 Moskau Univers. Cat. 1914 1915 — 10 Parma — 11. 12 St. Petersburg — 13 Welcher Cat. 946, VII, 946. — 14 Capellus rariora Bercelersiana (1684) 2, I, 5 — 15 Cat. Thomsen 1 (1869), 785 — 16 Cat. Bülow (1884) 319, II, 319

[Erste Eidgenossenschaft]

161
S 34-29

Ebenso | Ebenso; im Feld oben A

Gewicht: 17,11 (10)   16,94 (13) — 16,70 (13) — 16,65 (2. gelocht)
16,63 (14) — 16,56 (11) — 16,52 (17) — 16,49 (19) — 16,48 (26) —
16,30 (8) — 16,23 (23)   16,17 (2) — 16,15 (4) — 16,00 (27) —
15,90 (22, Erh. schl.) — 15,48 (9, Erh. schl.-g.) — 13,95 (3. Erh. schl./g.)
Abweichungen: Vs. mit Ohrgehänge 4. 5. 10. 13. 17. 19: — Rs. MAKEΔONΩN 4.
24 — das Monogramm A 3. 5. 8. 9. 14. 20. 21. 22   A 4. 17 — A 10. 23 —
A 6. 15. 30 — A 31 — A 24; — Stil gut 6 — mittel 7. 17. 21. 23 — schlecht
8. 4. 5. 10. 12. 19. 24. 28. 39 — durchlocht 5. 20
1 Amsterdam — 2 Athen Cat. 1235 — 3 Athen (neue Erw.) — 4. 5 Berlin Cat. 17, 8, 9
— 6 Budapest — 7 Dresden — 8. 9 Gotha — 10 Hunter Cat. 354.1; Combe descr.
197.7 — 11 Klagenfurt — 12 Lübbecke — 13 London Cat. 7.1 — 14 Meletopulos —
15. 16 München — 17 Neapel Cat. 6504 (mit drei leichten Einhieben auf der Rs.; vgl.
zu S. 182) — 18 Neapel Santang. Cat. 9967 — 19 Paris; Mionnet 1, 456, 47 — 20 Parma —
21 St. Petersburg — 22. 23. 24 Sls — 25 Thorwaldsen Cat. 100, 558 — 26. 27 Turin Mus.
Cat. 2189, 2190 — Lavy 1330, 1331 — 28. 29 Wien — 30 Winterthur. — — 31 Haverkamp algem. hist. 2 (1737), XLVIII, 7

162
S 32

Ebenso , Ebenso; im Feld oben HP

Gewicht: 17,03 (2) — 16,90 (3)   16,65 (1)
Abweichungen: Vs. ohne Gewand 1. 4; — Stil mittel 1. 2
1 Berlin Cat. 18,13 — 2 Paris; Mionnet 1,456,51; Hennin manuel XVIII,4   3 Paris.
— 4 Gronovius thes. gr. ant. 6 (1735), 2908, (I), 12

163
S 32

Ebenso | Ebenso; im Feld oben Ω

Gewicht: 17,12 (2)   17,07 (4) — 16,90 (1) — 16,25 (3)
Abweichungen: Stil gut 1. 4 — schlecht 5
1 Berlin Cat. 18,14 — 2 Leake Europ. Gr. 63 — 3 Myron — 4 Paris; Mionnet 1,456,57
— 5 Wien. — 1 und 4 sind aus denselben Stempeln.)

164
S 34-30

Ebenso * Ebenso; im Feld oben ΔK
unten HP

Gewicht: 16,99 (1) — 16,82 (3) — 16,73 (3)
Abweichungen: Stil gut 1. 3 — mittel 5
1 Athen Cat. 1238 3 — 2 Oxford; Wise num. Bodl. 5. III, 10 — 3 St. Petersburg
4 Stuttgart — 5 Wien (mit einem von der Rs. aus eingehauenen Spalt; vgl. zu S. 182)

165
S 33

Ebenso Ebenso; im Feld oben HP
unten ΔK

Gewicht: 16,68 (1)   14,33 (2, beschädigt)
Abweichungen: Stil mittel 1. 2
1 Budapest — 2 Paris; Mionnet 1,456,58. — — 3 Combe descr. Hunter. 179,3 (nicht
mehr vorhanden) — 4 Cit. Hentinck 2,1007 ungenau

166
S 34

Ebenso Ebenso; im Feld oben N
unten HP

Gewicht: 16,46
1 Turin Mus. Cat. 2101

[Erste Eidgenossenschaft]

167
S 35·32

Ebenso   Ebenso; im Feld oben HP
                          unten N

Gewicht: 17,08 (6)   16,98 (5. 9) — 16,96 (12) — 16,83 (10) —
16,80 (7) — 16,60 (1) — 16,59 (8) — 15,41 (11. Erh. gut)

Abweichungen: Rs. der Blitz geflügelt 1. 5 und vielleicht öfter — das obere
Monogr. ungenau 18; — Stil gut 11. 3. 4. 7. 11. 14. 15 — mittel 1. 16. 17

1 Athen — 2 Athen Cat. 1238 a — 3 Budapest — 4 Bukarest — 5 Banbury; vorher
Cat. Thomas 886 — 6 Gotha — 7 Imhoof — 8. 9 London Cat. 7, 4. 5 Abb. — 10 München
— 11 Oxford — 12 Paris; Mionnet 1,456,52 — 13 Paris — 14. 15 St. Petersburg —
16 Wien — 17 Windisch-Grätz Cat. 5 (1899), 46, 703. — — 18 Du Choul discours de la
religion (1556) 175 ev (1580)191 Abb. (irrig als Bronze bezeichnet) — 19 Haverkamp algem.
hist. 2 (1737), XLVIII, 8 — 20 Combe descr. Hunter, 179,4 (nicht in Glasgow) — 21
Mus. Sanclem. 1, 229 (nicht in Mailand) — 22 Wiczay 2592; Sestini mus. Hederv. 93,14

168
S 33·28

Ebenso   Ebenso; im Feld oben A
                          unten X E

Gewicht: 16,91 (10) — 16,80 (4 — 16,69 (1) — 16,63 (9) — 12,63
(6, nach Mionnet: gegossen)

Abweichungen: Stil gut 7. 8 — mittel 1. 6 — schlecht 2. 4

1 Berlin Cat. 18,12 — 2 Dresden — 3 Lewis — 4 Mailand — 5 Oxford — 6 Paris;
Mionnet 1,456,50 — 7. 8 Philippopel — 9 Sla — 10 Turin Mus. Cat. 2192. — —
11 Wiczay 2589; Sestini mus. Hederv. 93,21

169
S 33·30

Ebenso   Ebenso; im Feld oben AP
                          unten HP ΣP

Gewicht: 16,87 (3) — 16,57 (2) — 15,31 (4)

Abweichungen: Rs. das 2. Monogr. unten ΣP 1. 3. 5; — Stil gut 1 — mittel 4

1 Budapest — 2 London Cat. 7, 3 — 3 Paris; Mionnet 1,456,50 — 4 Wien. — —
5 Wiczay 2588; Sestini mus. Hederv. 93,03

170
S 33·31

Ebenso   Ebenso; im Feld oben AP
                          unten ΣP HP

Gewicht: 16,90 (1) — 16,68 (4) — 16,67 (2)

Abweichungen: Stil gut 1 — mittel 3. 4

1 Athen Cat. 1234 — 2 Kopenhagen; Haverkamp algem. hist. 2 (1737), XLVIII, 9 (ungenau) — 3 Oxford — 4 Wien

171
S 30

Ebenso   Ebenso; im Feld oben EP
                          unten E AP

Gewicht: 16,47

1 Imhoof. — Stil gut.

172
S 32·30
Taf. II, 3

Ebenso   Ebenso; im Feld oben ΓΕ
                          unten wie vorher

Abbildung (3)

Gewicht: 17,07 (4) — 17,00 (5) — 16,90 (6) — 16,76 (8) — 16,42 (7)

Abweichungen: Stil gut 1. 3. 6 — mittel 2. 4. 7. 8

1 Budapest — 2 Bukarest — 3 De Chastel — 4 Hunter Cat. 354. 5, XXIV, 12; Combe
descr. 179,3 — 5 Kopenhagen — 6 Paris; Mionnet 1,456,52 — 7 Schottenstift — 8 Wien

[Erste Eidgenossenschaft]

173 S 32-30	Ebenso	Ebenso; im Feld oben ΓΡΕ unten ΑΡ Ε

Gewicht: 17,15 (3)　16,27 (4)　13,52 (1, scheint gegossen)

1 Bologna Univers. — 2 Feuerly — 3 Löbbecke — 4 Paris; Monnet 1,437,60. — (Die Nr. von 1 und 4 sind stempelgleich). — Stil gut.

174 S 30	Ebenso	Ebenso; im Feld oben ΓΡΕ unten V

1 Ssrutschsn. — Stil schlecht.

175 S 33	Ebenso	Ebenso; im Feld oben ΓΜ unten Κ Ε

Abweichungen: Rs. das 1. Monogr. unten Ν 3; — Stil mittel 3
1. 2 München — 3 Wien

Die folgenden Tetradrachmen (n. 176-180) sind weitaus die häufigsten der ganzen Reihe. Der anfangs leidlich saubere Stil, den einige Stücke dieser Massenprägung zeigen, schwindet schnell und macht einer immer roher und nachlässiger werdenden Arbeit Platz. Dementsprechend erfahren auch die drei Monogramme mancherlei Abänderungen und Vereinfachungen oder Verstümmelungen. Vgl. hierüber die Einleitung S. 4.

176 S 33-28	Ebenso	Ebenso; im Feld oben ΑΡ unten ΤΡ ΓΥΕ

Gewicht: 16,91 (1)　16,90 (6. 19)　16,89 (6)　16,85 (20)
16,82 (5) — 16,79 (18) — 16,78 (7) — 16,74 (3) — 16,70 (33-41) —
16,68 '22. 41) — 16,65 (4) — 16,63 (11) — 16,58 (47) — 16,55 (12) —
16,42 (34) — 16,40 (10-43)　16,07 (14)　14,39 (15, unbewrt)

Abweichungen: Rs. des obern Monogr. verwischt 31 — das 1. untere Monogr. Ρ
12. 33 34 — Ρ 32. 41 — das 2. untere Monogr. ΤΥΕ 5. 9. 10. 12. 17. 30. 31. 41.
42. 43. 48 — ΤΥΕ 1. 6. 14. 15. 16. 18. 36. 37. 44. 54 — ΤΥΕ 13. 22. 24. 33. 34 — ΤΥΕ
28. 29 — ΤΥΕ 32. 51. 53　ΝΕ 7 — ΓΥΤ 43 — ΝΕ 11 — auf der Rs. ein Pulmzweig eingekratzt 22; — Stil mittel 3. 4. 6. 7. 12. 17. 18. 19. 20. 24. 30. 33. 36.
38. 47. 48. 49. 50 — schlecht 5. 16. 21. 37. 39. 44 — barbarisch 40

1 Amsterdam — 2 Athen Cat. 1137 — 3. 4. 5 Berlin Cat. 18,13-17 — 6 Berlin Cat. 18.18;
Friedlaender u. von Sallet, das Königl. Münzkabinet (1877) 121.398 (ungenau) — 7 Berlin
Cat. 18,11 (ungenau) — 8. 9 Bologna Bibl. — 10 Bologna Univers. — 11 Banbury —
12 Gotha — 13 Greenwell　14. 15 Haag — 16. 17 Halle (17 gegossen); Aposthier numoph. Schule. I (1746), 13. 39. 40 — Beschr. des Schulstücken Münzhub. I (1750), 6. 39.
40 — 18 Hunter Cat. 354.4; Combe descr. 179,1 — 19-21 Löbbecke — 22 London Cat.
8.7 — 23. 24 Mailand (23 von Este) — 25-27 München — 28. 29 Moskau Univers. Cat.
1916, 1917 — 30. 31 Neapel Santang. Cat. 9768. 9969 — 32 Oxford Christ Church — 33
Paris; Monnet 1,437,61 — 34 Paris — 35 Parma — 36. 37 St. Florian — 38-40 St. Petersburg — 41-43 Sin — 44 Stuttgart — 45 Terni — 46 Turin Mus. Cat. 2167 — 47 Wakcher
Cat. 947 — 48 Ward Cat. (1901), 57. 373. IX. 373 — 49. 50 Wien. — ' — 51 Beger Thes.
Palat. 164 Abb. = ibrt. Brand. 1,481 Abb. [Haverkamp alg. hist. I (1737), XLVIII, 5;
Montfaucon Cant. expl. 3,1, CXV.5; Gessner num. pop. 291,1°, XLI,1°] nicht in Berlin
— 52 Wizay 2580; Sestini mus. Heders. 93, 25 (quinbuples) ungenau — 53 Lugssus choix IX, 3 [Baumeister, Denkmäler 951, 1104] — 54 Bompois Mneid. (86,1), III, 1

[Erste Eidgenossenschaft]

177
S 33-30

Ebenso   Ebenso; im Feld oben ΔΙΡ
                           unten ℞ ΤΥΕ

Gewicht: 17,06 (4) — 16,85 (7) — 16,72 (6) — 16,70 (5) — 16,65 (1)
— 16,60 (3) — 16,56 (2) — 16,48 (11) — 14,88 (12, Erh. g. m)

Abweichungen: Rs. das obere Monogr. ΔΙΡ 1 - das 1. untere Monogr. ℞ 3 ·
℞ 12 — das 3. untere Monogr. ΤΥΕ 14 · ΤΥΕ 1. 7 — ΤΥΕ 4 · ΤΥΕ 11;
Stil mittel 1. 3 — schlecht 14 · etwas verprägt 1

1 Berlin Cat, 18, 20 — 2 Haag — 3 Imhoof — 4 Klagenfurt — 5. 6 Kopenhagen; Ramus
cat. 1,115, 4. 6 (7 als Dubl. entfernt) — 7 Meletopulos — 8. 9. 10 München — 11 Paris;
Mionnet 1, 456, 56 (durch ein besseres Ex. ersetzt) — 12 Rollin u. Feuardent — 13 Thorwaldsen Cat. 100,557 — 14 Wien; Mus. Theup. 2,1378 (Gessner num. pop. 291,8**)

178
S 33-30

Ebenso   Ebenso; im Feld oben ΔΙΡ
                           unten ℞ ΤΥΕ

Gewicht: 17,04 (5) — 17,01 (9) — 16,96 (10) — 16,92 (1, scheint gegossen. 4) — 16,84 (11) — 16,77 (3) — 16,75 (8) · 16,72 (13)

Abweichungen: Rs. das 1. untere Monogr. ℞ 1. 5. 7. 11   das 2. untere Mon.
ΤΥΕ 4. 6. 11. 13. 15 — ΤΥΕ 1. 9. 16 — ΤΥΕ 3. 7; Stil mittel 4. 6. 9. 11. 13. 15
— schlecht 3. 8. 14

1 Aroken — 2 Athen (neue Erw.) — 3 Berlin Cat. 18. 21 — 4 Hunter Cat. 354. 3; Combe
descr. 189. 2 — 5 London Cat. 8, 6; Akerman, Num. chron. 9 (1847), 27 Abb. — 6 Mailand
(von Katz) — 7 Oxford — 8 Paris; Mionnet 1,456,54 (mit Druckfehler: 200, 669 statt
269) — 9 Paris; Mionnet 1,456,55 — 10 Paris — 11 bis — 12 Turin — 13 Turin Mus,
Cat. 2188 — Lavy 1189 — 14. 15 Wien. —   16 Wieczy 2587; Sestini mus. Hederv. 94,16
(ungenau)

179
S 33-29

Ebenso   Ebenso; im Feld oben ΔΙΡ
                           unten ℞ ΤΥΕ

Gewicht: 16,91 (8) — 16,67 (2) — 16,60 (4) — 15,05 (5, Erh. schl.)

Abweichungen: Rs. MAKEΔOΩN 7 · MAKEΔOΝΔΝ 9 · das obere Monogr.
ΔΙΡ 7 — das 2. untere Monogr. ΤΥΕ 3. 8 · ΤΥΕ 2. 6. 9   ΤΥΕ 4. 11. 12;
Stil mittel 3. 6. 8 — schlecht 2. 4. 9 — überprägt auf ein ähnliches Stück 2

1 Athen (neue Erw.) — 2 Berlin Cat. 18. 19 — 3 Budapest — 4. 5 Gotha — 6 London
Cat. 8, 8; Head guide (1881) 96, 10, LIV, 10 — 7 Trau — 8 Wien — 9 Windisch-Grätz
Cat. 5 (1899), 46, 704. — 10 Paris thes. (1672) 18, 1 Abb. (die beiden unteren Monogr.
übersehen) — 11 Haverkamp alg. hist. 2 (1737), XLVIII, 4 (recht mehr in Kopenhagen)
— 12 Haverkamp a. a. O. XLVIII, 6 von Nanoleni

180°
S (32)

— n. 159-180   — o. 159-180, I. F. oben ΤΥ, unten Φ

1 Golia Graecia XXII, 2 [Haverkamp alg. hist. 2, XLVIII, 3; Gessner num. pop. 291,8,XLI,8]

Ebenso   Ebenso, I. F. ΤΥΕ und Λ

2 Cadalvène recueil 52

Stücke mit diesen Monogrammen haben sich nirgends nachweisen lassen.

180°°
S (32)

Ebenso   Ebenso, die Monogramme nicht wieder-
                             gegeben

1 (Sebachmann) Cat. raisonné 64, 2 — 2-7 Eckhel cat. 83, 10-15 (die Identität mit den
oben verzeichneten Wiener Exemplaren ist nicht festzustellen) — 8 Cat. d'Ennery 78, 141
— 9 Num. Zeitung 33 (1866), 81 fg., mit Stempelfehler (oder infolge Doppelschlages?)
ΙΙΙΙΡΥΤΙΙΙΣ

Da die Monogr. dieser Stücke unbekannt sind, lassen sich die Münzen oben nicht eintrhen.

[Erste Eidgenossenschaft]

160
S 33-29

Ebenso

Ebenso; im Feld oben ✠
unten ⊤⊙ ᛗE

Gewicht: 16,56 (4) — 16,54 (3) — 15,14 (2, gelocht)

Abweichungen: Rs. das 2. untere Monogr. ℞ 3 — ℞ 4 — das 2. untere Mon. ᛗE 1. 4. 5   ᛗE 2: — Stil schlecht 3. 4

1 Athen (neue Erw.) — 2 Leake Europ. Gr. Addenda 161 (erean. 103, 106, 107 ist Versehen für 103, 104, 105.) — 3. 4 Wien. — — 5 Cronovius thes. gr. ant. 6, 3496, II, 3 Rs. [Gessner reg. Maced. 29, V, 13' fälschlich als Vs. mit einer Rs. von Amyntas III. verbunden; die zugehörige Vs. ist a. a. O. I, B [Gessner num. pop. 290, 25, XI, 25] als Rs. mit der Vs. derselben Amyntasmünze vereinigt

Barbarische Nachprägungen

Tetradrachmen (n. 181-184)

161
S 30

Ebenso

Ebenso, aber mit ΜΑΚΕΔΟΛΩΝ
i. F. oben Λ (vgl. n. 161)

Gewicht: 13,38 (subaerat)

1 München

162
S 32

Ebenso

Ebenso, aber mit ΜΚΕΔΟΝΟΝ
ΠΡΩΤΗΣ
i. F. oben Λ (vgl. n. 161)

Gewicht: 16,97 (2) — 16,19 (3) — 15,97 (4) — 15,95 (1)

Abweichungen: Vs. mit Ohrgehänge 1. 2. 3. 4

1. 2 Berlin Cat. 17, 10, 11 — 3. 4 Wien. — — 5 Neumann num. vet. 2,137 Abb. d. Rs., Wiczay 2591, X, 231; Sestini mus. Hederv. 94, 87 (mit Druckfehler ΠΡΩΝΤΗΣ u. sonst ungenau). — (1. 2. 3. 4 und wohl auch 5 sind mit denselben Stempeln.)

Alle fünf Exemplare (und ebenso n. 183 und n. 184, 1) sind durch einen mit einem scharfen Instrument auf die Vs. (1) oder Rs. (2. 3. 4. 5) geführten Hieb nach dem Rande zu aufgespalten (bei n. 182,1 ist der Spalt modern zugelötet), wohl um festzustellen, ob diese fremden Ursprung verratenden Stücke im Innern vollwertig sind.

163
S 32

Ebenso

Ebenso, aber die verwilderte Aufschrift rückläufig und die ganze Darstellung mit Vertauschung von l. und r. gleichsam im Spiegelbild; i. F. unten ⴱ

Gewicht: 15,72

1 Wien. — Mit einem von der Vs. aus eingehauenen Spalt; vgl. zu n. 182.

164
S 32

Ebenso

wie n. 176-180 mit verwilderten Monogrammen

Gewicht: 16,55 (2)   16,00 (3)   15,20 (1, subaerat)

Abweichungen: Rs. ΜΑΚΕΔΟΝΩΝ 3   Aufschrift ganz verwildert 2

1 München — 2 Paris; Mionnet u. Chabouillet Cat. des monn. gaul. 227,9666; de La Tour Atlas de monn. gaul. XLIX, 9666; vgl. Mélanges de num. 1 (1875), 300 fg. — 3 St. Petersburg. — — 4 Wiczay 2590 (nicht bei Sestini mus. Hederv.)

Das Exemplar 1 ist durch einen mit einem scharfen Instrument auf die Vs. geführten Schlag nach dem Rande zu aufgespalten und weist außerdem in der Mitte des Rs.-Feldes einen etwa 9 mm langen, nicht durchgehenden Einhieb auf; vgl. zu n. 182.

[Erste Eidgenossenschaft]

Die völlig barbarischen Gepräge, z. B. mit dem verwilderten Reiter nach l. auf der Rs. (Hunter Cat. 376,1, XXV, 12; Conibe descr. 179,8, XXXIV,8 [Hompois Macéd. 100, V, 4]) und ähnlichen Typen sind hier übergangen. Einige moderne Fälschungen sind am Schluss dieses Bandes verzeichnet.

Zweite Eidgenossenschaft (Hauptstadt Thessalonike)

Tetradrachmen (n. 185. 186)

185 S 32	Makedonischer Rundschild mit verziertem Rand und dem nach r. gewendeten Brustbild der Artemis Tauropolos in der Mitte (= n. 156)	MAKEΔONΩN oben ΔEYTEPAΣ unten, dazwischen Keule mit dem Griff nach l., l. F. oben ffK, das Ganze in einem l. gebundenen Eichenkranz. Am Rande l. Blitz
Taf. II, 4	Abbildung (1)	

Gewicht: 16,83 (4. beschädigt) — 16,80 (3) — 16,75 (1) — 16,72 (2. gelocht) — 16,26 (5)

Abweichungen: Rs. infolge Doppelschlages scheinbar ΔEYTTEPAΣ 3
1 Allatini — 2 Athen Cat. 1139 — 3 Imhoof; Hompois Macéd. 87,3. III,4 Abb. der Rs. — 4 Paris; Pellerin recueil 1,177; Sestini lett. 7,13, 1,20; Mionnet 1,457,63; Combinivy voyage 1,251, III,3 — 5 Schmann. — — 6 Spanheim de praest. et usu I (1705), 652 (Gessner num, pop. 290, rn XLI, 7); G. Cuperus de elephantis in nummis obviis (1719) 130 Abb. (Eckhel d. n. v. 1,63); Spanheim orbis Roman. (1728) 198; Cuperus lettres de critique (1742) und. 501. — (Die Vs. von 1. 3. 4. 5 sind von demselben Stempel; auch die Rs. von 1. 3. 5 sind stempelgleich.)

Das Pariser Exemplar ist auch erwähnt bei Pellerin rois 15. Diese Stelle hat Eckhel d. n. v. 2,63 missverstanden, indem er de la seconde irrig mit II. ferunt übersetzt, während dort province zu ergänzen ist.

186 S 32	Ebenso	Ebenso; im Feld oben ßP unten ffk

Gewicht: 16,95 (3) — 16,72 (2. gelocht) — 16,67 (1)

Abweichungen: Rs. der Blitz nur zum Teil ausgeprägt 2 — nicht angegeben 4
1 Berlin Cat. 19,1. II,12; Friedlaender u. von Sallet, das Königl. Munzkab. (1877) 121, 394 — 2 London Cat. 8,9 Abb.; Akerman, Num. chron. 9 (1847), 18 Abb. — 3 Paris; Bompois Macéd. 87,3. III,3 Vs. u. Rs. (Svoronos, Bull. de corr. hell. 18 (1894). 110,01 Abb. der Vs.). — — 4 Sestini mus. Hederv. 94,28. — (Die Vs. von 1. 2. 3 sowie die Rs. von 2 und 3 sind stempelgleich.)

Dritte Eidgenossenschaft (Hauptstadt Pella)

Von der dritten Eidgenossenschaft sind Münzen bis jetzt nicht zum Vorschein gekommen.

Vierte Eidgenossenschaft (Hauptstadt Pelagonia)

187
K 20
Kopf der Athena mit langem Haar und korinthischem Helm nach r. | MAKEΔONΩN oben im Bogen, TETAPTHΣ im Abschnitt. Die Dioskuren mit spitzer Mütze, flatterndem Mantel u. eingelegter Lanze nebeneinander nach r. galoppierend; i. F. unter den Pferden ME Feld konkav

Taf. II, 5   Abbildung (?)

Gewicht: 7,8t

Abweichungen: K, die obere Schriftzeile nicht ausgeprägt 2
1 Imhoof, vorher Cat, Bompois 683; Bompois Macéd. 88,6, III,6 — 2 Leake Europ. Cit. 65 [Bompois Macéd. 87,5] ungenau

188
K 24-21
Kopf des Zeus mit Lorbeerkranz MAKEΔONΩN oben, nach r. | TETAPTHΣ unten, dazwischen Keule mit dem Griff nach l., i. F. oben ME, unten AK, das Ganze in einem l. gebundenen Eichenkranz. Feld konkav

Taf. II, 6   Abbildung (Vs. von 3 und Rs. von 2)

Gewicht: 12,60 (13) — 10,55 (12) — 9.90 (3) — 9,87 (11) — 9.20 (5) — 8,92 (10) — 8,79 (15) — 8,37 (7) — 8,36 (2) — 8,10 (6) — 7,54 (4, Esk. schl.)

Abweichungen: Rs. das obere Monogramm undeutlich 1, 6, 8 — zerstört 16 — das untere Monogramm schmäler AK 2, 6, 8, 14, 16 — zerstört 13, 17 — beide Monogramme verwischt 9

1 Athen (neue Erwerbung) — 2, 3, 4 Berlin Cat. 19, 1 (ungenau). 2, 3 — 5 Gotha — 6 Imhoof — 7 Kopenhagen — 8 Leake Suppl. 131 — 9 Leake, vorher Cat. Northwick 583 — 10 Loebbecke — 11 London Cat. 8, 10 Abb.; Akerman, Num. chron. 9 (1847), 28 Abb. — 12 München — 13 Paris; Cadalvène recueil 35; Lenormant, Revue num. 1852, 321, IX, 3; Bompois Macéd. (87,4), III, 5 — 14 St. Petersburg; Sestini Lett. cont. 5,4, I, 5; num. Chaudoir 49, 1 (mit Verwechselung von supra und infra) — 15 Wien; Froelich animadversiones (1751) 36, II, 11 (Gessner num. pop. 291, 8**); Froelich notit. elem. 143, VII, 10; Eckhel cat. 83, 16 (Mionnet 1,457,65). — 16 Sestini mus. Hedervar. 94, 89 (mit Verwechselung von supra und infra, vgl. zu 14) 17 Cat. Grèau 1100. — (Die Rs. von 5 und 7 sind stempelgleich.)

Makedonia im Aufstand unter Andriskos

A. Prägungen des römischen Feldherrn

(P. Iuventius Thalna, 149 v. Chr.)

189
S 30-28

Makedonischer Rundschild, dessen
Rand mit ꙮ und ⁝⁝, siebenmal
abwechselnd, verziert und mit
einem Pkr. abgeschlossen ist. In
der Mitte, von einem Pkr. u. einem
Lkr. umgeben, Brustbild der Artemis Tauropolos mit Stephane,
Ohrgehänge und Gewand nach r.,
im Nacken Köcher und Bogen

LEG oben
MAKEΔONΩN unten, dazwischen
Keule mit dem Griff nach l., l. F.
ganz oben rechte Hand mit Ölzweig nach l.; das Ganze in einem
l. gebundenen Eichenkranz (mit
Eicheln). Am Rande l. Blitz (eigen-
tümlich stilisiert)

Taf. II, 12   **Abbildung (6)**

Gewicht: 16,87 (1, 5) — 16,86 (4) — 16,85 (2) — 16,61 (3)

Abweichungen: Rs. 'LEG ? — der Blitz nicht ausgeprägt 1. 2. 3. 4. 6
1 Berlin Cat. 11, 2; Zeitschr. f. Num. 23 (1902), 149, r Abb. der Rs. — 2 Gotha; Sestini
lett. 9, 20 [Blümner S. 3, 6, 37 und diesem folgend Boothowski dict. 1238, 2142 mit Unrecht
als «med. suspecte», vgl. Friedlaender, Zeitschr. f. Num. 3 (1876), 180 Anm. 1] — 3 Kopenhagen, vorher Rollin u. Feuardent; Kompoh Macéd. 83, 2, II, 1 — 4 Löbbecke — 5 Rollin
u. Feuardent. ·· — 6 Cat. de D.*** (1889) 46, l, 46. — (1-6 aus demselben Stempeln.)
Über das Brustbild auf der Vs. vgl. zu n. 136. — Zur Herstellung des Rs.-Stempels
dieser Münze (n. 189) ist der Rs.-Stempel eines Tetradrachmons von Philipp V. benutzt
worden, vgl. Zeitschr. f. Num. 23 (1902), 148 fg. Der Stempel, dessen erste Form nach
der Umarbeitung n. 189, 2 zeigt, hat sich augenscheinlich beim Prägen sehr schnell abgenutzt und ist zweimal durch ziemlich rohes Nachgravieren (bei. an den Fingern der
Hand und am Ölzweig) für die weitere Prägung (n. 189, 3. 6 u. sodann 1. 4. 5) wieder
brauchbar gemacht worden. Vgl. zu n. 196 und auch Zeitschr. f. Num. 24 (1914), 290.

190
S 31-29

Ebenso (derselbe Stempel)

Ebenso, aber die Hand i. F. r.
neben **LEG**

Gewicht: 16,95 (5) · 16,85 (7. 8) — 16,80 (2) — 16,76 (3) — 16,70 (1)

Abweichungen: Rs. mit A statt A l. 5. 7. 8 — der Blitz nicht ausgeprägt 2. 2. 3. 7
1 Athen Cat. 1240 — 2 Brüssel — 3 London Cat. 17,69 Abb., vorher Cat. Horrell 16;
Head guide (1881) 96, 12, LIV, 12 — 4 London, vorher Cat. Montagu 2 (1897), 149, II,
149; Zeitschr. f. Num. 23 (1902), 154. / Abb. der Rs. — 5 München; Cousinéry voyage
1, 231, III, 2 Abb. der Rs. (ganz ungenau) ·· 6 Paris, vorher Cat. Thomas 884. ·· ·
7 Cat. Carfrae (1894) 124, V, 17 — 8 Cat. Bunbury (1896) 652, V, 652. — (Die Rs. von
1. 3. 6 sowie die Rs. von 2. 5. 8 sind stempelgleich.)

191
S 30

Ebenso, aber nur mit Pkr. um das
Brustbild und auf dem Schildrand
siebenmal ꙮ ⁝⁝.

Ebenso, aber die Keule mit Riemen
umwunden; i. F. unten ᛞᛖ

Gewicht: 16,80

1 Wien; Zeitschr. f. Numismatik 23 (1902), 147, 5 Abb. der Rs.
Das Ohrgehänge des Artemiskopfes auf der Vs. stellt, wie es scheint, einen kleinen Vogel
mit ausgebreiteten Flügeln (von vorn) dar. Vgl. zu n. 193.

192
S 31
Taf. II, 13

Ebenso (derselbe Stempel) | Ebenso; i. F. unten M

Abbildung (1)

Gewicht: 16,94 (1) — 16,05 (2)

Abweichungen: Rs. infolge Doppelschlags LEEO und MAKEΔONΩN 3 — der
Blitz nicht ausgeprägt 1. 2

1 Imhoof — 2 London Cat. 17,70; vorher Cat. Horrell 27 'Lenormant, Revue num. 1852,
333; Rompois Maced. 19, Anm. und 84,3 (mit Druckfehler 16,70 statt 16,07)); vgl.
Friedlaender, Zeitschr. f. Num. 3 (1870), 180, Anm. 1. — (1. 2 aus demselben Stempeln.)

193
S 31-79

Ebenso, aber die Randornamente Ebenso; i. F. unten ꟼE (= n. 191)
nur sechsmal

Gewicht: 16,96 (3) — 16,94 (1)

Abweichungen: Rs. infolge Doppelschlags scheinbar MAKEΔONIΩN 1 — der Blitz
geflügelt 1. 3 — nicht ausgeprägt 3

1 Brüssel — 2. 3 Trau. — (Die Vs. von 1. 3 sind aus demselben Stempel wie n. 104, 1-3.)
Das Übergehänge des Artemiskopfes auf der Vs. stellt eine kleine (nach 1.) schwebende
Nike dar. Vgl. zu n. 192.

194
S 31

Ebenso | Ebenso; i. F. unten M (= n. 192)

Gewicht: 16,93 (6) — 16,92 (3) — 16,86 (2) — 16,80 (5) — 16,75 (7)
— 16,71 (4) — 16,00 (1, etwas beschädigt)

Abweichungen: Rs. der Blitz geflügelt 1. 2. 3. 5 und wohl auch sonst — nicht
ausgeprägt 4

1 Berlin Cat. 31, 1; vorher Sestini etc. Fontana 2, 11, II, 9 (Cavedoni spicilegio 47) =
3. 12. 1 — 2 Lambros; Rompois Maced. 83, 1, II, 2 Rs. — 3 Löbbecke — 4 Paris, vorher
Cat. Gréau 91, 1008, II, 1098; Fröhner, Annuaire de num. 3 (1865,70), 46, 16, IV, 26 —
5 Walcher Cat. 048, VII, 648 — 6 Dr. Weber. — 7 Cat. Bompois 677. — (Die Vs.
von 1. 2. 3. 4. 5 sind stempelgleich (vgl. zu n. 193, 1. 3), ebenso die Rs. von 4. 5.)

B. Prägungen der aufständischen Makedonen
(149,148 vor Chr.)

195
S 30

Taf. II, 11

Makedonischer Rundschild, dessen
Rand mit ⊙ und ⁂, siebenmal
abwechselnd, verziert ist und mit
einem Pkr. abschliesst. In der Mitte,
von einem Pkr. umgeben, Brustbild
der Artemis Tauropolos wie
vorher, aber mit Lorbeer im Haar

MAKE oben
ΔONΩN unten, dazwischen mit Riemen
umwundene Keule mit dem Griff
nach l., i. F. r. oben neben der
Schrift ꟼE, das Ganze in einem
l. gebundenen Eichenkranz (mit
Eicheln). Am Rande l. Blitz

Abbildung (3)

Gewicht: 17,15 (2) — 16,92 (1) — 16,83 (3. 4)

Abweichungen: Rs. der Blitz nur zum Teil ausgeprägt 1. 3. 4

1 Berlin, vorher Rollin und Feuardent; Bompois Maced. 74, 3, I, 2 Abb. der Rs.; Zeitschr.
f. Num. 23 (1902), 147, 2 Abb. der Rs. — 2 Lewis, früher Lambros; Bompois Maced.
74, 4 und 5, I, 3 Abb. der Rs. — 3 Montagu Cat. 1 (1896), 164, V, 264, vorher Hoffmann;
Bompois Maced. 74, 2; Cat. Bompois etc. — 4 Cat. of the coll. of Greek coins of a
late collector (1900) 283, V, 283. — (Die Vs. von 1. 2. 3. 4 sind stempelgleich, ebenso die
Rs. von 1. 4 und die Rs. von 2. 3.)

Das 3. Exemplar bei von Bompois versehentlich an das Londoner Stück (unten n. 196, 1) angereiht mit *die obige monogramme*. Das von Bompois a. a. O. 74,5 angeführte Exemplar aus Athen existiert dort nicht, vgl. Postolakka synopsis 88 Anm.*; es ist vielmehr identisch mit dem aus Lambros' Besitz an Lewis übergegangenen (n. 195, 3), das Bompois mit ungenauer Gewichtsangabe als No. 4 mißführt.

Über die Prägezeit dieser Münzen (n. 195-196a) und den Lorbeerkranz ihres Artemisbrustbildes vgl. Zeitschr. f. Num. 20 (1897), 177 fg. — Zur Herstellung des Rs.-Stempels von n. 195, 1.4 ist der Rs.-Stempel eines Tetradrachmons mit LEG (wie oben n. 191 oder 193) benutzt worden, woraus sich die Datierung der vorausgehenden LEO-Serie ergibt: vgl. Zeitschr. f. Num. 23 (1901), 147 fg.

196 S 30 Taf. II, 10	**Ebenso** (derselbe Stempel)	**Ebenso**: I. F. r. oben neben der Schrift ΔΙ

Abbildung (3)

Gewicht: 16,90(3) · 16,85(1) — 16,72(2)

Abweichungen: Rs. das Δ der Aufschrift aus ϻ korrigiert 3 — der Blitz nicht vorgeprägt 1, 2, 3

1 Löbbecke — 2 London Cat. 16, 66 Abb., vorher Cat. Borrell (1852) 25; Bompois Maced. 73, 1, 1, 1; Head guide (1881) 96, 11, LIV, 11 — 3 Paris. — (Die Vs. von 1, 2, 3 sind aus demselben Stempel wie die von n. 195, 1, 2, 3, 4; außerdem sind die Rs. von 1 und 3 stempelgleich.)

Die 7 Exemplare dieser und der vorhergehenden Münze (n. 195, 196) stammen sämtlich aus dem gleichen Vs.-Stempel. Die kleinen Abweichungen, welche n. 195, 2, 3 und n. 196, 1, 2 übereinstimmend gegenüber n. 195, 1, 4 und n. 196, 3 zeigen (z. B. an der Diademspitze, im Lorbeerkranz und in der Randverzierung), sind angesichts der sonstigen völligen Gleichheit aller Einzelheiten ohne Zweifel daraus zu erklären, daß der Vs.-Stempel, dessen ursprüngliche Form n. 195, 1.4 und n. 196,3 wiedergeben, sich beim Prägen sehr schnell abgenutzt und beschädigt hat und durch Nachgravieren der verletzten Stellen für die weitere Prägung (n. 195, 2, 3 und n. 196, 1, 2) wieder brauchbar gemacht worden ist. Vgl. die Bemerkung zu n. 189 sowie auch Zeitschr. f. Num. 24 (1904), 290, woselbst zu berichtigen ist, daß es sich hier bei n. 195, 196 um nur einmalige Nachgravierung zu handeln scheint.

196a S 30	**Ebenso**, aber auf dem Schildrand	MAKE
	❀ und ⁝⁝⁝, siebenmal ab-	ΔΟΝΩΝ, sonst ebenso
	wechselnd	

Gewicht: 16,87

1 Brüssel

Das Artemis-Brustbild auf der Vs. stimmt im Gesamtcharakter sowie in gewissen Einzelheiten (vgl. z. B. das eine kleine Nike darstellende Ohrgehänge) mit dem der LEG-Tetradrachmen n. 193, 194 so auffallend überein, daß beide mit größter Wahrscheinlichkeit als Arbeiten desselben Stempelschneiders zu betrachten sind. Vgl. Zeitschr. f. Num. 23 (1901), 152 u. 155.

Makedonia als römische Provinz

(seit 148 vor Chr.)

Lucius Fulcinnios, Quaestor

197
K 23-21

Kopf der Roma nach r. mit Halsband, Ohrgehänge u. geflügeltem
Helm, der mit Kopf u. Stachel-
kamm eines Greifs verziert ist. Pkr.

ΜΑΚΕΔΟΝΩΝ
ΤΑΜΙΟΥ
ΛΕΥΚΙΟΥ
ΦΟΛΚΙΝΝΙΟΥ

im L gebundenen Eichenkranz

Gewicht: 10,33 (6) — 8,76 (1) — 8,69 (4) — 7,80 (5) — 7,50 (7)

1 Berlin Cat. 23, 1 — 2, 3 Leake Europ. Gr 65 [Rompois Macéd. 93, 9] — 4 London
Cat. 19, 79 Abb. — 5 Mailand — 6, 7 St. Petersburg. —|| — 8 Wilde num. sel. 88, 6a, X, 6a
[Gessner num. pop. 390, 3, XLI, 3; Eckhel d. n. v. 8, 63, 5] — 9 Hoffmann le numismate
1166 [Rompois Macéd. 93, 9] ungenau. · (Die Vs. von 1 ist aus demselben Stempel wie
die von n. 198, 1.)

Der Kopf dieser Münzen (n. 197 fg.) ist genau dem Romakopf der gleichzeitigen römischen
Denare nachgebildet. Halsband und Ohrgehänge sind wegen der meist schlechten Erhaltung der Vs. oft nicht sichtbar und sind vielleicht auch nicht immer dargestellt gewesen, während sie auf den späteren Prägungen (n. 203 fg.) ganz fehlen. — Über die Datierung des Fulcinnius und seiner Nachfolger vgl. die Einleitung S. 9 und ausführlicher
Zeitschr. f. Numismatik 23 (1902), 257 fg.

198
K 22-20

Ebenso

ΜΑΚΕΔΟΝΩΝ
ΤΑΜΙΟΥ ΛΕΥΚΙΟΥ
ΦΟΛΚΙΝΝΙΟΥ

im L gebundenen Eichenkranz

Gewicht: 9,88 (7) — 9,03 (1) — 8,35 (10) — 7,90 (4) — 7,75 (6)

1 Berlin Cat. 23, 3 — 2 Braunschweig — 3 Haag — 4 Imhoof — 5 Löbbecke —
6 München — 7 Paris; Hardouin numni ant., Ald. 579 — others rel. 99 [Spanheim de
praest. 2, 165]: Mionnet 1, 455, 48; Lenormant, Revue num. 1852, 320, t. IX, 4; Rompois
Macéd. 93, 8 (die Abb. von einem anderen Ex., vgl. zu 12) — 8 Parma (dick) — 9 St.
Petersburg — 10 Walcher Cat. 946, —|| — 11 Mus. Arigoni 4, fam. Rom. XIV, 10 un-
genau: Sestini cat. cml. 20 — 12 Cal. Rompois 680, wohl = Rompois Macéd. (93, 8), IV, 8
(vgl. oben zu 7). · (Die Vs. von 1 ist aus demselben Stempel wie die von n. 197, 1.)

199
K 20

Ebenso | Ebenso; im Feld oben ΛΕ

Gewicht: 9,88 (1) — 7,90 (2) — 7,77 (4) — 7,02 (3)

1 Berlin Cat. 23, 3 ungenau — 2 Paris; Mionnet 1,456,44 — 3 Wien; Mus. Theup. 2, 1178
— 4 Wien; Eckhel d. n. v. 2,62 angenau. · (Die Vs. von 1 ist aus demselben Stempel
wie die von n. 201,1.)

200
K 21

Ebenso | Ebenso; im Feld oben Ρ

Gewicht: 9,67 (3) — 8,20 (2) — 7,63 (1)

1 Athen Cat. 1244 2 Hunter Cat. 356,9; Combe descr. 180,17 — 3 London Cat. 19,80

201
K 21

Ebenso | Ebenso; im Feld oben ΤΑ

1 Paris; Mionnet 1,455,43 angenau. · (Über die Vs. vgl. zu n. 199, 1.)

Gaius Publilius, Quaestor

1. Ohne Distriktsbezeichnung (Edonia?)

202
K 23

Kopf des Poseidon mit Taenie MAKEΔONΩN oben
nach r. ΤΑΜΙΟΥ ΓΑΙΟΥ unten, dazwischen
ΠΟΠΛΙΛΙΟΥ
Keule mit dem Griff l.; das Ganze
im l. gebundenen Eichenkranz

Taf. II, 7 Abbildung (8)

Gewicht: 9,70 (4) — 9,14 (1) — 8,62 (3)

1 Hunter Cat. 355, 3; Combe descr. 180, 19, XXXIV, 10 (Mionnet S. 3, 6, 38; Lenormant, Revue num. 1852, 320, 3, IX, 3] — 2 Lewis, vorher Cat. Bompois 686; dies Ex. Bompois Maced. 91, 1, IV, 1 (irrig: Paris) — 3 London Cat. 17, 71 Abb. — 4 München; Sestini descr. 83, 15

Die Typen dieser Münzen (s. vor) sind der autonomen Prägung offenbar des gleichen Distriktes (oben n. 39 fg.) nachgebildet, vgl. zu n. 207 und n. 209.

203
K 28-31

Kopf der Roma nach r. mit dem MAKEΔONΩN im l. gebundenen
geflügelten Greifenhelm, wie bei ΤΑΜΙΟΥ ΓΑΙΟΥ Eichenkranz
n. 197. Pur. ΠΟΠΛΙΛΙΟΥ

Taf. II, 8 Abbildung (13)

Gewicht: 12,97 (15) — 12,44 (10) — 11,86 (1) — 11,67 (4) — 11,50 (3)
— 11,05 (33) — 10,58 (5) — 10,56 (11) — 10,45 (36) — 10,27 (2)

1-5 Berlin Cat. 31, 1-5 — 6 Dresden — 7. 8 Gotha — 9 Haag — 10 Hunter Cat. 355, 4; Combe descr. 180, 16 — 11 Hunter Cat. 355, 5 — 12 Kopenhagen — 13. 14 Leake Europ. Gr. 65 — 15 Löbbecke — 16 London Cat. 18, 72 Abb. — 17. 18 London Cat. 18, 73. 74; Combe cat. 95, 8. 9 — 19. 20. 21 Meletopulos — 22 Moskau Univ. Cat. 1922 — 23. 24 München, einer davon Sestini descr. 83, 14 [Mionnet S. 3, 6, 39] — 25 Neapel Cat. 6303 — 26 Paris; Palin thes. 18, 2 Abb. (Gessner num. pop. 290, 31, XI., 31]; Hardouin nummi ant., add. 579 [Spanheim de praest. 2,165] — opera sel. 99: Mionnet 1,455. 37; Lenormant, Revue num. 1852, 319, 1, IX, 1; Bompois Maced. 91,2, IV,2 — 27 Paris; Mionnet 1,455, 38 — 28 Paris — 29 St. Petersburg — 30 Thorwaldsen Cat. 101, 563 — 31 Turin Kgl. Slg.; Mus. Arigoni 1, urb. XIV, 141 (Gessner num. pop. 290, 31]; Sestini cat. cast. 20 — 32 Turin Kgl. Slg. — 33 Turin Mus. Cat. 2184 — Lavy 1121 — 34 Wien; Eckhel cat. 83, 9; d. n. v. 1, 62, 1 — 35 Wien, vorher Cat. Welzl 1778 36 Winterthur. — ' — 37 Spanheim de praest. 2, 165 Abb. [Gessner num. pop. 290, 1, XLI, 1] von Dr. A. Hieronimus Rhenius — 38 Cat. d'Ennery 99, 282 — 39 Wiczay 2581; Sestini mus. Hederv. 03, 17 — 40 Cat. Bompois 687. — (Die Vs. von 3. 5. 18 sind stempelgleich.)

Über den Kopf dieser Münzen (s. 203 fg.) vgl. zu n. 197.

204
K 22

Ebenso Ebenso; i. F. oben A, unten Λ P

Gewicht: 12,40 (1) — 11,25 (3)

1 Löbbecke — 2 Turin Kgl. Slg.; Mus. Arigoni 4, fam. Rom. X, 99 (ungenau); Sestini cat. cast. 19 — 3 Turin Mus. Cat. 2183 — Lavy 1120 (ungenau)

205
K 23

Ebenso Ebenso; i. F. oben A, unten R

Gewicht: 12,75 (2) — 10,18 (3)

1 Amsterdam — 2 Imhoof — 3 Kopenhagen 4 Parma

[Gaios Publilios, Quaestor]

205a
K 24/20 Ebenso

MAKEΔONΩN
TAMIOY ΓAIOY im l. gebundenen
Eichenkranz; i. F. oben Ⱥ, unten Ɍ

Gewicht: 13,40

1 Mailand

Der Quaestor ist auf dieser Münze (sonst n. 211) nur mit seinem praenomen genannt.

206
K 24-21 Ebenso

ΓAIOY TAMIOY
ΠOΠAIAIOY   im l. gebundenen
Eichenkranz

Gewicht: 12,57 (9) — 12,32 (2) — 11,80 (7) — 11,55 (6) — 10,89 (1)

1 Hunter Cat. 355, 6; Combe deser. 180, 18 — 2 Kopenhagen (dick); Ramus cat. 1, 115, 1 — 3 Leake Europ. Gr. 65 — 4 Lübbecke — 5 Meletopolos — 6 München — 7 Paris; Mionnet 1, 455, 39; Cousinéry voyage 1, III, 12; Lenormant, Revue num. 1852, 320, 1, IX, 2; Bompois Macéd. 92, 3, IV, 3 Vs. (Abb. nach anderem Ex.) — 8 Turin Kgl. Slg.; Mus. Arigoni 4, fasc. Rom. X, 1112; Sestini cat. cart. 20 — 9 Wien (dick). —‖— 10 Wilde num. sel. 85, 50, X, 59 [Gessner num. pop. 290, 2, XLI, 2] krieg ΠOΠAIAΛOY, vgl. Eckhel d. n. v. 2, 63 Die auffallende Einschiebung des TAMIOY zwischen praenomen und nomen findet sich auch bei o. 109. Vgl. Zeitschr. f. Num. 23 (1902), 159.

II. Distrikt Amphaxitis (Ⱥ)

207
K 20 Kopf des jugendlichen Dionysos
nach r. mit Binde um die Stirn
u. Efeukranz (= n. 83)

TAMIOY
ΓAIOY oben
ΠOΠAIA;IOY unten. Ziegenbock
nach r. stehend, i. F. r. Ⱥ

Taf. II, 9   Abbildung (4)

Gewicht: 9,69 (7) — 9,52 (1) — 7,71 (4) — 7,60 (2. F. m.) — 7,52 (3)

1, 2 Berlin Cat. 22, 6, 7 — 3 Hunter Cat. 356, 7 — 4 Imhoof — 5 Kopenhagen — 6 Lübbecke — 7 London Cat. 18, 75 Abb. — 8 München; Sestini deser. 86, 20 — 9 Paris; Mionnet 1, 455, 41, berichtigt S. 3, 7, 45; Lenormant, Revue num. 1852, 321, 1; Bompois Macéd. 92, 6 (ungenau) — 10 St. Florian — 11 St. Petersburg — 12 Wien, vorher Cat. Welzl 1780. —‖— 13 Cat. Thomsen 1, 784 (ungenau)

Die Typen dieser und der folgenden Münzen (n. 207, 208) sind der autonomen Prägung des Distrikts (oben n. 83 fg.) entlehnt, vgl. 11 u. 203 und s. 209.

208
K 23-20 Ebenso

TAMIOY
ΓAIOY oben. Ziegenbock nach
r. stehend; i. F. l. Ɍ, r. ⊠, unter
dem Leibe Ⱥ

Gewicht: 9,86 (3) — 9,57 (1) — 9,30 (2) — 8,05 (5)

Abweichungen: Rs. das l. Monogr. nicht sichtbar 6 — das r. Monogr. ⊠ 5 1 Berlin Cat. 22, 8 ungenau — 2 München; Sestini deser. 85, 19 (ungenau) — 3 Paris; Mionnet S. 3, 7, 46; Cousinéry voyage 1, III, 13 (ganz ungenau); Lenormant, Revue num. 1852, 322, 2, IX, 6 (irrig: inédite); Bompois Macéd. 93, 7, IV, 5 — 4 St. Florian — 5 St. Petersburg — 6 Venedig Mus. civico. · ‖ · 7 Eckhel d. n. v. 2, 63, 4 ungenau — 8 Wien 2352 (Mionnet S. 3, 7, 44'; Sestini mus. Hedervar. 93, 20 (ungenau)

Der Name des Quaestors, der auf diesen Münzen (n. 208) fehlt, ist aller Wahrscheinlichkeit nach in dem i. F. r. stehenden Monogramm enthalten, vgl. zu n. 210.

5*

[Gaios Publilius, Quaestor]

III. Distrikt Bottiaia (B)

209
K 23·18

Kopf der Athena Parthenos nach r. ΓΑΙΟΥ ΤΑΜΙΟΥ oben
mit Ohrgehänge (?) u. verziertem ΠΟΠΑΙΑΙΟΥ L A. Weidendes Rind
attischen Helm, wie bei n. 131 fg. nach r., unter dem Leibe B

Gewicht: 10,68 (1) — 10,54 (10) — 10,03 (6) — 8,65 (4)' — 7,32 (5)
Abweichungen: R. B 2. 7. 11

1 Amsterdam — 2 Berlin Cat. 22, 16 — 3 Budapest — 4 Gotha — 5 Kopenhagen —
6 Lobbecke — 7 München; Sestini descr. R5, 16 — 8 Paris; Mionnet 1, 433, 40 berichtigt
R. 3, 6, 41: Lenormant, Revue num. 1852, 322. 1, X, 1 — 9 St. Petersburg — 10 Turin
Mus. Cat. 2185 — Lavy 1121. —]|— 11 Mus. Sanclem. 1, 164 (nicht in Mailand) —
12 Wien 2563, X, 110 [Mionnet S. 3, 6, 46]: Sestini mus. Hedervr. 93, 18

Die Typen dieser und der folgenden Münzen (a. 209. 210, sowie 211) sind der autonomen
Prägung der Distrikten (oben n. 131 fg. u. 153) nachgebildet. vgl. zu n. 207. Für die Einzelheiten des Athenakopfes trifft das oben zu n. 131 Bemerkte in noch erhöhtem Masse zu.

210
K 22·19

Ebenso ΓΑΙΟΥ ⊠ oben
ΤΑΜΙΟΥ i. A. Weidendes Rind nach
r., unter dem Leibe B

T. XII, 31

Abbildung (14)

Gewicht: 12,58 (7) — 10,32 (5) — 10,00 (14·3B) — 9,29 (6) — 8,93 (8)
— 8,75 (13) — 8,66 (2) — 7,91 (4) — 6,89 (37)

Abweichungen: R. die Schrift i. A. verwildert 1 — unter dem Leibe B 1. 3. 8. 11.
13. 17. 30. 33. 40. 41. 42 — verwischt 36. 45 — oben ⊠ 2 — ⊠ 5·8. 10·13.
11. 15. 16. 17. 31. 40·43 — etwas verwildert 1. 17. 12. 33. 35 — undeutlich 30. 36
— gar nicht sichtbar 4. 16. 23. 38. 32. 44. 45. 46

1 Athen (neue Erw.) · 2·5 Berlin Cat. 22. 9-15 — 9 Froebner — 10. 11 Gotha — 12 Haag
— 13 Hunter Cat. 356, 8 — 14 Imhoof — 15 Kopenhagen; Ramus cat. 1, 115, 8 (3 als
Dubl. entfernt) — 16 Leake Europ. Gr. 86 (unter Pella) — 17 Lobbecke — 18. 19. 20
London Cat. 18, 76-78 — 21. 22. 23 Mailand — 24. 25. 26 München; Sestini descr. 85, 17.
18 — 27. 28 Odessa Mus. · 29 Oxford — 30 Paris; Mionnet 1, 436, 45 = S. 3, 6, 41;
Bompois Macéd. 92, 5, IV, 6 — 31 Paris; Mionnet 1, 436, 46 = S. 3, 6, 43; Lenormant,
Revue num. 1852, 322, 2, X, 2; Bompois Macéd. 92, 4, IV, 4 — 32 Paris; Mionnet 1, 481, 242
(Pella); Bompois Macéd. 92, 5, IV, 7 (R.) — 33 Paris; Mionnet S. 3, 51, 337 [Bompois,
Num. chron. 1874. 284, 10]; Combarly voyage 1. 181, 10 — 34. 35 Paris — 36 Thorwaldsen
Cat. 304, 363 — 37 Turin Mus. Cat. 2186 — Lavy 1123 — 38 Turin Mus. Cat. 2327 (Pella)
— 39 Walcher Cat. 950 (ungenau) — 40. 41. 42 Wien — 43 Windisch-Grätz Cat. 5 (1899),
47. 731 (ung.) —?|— 44 Wilde num. sel. 89, 61, X, 61 (Vs. missverstanden) (Gerasser ann.
pop. 203, 4, XI.1, 4: Pehkel d. n. v. 3, 62, 3 und genauer 2, 64; Mionnet 1, 457, 64] —
45 Mus. Arigoni 4, sim. Rom. XI, 101; Sestini cat. cast. 30 · 46 Sestini mus. Hedervr. 93, 19

Auch hier ist, wie bei n. 208, der Name des Quaestors vermutlich in dem (hinter dem
praenomen stehenden) Monogramm enthalten. Bei der folgenden Münze fehlt auch dieser.

211
K 18

Unbärtiger Kopf des Pan mit kurzen ΓΑΙΟΥ oben
Hörnern nach r., um den Hals ΤΑΜΙΟΥ unten. Zwei Ziegen-
die Nebris, im Nacken das (ge- böcke neben einander nach r.
schulterte) Pedum (= n. 153) liegend, i. F. oben B (vgl. n. 153)

T. XII, 30

Abbildung

Gewicht: 7,57

1 Berlin; H. Dressel, Zeitschr. f. Num. 21 (1898), 212. Über die Typen vgl. 10 u. 109.

(D. Iunius Silanus Manlianus, Praetor 142.141 vor Chr.)

212
K 23

Bärtige, efeubekränzte Silensmaske v. vorn mit Glatze u. Schweinsohren, hinter denen die beiden Schliessbänder herabhängen. Pkr.

D
MAKE
ΔΟΝΩΝ

in einem unten gebundenen Efeukranz

Taf. III, 6

Abbildung (13)

Gewicht: 13,10 (6) — 11,57 (13) — 11,15 (5) — 11,09 (4) — 9,85 (10)
— 9,14 (42) — 9,07 (11) — 8,90 (14) — 8,60 (13) — 8,26 (4)

Abweichungen: Ke. des D wie p sonstehend 38 — teilweise versön 7. 15. 43 — anderlich 17. 36 — nicht angegeben 44. 50. 52. 33

1 Amsterdam — 2 Arolsco — 3 Athen Cat. 1227 (ungenau) — 4. 5. 6 Berlin Cat. 11.28, 1, 10; 11, 29, 30 — 7 Bologna Bild. 8. 9 Gotha — 10 Haag 11 Hunter Cat. 336, 10; Combe descr. 180, 20 — 12 Hunter Cat. 356, 11 — 13 Imhoof; Rompois Maced. 79, 10, 11, 16 (ungenau; steht ein Pariser Ex.) — 14 Imhoof, vorber Cat. Rompois 673 — 15 Imhoof — 16 Klagenfurt — 17. 18. 19 Kopenhagen — No. 41 Leake Europ. Gr. 66 — 21. 23 Lobbecke - 24.27 London Cat. 14, 33 (Abb.), 56. 57. 58 28 Mailand — 29. 30 München; Sestini descr. 85, 9. 10 (Mionnet S. 3. 3. 14) — 31. 32 München — 33 Neapel Santang. Cat. 9063 — 34. 35 Oxford — 36-39 Paris; Mionnet 1, 453. 37. 38. 39; S. 3. 3. 13; eines davon (37) Pellerin recueil 1, 176, XXIX, 2, ein anderes Hennin manuel XVIII, 5 — 40 Paris — 41. 42 Parma - 43 Turin Mus. Cat. 2174 = Lavy 1113 — 44 Walcher Cat. 939 (ungenau) — 45 Wien; Mus. Theup. 1, 1278 — 46-49 Wien. — 50 Wilde num. vel. 86, 57. X, 57 (Liesner num. pop. 290, 31. XI, 31) — 51 Mus. Arigoni 1, urb. XIV, 140; Sestini cat. cint. 19 - 52 Cat. d'Ennery 100, 285 — 53 Wiczay 2570; Sestini mus. Hederv. 92, 6 — 54 Cat Thomsen 1, 781

Der Zweck dieser Emission mit D(ecreto) war, wie es scheint, die Einziehung und Umprägung der Quaestorenmünzen mit dem Rotmkopf; a. 112, 39 ist übergeprägt auf ein solches Stück des Fulcinnios (= n. 194), n. 212, 9 auf eine des Publilius (= n. 203 fg.), nicht zu entscheiden ist es bei 6. 13. 15. 16. 24. 25. 41. 50. Ausserdem ist Überprägung festgestellt bei 3. 4. 5. 8. 11. 14. 18. 19. 23. 28. 38. 39. 42. 51 und wahrscheinlich auch bei allen übrigen Exemplaren anzunehmen. Vgl. die Einleitung S. 9 und Zeitschr. f. Num. 23 (1902), 159 fg.

Aesillas, Quaestor

A. Mit dem Namen des Praetors L. Iulius Caesar

(93 92 vor Chr.)

213
S 27

CÆ. PR. MAKEΔONΩN l. u. unten im Bogen. Kopf Alexanders des Grossen nach r. mit Ammonshorn und fliegendem Haar

AESILLAS

Q darunter mit Riemen umwundene Keule mit dem Griff nach oben zwischen (L) rundem Geldkasten mit Deckel u. Bügel und (r.) Quaestorsessel; das Ganze in einem unten gebundenen Lorbeerkranz

Gewicht: 16,88 (2) — 16,82 (3) — 16,15 (4) — 15,48 (2)

1 Bamberg Cat. (1846) 655 2. 3 Gotha - 4 Paris; Mionnet S. 3. 5. 35 (Bouthomak dise. 1837, 1140]; Rompois Maced. (06, 6), V, 5 Abb. d. Vs.
Über die Datierung des Aesillas vgl. zu n. 224 sowie Zeitschr. f. Num. 23 (1902), 171 fg.

[Aemilius, Quaestor]

211
S 29-37
Taf. III, 1

Ebenso, hinter dem Kopfe Θ | Ebenso

Abbildung der Vs. (3)

Gewicht: 16,72 (7) — 16,65 (1) — 16,53 (3) — 16,20 (6) — 16,14 (5) — 16,05 (8) — 15,67 (1. beschädigt)

Abweichungen: Vs. die Schrift unvollständig 1. 5; — Rs. die Enden der Kranzbinde ohne 6 — abgeschnitten 5. 8; — Stil mittel 1. 2. 3. 5

1 Athen Cat. 1843 — 2 Berlin Cat. 21, 1, II, 13 — 3 Imhoof; Bompois Macéd. 96, 6 — 4 München (gelocht); Sestini descr. 85, 13 · · 5 Paris; Pellerin recueil 1, 176, XXIX, 3; Mionnet 2, 453, 36; Cousinéry voyage 1, 254, III, 5 Vs. — 6 St. Petersburg — 7 Turin Mus. Cat. 2182 · · Lavy 1119 — 8 Wien. — (Die Vs. von 1, 2, 5 sind stempelgleich.)

Das Θ auf der Vs. dieser Münzen sowie n. 222-223 bedeutet höchstwahrscheinlich den Prägeort Thessalonike, während Θ u. 8 auf n. 219-221 wohl als Bezeichnungen der in der Basilata gelegenen Münzstätte zu erklären sind. Es liegt dann nahe, bei den Stücken ohne solche Bezeichnung (n. 213, 215-218), zu denen die schönsten der ganzen Reihe gehören, an die Prägestätte Amphipolis zu denken, analog den autonomen Münzen (n. 1 fg.) und denen des Quaestors Publilius (n. 202 fg.). Vgl. die Einleitung S. 10.

B. Ohne den Namen des Praetors

I. Prägestätte Amphipolis (n. 215 218)

215
S 30
Taf. III, 2

MAKEΔONΩN unten im Bogen.   Ebenso, über der Kranzspitze Ʌ
Kopf Alexanders des Grossen   (= n. 222)
wie vorher

Abbildung (1)

Gewicht: 16,84 (1) — 16,45 (2) — 16,39 (3)

1, 2 Imhoof; Bompois Macéd. 95, V, 5 Rs. (von 2) — 3 Ward Cat. (1901) 57, 374, IX, 374 Rs. — (2 und 3 sind aus demselben Stempel.) — Stil mittel.

216
S 30

Ebenso | Ebenso, über der Kranzspitze A

Gewicht: 16,79

Abweichungen: Vs. die Schrift unvollständig (MAKEΔONΩN; — Stil gut

1 Berlin Cat. 20, 6, vorher Cat. Borrell (1852) 28 [Rauchkowski dict. 1238, zu 2140]; Friedlaender, Zeitschr. f. Num. 3 (1876), 279; vgl. Bompois Macéd. 95 Anm. 1, wo dieses Stück irrig mit einem Londoner (unten n. 222, 1) identifiziert ist. — (Die Vs. ist aus demselben Stempel wie die von n. 217, 3.)

217
S 32-29

Ebenso | Ebenso, über der Kranzspitze nichts

Gewicht: 16,90 (7) — 16,82 (1) — 16,81 (1) — 16,79 (10) — 16,76 (3) — 16,69 (14) — 16,65 (3) — 16,63 (4) — 16,18 (8) — 15,74 (13)

Abweichungen: Vs. die Schrift unvollständig 3. 6 10 — nicht angegeben (wohl abgeschnitten) 12 — mit mehreren, von Stempelverletzung herrührenden, geraden Strichen 1. 3; — Stil vorzüglich 2 · gut 1, 3, 4, 5, 6, 14

1 Bologna Bild. — 2. 3 Brüsing — 4 Hunter Cat. 355, 1, XXX, 13 — 5 Imhoof — 6 Leipzig — 7 Löbbecke — 8 London Cat. 20, 83 — 9 München — 10 Wien. —]!— 11 Patin thes. Mauroc. 14 · 12 Tetrin, dissert. sur une méd. des Macédoniens, in: Mémoires de Trévoux 1711, 484 fg. — 13 Pembroke (1746) 2, LIV; Cat. Pembroke (1848) 141, 631 [Rostkowski dict. 1238, zu 8140] — 14 Cat. of the coll. of Greek coins of a late cutlesztne (1900) 225, V, 225; vorher Cat. Carfrae 123. — (Die Vs. von 5, 6, 14 sowie die Rs. von 1 und 3 sind stempelgleich; über die Vs. von 3 vgl. zu n. 216.)

Die Vs. des Exemplars 2 ist von aussergewöhnlich schönem Stil; vgl. oben zu n. 214.

[Aemilius, Quaestor]

218 Ebenso (Drachme) | Ebenso
S 19   Abbildung (3)
Taf. III, 5   Gewicht: 4,22 (1) — 3,99 (4) — 3,98 (3) — 3,75 (2, gelocht)
Abweichungen: Vs. die Schrift unvollständig 2. 3; — Rs. AE·SILL·AS 1 —
die Enden der Kranzbinde oben ∞ 1, 3, 4 — abgeschnitten 2; — Stil gut 1, 2 —
mittel 3, 4

1 Bologna Bibl. · 2 London Cat. 20, 86 Abb.; Bompois Macéd. 96, V, 7; Head guide
(1881) 112, 9, LXV, 9   3 Paris — 4 im Handel (1902). — (3 und 4 sind aus demselben
Stempeln.)

II. Prägestätte Pella (n. 219–221)

219 Ebenso, vor dem Halse ⊙ | Ebenso
S 32-29   Abbildung der Vs. (2)
Taf. III, 3   Gewicht: 16,72 (1) — 16,50 (2) — 16,32 (3, gelocht)
Abweichungen: Vs. die Schrift unvollständig 1; — Rs. die Enden der Kranz-
binde oben ∞ 3; — Stil schlecht 2. 3

1 Athen Cat. 1346 — 2 Imhoof; Bompois Macéd. 95, 4. V, 3 Vs. — 3 Paris — 4 Rollin
und Feuardent. — (Die Vs. von 1 und 3 sind stempelgleich.)

220 Ebenso (Drachme) | Ebenso
S 18   Gewicht: 3,94
Abweichungen: Vs. die Schrift unvollständig; — Stil schlecht

1 Berlin Cat. 20, 8 ungenau. — (Das S am Schluss des Quaestornamens ist aus Raum-
mangel vom Stempelschneider fortgelassen worden.)

221 Ebenso, hinter dem Kopfe ⊙ (vorn Ebenso
S 32-29   nichts)
Gewicht: 17,12 (1) — 16,88 (4) — 16,65 (2) — 16,54 (1) — 16,08 (5)
Abweichungen: Vs. die Schrift unvollständig 1; — Rs. die Enden der Kranz-
binde oben ∞ 1. 6. 7 — abgeschnitten 3. 5; — Stil gut 1. 2. 3

1 Berlin Cat. 20, 7; vgl. Friedlaender, Zeitschr. f. Num. 3 (1876), 179 — 2 Bologna Bibl.
— 3 Lambros; Bompois Macéd. 95, 3, V, 4 Vs. — 4 Löbbecke — 5 München; Cousinéry
voyage 1, 254, III, 4 — 6. 7 Rollin und Feuardent. — (1. 3 sind aus demselben Stempeln.)

III. Prägestätte Thessalonike (n. 222–224)

222 Ebenso, hinter dem Kopfe Θ   Ebenso, über der Kranzspitze A
S 30   (= n. 215)
Gewicht: 16,46 (1)
Abweichungen: Vs. die Schrift unvollständig 1; — Stil mittel 1

1 London Cat. 19, 84 Abb.; Bompois Macéd. 94, 2, V, 1 (über G 95 Anm. 1 vgl. oben zu
n. 216, 1); Head guide (1881) 112, 8, LXV, 8 — 2. 3. 4 Rollin und Feuardent

223* MAKE[.]NΩN unten im Bogen. Unbärtiger   AΣYAΩN oben. Keule mit dem Griff nach
G (17)   Kopf nach r. mit wallendem Lockenhaar   oben, 3, Altar mit Bukranion darauf, r.
Tisch mit Stern darüber; das Ganze im
unten gebundenen Lorbeerkranz

1 Golz Graecis XXII, 5 [Gessner num. pop. 191, 10, XI.1, 10]
Wie schon Sestini classes generales 2 (1797), 25 erkannt hat, ist diese Münze von Golz
nach dem Vorbild eines Aemilius-Tetradrachmons (n. 215 fg.) erfunden.

[Artillas, Quaestor]

221
S 34·27

Ebenso   Ebenso, ohne das Monogramm

Gewicht: 16,85 (43) — 16,80 (40) — 16,75 (19) — 16,74 (5) — 16,73 (2)
— 16,67 (22) — 16,61 (26. 47) — 16,60 (27) — 16,56 (20) —
16,50 (86) — 16,49 (85) — 16,46 (15) — 16,45 (4. 62. 64) —
16,41 (47) — 16,38 (11) — 16,37 (1) — 16,34 (63) — 16,30 (4. 28) —
16,25 (23) — 16,24 (3) — 16,22 (7) — 16,20 (4) — 16,08 (29) —
16,00 (16) — 15,98 (10) — 15,95 (11. 49) — 15,92 (30) — 15,80 (24)
— 15,71 (44) — 15,13 (8) — 14,96 (17) — 14,90 (31) — 14,79 (68,
gelocht) — 13,93 (62, subaerat) — 13,67 (69, subaerat)

Abweichungen: Vs. MAKEΛOИOИ 11 — MAKEΛOИOИ 69 — die Schrift unvollständig 3. 4. 27. 39. 40. 30. 51. 63. 64. 68. 74. 76. 77 — fehlerhaft Ο statt Θ 11.
62. 63. 69. 74 (?). 75 (?). 81. 83; — Rs. die Enden der Kranzbinde ohne ⊶ 2. 3.
7. 16. 21. 41. 49. 63. 70. 71. 75. 86 und vielleicht noch öfter — ⸺ 64. 69 —
abgeschnitten 3. 4. 6. 24. 62. 74. 77 — mit etwas Doppelschlag r. 64. 73; — Stil
mittel 1. 2. 5. 8. 16. 21. 24. 64 — schlecht 3. 4. 6. 7. 11. 62. 63. 69 — subaerat 12.
67. 69 und wohl auch 62. 63. 81 — von Bronze (Kern einer subaeraten Münze) 83
r Athen Cat. 1742 ungenau — 2 Berlin Cat. 20, 1; Friedlaender und von Sallet, das
Königl. Münzkab. (1877) 122. 393 (irrig 17. 73 gr. statt 16. 73) — 3-6 Berlin Cat. 20, 2-5
— 7. 8 Bologna Bibl. — 9. 10 Dresden — 11 Gotha; (Sicherhausa) Cat. raisonné 65, 1 —
12 Gotha — 13. 14 Haag — 15 Hunter Cat. 355. 2; Combe descr. 179. 9 — 16 Imhoof
— 17 Klagenfurt — 18 Kopenhagen — 19. 20 Leake Europ. Gr. 65 — 21 Leipzig —
22. 23 Löbbecke — 24. 25. 26 London Cat. 19, 81-83; 81 — Head guide (1881) 118, 7.
I. XV. 7; 82 — Combe cat. 95, 1 — 27 Mailand (von Este) — 28-31 Moskau Univ. Cat.
1918-1921 — 32-36 München — 37. 38 Neapel Cat. 6501. 6502 — 39. 40 Neapel Santang.
Cat. 9964. 9965 — 41 Odessa Mus. — 42. 43 Oxford — 44. 45 Paris; Mionnet 1, 455.
33. 34 — 46-49 Paris; eines dritte Lenormant galerie mythol. 128. XXXVI. 13; ein anderes
Lenormant, Revue num. 1852, 327, X, 5 (im Text Vs. ungenau = 2. 814 angegeben) — 50.
51 Parma — 52-63 St. Petersburg — 64 Sitz; Imhoof mona. grecques 60, Ann. 3 — 65.
66. 67 Thorwaldsen Cat. 101, 559-561 — 68 Turin Mus. Cat. 2182 — Lavy 1118 — 69
Walcher Cat. 949 — 70 Wien; Mus. Theop. 2. 1278 — 71 Wien (gelocht); Eckhel cat.
83. 8 — 72. 73 Wien. — ¦— 74 Mionfaucon palæogr. Græca (1708) 122 Abb. (vgl. 130)
von Bandelot — 75 Haym tesss. I (1719), 63 — Icaoro 1, 131 Abb, [Haverkamp alg. hist.
I. XXV, 9; Gessner reg. Maced. 30, V, 21] — (bceuser. 1, 138. XII, 9 — 76 Haverkamp alg.
hist. I, XXV, 10 aus seiner Sammlung — 77 Gessner reg. Maced. 30, V, 23 — 78 Cat.
Benulock 2, 1016 — 79-83 Wiczay 2577-2580; Sestini mus. Hedervar. 93. 13 (quattuor) 16
— 84 de Witte, Cat. Greppo (1856) 62, 452 'Boutkowski dict. 1238, zu 1140] — 85 Cat.
Thomsen 1, 783 — 86 Cat. Bompois 691 — 87 Cat. Rollols 320. — (Die Vs. von 1 u. 64
sind stempelgleich. Das angeblich auf die Tetradrachmen des Sura überprägte Stück der
Sammlung Six (64) ist ein Exemplar mit etwas Doppelschlag auf der Rs., nicht überprägt.)

222*
K 27

MAC . . . . . . unten, derselbe Kopf nach r., | = n. 213 — a. 273

dahinter Ο (wohl — n. 222. 223)

1 Mus. Sanclementi. 1, 230, IX, 70 [Mionnet S. 3, 5, 36; Lenormant, Revue num. 1852, 327
Anm. 1, vgl. Friedlaender, Zeitschr. f. Num. 3 (1876), 179 Anm. 1; Boutkowski dict. 1238,
1141] nicht in Mailand

Die (unvollständig ausgeprägte) Aufschrift der Vs. ist unser Zweifel, wie andere Einzelheiten, ungenau wiedergegeben. Auf der Rs. ist in Abb. und Text aus dem Ο ein
simpulum gemacht. Mionnet und Lenormant halten die Münze für einen Abguss in Bronze;
doch ist es auch möglich, dass sie der Kern einer subaeraten Tetradrachmons war, vgl.
oben n. 223, 12. 67. 83.

(Aemilias, Quaestor)

Ähnlich wie oben bei n. 170-180 zeigt sich auch hier, dass bei so massenhafter Ausprägung der Stil sich schnell verschlechtert. Die meisten Stücke sind ziemlich roh und flüchtig gearbeitet und stehen z. B. hinter n. 116. 117 weit zurück. Der Schrötling, dessen Durchmesser bei den besseren Stücken 17 bis 19 mm beträgt, wird mit der zunehmenden Verschlechterung des Stils immer grösser (bis 34 mm) und dünner. Mehrfach finden sich unbrauchbare Exemplare (12. 63. 69 und wohl auch 62. 63. 81, vgl. 83 und n. 175*); dieselben haben auf der Vs. statt Θ fehlerhaft Θ

224
S 31

Ebenso, hinter dem Kopfe Θ, vor   Ebenso
dem Halse SI

Gewicht: 16,67 (1) — 16,36 (4)   16,32 (3)

Abweichungen: Vs. die Schrift unvollständig 2; — Rs. die Enden des Kranzbindes oben oo 1. 2. 3. 4; — Stil mittel 2. 3. 4   schlecht 1

1 Brüning — 2 Kiew   3 Mailand — 4 Paris; Pellerin recueil 1, 177, XXIX, 4; Mionnet I, 455, 33; Combary voyage 1, 253, III, 6 (ungenau); Lenormant, Revue num. 1852, 327, X, 4 (im Text Vs. ungenau); Hennin manuel (1872) XVIII, 3; Bompois Macéd. 96, 5, V, 2 Vs.; Friedlaender, Zeitschr. f. Num. 3 (1876), 177 Abb. des Vs. — (Die Vs. von n. 3 sind stempelgleich; die Vs. von 1 ist aus demselben Stempel wie die von n. 225, I. 2.)

Der Stil von n. 224, 1 ist roh und beweist, dass diese Münze an das Ende der Aemilias-Prägung gehört. Der Umstand, dass ihr Vs.-Stempel zur Prägung der beiden Tetradrachmen des Sura benutzt worden ist, berechtigt zu dem Schluss, dass dieser letztere der unmittelbare Amtsnachfolger des Aemilias gewesen ist. — Über die Wertbezeichnung auf der Vs., vgl. die Einleitung S. 10 und Zeitschr. f. Num. 23 (1902), 177fg.

Q. Bruttius Sura, Legatus pro quaestore
unter dem Praetor C. Sentius Saturninus (92,91 vor Chr.)

225
S 32

ΜΑΚΕΔΟΝΩΝ unten im Bogen. Kopf   SVVRA·LEG
Alexanders des Grossen nach   PRO Q oben, darunter Keule
r. mit Ammonshorn u. fliegendem   mit dem Griff nach oben zwischen
Haar, dahinter Θ, vor dem Halse   Geldkasten (l.) und Quaestor-
SI (= n. 224)   sessel (r.), das Ganze im unten
gebunden Lorbeerkranz

Taf. III, 4

Abbildung (1)

Gewicht: 16,69 (1)   16,07 (2, gelocht)

Abweichungen: Vs. die Westzahl fast ganz verrieben 2; — Rs. die Enden des Kranzbindes oben oo 1. 2; — Stil schlecht 1. 2

1 Berlin Cat. 21, 1, II, 14; Friedlaender, Zeitschr. f. Num. 3 (1876), 177 Abb.; Bompois Macéd. 96, 7 (überall ungenau) — 2 London Cat. 20, 87 Abb., vorher Ainslie; Sestini denar. 85, 12 [Mionnet S. 3, 3, 34; Lenormant, Revue num. 1852, 332; Borghesi oeuvres 2, 239; Bouthowski dict. 1837, 2138]; H. de Longpérier, Revue méthol. 18 (1868), 58, XVII, 2 Rs.; Bompois Macéd. 96, 7, V, 6; Head guide (1881) 112, 10, LXV, 10; vgl. auch Friedlaender a. a. O. 178. — (1 und 2 sind von demselben Stempel; aber die Vs. vgl. oben zu n. 224, 1.)

Dass die beiden Tetradrachmen auf der Vs. die Wertbezeichnung SI tragen, war bis jetzt von niemand bemerkt worden. — Über die Datierung des Sura vgl. die Einleitung S. 10 und Zeitschr. f. Num. 23 (1902), 170fg.

Die folgenden Münzen (n. 226—228) gehören nicht nach Makedonien, vgl. die Einleitung S. 11 und Zeitschr. f. Num. 23 (1903), 184 fg.

226
K 30

Kopf des Augustus nach r. mit kurzem Haar und schwachem Backenbart

O unten. Quaestorsessel zwischen Stab (L. senkrecht) u. dreifüssiger runder cista (scrinium oder fiscus). Das Ganze in runder Vertiefung

Taf. III, 6

Abbildung (1)

Gewicht: 21,74 (1)

1 Berlin Cat. 24, 7, II, 16 — 2 Paris; Mionnet S. 9, 191, 79 (Cyrenaica); vgl. Friedlaender, Berliner Blätter f. Münz-, Siegel- u. Wappenkunde 2, 143; Bollettino dell' Inst. arch. 1870, 194 [Kenner, Num. Zeitschr. 3, 300]; Zeitschr. f. Num. 3 (1876), 182

227
K 25

Ebenso

Gewicht: 22,51 (1) — 20,65 (2)

Ebenso

1 Imhoof mon. grecques 60, 1; Choix I, 14 — 2 Parma. — (Die Vs. von 1. 2 sind stempelgleich). — Dieker Schrötling.

228
K 22-20
Taf. III, 7

Ebenso

Abbildung (3)

Gewicht: 8,77 (3) — 8,43 (4) — 7,25 (5) — 6,70 (6)

Ebenso

1 Berlin Cat. 23, 8; Senzini lettere 8, 135, VI, 9 (mit erfundenen Aufschriften); Friedlaender, Berliner Blätter 2, 143, XIII, 9, 1; Ballestino dell' Inst. arch. 1870, 193, 1 Abb. [Kenner, Num. Zeitschr. 3, 300] — 2 Gotha — 3 Löbbecke — 4 Paris (Erh. s. schl., Borthkowski dict. 1938, 1143 bringt: bel exemplaire)

Makedonia in der Kaiserzeit

I. Münzen ohne Kaiserkopf aus dem I. Jahrhundert n. Chr.

229
K 16
Taf. III, 11

MAKEΔONΩN unten im Bogen. Makedonischer Schild, von einem
Nike mit Kranz u. Palmzweig auf | erhöhten Pkr. umschlossen. Pkr.
einer Kugel nach l. stehend. Pkr.

Abbildung (1)
Abweichungen: Vs. MAKEΔONΩN J
1 Kopenhagen — 2 Löbbecke — 3 München; Sestini deser. 85, 7

230
K 15
Taf. III, 10

'Nike mit Kranz u. Palmzweig nach MAKEΔONΩN • (nach innen) um den
l. schreitend. Pkr.   von einem Pkr. umschlossenen
makedonischen Schild. Pkr.

Abbildung (3)
Gewicht: 3,18 (3) — 3,05 (3) — 3,01 (6) — 2,85 (2) — 2,51 (1)
1 Berlin Cat. 16, 68 — 2 Gotha — 3 Imhoof, vorher Cat. Bompois 675 — 4 Löbbecke —
5. 6 London Cat. 21, 89. 90 — 7 München; Sestini deser. 85, 8 — 8 Paris; Mionnet 1,
453, 10; Bompois Macéd. &c. 16, 11, 22 — 9 Waleber Cat. 944 — 10 Wien
Die Umschrift der Rs. ist hier wie bei n. 233 fg. und den Kaisermünzen n. 244 fg., 248 fg.,
252, 255 fg., 262 fg., 265 fg. u. 269 linksherum laufend, so dass die Buchstaben mit ihrer
Basis nach aussen, d. h. nach dem Münzrande zu, gerichtet stehen.

231
K 15
Taf. III, 9

Ebenso   MAKEΔONΩN (nach innen) um den von
einem Eichenkranz umgebenen
makedonischen Schild. Pkr.

Abbildung
1 London Cat. 21, 92
Die Umschrift der Rs. ist hier wie bei n. 232 und den Kaisermünzen n. 236 fg., 240, 253 fg.,
259 fg., 264, 267 fg., 270-287 u. 296 rechtsherum laufend, so dass die Buchstaben mit
ihrer Basis nach innen, d. h. nach dem Mittelpunkt des Münzfeldes zu, gerichtet stehen.

232
K 15

Nike mit Kranz u. Palmzweig nach MAKEΔONΩN • (nach innen) um den
r. schreitend. Pkr.   von einem Pkr. umschlossenen
makedonischen Schild. Pkr.

Gewicht: 3,10 (3. 4) — 2,22 (2) — 2,17 (1)
Abweichungen: Rs. ohne Punkt l. 3
1 Berlin Cat. 16, 69 — 2 Kopenhagen; Ramus cat. 1, 115, 2 — 3 London Cat. 20, 88 —
4 Paris; Mionnet 1, 453, 9; Bompois Macéd. &c. 16, 11, 23 (Vs.)

233
K 15
Taf. III, 12

Pferd nach l. stehend mit erhobenem MAKEΔONΩN • (nach aussen) um den
r. Vorderfuss. Pkr.   von einem Pkr. umschlossenen makedonischen Schild. Pkr. (= n. 230)

Abbildung (3)
Gewicht: 2,35 (4) — 2,02 (3) — 1,51 (2)
1 Athen (neue Erw.) — 2 Berlin Cat. 16, 70 — 3 Kopenhagen — 4 München. —
5 Golz Graecia XXII, 7 [Gessner num. pop. 290, 29, XI, 29] — 6 Mionnet S. 3, 2, 7;
Dumersan Cat. Allier 29, IV, 12

234
K 13

Ebenso, i. F. oben Stern | Ebenso
1 Imhoof

(Ohne Kaiserkopf)

236
K 14

Makedonischer Schild, von einem　MAKE
1.kr. und einem erhöhten Pkr. um-　ΔΟ　Pkr.
schlossen.　Pkr.　　　　　　　ΝΩΝ

Taf. III, 13

Abbildung (1)

Gewicht: 3,34 (4) — 2,95 (3) — 2,75 (5) — 2,14 (2) — 1,88 (1)

1 Athen Cat. 1233 -- 2 Berlin Cat. 16, 67 -- 3 Hunter Cat. 394, 1, XXIV, 14; Cumier
descr. 181, 28, XXXIV, 13 -- 4 Imhoof (dicker Schrötling) -- 5 Paris; Mimmert 1, 453, 8,
berichtigt S. 3, 7, 5; Bompois Macéd. 90, 5, IV, 7 (nicht das Ex. von Imhoof). —||
6 Cat. Northwick 584.　(Die Vs. von 1, 2, 5 sind stempelgleich.)

II. Kaisermünzen

Claudius

236
K 30

ΤΙΒΕΡΙΟΣ ΚΛΑΥΔΙΟΣ ΚΑΙΣΑΡ ΓΕΡ.　ΣΕΒΑ[ΣΤΟΣ] ΜΑΚΕΔΟΝΩΝ (nach
ΜΑΝΙΚΟΣ Kopf nach l.　　　　　innen) um einen Blitz mit vier
　　　　　　　　　　　　　　　Flügeln

Abweichungen: Vs. Anfang und Ende der Aufschrift unvollständig 1 — mit
rundem Gegenstempel: bärt. Kopf (des Herakles?) nach r. 1; — Rs. Schrift
verwischt 1

1 Mailand — 2 München. — (Die Vs. von 1 und 2 sind stempelgleich.)
Über die Stellung der Rs.-Umschrift auf diesen Münzen (s. 236 fg.) im Gegensatz zu
n. 144 fg., 248 fg., 252 u. a. vgl. die Bemerkung zu n. 230 und zu n. 231.

237
K 23

[ΤΙΒΕΡΙΟΣ ΚΛΑ]Υ ΔΙΟΣ ΚΑΙΣΑΡ ΓΕΡ.　ΣΕΒΑΣΤΟΣ·ΜΑΚΕΔΟΝΩΝ (nach innen)
[ΜΑΝΙΚΟΣ] Ebenso　　　　　　um den makedonischen Schild
1 Mailand

Die Vs. dieser Münze ist mit einem der für die grösseren Stücke (Rs. Blitz) bestimmten
Stempel geprägt: von der Aufschrift hat deshalb nur etwa die Hälfte auf dem Schrötling
Platz gefunden. Vgl. zu n. 248 sowie zu n. 707.

236*
S (20)

Augustus (Vs. nicht angegeben)　　　M—A Keule (Griff nach unten) zwischen
　　　　　　　　　　　　　　　　zwei Kitharen

1 Gohl, Augustus LXXIV, 21 Abb. d. Rs. Thes. Morell., Imp. 1, 155. 171 und 469, 17,
Aug. LVI, 17, irrtümlich mit einer nicht angehörigen Vs. (Aug. V, 172 — Gnlr., Aug. XII,
142; verbunden) unter Makedonia

236**
(S—)

Augustus (Vs. nicht angegeben)　　　M—A Bogen (senkrecht) zwischen zwei
　　　　　　　　　　　　　　　　Kitharen

1 Spanheim les Césars 130 Abb. d. Rs., ohne Angabe des Metalls Thes. Morell., Imp.
1, 411, Aug. XLII, 11 als ex aere medio] unter Makedonia

Diese beiden Münzen sind nicht makedonisch, sondern gehören nach Masikytes in Lykien.

237*
K II

Augustus (Vs. nicht angegeben)　　　KOINON MAKEΔONΩN (nach innen) um den
　　　　　　　　　　　　　　　　makedonischen Schild

1 Thes. Morell., Imp. 1, 401, Aug. XL, 9 Abb. d. Rs. (ex aere medio) aus der Schwartzburger
Sammlung

Da die Prägung mit Kaiserköpfen in Makedonien erst unter Claudius beginnt und ferner
das KOINON erst bei Domitianus erscheint, muss die Münze, deren Vs. wohl schlecht erhalten
oder verfälscht war, einem späteren Kaiser angehört haben. In Gotha, wo die Schwartzburger Sammlung sich jetzt grösstenteils befindet, ist ein solches Stück nicht vorhanden.

[Claudius]

238 TI ΚΛΑΥΔΙΟΣ ΚΑΙΣΑΡ Kopf nach l.   ΣΕΒΑΣΤΟΣ ΜΑΚΕΔΟΝΩΝ (nach innen)
K 24   um den makedonischen Schild
T. III, 14   Abbildung der Rs. (24)

Abweichungen: Vs. 7] - 3. 4. 9. 14. 15. 16. 20. 25-30 und vielleicht öfter — Anfang
der Umschrift fehlt 2. 5. 6. 8. 17. 18. 21 -- Ende fehlt 6. 7 — angeblich Kopf
mit Lorbeer 32; — Rs. * nach dem ersten Wort 3. 4. 14. 15. 16. 19. 20. 26. 28. 29
und vielleicht öfter — * nach beiden Worten 5. 6. 10. 11. 27

1 Arolsen — 2 Athen (neue Erw.) — 3-6 Berlin Cat. 25, 1-4 (irrig: Kopf nach r.) —
7. 8 Bologna Bibl. — 9 Dresden — 10, 11 Gotha — 12, 13 Haag — 14 Hunter Cat.
360, 16 — 15 Imhoof · · 16 Kopenhagen; Rams. cat. 1, 116, 8 (9 als Dubl. entfernt) —
17, 18 Leake Europ. Gr. 67 (ungenau) — 19 Löbbecke — 20 London Cat. 27, 145 ·
21 Neapel Cat. 6307 — 22, 23 Neapel Santang. Cat. 90/91, 9971 — 24 Paris; Erizzo (1568)
205 Abb. d. Rs. — ed. 4, 87 (Cheu (1379) 7] — (1601) 112]; Vaillant num. gr. 13; Hardouin opera sel. 97; Thes. Morell., imp. 2, 33 Claud. VII, 15 (Rs.); Mionnet 1, 457, 66 —
25 Paris — 26, 27 St. Petersburg — 28, 29 Turin Mus. Cat. 2193, 2194 — Lavy 1132, 1133 —
30 Wien; Eckhel cat. 83, 17 — 31 Winterthur. — [[— 32 (= 31?) Hardouin opera selecta
717 von Foucault — 33 Wiczay 2594; Sestini mus. Hedert. 94, 30 — 34 Wiczay 2593
[Mionnet S. 3, 7, 47; Bontkowski dict. 1937, 1136] irrig als Augustus; berichtigt von Sestini
contig. 24; mus. Hedert. 94, 31 — 35 Chaix descr. 126. — (Die Vs. von 3. 26. 27 sind
stempelgleich, ebenso die Vs. von 4. 16, von 5. 19 und von 6. 24.)

Den Rand des Schildes bildet ein erhöhter Pkr. zwischen 2 Lkr.; die Buchstaben stehen
auf einem besonderen Lkr.

239 TI ΚΛΑΥΔΙΟΣ ΚΑΙΣΑΡ Ebenso | ΣΕΒΑΣΤΟΣ · ΜΑΚΕΔΟΝΩΝ · ebenso
K 26   1 München; Sestini descr. 86, 1

Nero

240 ΚΑΙΣΑΡ | ΝΕΡΩΝ Kopf nach l.   ΜΑΚΕΔΟΝΩΝ l. (von unten). Ares be-
K 30   helmt und in Kriegstracht mit
flatterndem Mantel nach l. stehend,
in der ausgestreckten R. einen
Kranz haltend, die L. auf die umgekehrte Lanze gestützt; i. F. r.
unten makedonischer Schild

Abweichungen: Rs. ΜΑΚΕΔΟ ΝΩΝ links 2. 3 -- ΜΑΚΕΔΟ ΝΩΝ l. und r. 1. 5
1 Gotha — 2 Haag — 3 London Cat. 27, 147 — 4 München; Sestini descr. 86, 2 (ungenau)
— 5 Paris; Mionnet 1, 458, 67. · — 6 Vaillant num. gr. 17 von Magnan aus. — (Die
Rs. von 2 und 3 sind stempelgleich.)

Die Figur der Rs., früher allgemein als Darstellung des Kaisers aufgefasst, ist zuerst von
Gardner (Num. chron. 1880, 56) richtig als Ares gedeutet worden. — Über die Umschrift
der Vs. vgl. die Einleitung S. 14 fg. sowie Zeitschr. f. Num. 24 (1904), 281 u. 284 fg.

238* ΑΥΤΟΚΡ | ΚΑΙΣΑΡ Kopf des Claudius [ΣΕΒΑΣΤΟ]Σ ΜΑΚΕΔΟΝΩΝ (nach innen)
K 23   nach l.   um den makedonischen Schild
1 Wien; Mus. Theup. 2, 833 [Eckhel d. n. v. 2, 64; Mionnet S. 3, 7, 47; Bontkowski dict.
1937, 2136] als Augustus mit angebl. ΚΑΙΣΑΡ ΑΥΓΟΥΣΤ auf der Vs.
Die linke Hälfte der Vs.-Aufschrift ist mit dem Grabstichel gefälscht und steht viel zu
dicht am Kopf. Die ursprüngliche Umschrift TI ΚΛΑΥΔΙΟΣ [— n. 238, war, da der
Schrötling auf dieser Seite nicht zureichte, entweder gar nicht oder nur mit den untersten
Spitzen der Buchstaben zur Ausprägung gelangt.

[Nero]

241
K 30/26

Ebenso   Ebenso, aber der Schild i. F. links

i Athen (neue Erwerbung)

242
K 24

Ebenso   ΣΕΒΑΣΤΟΣ ΜΑΚΕΔΟΝΩΝ (nach innen)
um den makedonischen Schild

Abweichungen: Vs. ΝΕΡΩΝ 24; Rs. mit ε (statt ε) z. 17 — · auch ΣΕΒΑΣΤΟΣ
4. 5. 8. 14. 15. 18 und vielleicht öfter

i Berlin Cat. 25. 5 — 2 Berlin Cat. 25. 6. vorher Cat. Pfau (1745) 249 — 3 Dresden —
4 Gotha — 5 Haag — 6 Hunter Cat. 360, 27 — 7 Kopenhagen; Ramus cat. t. 116, 10 —
8 Lobbecke — 9 London Cat. 17, 146 — 10 München: Sestini descr. 86, 3 — 11 München
— 12. 13 Neapel Cat. 6508. 6509 — 14. 15 Paris — 16. 17 St. Petersburg — 18 Sophia
— 19 Wien. —||— 20 Vaillant num. gr. 17 (die Abh. d. Rs. Append. III ist entnommen
aus Patin imp. (1697) 93, vgl. unten n. 242*) [Gesner imp. XI.VIII, 25]: Hardouin op. sel 99
u. 721 von Foucault — 21 Haverkamp numoph. reg. Christinae 328. I.1, 12 — 22 Wiezay
2595; Sestini mus. Hedert. 94, 32 — 23 Mionnet S. 3, 7, 48; Dumersan Cat. Allier 30 —
24 Sestini mus. Hedert. 94, 33 — 25 Chaix descr. 127

Vitellius

243
K 30

ΑΥ ΟΥΙΤΕΛΛΙΟΣ ΓΕΡΜΑΝΙΚΟΣ ΑΥΟ-   ΜΑΚΕΔΟΝΩΝ] l. u. r. Ares nach l.
ΚΡΑ Kopf mit Lorbeer nach l.   stehend wie bei n. 240, i. F. r. unten
der Schild

i Paris; Pellerin lettres 1, 6, I, 2; Mionnet 1, 458, 68

Das Ο hat hier, wie auch zuweilen auf den Münzen des Vespasianus, scheinbar die Form
Ǫ. Indem der Grund im Innern nicht gleichmässig vertieft ist, sondern sich nach der
Mitte zu etwas erhöht. Vgl. o. 244.1, o. 248.9 und n. 249.

244
K 24

ΑΥ ΟΥΙΤΕΛΛΙΟΣ ΓΕΡΜΑΝΙΚΟΣ ΑΥ-   ΣΕΒΑΣΤΟΣ ΜΑΚΕΔΟΝΩΝ (nach innen)
ΤΟΚΡΑΤΩΡ Ebenso   um den makedonischen Schild

Abweichungen: Vs. angeblich ΑΥΤΟΚ am Ende 4; — Rs. scheinbar Θ statt Ο i
1 Berlin Cat. 26. 8 (angeblich) — 2 Lobbecke — 3 München; Sestini descr. 87, 4 (Mionnet
S. 3, 7, 49) als Otho, vgl. unten n. 244*. - ·— 4 Sestini mus. Fontana 1, 21, 1 — 3. 12
2. — (Die Vs. von 1. 2. 3 sind aus demselben Stempel und zugleich einander.)

245*
K —

ΑΥΤ ΚΑΙΣ ΚΛΑΥΔ ΝΕΡ (EB Kopf des Nero — n. 242
1 Patin imp. (1671) 220 Abb. d. Rs. [Gesner imp. XLVIII, 25] = imp. (1697) 93 Abb.
d. Rs. [Vaillant num. gr., Append. III, vgl. oben zu n. 242. 20]
Die Vs. ist ohne Zweifel von Patin willkürlich hinzugefügt; wahrscheinlich handelt es sich
um dasselbe Stück, das Vaillant n. z. O. (vgl. oben n. 242. 20) ohne Vs. beschreibt.

246*
K II

Nero (Vs. nicht beschrieben)   ΚΟΙΝΟΝ ΜΑΚΕΔΟΝΩΝ (nach innen) um den
makedonischen Schild

1 Camelus num. ant. in ihrer. Christinae reg. Suec. avers. 63 (nicht bei Haverkamp numoph.
reg. Christinae) — 2 (— 1?) Thes. Morell. imp. t. 116, Nero XIII. 6 Abb. d. Rs. (ex aere medio)
In das ΚΟΙΝΟΝ erst unter Domitianus erscheint, ist entweder der Kaiser auf der Vs., die
vielleicht schlecht erhalten war, unrichtig angegeben oder die Münze war überhaupt falsch
und wurde später aus der Sammlung der Königin Christine entfernt.

247*
K III

Nero (Vs. nicht beschrieben)   ΝΟΝΟΣΗΜΑΜ ΝΟΝΙΟΝ (nach aussen) um
den makedonischen Schild

1 Thes. Morell. imp. t. 134, Nero XVII, 19 Abb. d. Rs. (ex aere minimo)
Der Kaiser der Vs., die wohl schlecht erhalten war, ist ohne Zweifel unrichtig angegeben.
Es handelt sich höchstwahrscheinlich um eine Münze des Hadrianus (— n. 257), wozu
auch die Grössenangabe gut passt.

[Vitellius]

245
K 24

ΟΥΙΤΕΛΛΙΟΣ ΓΕΡΜΑΝΙΚΟΣ Α[ΥΤΟ· Ebenso
K[ΡΑΤΩΡ Ebenso

1 Lanke Esrmp. Gr. 67 (ungenau) — 2 Paris; Tristan comm. hist. (1635) 207. 5. Taf. VII (im Index unten irrig unter Otho) — 1 (1644', 275. 5 Abb. [Hardouin num. ant. pop. == ap. sel. 99; Thes. Morell., imp. 2, 248. 253. Vitell. IV, 17 Abb. d. Rs.; Patio imp. (1671) index 8 (nicht im Text) — (1697) 2016; Mionnet S. 3, 8, 51. — (Die Vs. von 1 u. 2 sind stumpelgleich und ergänzen einander.)

244
K 26
T. III. 15

[ΑΥ]ΛΟC ΟΥΙΤΕΛΛΙΟC ΓΕΡΜΑΝΙΚΟC Ebenso
ΚΑΙ[CΑΡ] Ebenso

Abbildung der Rs. (1)

Abweichungen: Vs. . . . . ΤΙ ΛΛΙΟC ΓΕΡΜΑΝΙΚΟC ΚΑΙC . . 1 — angeblich
ΟΥΙΤΕΛΛΙΟC ΓΕΡΜΑΝΙΚΟC (wohl unvollständig) 3

1 Berlin Cat. 85. 7 Abb.; Plodart num. sol. ined. 17. Anm. 1 — 2 München; Bertini descr. 87. 5. — 1 — 3 Sestini lettere 2, 118 und 4. 97. 1 von Ainslie. — (Die Vs. von 1 und 2 sind stumpelgleich.)

Vespasianus

247
K 29

ΑΥΤΟΚΡΑΤΩΡ ΚΑΙΣΑΡ ΟΥΕΣΠΑΣΙ· | ΜΑΚΕ ΔΟ ΝΩΝ L u. r. Ares nach l.
ΑΝΟΣ Kopf mit Lorbeer nach l. stehend wie bei n. 240, i. F. r. unten der Schild

T. III. 19

Abbildung der Rs. (2)

Gewicht: 17,12 (2) — 14,05 (1) — 13,68 (3)

Abweichungen: Vs. ΑΥΤΟΚΡΑΤΩΡ· 3 — ΟΥΑΣΠΑΣ[ΙΑΝΟΣ] 2 — . . . . . . l·
ΣΑΡ ΟΥΑ . . . . . . 3: — Rs. Schrift unvollständig 1. 3. 5

1 Berlin Cat. 17, 12 (ungenau) — 2 Lobkovitz — 3 London Cat. 37, 148 — 4 Meletopulus — 5 Venedig Marciana. — (Die Vs. von 2 und 5 sind aus demselben Stempel wie n. 246. 6, die Vs. von 4 aus demselben Stempel wie n. 248. 2. 9; außerdem sind die Rs. von 1. 2 und 5 stumpelgleich.)

244*
K 24

ΙΝΟΝ . . . . . ΝΙΚΟΣ ΑΥΤΟΚΡΑΤΩΡ Kopf ΣΕΒΑΣΤΟΣ ΜΑΚΕΔΟΝΩΝ (nach unten) um
mit Lorbeer nach l. den makedonischen Schild

1 Sestini descr. 87, 4 unter Otho [Mionnet S 3, 7, 49] von Cousinéry

Die Münze befindet sich jetzt in München und ist oben unter n. 244. 3 verzeichnet. Der Anfang der Vs.-Schrift ist unter ΑΥ ΟΥΙΤ . . . . retouchiert.

245*
K (25)

ΑΥΤ·ΑΥΑ·ΟΥΙΤΕΛΛΙΟΣ ΓΕΡ·ΣΕΒ·ΑΡΧΙΕΡ· ΣΕΒΑΣΤΟΣ ΜΑΚΕΔΟΝΩΝ (nach innen) um
ΜΕΓ·ΔΗΜ·ΕΞΟΥ· o. l. F. r. IΔ Brustbild den makedonischen Schild
mit Lorbeer u. Gewand nach r.

1 Patin, U. Nach, all opera media et numism. illustr. (1675), 375 Abb.

Die Rs. ist der des Nero bei Patin imp. (1671) 220 (vgl. n. 242*) nachgebildet und die Vs. dazu erfunden.

246*
K II

ΟΥΙΤΕΛΛΙΟΣ ΓΕΡΜΑΝΙΚΟΣ ΣΕΒΑΣΤΟΣ ΚΟΙΝΟΝ ΜΑΚΕΔΟΝΩΝ (nach unten) um
Kopf mit Lorbeer nach r. den makedonischen Schild

1 Camelus num. sol. in thes. Christ. reg. Succ. sserv. 65 (ohne Vs.), nicht bei Haverkamp nummoph. reg. Christinae · 2 (— 1?) Thes. Morell., imp. 2, 248. Vitell. IV, 15 Abb. d. Rs. (ex aere medio)

Im das ΚΟΙΝΟΝ erst unter Domitianus erscheint, ist entweder die Vs., die vielleicht schlecht erhalten war, von Camelus verkannt und von Morell willkürlich ergänzt worden, oder es handelt sich überhaupt um eine falsche Münze, die später aus der Sammlung der Königin Christine ausgeschieden wurde.

248
K 24

[Vespasianus]

Ebenso

ΣΕΒΑΣΤΟΣ ΜΑΚΕΔΟΝΩΝ (nach unten)
um den makedonischen Schild

Gewicht: 11,02(1) — 9,92(11) — 8,50(4) — 7,30(2, Erh. m.)
Abweichungen: Vs. Ω statt Ω 1. 3 — ΟΥΑΣ ... 6 — angeblich ΟΥΙΕΣΠΑ-
ΣΙΑ ... 12 — Anfang und Ende der Umschrift unvollständig 3. 6. 7. 12 — Anfang unvollständig 5 — Mitte unvollständig 4. 9. 10 — Ende unvollständig 8.
11 — Aufschrift zerstört 8; — Rs. scheinbar Ω statt Ω 9

1. 2 Berlin Cat. 16, 9, 10 — 3 Bologna Bibl. (als Claudius) — 4 Gotha — 5 Kopenhagen, vorher Cat. Welzl 1793 — 6 Leake Europ. Gr. 67 (als Vitellius) — 7, 8 Mailand;
Mus. Sanclem. 2, 119, XVI, 68 (Mionnet S. 3, 8, 50) irrig als Vitellius, vgl. von Sallet,
Berliner Cat. 16 — 9 Paris; Vaillant num. gr. 10; Hardouin op. sel. 99; Mionnet 1,
458, 69 — S. 3, 8, 52 — 10 Paris — 11 Turin Mus, Cat. 3195 — Lavy 2134. — —
12 Babatier Iconogr., rom. Imp., suppl. V, 13. — (Die Vs. von 1 und 3 sind stempelgleich.)
Die Vs. der Exemplare 2, 9 und 6 sind mit den für die grösseren Stücke (K. Arzt)
bestimmten Stempeln (n. 247, 4 bezw. n. 247. 2. 5) geprägt. Vgl. zu n. 237.

249
K 24

ΑΥΤΟΚΡΑΤΩΡ ΚΑΙΣΑΡ ΘΥΕΣΠΑ-
ΣΙΑΝΟΣ Ebenso

ΣΕΒΑΣΤΟΣ ΜΑΚΕΔΟΝΩΝ (nach unten)
ebenso

1 Braunschweig — 2 Haag — 3 Paris. — Vgl. die Bemerkung zu n. 243.

250
K 24

ΑΥΤΟΚΡΑΤΩΡ ΟΥΕΣΠΑΣΙΑΝΟΣ ΚΑΙ-
ΣΑΡ Ebenso

ΣΕΒΑΣΤΟΣ ΜΑΚΕΔΟΝΩΝ (nach unten)
ebenso

Abweichungen: Vs. ΟΥΕΣΠΑΣ ...... 3 — ..... Ρ ΟΥΑΣΠΑΣΙΑΝ 1
— ..... ΟΥΑΣΠΑΣΙΑΝΟΣ ΚΑΙΣ .. 2 — ..... ΟΥΑΣΠΑΣΙΑ 5

1 Berlin Cat. 16, 11 — 2 Lübbecke — 3 London Cat. 37, 149; wohl dieses Ex. Sestini
descr. 87, 6 von Ainslie — 4 München; Sestini descr. 87, 6 — 5 Wien

Domitianus

251
K 26

ΑΥΤ·ΚΑΙΣΑΡ·Δ¸ΟΜΙΤΙΑΝΟΣ: ΣΕΒ·
(von r. unten). Kopf mit Lorbeer
nach r.

ΚΟΙΝΟΝ ΜΑΚΕΔΟΝΩΝ l. u. r. Ares
wie bei n. 240, aber mit lang
herunterhängendem Mantel; i. F. r.
unten der Schild

T. III, 10

Abbildung der Rs.

1 London Cat. 23, 150; Num. chron. 1880, 56, IV, 4 Abb. d. Rs.

252
K 22

ΑΥΤΟ ΚΑΙΣΑΡ ΔΟΜΙΤΙΑΝΟΣ ΣΕΒ
(von r. unten). Ebenso

ΚΟΙΝΟΝ ΜΑΚΕΔΟΝΩΝ (nach unten)
um den makedonischen Schild

Abweichungen: Vs. ΑΥΤ·ΚΑΙΣΑΡ· 5. 10. 14. 17. 19. 21, 22 — Anfang der Um-
schrift unvollständig 1. 4. 6. 7. 9. 12. 17. 18 — Mitte unvollständig 2. 14. 16 –
ΣΕ·Β 16 · Ende unvollständig 3. 5. 6. 7. 9. 12 — Umschrift zerstört 13; —
Rs. · nach jedem Wort 1. 4. 7. 14. 15. 17. 18 und vielleicht öfter

1 Athen (neue Erw.) — 2 Bologna Bibl. — 3 Gotha — 4 Imhoof — 5 Kopenhagen; Ramus
cat. 1, 116, 11 — 6 Leake Europ. Gr. 67 — 7 Lübbecke — 8. 9 Mailand — 10 Meletopulos —
11 München — 12 Neapel Cat. 6510 — 13 Neapel Santangelo Cat. 9973 — 14 Paris;
Erizzo (1568) 288 Abb. d. Rs. (ungenau) — ed. 4. 164 (Oem (1601) 185); Patin imp. (1671)
164 Abb. d. Rs. [Gessner imp. LXX, 18, (1697) 132; Vaillant num. gr. 14; Thes. Mutell.
imp. I, 483, Danuil. XXI, 19 Abb. d. Rs.; Mionnet 1, 458, 70 — 15 Paris; Mionnet S. 3,
8, 53 (ungenau) — 16 St. Florian — 17 St. Petersburg — 18 Turin Mus. Cat. 3196 —
Lavy 1135 — 19 Wien — 20 Cat. d'Ennery 4075 — 21 Wiczay 2516; Sestini mus.
Hedervar. 94. 34 — 22 Chaix descr. 138

Hadrianus

253
K 26
T. III, 17

ΝΑΙCΑΡ ΑΔΡΙΑΝΟC Kopf nach r., am Halse leichtes Gewand

ΚΟΙΝΟΝ ΜΑΚΕΔΟΝΩΝ (auch ionen) um einen Blitz mit zwei Flügeln

Abbildung der Rs. (1)

Abweichungen: Rs. ΚΟΙΝΟΝ ΜΑΚΕΔΟΝΩΝ 2

1 Imhoof — 2 Paris; Mionnet 1, 458, 71 — 3 Wien; Mus. Theup. 1, 878. — | — Hierher oder zur folgenden n. auch 4 Vaillant num. gr. 35 von Kardinal Virg. Orsini (Vs. nicht beschrieben). — (Die Vs. von 1, 2, 3 sind stempelgleich und von besonders schönem Stil.) Über die Umschrift der Vs. vgl. die Einleitung S. 11 fg. und Zeitschr. f. Num. 14, 284 fg.

254
K 26

ΝΑΙCΑΡ ΑΔΡΙΑΝΟC Kopf mit Lorbeer nach r.

Ebenso

Abweichungen: Vs. Schrift unvollständig 2, 3, 4, 6, 7, 8 — Brustbild mit Lorbeer und Mantel 6, 7; — Rs. ΚΟΙΝΟΝ ΜΑΚΕΔΟΝΩΝ 4, 6, 7 — Teilung unbekannt 8

1 Athen — 2 Berlin Cat. 27, 13 — 3 Kopenhagen, vorher Cat. Welzl 1744 — 4 Löbbecke 5 London Cat. 28, 151 — 6 München — 7 Paris; Mionnet S. 3, 8, 54 (irrig Schild statt Blitz); vorher Königin Christine: Camelus num. ant. 73; Haverkamp numoph. reg. Christ. 375, LV, 38 schlechte Abb. d. Rs. — — 8 Cat. Thomsen 1, 786

255
K 21

ΚΑΙΖΑΡ ΑΔΡΙΑΝΟΣ Ebenso

ΚΟΙΝΟΝ ΜΑΚΕΔΟΝΩΝ (nach austern) um den makedonischen Schild

1, 2 Leake Europ. Gr. 67 — 3 London Cat. 28, 152. — || — Hierher oder zur folgenden n. auch 4 Vaillant num. gr. 35 von Asseline (Vs. nicht beschrieben)

256
K 31
T. III, 16

ΝΑΙCΑΡ ΑΔΡΙΑΝΟC Brustbild mit Lorbeer und Mantel nach r.

Ebenso

Abbildung der Rs. (1)

Abweichungen: Vs. Schrift unvollständig 2, 3, 4, 5, 9 — zerstört 6 — Kopf mit Lorbeer 4, 6, 9; — Rs. ΜΑΚΕΔΟΝΩΝ ∴ 4 — ΜΑΚΕΔΟΝΩΝ 6

1 Berlin Cat. 27, 14 (angrau, auch bezüglich des Schrötlings) — 2 Bologna Bisl. — 3 Kopenhagen — 4 London Cat. 28, 153 — 5, 6 Neapel Cat. 6511, 6512 — 7 Paris; Mionnet S. 3, 8, 55 — 8 Windisch-Grätz Cat. 5 (1899), 45, 702. — — 9 Cat. Thomsen 1, 787

257
K 20

Ebenso

ΝΩΝΟΔΕΞΑΚΜ ΝΟΝΙΟΝ (nach austern) ebenso

Abweichungen: Vs. die Schrift zerstört 3; — Rs. o nach dem letzten Wort 1

1 Dresden — 2 München — 3 Paris; Mionnet S. 3, 9, 56 — 4 Saphia. — || — 5 Sabatier iconogr. rom.-imp., suppl. VIII, 3 — Hierher wohl auch 6 Thrs. Morell, imp. 2, 134, Nero XVII, 19 Abb. d. Rs., (vgl. oben n. 242**). — (Die Vs. von 1, 4 sind stempelgleich.)

253*
K (26)

Hadrianus (Vs. nicht beschrieben)

ΜΑΚΕΔΟΝΩΝ unten. Die Dioskuren nach r. sprengend

1 Haverkamp numoph. reg. Christinae 375, LV, 36 Abb. d. Rs. (unter Makedonia) Schon Sestini classes gener. 2 (1797), 15 fg. bemerkt, dass diese Münze nach Lakedaimon gehört. Von ihrer wirklichen Aufschrift ΛΑΚΕΔΑΙΜΟΝΙΩΝ (zweizeilig) sind, wie Camelus num. ant. 74 angibt, die Buchstaben . ΑΚΕΔΑΙ ... sichtbar.

255*
K 21

Hadrianus (Vs. nicht beschrieben)

ΚΟΙΝΟΝ ΜΑΚΕΔΟΝΩΝ (nach ionen) um den makedonischen Schild

1 Camelus num. ant. 73; Haverkamp numoph. reg. Christinae 375, LV, 37 Abb. d. Rs. Ein Hadrianus-Halbstück mit dieser Stellung der Rs.-Umschrift hat sich allerdings nachweisen lassen; die Münze muss deshalb einstweilen als unsicher gelten.

Die antiken Münzen Nord-Griechenlands. III. 6

Antoninus Pius

258
K 25

ΚΑΙCΑΡ Α ΝΤΩΝΕΙΝΟC Brustbild mit Lorbeer, Panzer und Mantel nach r.

ΚΟΙΝΟΝ ΜΑΚΕΔΟΝΩΝ (r. oben beginnend). Makedonia mit Mauerkrone (?) nach l. thronend, im l. Arm Füllhorn, in der erhobenen R. . . .

1 Paris; Mionnet 1. 458, 73 = S. 3. 9. 57

Die Münze ist leider nicht gut erhalten und das Attribut in der R. der Landesgöttin infolgedessen nicht deutlich. Mionnet nennt es erst *des ἐpis.* später (Suppl. 3) *ea ἐpi.* Svoronos glaubte eine Hütte zu erkennen. Der mir vorliegende Abguss, den ich der Güte des Herrn Babelon verdanke, zeigt, dass eine sichere Bestimmung unmöglich ist.

259
K 26-24

ΚΑΙCΑΡ ΑΝΤΩΝΕΙΝΟC Brustbild mit Mantel nach r.

ΚΟΙΝΟΝ ΜΑΚΕΔΟΝΩΝ (nach innen) um einen Blitz mit vier Flügeln

Abweichungen: Vs. Schrift zerstört 2 — Kopf ohne Gewand 3; — Rs. ΩΝ 3

1 Athen — 2 Berlin Cat. 27, 16 (ungenau) — 3 Gotha — 4 Wien; Mus. Theup. 2, 891

260
K 26

Ebenso, aber Kopf mit Lorbeer r. Ebenso

Abweichungen: Vs. Ω statt Ω 1; — Rs. Ν ΚΟΙΝΟΝ ΜΑ|ΚΕΔΟΝΩ 1

1 Berlin Cat. 27, 15 — 2 Kopenhagen; Ramus cat. 1, 116, 12 (ungenau) — 3 Leipzig — — 4 Wilde num. sel. 140, 107, XVIII, 107 — 5 Sestini mus. Hedervar. 95, 36 (nicht = Wiczay 2598, das Citat gehört vielmehr zu 95, 37; vgl. n. 266, 6)

261
K 27-24

Ebenso, aber Brustbild mit Lorbeer, Panzer und Mantel nach r.

Ebenso

Abweichungen: Vs. Ω statt Ω 3 · Schrift unvollst. 1. 2. 4. 7. 9; — Rs. ΩΝ 3

1 Berlin Cat. 27, 15 (ungenau) — 2 Haag — 3 London Cat. 28. 155 — 4 Mailand — 5 München — 6. 7 St. Petersburg, vorher Sestini mus. Brahowitz 9 — 8 Sophia — 9 Wien; Eckhel cat. 83, 18 (Mionnet S. 3, 9, 59) ungenau

262
K 26

ΚΑΙCΑΡ ΑΝΤΩΝΕΙΝΟC Kopf nach r.

ΚΟΙΝΟΝ ΜΑΚΕΔΟΝΩΝ (nach innen) um einen Blitz mit zwei Flügeln

1 Paris; Paris imp. (1671), index 13 ungenaue Abb. d. Rs. (nicht im Text) [Gessner imp. CII, 45] = imp. (1697) 411 Abb. d. Rs.; Vaillant num. gr. 43; Mionnet S. 3, 9, 60

263
K 27-25

Ebenso, aber Kopf mit Lorbeer r. · Ebenso

Abweichungen: Vs. Schrift r. zerstört 3. 4 — Brustbild mit L. P. u. M. 3

1 London Cat. 28, 154 — 2 Paris; Mionnet S. 3, 9, 61 — 3 Wien; Eckhel cat. 83, 19 (ungenau). — — 4 Wiczay 2597; Sestini cat. 25 und mus. Hedervar. 94, 35

264
K 22-20

ΚΑΙCΑΡ ΑΝΤΩΝΕΙΝΟC Kopf mit Lorbeer nach r.

ΚΟΙΝΟΝ ΜΑΚΕΔΟΝΩΝ (nach innen) um den makedonischen Schild

Abweichungen: Vs. Ω statt Ω 1 — ΚΑΙCΑΡΑ . . . . 3 — Schrift zerstört 2 — Brustbild mit Lorbeer u. Mantel 1. 4 — mit Lorbeer, Panzer u. Mantel 6

1 Berlin Cat. 27, 18 — 2 Kopenhagen (sehr roh); Ramus cat. 1, 116, 13 — 3 München — 4 Paris; Mionnet S. 3, 9, 58; vorher Königin Christine: Camelus num. ant. in thes. Christ. reg. Suec. auctv. 77; Havercamp nummoph. reg. Christinae 401. LVII, 40 Rs. — 5 Paris, — || — Hierher wohl auch 6 Muselli, Suppl. 52, 7, imp. XXVIII, 7 als Caracalla, vgl. n. 196*

265
K 20

Ebenso, aber Brustbild mit Lorbeer, Panzer und Mantel nach r.

ΚΟΙΝΟΝ ΜΑΚΕΔΟΝΩΝ (nach innen) ebenso

1 Paris; Vaillant num. gr. 43; Mionnet 1. 459, 73 — 2 Wien; Mus. Theup. 2, 891 ungenau

(Antoninus Pius)

266
K 20
ΚΑΙCΑΡ ΑΝΤωΝΕΙΝΟC Kopf mit Ebenso
Lorbeer nach r.

Abweichungen: Vs. Schrift unvollständig 1. 2. 3. 6 — Brustbild mit Lorbeer, Panzer u. Mantel 2. 4. 5; — Rs. - Linter ΚΟΙΝΟΝ 5

1 Berlin Cat. 37, 19 — 2 Bologna Bibl. — 3 Gotha — 4. 5 Löbbecke. — - Hierher oder zu n. 264 auch 6 Wiczay 2598; Sestini aus. Hedern. 93, 37 (ohne Citat, vgl. n. 260, 5)

M. Aurelius Caesar

267
K 22
ΚΑΙCΑΡ ΑΥΡΗΛΙC Jugendliches Brust- ΚΟΙΝΟΝ ΜΑΚΕΔΟΝΩΝ (nach innen)
bild (leicht bärtig) mit Panzer und   um den makedonischen Schild
Mantel nach r.

Gewicht: 6,84 (2) — 6,73 (1) — 4,90 (3)

Abweichungen: Vs. Schrift unvollständig 1. 4

1 Berlin Cat. 38, 20 (ungenau) — 2 Löbbecke — 3 Paris; Patin imp. (1671) 239 Abb. d. Rs. (Giessner imp. CXII, 23) = imp. (1697) 192 Abb. d. Rs.; Vaillant num. gr. 53 (die Abb. der Rs. Append. Taf. VIII entnommen aus Patin 192); Mionnet S. 3, 9, 62 · 4 Turin Kgl. Slg.; Mus. Arigoni 2, imp. gr. XIV, 163 Rs.); Sestini cat. cast. 20
Über die Umschrift der Vs. vgl. Zeitschr. f. Num. 24 (1904), 285.

268
K 22
ΑΥΡΗΛΙΟ C ΚΑΙCΑΡ Jugendll. Brust- Ebenso
bild wie vorher, aber nach links

1 München · 2 St. Florian · 3 Wien. — (Die Vs. von 2 und 3 sind stempelgleich.)

269
K 20
[ΑΥΡ]ΗΛΙC ΚΑΙCΑ Ρ] Jugendll. Brb. ΚΟΙΝΟΝ ΜΑΚΕΔΟΝΩΝ (nach innen)
(unbärtig) mit Lorb. u. M. nach l. ebenso

1 Winterthur. — Von sehr rohem Stil.

M. Aurelius Augustus

270
K 25
ΚΑΙCΑΡ ΑΝ ΤωΝΕΙΝΟC Kopf mit ΚΟΙΝΟΝ ΜΑ ΚΕΔΟΝΩΝ (nach innen)
langem Bart nach r. um einen Blitz mit vier Flügeln

Abweichungen: Vs. ΑΝ ΤΩ . . . . . 5 — ΚΑΙCΑΡ| . . . . . 3 — ΚΑΙCΑΡ| ΑΝΤω-
ΝΕΙΝ u. ΟC unter dem Halse 4. 6 — Teilung unbekannt 7. 8. 9

1 Gotha — 2. 3 München — 4 St. Petersburg — 5. 6 Wien. - - 7 Cat. Bentinck 1,
249 (ungenau) — 8 Mionnet S 3, 10, 68 (nicht in Paris) — 9 Chaix dewet. 129
Bei 3 u. 5 ist die Namensform nicht sicher; sie könnten deshalb auch zu n. 273 gehören.

270*
K 17 16
M. Aurelius (Vs. nicht beschrieben; ΑΛΕΞΑΝΔΡ ΜΕΤΑΣ ΜΑΚΕ Unbärtiger
Kopf mit Strahlenkrone nach l.

1 Patin imp. (1671) 239 Abb. d. Rs. (Giessner imp. CXII, 27 u. CXIII, 5) — imp. (1697)
192 Abb. d. Rs.; hiernach Vaillant num. gr. 54 (die Abb. Append. Taf. VIII direkt aus
Patin 192 entlehnt, im Text verbessert* ΑΛΕΞΑΝΔΡΟ ΜΕΤΑΣ ΜΑΚΕΔΟΝΩΝ) (Eckhel
d. n. v. 2, 64 u. 113; Mionnet S. 3, 10, 70) aus der Sammlung der Königin Christina
Es handelt sich bei Patin zweifellos um eine verfehlte Ablesung desselben Stückes mit
ΑΛΕΞΑΝΔΡΟΝ ΝΙΚΑΙΟΥ, das bei Camelus num. 134 richtiger beschrieben ist und
hiernach bei Vaillant num. gr. 55 (Mionnet S. 3, 96, 502) unter Nikaia wiederkehrt. Eine
mit vorliegende Schwefelpasta dieser in das Pariser Kabinett gelangten Münze (Mionnet
3, 456, 248 — S. 5, 207, 580, richtig unter Commodus) zeigt, dass Patin einzelne durch
Oxyd verdeckte Haarpartien für Strahlen am Diadem gehalten hat, während er die in ihrer
zweiten Hälfte schwer lesbare Umschrift irrig nach dem Vorbild gewisser Contorniaten
(z. B. Sabatier dewet. gener. des médaillons contorn. 12, 3, 1, 2) ergänzte.

6*

[M. Aurelius Augustus]

271
K 24
Ebenso, aber Kopf nach links   Ebenso
    Abweichungen: Vs. die Schrift r. oben beginnend
    1 Wien; Mus. Theup. 1, 903 (ungenau)

272
K 25
Ebenso, aber Kopf mit Lorbeer r.   Ebenso
    Gewicht: 14,09 (1) — 10,30 (2) — 9,91 (3) — 6,48 (6)
    Abweichungen: Vs. ...... ANTWN ... 7 — ... CAP AN| .... 5 8 —
    KAICAP ANTWNEINOC 2   KAICAP ANTWNEINO . 5 — Teilung unbekannt 9
    1 Athen (neue Erw.) — 2 Dresden — 3 Kopenhagen — 4 Leake Europ. Gr. 67 als Anto-
    ninus Pius (ungenau) — 5 Paris; Mionnet S. 3, 10, 67 — 6 Turin Mus. Cat. 2198 — Lavy
    1137 (ungenau) — 7 Wien: Mus. Theup. 2, 903 (ungenau). — 8 Muselli, Suppl. 43, 8,
    imp. XX, 8 — 9 Cat. Thomsen 1, 788. — (4 und 6 sind aus denselben Stempeln.)
    Bei 5, 7, 8 ist die Namensform nicht sicher; sie konnten daher auch zu n. 275 gehören.

273
K 25
KAICAP ANTWNINOC Kopf nach r.   Ebenso
    Abweichungen: Vs. KAICAP ANTWNINOC 1. 2. 4. 5 — Teilung unbekannt 7. 8
    1 Dresden — 2 Gotha — 3 Mailand (von roher Arbeit) — 4 Neapel Cat. 6514 — 5 Sophia
    6 Stuttgart. ... 7 Cat. Bentinck 1, 443 (ungenau) — 8 Sestini mus. Hedecv. 95, 39.
    . . Vgl. die Bemerkung zu n. 270.

274
K 25
Ebenso, aber Brustbild m. Panzer r.   Ebenso
    Gewicht: 13,80 (3) — 11,15 (2) — 10,81 (4) — 9,83 (1)
    Abweichungen: Vs. KAICAP ANTWNINOC 3 — Brustb. m. Panzer u. Mantel 3. 4
    1 Athen Cat. 1243 — 2 Hunter Cat. 360, 38 — 3 Mailand — 4 Turin Mus. Cat. 2197 =
    Lavy 1136 (ungenau)

275
K 25
Ebenso, aber Kopf mit Lorbeer r.   Ebenso
    Gewicht: 15,63 (6) — 13,75 (9) — 11,38 (2) — 10,83 (3) — 7,60 (1)
    Abweichungen: Vs. Anfang der Schrift unvollständig 5 — Anfang u. Ende un-
    vollständig 3. 12. 13 — KAICAP ANTWNINOC 8. 11 — KAICAP ANTWNINO
    und C unter dem Halse 2 — Kopf mit Lorbeer und etwas Gewand 1. 9
    1 Athen Cat. 1246 — 2. 3 Berlin Cat. 28, 21. 22 — 4 Leake Europ. Gr. 67 (als Antoninus
    Pius) — 5 Löbbecke — 6 London Cat. 28, 156 — 7. 8 Mailand — 9 Neapel Cat. 6513
    (ungenau) — 10, 11 Paris; Mionnet S. 3, 10, 66. 67 — 12 Paris — 13 St. Petersburg. —
    (Die Vs. von 3. 7. 13 sind stempelgleich.) — Vgl. die Bemerkung zu n. 272.

276
K 25
Ebenso, aber Brustb. mit Lorbeer,   Ebenso
Panzer und Mantel nach r.
    Abweichungen: Vs. KAICAP ANTWNINOC 1 — KAICAP AN[T]WNIN[OC] 4
    — Brb. m. L. u. Panzer, auf der (nach vorn gewendeten) Brust Gorgoneion 2
    1 Neapel Cat. 6515 (ungenau) — 2 Paris — 3. 4 Wien

276*
K (22, 11)
...... | ΑΥΡΗΛΙΟC Kopf des langbärtigen KOINWN MAKEΔONWN (nach innen) um
M. Aurelius mit Lorbeer nach r.   einen Blitz mit 4 Flügeln
    1 Sabatier iconogr. rom.-imp. suppl. VIII, 26 (im Text: ...... | ΑΥΡΗΛΙΟC)
    Da diese Namensform nur zu dem jugendlichen Brustbild des Caesars M. Aurelius
    passt, ist anzunehmen, dass dieselbe auf der offenbar schlecht erhaltenen Münze
    durch Retuschieren (wohl nach Mionnet S. 3, 9, 62) hergestellt war und es sich also um
    eine Vs. zu n. 273 oder n. 275 handelt. Auch das fehlerhafte KOINWN sowie die ab-
    weichende Verteilung der Rand-Inschrift dürfte auf die Arbeit des Graveurchels zurückzu-
    führen und nicht durch den (sachlich gewissenhaften) Zeichner verschuldet sein.

[M. Aurelius Augustus]

277
K 25
KAICAP ANTWNINOC Kopf mit Ebenso
Strahlenkrone nach r.

Gewicht: 14.72 (3) — 13.47 (1) — 11.22 (2) — 10.35 (4 — 8.42 (b)

Abweichungen: Vs. Anfang der Schrift unvollständig 4, 6 — KAICAP AN TW-
NINOC 2, 9, 10 — inlg M KAI ANTWNINOC gelesen 11 — Schrift verziert 7 —
Brustbild mit Krone und Manul 1, 4, 8

1 Athen Cat. 1247 — 2 Berlin Cat. 28, 23 (ungenau) — 3 Dresden — 4 Gotha — 5 Imhoof
Cat. 361, 29 — 6 Kopenhagen; Kunst cat. 1, 116, 15 — 7 Mailand — 8 Paris; Trésor
comm. hist. (1635) 503, 13 — 1 (1644), 645, 13; Palin imp. (1671) 339 — (1697) 391
Abb. d. Rs.; Vaillant num. gr. 53 (die Abb. d. Rs. Append. VIII entnommen aus Palin 391)
Mionnet S. 3, 10, 69]; Mionnet 1, 459, 74 — 9 Paris; Mionnet S. 3, 10, 64 — 10 Sophia,
—]' 11 Gessner imp. CXII, 26 Abb. d. Rs.; Cat. Pfau (1745) 371 ungenau

278
K 25
KAICAP AN TWNINOC Brustbild mit Ebenso
Strahlenkrone und Panzer nach r.

Abweichungen: Vs. .....PAN,TWNIN.. 3 — .... TWN.... 1
1 Haag — 2 Kopenhagen — 3 Paris; Mionnet S. 3, 10, 65. — (Die Vs. von 2 und 3
sind stempelgleich.)

279
K 24
KAICAP ANTWNINOC Brustbild mit Ebenso
Strahlenkrone, Panzer und Mantel
nach r.

1 Bologna Bibl. — 2, 3 Wien; vorher Cat. Welzl 1803, 1803a

280
K 25
Ebenso, aber Kopf mit Lorbeer Ebenso, aber zu den Seiten des
nach r. Blitzes Thyrsos (mit Taenie) und
Keule
T. III, 18
Abbildung der Rs. (1)
Gewicht: 10,87 (1) — 9,14 (3)

Abweichungen: Vs. KAICAP AN TWNINOC und Brustbild mit Lorbeer u. Panzer 1
— Aufschrift verziert 3
1 Imhoof — 2 Kopenhagen; Kunst cat. 1, 116, 16 — 3 Paris

281
K 19
KAICAP AN TWNEINOC Kopf mit KOINON MAKEAONWN (nach innen)
langem Bart nach r. um den makedonischen Schild
1 Lobbecke

282
K 19
KA;ICAP A NTWNINOC Kopf mit KOINON MAKEAONWN · (nach innen)
langem Bart nach r. ebenso
1 Paris; Mionnet S. 3, 9, 63. Von rohem Stil.

283
K 19
Ebenso, aber Kopf mit Lorbeer Ebenso
nach r.
Gewicht: 5,68
1 London (neue Erwerbung)

284
K 22/20
KA;ICAP A;NTWNINOC] Kopf mit Ebenso
Strahlenkrone nach r.
Gewicht: 5,85
1 Kopenhagen; Kunst cat. 1, 116, 14 (ungenau)

Faustina iunior

945
K 24

CEBACTH ΦΑΥCΤΕΙΝΑ Brustbild nach r.

KOINON MAKEΔONωN (auch innen) um einen Blitz mit vier Flügeln

Abweichungen: Vs. Schrift unvollständig 1, 2, 3, 6, 11
1 Berlin Cat. 18, 34 — 2 Gotha — 3, 4 Kopenhagen, 3 vorher Cat. Welzl 1806 — 5 Löbbecke — 6 Mailand — 7, 8 München — 9 Paris; Mionnet 1, 459, 75; vorher Koniges Christine; Camelus num. aut. 81; Vaillant num. gr. 60; Haverkamp nomoph. 432, LX, 70 R. [Gessner imp. CXV, 67] ungenau — 10 Thorwaldsen Cat. 354, 58 — 11 Wien — 12 Winterthur

Commodus Caesar

946
K 24

KAICAP KOMOΔ[OC] Jugendliches Brustbild mit Panzer und Mantel nach r.

Ebenso, aber zu den Seiten des Blitzes Mondsichel und sechsstrahliger Stern

Abweichungen: Rs. die Beischeiben nicht angegeben (wohl übersehen) 3
1 Löbbecke — 2 Paris; Mionnet S. 3, 11, 74 (ungenau). —[[— 3 Vaillant num. gr. 70 von Magnavacca (Vs. nicht beschrieben)

947
K 19

KAICAP KOM[OAOC] Ebenso

[KOINON MAKEΔO NωN (auch innen) um den makedonischen Schild

1 Paris; Mionnet S. 3, 11, 75

Septimius Severus

948
K 26

AY K A CEП CEYHPOC ΓΕ Brustbild mit Lorbeer, Panzer und Mantel nach r.

KOINON MAKEΔONωN Zeus nackt, mit Chlamys über dem l. Arm, nach l. stehend, in der vorg. R. Blitz, die L. auf das Scepter gestützt; vor ihm am Boden der Adler nach l. stehend u. zurückblickend

1 Leake Europ. Gr. 67 (ungenau) — 2 Paris; Mionnet S. 3, 11, 76 — 3 Weber Ibg. — (1, 2, 3) sind aus denselben Stempeln; über die Vs. vgl. Zeitschr. f. Num. 24 (1904) 288.)

935°
K 11(?)

Faustina Iunior (Vs. nicht beschrieben) KOINON MAKEΔONUN um den makedonischen Schild

1 Vaillant num. gr. 60 [Mionnet S. 3, 10, 71] von Camelus
Da Halbstücke mit Schild bis Caracalla vorkommen, wäre diese Münze nicht unmöglich, doch ist sie so schlecht bezeugt, als dass sie in den Text aufgenommen werden konnte.

935°°
K 113

Faustina Iunior (Vs. nicht beschrieben) [KOINON MAKEΔONUN) Mercurius stans, d. crumenam, s. caduceum
1 Vaillant num. gr. 60 [Mionnet S. 3, 10, 72] aus seiner Sammlung

K 1

Ebenso (KOINON MAKEΔONUN) Mulier tunicata stans, d. Zevi togato porrigit, s. hastam
2 Vaillant num. gr. 60 [Mionnet S. 3, 10, 73 ohne Citat und mit falscher Übersetzung] von Foucault
Diese beiden Beschreibungen sind ohne Zweifel von Vaillant nur versehentlich unter dieser Rs.-Aufschrift eingereiht und gehören in Wirklichkeit an irgend eine andere Stelle.

936°
K 11

L. Verus (Vs. nicht beschrieben) KOINON MAKEΔONUN um den Blitz
1 Camelus summi aut. in thes. Christinae reg. Sumt. astert. 82 (magn. mediocris)
Da Emissionen mit dem Bildnis des L. Verus sonst nicht nachweisbar sind und das Stück überdies bei Haverkamp nomoph. reg. Christinae fehlt, darf angenommen werden, dass entweder der Kaiser von Camelus verkannt worden ist oder die Münze gefälscht war.

(Septimius Severus)

289
K 25 Ebenso (derselbe Stempel)   KOINON MAKEΔONΩN Ebenso
  1 Parma

290
K 25 AY K A CEΠ CEYHPOC ΓE Brustbild   KOINON MAKEΔONΩN Ebenso,
  wie vorher (zweiter Stempel)   aber ohne den Adler

  Abweichungen: Vs. mit R (im Stempel nachgraviert) 1

  1 Imhoof — 3 Sophia; Zeitschr. f. Num. 14 (1904), VI, 1 Vs. — (1 u. 2 sind aus denselben
  Stempeln, doch so, dass die Vs. von 2 — n. 291, die Vs. von 1 — n. 291 ist; vgl. Zeitschr.
  f. Num. 14 (1904), 290.)

291
K 25 Ebenso (derselbe Stempel)   KOINON MAKEΔONΩN Weibliche
                                             Figur (Makedonia) mit Kalathos
                                             nach l. sitzend, mit der R. den
                                             schräg über die Schulter gelegten
                                             Speer (Spitze unten) haltend, die
T. III, 31   Abbildung   L. auf den Schild gestützt

  1 Imhoof; wohl das Exemplar vorher Sestini mus. Fontana 1, 11, 2, V, 4 — 3. 12, 3. —
  (Die Rs. ist aus demselben Stempel wie die von n. 293.)

292
K 25 AY K A CEΠ CEYHPOC ΓE Ebenso   KOINONMA KEΔONΩN Weibl. Figur
  (derselbe Stempel, aber mit Nach-   (Makedonia) mit Kalathos nach
  gravierung in dem Schlussmono-   l. sitzend, die R. auf den Speer
  gramm der Umschrift; vgl. unten   (Spitze unten) gestützt, die L. mit
  n. 309)   Parazonium auf dem Schild liegend

  Abweichungen: Rs. angeblich sitzende Athena mit Nike auf der R., die L. auf
  dem Schild 3

  1 München; Sestini mus. Fontana 1, 11, 3 (ungenau) — 2 Wien; vorher Cat. Welzl 1807.
  [· Hierher wohl auch 3 Vaillant num. gr. 84 (Mionnet S. 3, 11, 77; aus Sammlung Gossout.
  — (1 und 2 sind aus demselben Stempelo; aber die Vs. vgl. oben zu n. 290.)

Iulia Domna

293
K 27 IOYAIA AYΓOYCTA Brustbild nach r. = n. 291 (derselbe Stempel)
  1 Berlin Cat. 28, 25. — (Die Vs. ist aus demselben Stempel wie die von n. 294.)

294
K 27 Ebenso (derselbe Stempel)   KOINONMA KEΔONΩN Makedonia
                                             nach l. sitzend wie bei n. 291
  Gewicht: 12,39
  1 Athen Cat. 1247, Taf. II

Caracalla

295
K 26 AY·K·M·AV·P·ANTIWEINC Unbär-   KOINON MAKEΔONΩN Zeus nach
  tiges Brustb. mit Lorbeer, Panzer   l. stehend wie bei n. 288; vor ihm
  und Mantel nach r.   am Boden der Adler
T. III, 33   Abbildung der Rs. (4)
  Gewicht: 14,33 (14) — 13,32 (1)
  Abweichungen: Vs. ANT ..... l. 4; — Rs. AK!CA 4 — NN 4, 5
  1 Dresden — 2 Hunter Cat. 361, 31 — 12 Leiden · · 3 Lobbecke; Zeitschr. f. Num. 14 (1904),
  VI, 3 Vs. — 4 London Cat. 19, 157 — 5 Wien. —|| — 6 Vaillant num. gr. 104 [Mionnet
  S. 3, 11, 81]. — (Die Vs. von 1-4 sowie die Rs. von 1-3 sind stempelgleich.)

(Caracalla)

296   AY·K·M·AYP·ANTΩNЄINOC Jugend-   KOINON MAKEΔONΩN· (nach innen)
K 20   licher Brustb. mit Mantel nach r.   um den makedonischen Schild

     Abweichungen: Rs. mit ⊔ statt Ω 1

1 Athen — 2 Paris: Vaillant num. gr. 104 (Irrig an ein Stück mit 8 NEΩ angereiht)
[Eckhel d. n. v. 2, 64; Mionnet S. 3, 11, 60]; dasselbe Stück Mionnet S. 3, 11, 78. — '.-
3 Vaillant num. gr. 104 [Mionnet S. 3, 11, 79] aus seiner Sammlung

Macrinus

297   AY K MA OΠЄA CЄ MAKPINO Brustb.   KOINON MAKEΔONΩN (l, oben begin-
K 27   mit Lorbeer und Panzer nach r.   nend). Reiter mit Panzer, Stiefeln,
     (die Brust nach vorn)   flatterndem Mantel und grüssend
         erhobener R. im Schritt nach r.

1 Paris — 2 Wien. - .- 3 Sestini mus. Hedery. 95, 4½ ·   (1. 2 aus denselben Stempeln.)
Der Reiter hat, wie ich auf dem Augustus von 1 zu erkennen glaube, die Züge des Kaisers.

Diadumenianus

298   MAP OΠ ANT ΔIAΔOYMЄNIAN OC   ΚOI MA ΚЄΔONΩ Ν ΝЄΩΚOPΩN (l.
K 27   und LY. Κ Є Brustbild mit Panzer   in der Mitte beginnend). Reiter wie
     u. Mantel nach r. (Brust nach vorn)   vorher, aber nach r. sprengend
T. III, 25   Abbildung der Rs. (1)

     Abweichungen: Rs. [Κ]OI MA ΚЄΔONΩ [ΝЄΩΚOPΩ] r. oben beginnend 2

1 Berlin Cat. 29, 77 — 2 Paris. — '. — 3 Wien 1599; Sestini mus. Hedery. 95, 41. —
(Die Rs. von 2 aus demselben Stempel wie n. 299, 2; vgl. auch Zeitschr. f. Num. 34, 294.)

299   AY ΚЄ MA OΠ AN ΔIAΔOYMЄNIAN OC   ΚOI MA ΚЄΔONΩN ΝЄΩΚOPΩ(r. oben
K 27   Brustbild mit Lorbeer, Panzer u.   beginnend). Ebenso (vgl. zu n. 305)
     Mantel nach r. (Brust nach vorn)

1 Lewis — 2 Paris; Pellerin mélange 1. 170, XXIX, 8 [Eckhel d. n. v. 2, 64]; Mionnet
1, 45½ 77; Nawal, Revue num. 1903, 18, l.; Zeitschr. f. Num. 34 (1914). 294, VI, 4 Rs.
Über den Ναωκόρημ-Titel bei Diadumenianus vgl. Zeitschr. f. Num. 34 (1914). 294 fg. —
Der Reiter hat, wie der Augustus von 2 deutlich erkennen lässt, die Züge des Prinzen.

295*   Caracalla (Vs. nicht beschrieben)   (KOINON MAKEΔONΩN) *Imperator paludatus*
K II   *stans, d. patera m, s. hastam*

1 Vaillant num. gr. 104 [Mionnet S. 3, 12, 82] von Asseline
Vermutlich war die Rs. schlecht erhalten und nicht der Kaiser, sondern Zeus, wie bei
n. 295, dargestellt.

296*   KAR AP .NIU..... Brustbild (leicht bärtig)   KOINON MAKEΔONΩN (nach innen) von den
K III   mit Lorbeer, Panzer und Mantel nach r.   makedonischen Schild

1 Musello, Suppl. 53, 7, imp. XXVIII, † als Caracalla
Die Reste der Vs.-Umschrift weisen auf einen früheren Kaiser hin; wahrscheinlich handelt
es sich um eine Münze des Antoninus Pius (vgl. oben n 264, 6), deren schlecht er-
haltener Kopf verkannt worden ist.

296**   AYT K M AYP AN TONΩNOΥ (CB Brustbild   KOINON
K I   des unbärtigen Caracalla mit Lorbeer,   MAKEΔON unter einem Tisch, auf welchem
     Panzer und Mantel nach r.   drei Kränze liegen; l. A...... N

1 Mus. Arigoni 2. ims. mod. V, 14 [Mionnet S. 3, 12 83] als *midaillon imperf* unter Makedonia
Wie Sestini cat. cart. 84 erkannt hat, gehört diese Münze nach Trälleis. Der Kaiser ist
Elagabalus. Vgl. z. B. Mionnet 4, 190, 1106.

Elagabalus

300
K 26
AV · KE · MA·AV·ANTΩNINOC Brustbild mit Lorbeer, Panzer und Mantel nach r. (die Brust nach vorn)

KOINO MAKEΔONΩN B NE;Ω (ι. Λ.
endend'. Alexander nackt, mit
lang herabhängendem Mantel, nach
L stehend und den sich bäumenden Bukephalos mit beiden Händen am Zügel haltend

1 München. Die Rs. ist aus demselben Stempel wie die von n. 470, 1. 2.)

301
K 26
Ebenso (derselbe Stempel)

KOI(i.A.) NON · MAKEΔONΩN NEO B
Alexander ebenso, aber mit flatterndem Mantel rechtshin stehend

1 Paris; Patin imp. (1671) 306 Abb. d. Rs. (Gessner imp. CXLIX, 37] — (1697) 245 Abb.
d. Rs.; Vaillant num. gr. 104 ;ittig B NCΩ] Eckhel d. n. v. z. 64]; Mionnet 1. 459, 76;
Commery voyage 1, 358 (ungenau); Mowat, Revue num. 1903, 16, i, IV, 6 — überall als
Caracalla; berichtigt Zeitschr. f. Num. 24 (1904), 299, VI, 5. — (Über den Rs-Stempel
und sein Verhältnis zu dem von n. 473, 1-5 !— n. 477, 1. 2) vgl. Zeitschr. f. Num. 34, 191.)
Die Schreibung NCO statt NCΩ findet sich auch auf n. 304. 346 fg. 350. 402 fg. 495 fg.
498. 500. 500. 513 fg.; vgl. darüber Zeitschr. f. Num. 25, 5 fg.

302
K 27
Ebenso (derselbe Stempel)

KOI MAKEΔON ΩN B NEΩ,KOPΩN
Alexander mit Panzer, Stiefeln u.
Mantel von vorn (etwas nach L)
stehend u. rechtshin emporblickend,
mit der R. ein hinter ihm nach l.
stehendes Pferd am Zügel haltend,
im L Arm ein langes Scepter

T. III. 24
Abbildung (2)
Gewicht: 12,16 (1)

1 Berlin Cat. 28, 26 (unter Caracalla) — 2 Gotha; Zeitschr. f. Num. 24 '1904), 300, VI, 7
Rs. — (1 und 2 sind aus denselben Stempeln.

303
K 26
AV KE MAP AVP ANTΩNOC (so!),
Brustbild mit Lorbeer, Panzer und
Mantel nach r. (Rücken nach vorn)

KOINON MAKEΔONΩN B NEΩKO
(oben beginnend). Vierbeiniger Tisch
von L gesehen, darauf zwei Preiskronen, in jeder ein Palmzweig

1 München. Über den Rs.-Typus vgl. die Einleitung S. 13 nebst Anm. 1.

Severus Alexander
Mit zwei Neokorien (n. 304—307)

304
K 26
AV K M AVP CEBP AΛEΞANΔPOC
Jugendliches Brustbild (unbärtig)
mit Lorbeer, Panzer und Mantel
nach r. (die Brust nach vorn)

KOI MAKEΔONΩN B NEOKOPΩN
(so!)Athena nach l. sitzend, auf der
R. die r. gewendete Nike, die L
auf den hinter dem Sitz ,mit Löwenbein) stehenden Schild gestützt

1 Hunter Cat. 361, 31; Zeitschr. f. Num. 25, 2, l, 1 Vs.
Über die Form NEOKOPΩN vgl. die Bemerkung zu n. 301.

[Severus Alexander]

305　ΑV Κ Μ ΑVP ϹΕ ΒΗΡ ΑΛΕ[ΞΑΝ-　　　[ΚΟΙΝΟ;Ν ΜΑΚΕΔΟΝΩΝ Β ΝΕ Reiter
K 28/26　ΔΡΟϹ] Ebenso (derselbe Stempel)　　　mit Panzer, Stiefeln und flattern-
　　　　　　　　　　　　　　　　　　　　　　　dem Mantel nach r. sprengend und
　　　　　　　　　　　　　　　　　　　　　　　die R. senkrecht emporstreckend

1 Paris; Mionnet S. 3, 13, 38 [Moxal, Revue num. 1903, 18, ~] engraan; Zeitschr. f. Num.
15, 2, l, 1 Ra. — (Der Ra.-Stempel ist von derselben Hand wie n. 304, 1 und n. 513, 1. 3.)
Über die vorliegende Anordnung der Münzen Severus Alexander's nach dem Portrat der
Vs. vgl. Zeitschr. f. Num. 24 (1904), 301 fg. — Die Rs.-Darstellung unterscheidet sich von
dem mehrfach wiederkehrenden Adventus-Typus (n. 298, 299, 313, 321) sowohl im Gestus
des Reiters als auch in der Zeichnung des galoppierenden Pferdes, dessen Hinterbeine bei
jenem eingeknickt, hier dagegen langgestreckt sind. Vgl. unten zu n. 304.

306　ΑV Κ Μ Α ϹΕ ΑΛΕ[ΞΑΝΔΡΟϹ] Jugend-　[ΚΟΙ]ΝΟΝ ΜΑΚΕΔΟΝΩΝ Β ΝΕ Athena
K 27/25　liches Brustbild (unbärtig) mit　　nach L. sitzend, auf der R. die rechts-
　　　　　Lorbeer, Panzer und Mantel nach r.　hin gewendete Nike, im l. Arm die
　　　　　　　　　　　　　　　　　　　　　　　Lanze (Spitze oben); am Sitz (mit
　　　　　　　　　　　　　　　　　　　　　　　Löwenbein) hinten der Schild

1 Sophia

307　ΑV Κ Μ Α ϹΕ;ΑΛΕΞΑΝΔΡΟϹ Ebenso　ΚΟΙΝΟΝ ΜΑΚΕ; ΔΟΝΩΝ Β ΝΕ
K 25/24　(derselbe Stempel)　　　　　　　　Athena wie vorher, aber mit Schale
　　　　　　　　　　　　　　　　　　　　　　in der vorgestreckten R.

1 Paris; Mionnet S. 3, 12, 54

304*　Severus Alexander (Vs. nicht beschrieben)　KOINON MAKEDONUN Alexander dem. d.
K II　　　　　　　　　　　　　　　　　　　　　　Antinam, r. paravanium

1 Vaillant num. gr. 137 [Mionnet S. 3, 12, 83] aus seiner Sammlung
Da dieser Rs.-Typus auf den gleichzeitigen autonomen Provinzialmünzen (vgl. p. II. unten
n. 358 fg.) vorkommt, wäre ein solches Stück nicht unmöglich; doch ist die Beschreibung
zu unsicher (die Umschrift auch ohne Zweifel unvollständig), als dass sie in den Text aufgenommen werden könnte.

305*　ΑΥΤ Κ Μ ΑΥP ϹΕVΗΡ ΑΛΕΞΑΝΔΡΟϹ ΟΙϹ　ΜΑΚΕΔΟΝΩΝ (L A.) | ΚΑΙ ΑΛΩΝΙΚΕΩΝ
K 35/34　(ΕΒ Brustbild mit Strahlenkrone, Panzer　ΣΕΒΑΣΤΩΣ　　　　　ΝΕΩΚΟΡ (im Bogen),
　　　　　und Mantel nach r.　　　　　　　　　Vor einer 6-säuligen Tempelfront ein auf
　　　　　　　　　　　　　　　　　　　　　　hoher Estrade nach L. sitzender Mann;
　　　　　　　　　　　　　　　　　　　　　　ihm gegenüber vier stehende und eine am
　　　　　　　　　　　　　　　　　　　　　　Boden liegende Figur, überragt von den
　　　　　　　　　　　　　　　　　　　　　　Zweigen eines ganz L. stehenden Baumes

1 Camelus num. ant. 118; Vaillant num. gr. 137. 231; Mionnet 1, 459, 79 nater Makedonia
Schrift und Darstellung dieses schon von Sestini class. gener. 2 (1797), 26 als unsupecten
bezeichneten Stückes, das in Paris mit Recht unter den falschen liegt, sind leiderecht
völlig retouchiert, so dass eine sichere Bestimmung der ursprünglichen, jedenfalls nicht
makedonischen Münze bis zum Auftauchen eines besseren Exemplars unmöglich ist.

306*　Severus Alexander (Vs. nicht beschrieben) | MAKE... Currus. Serpens e caletho inter
K —　　　　　　　　　　　　　　　　　　　　duas facies mit quid simile

1 Patin imp. (1670), index 23 — imp. (1697) 419 unter Makedonia
Die Münze war offenbar sehr schlecht erhalten; sie gehört nicht auch Makedonien und
die Aufschrift der Rs. ist jedenfalls verlesen. Vermutlich handelt es sich um ein alexan-
drinischen Stück des Hadrianus wie z. B. London Cat. Alexandria, XXX, 996.

[Severus Alexander]

Mit einer Neokorie (a. 308—314)

308
K 26
AV K M A CE AΛEZANΔPOC Ebenso
(derselbe Stempel)

KOINON MAKEΔONΩN NEΩ (vgl. ...
... Reiter mit Panzer, Stiefeln,
flatterndem Mantel und eingelegter
Lanze nach r. sprengend

Abweichungen: Rs. [KOIN:ON MAKEΔONΩN ... 2
1 Athen (neue Erw.); Zeitschr. f. Num. 24 (1904), VII, 33 Rs. — 2 München; Zeitschr. f. Num. 24, VI, 11 Vs. — (1. 2 sind aus demselben Stempeln; aber die Rs. vgl. 12 n. 354, 1.)

309
K 27
AV K M A CE AΛEZANΔPOC Ebenso
(derselbe Stempel, aber mit einigen
Nachgravierungen; vgl. oben n.
292?

T. III, 33

Abbildung der Rs.
Gewicht: 13.97

KO INON MAK EΔONΩN; NEΩ
Alexander, nackt, mit flatterndem
Mantel nach r. stehend u. den sich
bäumenden Bukephalos an den
Vorderbeinen fassend

1 Berlin Cat. 29, 18 (ungenau); Zeitschr. f. Num. 24 (1904), 302, VI, 13 Vs.

310
K 25
AV·K·M·A·CE·A,AEΞANΔPOC Jugendliches Brustbild (Anflug von Bart)
mit Lorbeer, Panzer und Mantel
nach r.

·KOINON MAKEΔON (oben im Bogen)
... A. NEΩNU Der Kaiser mit
Panzer, Stiefeln, flatterndem Mantel
und eingelegter Lanze nach r.
sprengend, vor ihm Nike nach r.
schreitend und zurückblickend, mit
der R. die Zügel haltend, mit der
L. ein Tropaion schulternd

Abweichungen: Vs. Aufschrift unvollständig 1. 3. 4
1 Dresden — 2 London (neue Erwerbung); Zeitschr. f. Num. 24 (1904), 302 fg., VI, 14 —
3 Paris; Vaillant num. gr. 237 'Mionnet S. 3, 11, 86]; dasselbe Stück Mionnet S. 3, 12, 87 ·
4 Winterthur. — (1-4 sind aus demselben Stempeln; aber die Rs. vgl. 12 n. 417.)

311
K 27/26
AV K MAP CE A|AEZANΔPOC
Jugendliches Brustbild (leicht
bärtig) mit Lorbeer, Panzer und
Mantel nach r.

KOINON MAKEΔONΩN s. mit, am Rande
NEΩ Reiter mit Panzer, Stiefeln
u. flatterndem Mantel nach r. sprengend (vgl. zu n. 348) und mit der
erhobenen R. den Speer nach unten
gegen einen Löwen richtend, welcher unter dem Pferde sich nach
l. duckt und aufwärts blickt

Abweichungen: Vs. Aufschrift unvollständig 2; - Rs. die Schrift unten und der Löwe nicht angegeben (wohl verwischt) 2
2 Paris; Mionnet 1, 459, 78; Mowat, Revue num. 1903. 6, c, IV, 3. —:]— Hierbei wohl auch 2 Murelli, Suppl. 57, 3, imp. XXXII, 3
Mionnet las auf der Rs. A NE, wofür Bachner de neocoria (1888) 213, Anm. 7 .Δ (— bis)
NE? vermutete und Mowat B NEΩ verbessert. Die angebliche Neokorieziffer sind aber,
wie der mir vorliegende Abguss zeigt, vielmehr die Hinterfüsse des Pferdes.

[Severus Alexander]

312
K 25, 24

AV K M AP CE A ΛΕΞΑΝΔΡΟC
Ebenso

KOINON MAKEΔ[ONΩN] NEΩ
Reiter mit Panzer, Stiefeln, flatterndem Mantel und eingelegter Lanze nach r. sprengend

1 Wien. — (Die Rs. ist von der Hand desselben Stempelschneiders wie n. 380 u. n. 382.)

313
K 26

AV K MAP CE ΛΛΕΞΑΝΔΡΟC
Ebenso, aber mit etwas stärkerem Bart

KOINON MAKEΔONΩN NEΩ Reiter wie vorher, aber mit grüssend erhobener R. (vgl. zu n. 305)

1 Löbbecke

314
K 28/26

AVT K M AVPH CEV ΛΛΕΞΑΝΔΡΟC
Brustbild (älter, Bart wie vorher) mit Lorb., Panzer u. Mantel nach r.

KOINON · MAKEΔONΩN · NEΩ · (l.A. endend). Athena Nikephoros nach l. sitzend wie bei n. 306

1 Löbbecke

Die kleine Nike, die sonst (n 304 u. 306) ruhig auf der Hand der Athena sitzt, ist hier (n. 314) in lebhafter Bewegung mit erhobenem r. Fuss und weit zurückgebogenem Oberkörper dargestellt, im Begriff, sich zu dem Haupte der Athene emporzuschwingen.

Gordianus III.

315
K 26

AV · K · M · ANTΩ · ΓOPΔIANOC Brustbild mit Strahlenkrone, Panzer und Mantel nach r.

Gewicht: 14.69

KOINON MAKEΔONΩN · B · NE (L in der Mitte beginnend). Löwe mit offenem Rachen nach r. schreitend, darüber Keule mit dem Griff nach r.

1 St. Petersburg; Zeitschr. f. Num. 15, II, 20. Die Vs. ist aus demselben Stempel wie die von n. 317, 1. 2. 3; aber die Rs. vgl. zu n. 584, 1. 2.)

316
K 26

AVT K MAP ANT ΓOPΔIANOC Brustbild mit Strahlenkrone u. Mantel nach r., die Brust nach vorn (aus demselben Stempel wie n. 318)

KOINON oben in gerader Zeile,
MAKEΔONΩN
B · NEΩKO unten. Zwei viersäulige
· P · Tempel mit vierstufigem Unterbau in perspektivischer Ansicht einander gegenüber; i. F. oben Preiskrone

1 Paris; Mionnet S. 3. 13, 91. — (Die Rs. ist aus demselben Stempel wie die von n. 681.)

314*
K 13

IOTAIA MAMAIA (OBA Brustbild nach r.

MAKE (ΣNΩMR HICTOΛCOC OI) NCOKOPI
KAL..... in fünf Zeilen im Kranz

1 Mus. Sanclem. 3. 61 [Mionnet S. 3. 13. 89] unter Makedonia
Die Münze befindet sich jetzt in der Brera (al- No. 2303 unter Makedonia) und gehört, wie Imhoof griech. Münzen 180, 519 erkannt hat, nach Aigeai in Kilikien.

315*
K II

Gordianus III. (Vs. nicht beschrieben)

KOINON MAKEΔONΩN Imperator paludamento crinitus hastam tenet serpenti praevia

1 Vaillant num. gr. 153 [Mionnet S. 3. 13. 93; Mowat, Revue num. 1903, 19, p] von Paris
Die Umschrift der Rs. ist ohne Zweifel unvollständig wiedergegeben und der Typus verkannt. Vielleicht handelt es sich um eine Darstellung des Zeus mit dem Adler zu Füssen, wie bei Severus (n. 288, und Caracalla (n. 295).

[Gordianus III.]

317
K 26
AV·K·M·ANTΩ·ΓΟΡΔΙΑΝΟC Brust-
bild mit Strahlenkrone, Panzer und
Mantel nach r.
(aus demselben Stempel wie n. 315)

KOINON MAKEΔONΩN N ΕΩΚΟΡΩ·
u. i. F. oben ·Β· Vierbeiniger Tisch
mit Löwenfüssen von l. gesehen,
darauf zwei Preiskronen je mit
Palmzweig, darunter Amphora

Taf. III. 26   Abbildung der Rs. (?)

1 Kopenhagen — 2 London Cat. 29, 158; Zeitschr. f. Num. 24 (1904), VI, 13 — 3 Paris;
Mionnet S. 3, 13, 00 (Mowat, Revue num. 1903, 18, a) ungenau. — (1. 2. 3 sind aus denselben Stempeln; über die Rs. vgl. zu n. 750, 1. 3.)

318
K 27
AVT K MAP ANT ΓΟΡΔΙΑΝΟ;C
Brustbild mit Strahlenkrone und
Mantel nach r., die Brust nach vorn
(aus demselben Stempel wie n. 316) ;

KOINON MAKEΔONΩN u. i. F. oben Β,
unten NEΩKO Derselbe Tisch, aber
PΩN von rechts gesehen
(ohne die Amphora)

1 Berlin Cat. 29, 39; Pinder num. ant. ined. 17, 1, 8 (als Elagabalus)

319
K 26
AVT K M ANTNIOC ; ΓΟΡΔΙΑΝΟC
(sol) Brustbild mit Lorbeer, Panzer
und Mantel nach r.

KOINON MAKEΔONΩN N Β NEΩ·
Derselbe Tisch mit zwei Preiskronen, aber von links gesehen

1 Sophia. — Über die Vs.-Umschrift vgl. Zeitschr. f. Num. 24 (1904), 309 fg.

320
K 26
;AVT K| M ANTNIOC ; ΓΟΡΔΙΑΝΟC
Ebenso (derselbe Stempel)

KOINON MAKEΔONΩN Β NEΩKO
Derselbe Tisch; i. F. oben OA
unten VM
ΠΙ
A

1 München; Sestini descr. 87, 7 (Mionnet S. 3, 13, 91; Mowat, Revue num. 1903, 19, a]

Philippus senior

321
K 26/25
AVT · K · MAP · ΙΟVΛ · ΦΙΛΙΠΠΟC
Brustbild mit Strahlenkrone, Panzer
und Mantel nach r.

KOIN ON MAKEΔONΩN · Β · NEΩ
Reiter mit Panzer, Stiefeln und
flatterndem Mantel nach r. sprengend und die R. erhebend (vgl. zu
n. 305); i. F. unten ΕΟC

1 Paris, vorher d'Hermand; Sestini lett. cont. 3, 37 (ungenau); Visconti iconogr. gr. 2, 51,
Anm. 1; Mionnet S. 3, 14, 94, III. 1; Cousinéry voyage 1, 205, V, 1 (Delacoulonche, Revue
des soc. sav. 5 (1858), 770; Kaestner de aeris 55]; Mowat, Revue num. 1903, 19, y; Zeitschr.
f. Num. 24 (1904), 311 fg. — (Die Rs. ist aus demselben Stempel wie die von n. 828.)
Über das Datum ΕΟC — 275 der aktischen Aera — 144 nach Chr. vgl. die Einleitung
S. 14 und ausführlicher Zeitschr. f. Num. 24, 311 fg. sowie ebenda 15, 32.

322*
K 1
AVT K Γ ΟVΙΒΙ ΓΑΛΛΙ (?) Brustbild
mit Lorbeer u. Mantel nach r.

MAKEΔONΩN ΟΛΥΜΠΙΑ Viergespann von
vorn, darin Athlet mit Kranz in der R.
und Geissel in der L.

1 Vaillant num. gr. 173 von Foucault; Banduri num. Imp. 1, 68 [Mionnet S. 3, 14, 95]
Die Münze gehört wahrscheinlich nach einer der vier kleinasiatischen Städte (deren
Name undeutlich war) mit dem Beinamen MAKEΔONΩN; Sestini class. gener. 3 (1797),
26 vermutete Blaundos. Mionnet hielt sie mit Unrecht für einen Contorniaten.

III. Autonome Provinzialmünzen des 3. Jahrhunderts

Die folgenden Münzen (n. 322—859) haben auf der Vs. den Kopf (selten Brustbild) Alexanders des Grossen mit Diadem, Löwenfell oder Helm. Die Aufschrift ΑΛΕΞΑΝΔΡΟΥ (selten ΑΛΕΞΑΝΔΡΟΣ) steht bis auf wenige Ausnahmen, die besonders bezeichnet sind, rechts im Bogen abwärts, zuweilen oben, d. h. über dem Kopfe, beginnend. Über die Datierung der einzelnen Serien vgl. die Einleitung S. 14.

A. Ohne den Neokorietitel
(spätere Zeit des Severus Alexander, 231 n. Chr.)

322 K 24/23 T. IV. 17	ΑΛΕΞΑΝΔΡΟΥ Kopf mit attischem Helm nach r., am Kessel eine sich r. ringelnde Schlange Abbildung der Vs. 1 Imhoof	KOINON MAKEΔONΩN (i. A. endend). Athena nach l. sitzend, auf der R. die nach l. gewendete Nike, im l. Arm die Lanze (Spitze oben); am Sitz (mit Löwenbein) hinten der Schild
323 K 25	ΑΛΕΞΑΝΔΡΟΥ Kopf mit Diadem im fliegenden Haar nach r., unter dem Hals Keule (Griff l.) Abweichungen: Vs. ...... ΔΡΟΥ, der Anfang roh retoucbiert 2 1 Kopenhagen — 2 Mailand (Vs. und Rs. retouchiert). — (Die Vs. von 1. 2 sind aus demselben Stempel wie die von n. 324 — n. 325. 1 — n. 3022 — n. 375 — n. 306. 2. 5.)	KOINON MAKEΔO n. l. A. ΝΩΝ Alexander, nackt, mit fliegendem Mantel nach r. vortretend und den sich bäumenden Bukephalos mit beiden Händen am Zügel fassend
324 K 24	Ebenso (derselbe Stempel) 1 Paris; Minnaet S. 3, 226, 425; Zeitschr. f. Num. 24 (1904), VII. 21	KOINON MAKEΔONΩN Reiter mit Panzer, Stiefeln u. flatterndem Mantel nach r. sprengend (vgl. zu n. 338) und die R. erhebend
325 K 25	ΑΛΕΞΑΝΔΡΟΥ Ebenso, unter dem Hals die Keule Abweichungen: Vs. ohne Keule 2. 3 1 Bologna Universität (retouchiert) — 2 Paris; Minnaet 1, 561, 638 — 3 Rom Vatican. — (Die Rs. von 1. 2. 3 sind stempelgleich; über die Vs. von 1 vgl. zu n. 323, f. 8, über die Vs. von 2. 3 vgl. zu n. 380.)	KOINON (L. A.) MAKEΔONΩN (oben im Bogen). Löwe mit geöffnetem Rachen nach r. schreitend, darüber Keule mit dem Griff nach r.
326 K (25)	ΑΛΕΞΑΝΔΡΟΥ Kopf mit Dia-	KOINON MA KEΔONΩN Zeus nach l. thronend, auf der dem Umfliegenden Haar nach... R. Adler, die L. auf das Scepter gestützt

1 Gotha Gruerin XXXIV, 1 + 12 (Haverkamp algens, bial. 1, XXII, 17; Gessner reg. Maced. 19, III, 12)

Ein Stück mit solcher Rs. hat sich nicht nachweisen lassen. Ohne Zweifel lag eine mangelhaft erhaltene Münze — n. 3022 zu Grunde, und zwar anschließend sogar das Leidener Exemplar selbst, bei welchem der Neokorietitel i. A. kaum zu erkennen ist und das Aussehen des durch Korrosion und Oxyd entstellten Schluss-N von KOINON zu einer mißverständlichen Wiedergabe als Adler verleiten konnte.

[Ohne den Neubeneutel]

Mit OMONOIA u. 326—339)

328
K 26
ΑΛΕΞΑΝΔΡΥ Kopf mit Diadem im lang herabhängenden Haar nach r.

KOINON MAKE ΔΟ ΝΩΝ und i. A. OMONOI
Makedonia mit Kalathos nach l. sitzend, den l. Arm, in welchem die Lanze (Spitze unten) ruht, auf den hinter dem Sitz stehenden Schild gestützt, mit der R. ein Götterbild (Kabir mit Mantel, geschultertem Hammer in d. l. u. Rhyton in d. R. von vorn, Kopf nach r.) empfangend, welches ihr die gegenüberstehende Nike (mit flatterndem Gewand u. Palmzweig im l. Arm) überreicht

T. IV, 28   Abbildung der Rs. (1)

1 Imhoof; Zeitschr. f. Num. 24 (1904), 334 fg., VII, 19 Rs. — 2 Turin Kgl. Slg. — (1 u. 2 sind aus demselben Stempel; über die Vs. vgl. zu n. 359, 1.)
Über die OMONOIA vgl. oben S. 80 fg. und ausführlicher Zeitschr. f. Num. 24, 334 fg.

327
K 26
ΑΛΕΞΑΝΔΡΟΥ Kopf mit Diadem im fliegenden Haar nach r., unter dem Halse Stern

Ebenso. Makedonia mit Kalathos u. Lanze (Spitze unten) im l. Arm nach l. stehend u. ihr gegenüber Nike mit flatterndem Gewand u. Palmzweig im l. Arm; beide halten mit der R. zusammen eine Schale über einen zwischen ihnen stehenden flammenden Altar

T. IV, 29   Abbildung der Rs. (1)

1 Lübbrecht; Zeitschr. f. Num. 24 (1904), 334 fg., VII, 18 Rs. — 2 Odessa Mus. — (Die Rs. von 1 u. 2 sind stempelgleich; über die Vs. von 2 vgl. zu n. 379, 2.)

328
K 26
ΑΛΕΞΑΝΔΡΟΥ Kopf mit Löwenfell nach r.
(aus demselben Stempel wie n. 415 und n. 416, 1)

KOINON | MAKE ΔΟΝΩΝ und i. A. OMONOI
Makedonia mit Kalathos, Füllhorn im l. Arm und dem kleinen Kabir (von vorn, Kopf nach l.) auf der R. nach r. stehend an einem flammenden Altar (mit 2 Früchten), auf welchen die ihr gegenüberstehende Nike (mit lang herabhängendem Gewand u. Palmzweig im l. Arm) mit der R. eine Schale ausgiesst

1 Sophia; Zeitschr. f. Num. 24 (1904), 334 fg., VII, 20 Rs.

329
K 26
ΑΛΕΞΑΝΔΡΥ Kopf mit Diadem im fliegenden Haar nach r., unter dem Halse Blitz

KOINON M AKEΔΟΝΩΝ und unten im Bogen O MONOIA Makedonia mit Kalathos nach l. sitzend, auf der R. Kabir (?), im l. Arm Lanze; am Sitz hinten der Schild

Abweichungen: Vs. Blitz nicht angegeben 2; — Rs. OMONOIA l. A. 2. 3 — irrig Nike statt des kleinen Kabirs 2. 3 — Sitz mit Löwenbein 2. 3
1 Paris. — '— 2 Cohen Graecia XXXIV, 1 + 11 [Giessner reg. Maced. 20, III, 28) — 3 Haverkamp algem. hist. 1, XXIII, 11. — (Über die Vs. von 2 vgl. zu n. 375, 1)

[Ohne den Neoken-title]

330 ΑΛΕΞΑΝΔΡΟΥ Kopf mit   KOINON [MAKE]ΔΟΝΩΝ und unten im Bogen
K 25   Löwenfell nach r.   ·O,MONOIA· Ebenso; der Kabir deutlich
                                   (von vorn)

T. IV, 30   Abbildung der Rs.
     1 Berlin. — (Über die Vs. vgl. 10 n. 410.)

331 ΑΛΕΞΑΝΔΡΟΥ (oben begin-   KOINO[N MAK]EΔΟΝΩΝ und i. A. OMONOI
K 25   nend). Ebenso, unter   Ebenso; der Kabir von vorn, Kopf nach l.
     dem Halse Stern
     1 Wien

332 Ebenso, ohne Stern   KOINON MAKEΔΟΝΩΝ OMONOIA Makedonia
K 25   mit Kalathos und Schleier auf einem Thron
                                mit hoher Rückenlehne nach l. sitzend, auf
                                der R. Kabir (von vorn, Kopf nach l.), im
                                l. Arm ein langes Scepter
     1 London Cat. 88, 98 ungenau. — (Über die Vs. vgl. 10 n. 434. 1.)

333 ΑΛΕΞΑΝΔΡΟΥ Kopf mit   KOINON MAKEΔ'ΟΝΩ'N und unten OMO|NOI
K 25   attischem Helm nach r.,   Makedonia (ohne Kalathos) auf einem Thron
     am Kessel ein nach r.   mit hoher Rückenlehne u. Löwenbein nach l.
     eilender Greif   sitzend, auf der R. Kabir (wie vorher), mit
                                der L. das Gewand an der Hüfte fassend

T. IV, 31   Abbildung der Rs.
     1 Löbbecke. — (Über die Vs. vgl. 10 n. 443a, 1.)

334 ΑΛΕΞΑΝΔΡΟΥ Kopf mit   KOINON MAKE ΔΟΝΩΝ OMONOIA Athena
K 26/25   Diadem im lang herab-   nach l. sitzend (Sitz mit Löwenbein), auf der
     hängenden Haar nach r.,   R. Kabir (von vorn, Kopf nach l.), im l. Arm
     unter dem Halse Kranz   die Lanze (Spitze oben)
     Gewicht: 14,35
     1 St. Petersburg; Zeitschr. f. Num. 24 (1904), 334 fg., VII, 17 Rs. — (Die Vs. ist aus dem-
     selben Stempel wie die von n. 361, 1. 2.)

335 ΑΛΕΞΑΝΔΡΥ Kopf mit   Ebenso (derselbe Stempel)
K 24   Diadem im fliegenden
     Haar nach r., unter dem
     Halse Blitz
     Gewicht: 9,30
     1 St. Petersburg. — (Über die Vs. vgl. 10 n. 375. 1.)

336 ΑΛΕΞΑΝΔΡΟΥ (oben begin-   Ebenso, aber am Sitz hinten der Schild
K 25   nend). Kopf mit Löwen-
     fell nach r.
     Abweichungen: Vs. ΑΛΕΞΑΝΔΡΟΥ r. u. unten 8; — Rs. KOINON MAKEΔΟΝΩΝ
     u. i. A. OMONOIA 1 — Sitz ohne Löwenbein 1 — der Kabir mit Kopf r. 2
     1 Florenz. — 1 2 Sicilial mus. Fontana 2, 14, III, 1 — 3. 15. 1; plb musei 11, 1, VII, 16

[Ohne den Neokorentitel]

337
K 25
ΑΛΕΞΑΝΔΡΥ Kopf mit
Diadem im fliegenden
Haar nach r.

KOINON ΜΑ[ΚΕΔΟ]ΝΩΝ und i. A. ΟΜΟΝΟΙ
Alexander nackt, mit flatt. Mantel, nach r.
vortretend und den sich bäumenden Bukephalos mit beiden Händen am Zügel fassend

1 Neapel Cat. 6650. -- (Die Vs. ist aus demselben Stempel wie die von n. 339, 1. 8.)

338
K 25
ΑΛΕΞΑΝΔΡΟΥ Kopf mit
Diadem im lang herab-
hängenden Haar nach r.

KOINON ΜΑΚΕΔΟΝΩΝ und unten im Bogen
ΟΜΟΝΟΙΑ Reiter mit Panzer, Stiefeln und
flatterndem Mantel nach r. sprengend und
die R. erhebend, unter dem Pferde Stern

1 Berlin; Sestini lett. 6, 88, I, 14 [Mionnet K. 3, 230, 454] — 2 Frankfurt a. M. (Vs.-Schrift
etwas retouch.). -- (Die Ks. von 1, 2 stempelgleich; über die beiden Vs. vgl. zu n. 358.)
Die Hinterbeine des galoppierenden Pferdes auf dieser und der folgenden Münze sowie bei
n. 324 mit dem gleichen Adversus-Typus sind eingeknickt. Die Darstellung bezieht sich
auf des Severus Alexander Ankunft in Makedonien im J. 231. Vgl. unten IV n. 356.

339
K 25
= n. 337
(derselbe Stempel)

KOINON ΜΑΚΕΔΟΝΩΝ und unten ΟΜΟΝΟΙ
Ebenso

1 Lübbecke   2 Mordtmann. — (1 und 2 sind aus demselben Stempeln.)

Halbstücke (n. 340)

340
K 18
ΑΛΕΞΑΝΔΡΥ Kopf mit
attischem Helm nach
r., am Kessel der Greif;
unter dem Halse Blitz

KOINO[N] (L A.) ΜΑΚΕΔΟΝΩΝ (oben im Bogen).
Löwe mit geöffnetem Rachen nach r. schreitend, darüber Keule mit dem Griff nach r.

Gewicht: 5,33 (1) — 5,16 (2)

1 Bologna Universität; Zeitschr. f. Num. 25, I, 17 — 2 Paris; Mionnet 1, 362, 649. — (1 u.
2 sind aus denselben Stempeln; über die Vs. vgl. zu n. 457.)
Der letzte Buchstabe L A. ist auf beiden, zumal gut erhaltenen Exemplaren nur in ganz
flachen Spuren sichtbar, was ohne Zweifel davon herrührt, dass sich an dieser Stelle beim
Prägen Metall im Stempel festsetzte oder festgesetzt hatte.

B. Mit einer Neokorie
(letzte Zeit des Severus Alexander, 231—235 n. Chr.)

Vs. Kopf mit Diadem im lang herabhängenden Haar (n. 341—361)

341
K 25
ΑΛΕΞΑΝΔΡΟΥ Kopf mit
Diadem im lang herab-
hängenden Haar nach r.

KOINON ΜΑΚΕ ΔΟΝΩΝ ΝΕ Zeus nackt nach
L. stehend, in der gesenkten R. Blitz, die L.
auf das Scepter gestützt

Abweichungen: Rs. KOINON MA 2

1 Athen   2 München. — (1, 2 aus demselben Stempeln; über die Vs. vgl. zu n. 359 a.)

342
K 26/25
ΑΛΕΞΑΝΔΡΟΥ (oben begin-
nend); Ebenso, aber das
Haar etwas bewegt

KOINON ΜΑΚΕΔΟΝΩΝ e. L A. ΝΕΩ Zeus nach
l. thronend, in der R. Schale, die L. auf das
Scepter gestützt

1 Sophia.   (Die Rs. ist aus demselben Stempel wie die von n. 361 a.

Die antiken Münzen Nord-Griechenlands III.   7

[Mit einer Neokorie]

343
K 25

ΑΛΕΖΑΝΔΡΟΥ (oben begin-   KOINON MAKEΔONΩN N EΩ (i. A. endend).
nend). Kopf mit Diadem   Athena nach l. sitzend, auf der R. die links-
im lang herabhängenden   hin gewendete Nike, im l. Arm die Lanze
Haar nach r.   (Spitze oben); am Sitz (mit Löwenbein) hinten
der Schild

1 London Cat. 24, 113. – (Die Vs. ist von der Hand derselben Stempelschneiders wie
die folgende.)

344
K 27/26

ΑΛΕΖΑΝΔΡΟΥ (oben begin-   KOINON MAKEΔONΩN NEΩ Athena wie vor-
nend). Ebenso   her, aber ohne die Lanze im l. Arm
Gewicht: 11,06

1 Berlin. – (Der Vs.-Stempel ist – n. 352a und von derselben Hand wie n. 343.)

345
K 25

ΑΛΕΖΑΝΔΡΧ Kopf mit   KOINON MAKEΔONΩN NEΩ Athena nach l.
Diadem im lang herab-   sitzend, in der R. Schale, im l. Arm die
hängenden Haar nach r.   Lanze (Spitze oben); am Sitz (mit Löwenbein) hinten der Schild

1 Paris; Mionnet 1, 558, 612. – (Die Vs. ist von der Hand derselben Stempelschneiders
wie n. 353, 1. 2. 3.)

345a
K 26/24

ΑΛΕΖΑΝΔΡΟΥ Ebenso   KO|NON MAK;EΔONΩN N (EΩ) (i. A. endend).
Ebenso

1 Rom Vatican. – (Die Rs. ist von derselben Hand wie n. 364, 1.)

346
K 27/26

ΑΛΕΖΑΝΔΡΟΥ Ebenso   KOINON MAKEΔONΩN · NEOKO Athena wie
vorher, aber ohne die Lanze im l. Arm

1 Berlin; Zeitschr. f. Num. 25, 1, 10. – (Die Vs. ist von der Hand derselben Stempelschneiders wie die von n. 492 und n. 493 mit ⊖ NE auf der Rs.)
Über die Schreibung NEOKO bezw. NEO auf dieser und der folgenden Münze (n. 347)
vgl. die Bemerkung zu n. 301.

347
K 26/25

ΑΛΕΖΑΝΔΡΟΥ Ebenso | KOINON MAKEΔONΩN NEO Ebenso

1 Wien; Eckhel cat. 93, 103 [Mionnet S. 3, 226, 428] ungenau. – – (Die Vs. ist aus demselben Stempel wie die von n. 350.)

347a
K 27/26

ΑΛΕΖΑ[ΝΔΡΟΥ] Kopf mit   KOIN,ON MAKEΔONΩN NEΩ (i. A. endend).
Diadem im lang herab-   Olympias mit Schleier auf einem Sessel mit
hängenden Haar nach r.   Löwenbein (ohne Lehne) nach l. sitzend, mit
der R. die vor ihr aufgerichtete Schlange
aus einer Schale fütternd, mit der l. den
Zipfel des den Unterkörper bedeckenden
Mantels fassend

1 von Renner. – (Der Vs.-Stempel ist = n. 351, der Rs.-Stempel = n. 416A.)
Die Frauengestalt auf der Rs. dieser Münze sowie von n. 416fg., n. 442, n. 517, n. 529,
n. 550fg., n. 634fg. und n. 781a Hygieia zu benennen, verbietet der ihr Hinterhaupt
verhüllende Schleier, und es liegt deshalb die Vermutung nahe, dass mit der Darstellung
der Königin Olympias gemeint ist, die wir durch das gleiche Attribut auf dem die Sage
von Alexanders Erzeugung illustrierenden Mausbild n. 367 charakterisiert sehen. Vgl. die
Einleitung S. 10 und ausführlicher Zeitschr. f. Num. 25, 13. 37 fg.

Mit einer Neuborde)

348
K 26

AAE ΣΑ|ΝΑΡΟV] (l. und r.). Kopf mit Diadem im lang herabhängenden Haar nach r.

KOINON MAKEΔONΩN NEΩ Reiter mit Panzer, Stiefeln und flatterndem Mantel nach r. sprengend und mit der erhobenen R. den Speer abwärts gegen einen Feind richtend, der (mit Chiton, Hosen u. phrygischer Mütze) unter dem Pferde nach l. auf dem Rücken liegt, in der L. zwei Lanzen hält und die R. flehend erhebt, zu seinen Füssen der verlorene Schild

1 Mailand (gelocht). — (Die Vs. ist aus dem gleichen Stempel wie die von n. 354, 1, 2 und von derselben Hand wie n. 349 [— 353 — 354, 3] und n. 334, 4: der Rs.-Stempel ist — n. 418, 1-6.)
Die Hinterbeine des galoppierenden Pferdes auf dieser und der folgenden Münze sowie bei n. 311, 2, 370 - 372, n. 418, n. 419 und n. 442b mit gleichem oder ähnlichem Typus 'Reiter im Kampfe mit Feind, Löwe oder Schlange) sind langgestreckt, dagegen bei n. 420 ausnahmsweise eingeknickt. Vgl. auch zu n. 359.
Die Darstellung der Rs. bezieht sich auf den Sieg des Severus Alexander über Artaxerxes im J. 232; vgl. Zeitschr. f. Num. 24 (1914). 327 wie auch unten n. 705.

349
K 26

AAE ΣΑΝΑΡΟV (l. und r.) Ebenso (anderer Stempel)

[KOINO]N MAKEΔONΩN NEΩ Reiter wie vorher nach r. sprengend und mit der erhobenen R. den Speer abwärts gegen eine Schlange richtend, die sich unter dem Pferde nach r. ringelt

1 München; Sestini descr. 132, 3 (angenso). — (Der Vs.-Stempel ist — n. 353 — n. 354, 3 und von derselben Hand wie der vorhergehende.)

350
K 26

AAEΣANΔPOV Kopf mit Diadem im lang herabhängenden Haar nach r.

KOINON MAKEΔONΩN · NEOKO Reiter mit Panzer, Stiefeln u. flatterndem Mantel nach r. sprengend und mit dem Speer in der erhobenen R. zum Wurf ausholend

1 Berlin. — (Die Vs. ist aus demselben Stempel wie die von n. 347.)
Die Hinterbeine des galoppierenden Pferdes auf dieser und der folgenden Münze sowie bei n. 373 und n. 411 mit dem gleichen Typus (Reiter mit dem Speer zum Wurf ausholend) sind langgestreckt, dagegen bei n. 359 ausnahmsweise eingeknickt. Vgl. auch zu n. 561.
Über die Form NEOKO vgl. die Bemerkung zu n. 301.

351
K 26

AAEΣANΔPOV Ebenso

KOINON MAKEΔONΩN NE Ebenso

1 Klagenfurt. — (Die Vs. ist aus demselben Stempel wie die von n. 347a.)

352
K 23

AAEΣANΔPOV Ebenso

KOINON MAKEΔONΩN NEU (l.A.endend). Ebenso, unter dem Pferde Stern

Abweichungen: Rs. die Hinterbeine des Pferdes geknickt (vgl. zu n. 350)
1 Paris; Zeitschr. f. Num. 24 (1914), 308, VII, 23 Rs. — (Die Vs. ist aus dem gleichen Stempel wie n. 338, 1 und von derselben Hand wie n. 338, 1.)
Auf dem Rs.-Stempel ist unverkennbar der Neokorietitel erst nachträglich hinzugefügt worden, wobei das Schluss-Ω versehentlich auf den Kopf zu stehen kam. Vgl. 10 n. X(4, 6, n. 373, n. 389, n. 417, n. 415, n. 442a sowie oben S. 21 u. ausführlicher Zeitschr. f. Num. 24, 328 fg.

7*

(Mit einer Neokorie)

352a   ΑΛΕΖΑΝΔΡΟΥ (oben begin-   **KOINON MAKEΔONΩN NEΩ** Reiter mit Pan-
K 25   nend). Kopf mit Dia-   zer, Stiefeln und flatterndem Mantel nach r.
       dem im lang herab-   sprengend und mit der erhobenen R. den
       hängenden Haar nach r.   Speer schräg nach unten richtend

Abweichungen: Rs. die Hinterbeine des Pferdes gekinkt (vgl. ro n. 374)
1 Verona. — (Über die Vs. vgl. zu n. 344; die Rs. ist von gleicher Hand wie n. 444.1-3.)

353   ΑΛΕΞΑΝΔΡΟΥ (l. und r.)   **KOINON MAKEΔONΩN NEΩ** Reiter wie vor-
K 27/26   Ebenso   her, aber im Schritt nach r.

1 Löbbecke. — (Über die Vs. vgl. zu n. 349.)

354   Ebenso   **KOINON MAKEΔONΩN NEΩ** Reiter mit Pan-
K 27   zer, Stiefeln, flatterndem Mantel und einge-
                             legter Lanze nach r. sprengend

Abweichungen: Rs. [KOINON MAKEΔONΩN NEΩ 4 — KOINON MAKE-
ΔONΩN NEΩ (oben vor den Hinterbeinen des Pferdes beginnend, vgl. m n.
48%a) 1 — KOINON MAKEΔONΩN NEΩ (l. in der Mitte beginnend) 2
1 Hunter Cat. 338. 12; Combe descr. 181. 30; Zeitschr. f. Num. 14 (1904). VII. 30 —
2 Paris; Mionnet 1. 362. 631 — 3 Turin Kgl. Sig. — 4 Verona; Museili, regev 3. 7. II. 7
(ungezom). — (Die Rs.-Stempel van 1 und 2 [— 428, r. 4] sind von demselben Hand wie
die von n. 405, n. 418a und der Münze des Severus Alexander oben n. 308; über
die drei Vs.-Stempel vgl. zu n. 348.)

Die Hinterbeine des galoppierenden Pferdes auf dieser und den folgenden Münzen sowie
bei n. 382—385, n. 405, n. 427a, n. 427c, n. 428 und n. 445 mit dem gleichen Typus (Reiter
mit eingelegter Lanze) sind langgestreckt, dagegen bei n. 467b ausnahmsweise eingeknickt. Der r. Arm des Reiters ist gewöhnlich mehr oder weniger gerade nach hinten
gestreckt, seltener (o. 353a, n. 383. 1 (?) n. 0.427e, bezw. n. 382, n. 384 u. n. 467b) mit so
stark gekrümmten Ellenbogen, dass die Hand in oder nahe der Halsgegend liegt. Die
Lanze ist in der Regel ein wenig nach vorn gesenkt und zielet mit ihrer Spitze auf dem
Vorderkörper des Pferdes. Nur bei n. 355a, n. 382 u. n. 427b, wo sie wärker abwärts gerichtet ist, und ferner bei n. 383, r (?), n. 427e und n. 445, 1 ragt sie über den Pferdeleib
hinaus. Vgl. auch zu n. 464, n. 497 und n. 566.

355   ΑΛΕΞΑΝΔΡΥ Ebenso   **KOINON MAKEΔΟ NΩN NEΩ** Ebenso
K 25   Gewicht: 11,22 (1) — 10,50 (2) — 9,24 (2, gelocht)

1 Berlin — 2 Rollin und Feuardent (1905) — 3 Strassburg. — (1. 2. 3 sind aus denselben
Stempeln; über die Vs. vgl. zu n. 345.)

355a   ΑΛΕΞΑΝΔΡΟΥ Ebenso   **KOINON MAKEΔ ONΩN NEΩ** Ebenso
K 25/24   1 Rollin und Feuardent (1905). — (Über Vs.-Stempel ist — n. 357.)

356   ΑΛΕΞΑΝΔΡΟΥ Ebenso,   **KOINON MAKEΔONΩN NEΩ** Reiter mit Pan-
K 25   unter dem Halse Kranz   zer, Stiefeln und flatterndem Mantel nach r.
                         sprengend und die R. erhebend

1 Paris. — (Über die Vs. vgl. zu n. 358; die Rs. ist von demselben Hand wie n. 448a.)
Die Hinterbeine des galoppierenden Pferdes auf dieser und der folgenden Münze sowie
bei n. 388 fg., n. 407. n. 429 fg. u. n. 448 mit dem gleichen Adventus-Typus (Reiter mit
erhobenem erhobener R.) sind eingeknickt, dagegen bei n. 388b. 1 ausnahmsweise gestreckt
(vgl. zu n. 338, n. 374 u. n. 826). Die Darstellung bezieht sich, ebenso wie alle ähnliche von
n. 300 fg., n. 431 u. n. 449, auf die Ankunft des Kaisers Severus Alexander, den im J. 231
und vermutlich auch 233 sein Weg durch Makedonien führte; vgl. Zeitschr. f. Num. 25. 17.

Mit einer Neokorie

357
K 26
Ebenso, ohne Beizeichen KOI NON |MAKE]ΔONΩN NE Ebenso
1 Rennig. — [Über die Vs. vgl. zu n. 355 a.]

358
K 25
ΑΛΕΞΑΝΔΡΟΥ Kopf mit   KOI|NON MAKEΔONΩN NEΩ Krieger mit
Diadem im lang herab-   Panzer und Stiefeln von vorn (etwas nach l.)
hängenden Haar nach r., stehend und rechtshin blickend, die R. auf
unter dem Halse Kranz   die umgekehrte Lanze gestützt, im l. Arm
                        Parazonium
1 Berlin. — (Die Vs. ist aus demselben Stempel wie die von n. 356.)

359
K 25
ΑΛΕΞΑΝΔΡΥ Ebenso,   KOINON MAKEΔONΩN NEΩ Ebenso
ohne Beizeichen
Abweichungen: Rs. KOINON MA ..... N NEΩ !
1 London Cat. 25, 125 (Irrig B NEΩ) — 2 Im Handel. — (Die Rs. von 1 u. 2 sind stempelgleich; der Vs.-Stempel von 1 u. vermutlich auch 2 (Abdruck fehlt) ist = n. 326, 1. 2.)

359a
K 27/26
ΑΛΕΞΑΝΔΡΟΥ Kopf mit   KOINON MAKEΔONΩN NEΩ Krieger wie vor-
Diadem im lang herab-   her, aber von vorn (etwas nach r.) stehend
hängenden Haar nach r. und linkshin blickend
1 Weber Illg. — (Der Vs.-Stempel ist = n. 341,1. r, der Rs.-Stempel = n. 451,1. 2.)

360
K 26
ΑΛΕΞΑΝΔΡΟΥ (oben begin- KOINON MAKEΔO NΩN NE (l. in der Mitte beg. n.
nend). Ebenso   l. A. endend). Löwe mit offenem Rachen nach
                        r. schreitend, i. F. oben Stern mit 8 Strahlen
1 Wien (gelocht)

361
K 25
ΑΛΕΞΑΝΔΡΟΥ Kopf mit   KOINON M AKEΔONΩN u. l. A. NEΩ· Hoher
Diadem im lang herab-   Korb (cista mystica), aus welchem unter dem
hängenden Haar nach r., halbgeöffneten Deckel eine Schlange nach
unter dem Halse Kranz   r. hervorkriecht
Abweichungen: Vs. Kranz nicht angegeben 3; — Rs. KOINON MAKEΔONΩN
u. l. A. NEΩ 2
1 Bröning — 2 Kom Vatican. .. 3 Pedrusi I Cesari 8,118, XI,4 [Panel de clatophoris 85
'Eckhel d. n. v. 2,110]; Gessner reg. Maced. 20, III, 20'. — (Über die Vs. von 1. 3 vgl.
zu n. 334; über ihre beiden Rs. vgl. zu n. 437 bezw. n. 453.)

Vs. Kopf mit Diadem im fliegenden Haar (n. 361a-401)

361a
K 25
ΑΛΕΞΑΝΔΡΟΥ Kopf mit   KOINO|N MAKEΔONΩN u. l. A. |N|EΩ Zeus
Diadem im fliegenden   nach l. thronend, in der R. Schale, die L.
Haar nach r.   auf das Scepter gestützt
1 Leiden (s. die Bemerkung nach n. 431 a): wohl nach diesem Exemplar (vgl. zu n. 322*)
Goltz Graecia XXXIV, 1+11 'Unverkamp algem. hist. 1, XXIII, 11; Gessner reg. Maced.
19, III, 11' — (Die Rs. ist aus demselben Stempel wie die von n. 362.)

361b
K 26
ΑΛΕΞΑΝΔΡΟΥ Kopf mit   KOINON MAKEΔONΩN NEΩ (l. A. endend).
Diadem im fliegenden   Athena Nikephoros mit Lanze und Schild
Haar nach r.   nach l. sitzend wie bei n. 343
1 Leake Europ. Gr. 66 (ungenau) - (Der Vs.-Stempel ist = n. 364 a.)

(Mit einer Neokorie)

362
K 27
ΑΛΕΞΑΝΔΡΟΥ Ebenso | ΚΟΙΝΟΝ ΜΑΚΕΔΟΝΩΝ u. i. A. ΝΕΩ Ebenso
1 London Cat. 14, 114. — (Die Vs. ist aus demselben Stempel wie die von n. 392, 2.)

362a
K 25/24
ΑΛΕΞΑΝΔΡΟΥ Ebenso, ΚΟΙΝΟΝ ΜΑΚΕΔΟΝΩΝ u. i. A. ΝΕΩ Ebenso
unter dem Hals Keule
1 St. Florian. — (Über die Vs. vgl. zu n. 323, 1. 2.)

363
K 26/25
ΑΛΕΞΑΝΔΡ ΟΥ Ebenso, ΚΟΙΝΟΝ ΜΑΚΕΔΟΝΩΝΝΕΩ (so!) Ebenso, aber
ohne Keulchen ohne die Lanze im l. Arm
1 Bruning. — (Der Vs.-Stempel ist — n. 365a — n. 380a — n. 395a.)

364
K 26
ΑΛΕΞΑΝΔΡΟΥ Ebenso ΚΟΙΝΟΝ ΜΑΚΕΔΟΝΩΝ ΝΕΩ Athenal, sitzend
mit Schale, Lanze u. Schild wie bei n. 345
Gewicht: 9,79 (1) — 9,11 (5) — 8,93 (4) — 8,66 (3) — 7,61 (2)
Abweichungen: Rs. ΚΟΙΝΟΝ ΜΑΚΕ ΔΟΝΩΝ |ΝΕ| Ω (i. A. endend) 1 — ΚΟ[ΙΝ]ΟΝ
ΜΑΚΕΔ| ΟΝΩΝ Ν ΕΩ (i. A. endend) 4
1 Berlin — 2 Braunschweig — 3 Löbbecke — 4 Rollin und Feuardent (1905) — 5 St.
Petersburg. — (Die Rs. von 2. 3. 5 sind stempelgleich, über die Rs. von 1 vgl. zu n. 343; über die drei Vs.-Stempel vgl. zu n. 370a, 2, n. 388b, 1 und n. 391a)
Auf dem Rs.-Stempel von 4 ist unverkennbar der Neokorietitel erst nachträglich hinzuge-
fügt worden. Vgl. oben zu n. 352.

364a
K 25
ΑΛΕΞΑΝΔΡΟΥ Ebenso ΚΟΙΝΟΝ ΜΑΚΕΔΟΝΩΝ ΝΕΩ Ebenso
1 Turin Kgl. Slg. — (Über die Vs. vgl. zu n. 361b.)

365
K 25/23
ΑΛΕΞ|ΑΝΔΡΥ Ebenso ΚΟΙΝΟΝ ΜΑ|ΚΕ|ΔΟΝΩΝ ΝΕΩ Ebenso
1 St. Petersburg. — (Der Vs.-Stempel ist — n. 386,1. 2 — n. 388 a, 1.)

365a
K 26/25
ΑΛΕΞΑΝΔΡ ΟΥ Ebenso ΚΟΙΝΟΝ ΜΑΚΕ ΔΟΝΩΝ ΝΕ Ebenso
1 Nordmann. — (Über die Vs. vgl. zu n. 363.)

366
K 25
ΑΛΕΞΑΝΔΡΟΥ Ebenso, ΚΟΙΝΟΝ ΜΑΚΕ ΔΟΝΩΝ u. und i. F. unten ΝΕΩ
unter dem Halse Stern Nike im rechtshin eilenden Zweigespann
wie bei n. 415
1 Berlin — 2 Löbbecke — 3 Oxford Christ Church. — (1. 2. 3 sind aus demselben Stempeln; über die Vs. vgl. zu n. 379, 3. 3. über die Rs. vgl. zu n. 415, 1. 2.)

367
K 26
ΑΛΕΞΑΝΔΡΟΥ Kopf mit ΚΟΙΝΟΝ ΜΑΚΕΔΟΝΩΝ Ν ΕΩΚΟ · (i. A. endend).
Diadem im fliegenden Olympias mit verschleiertem Hinterhaupt
Haar nach r., unter dem und aufgerichtetem Oberkörper auf einer Kline
Halse Blitz nach l. gelagert und die L. auf den Rand der-
selben stützend, die R. gegen eine Schlange
erhebend, die sich vom l. Rand der Kline
her gegen sie emporringelt

Taf. IV, 55 Abbildung der Rs. (2)
1 Berlin — 2 Löbbecke — 3 München; Sestini descr. 132, 4; Imhoof mon. grecques 61,
5 Abb. — (1. 2. 3 sind aus demselben Stempeln; aber die Vs. vgl. zu n. 374.)
Dieselbe Darstellung der Sage von Alexanders Erzeugung findet sich auf Contorniaten
mit der Inschrift OLYMPIAS REGINA, z. B. Sabatier descr. génér. des méd. contorn. 95,
XIV, 13. 15. Vgl. auch oben zu n. 347a.

(Mit einer Neokorie)

368
K 26

ΑΛΕΞΑΝΔΡΥ Kopf mit Diadem im fliegenden Haar nach r., unter dem Halse Blitz
Gewicht: 10,33 (2)

KOINON MAKEΔONΩN u. l. A. NEΩ Alexander nackt, mit flatterndem Mantel, nach r. vortretend und den sich bäumenden Bukephalos mit beiden Händen am Zügel fassend

1 Gotha: Liebe 101 Abb. [Havercamp Ægem. bis. 1, XXIV, 1; Seblaeger de numo Alexandri Magni (1736) 36, 11, 5; Gessner reg. Maced. 80, III, 281 Froelieb annales comprend. (1750) 3, I, 10b] — 2 Windisch-Grätz Cat. 5 (1899), 45. 707 (ungenau). — (1 und 1 sind aus demselben Stempelo; über die Vs. vgl. zu n. 374 a.)

369
K 26

ΑΛΕΞΑΝΔΡΟV Kopf mit Diadem im fliegenden Haar nach r., unter dem Halse Stern

KOINON M AKEΔONΩN NE U Alexander nackt, mit am Rücken herabhängendem Mantel, nach l. vortretend u. den sich bäumenden Bukephalos mit beiden Händen am Zügel fassend

Abweichungen: Rs. Schrift unvollständig 1
1 Airamow — 2 Hunter Cat. 359, 18, XXIV, 18; Combe de-er. 181, 32 (Mionnet S. 3, 226, 429 mit falschem Citat] — 3 Kopenhagen. — (1. 2. 3 sind aus demselben Stempeln.)

370
K 24

Aufschrift zerstört. Kopf mit Diadem im fliegenden Haar nach r.

KOINON MAKEΔONΩN n. am Rande unten NEΩ Reiter mit Panzer, Stiefeln und flatterndem Mantel nach r. sprengend (vgl. zu n. 348) und mit der erhobenen R. den Speer abwärts gegen einen Löwen richtend, welcher unter dem Pferde sich nach l. duckt und mit geöffnetem Rachen aufwärts blickt

1 Leake Europ. Gr. 101 (ungenau). ein Stück abgebrochen. — (Rs.-Stempel = n. 448 b.)

370a
K 26

ΑΛΕΞΑΝΔΡΥ Ebenso

KOINON MAKEΔONΩN und am Rande unten NEΩ Ebenso

Abweichungen: Vs ΑΛΕΞΑΝΔΡΟV 2 das Diadem mit drei (!) ⊙ verziert 1
1 Berlio — 2 Mowat; Revue num. 1913, 4, 6, IV, 1. — (Die Vs. von 2 ist aus demselben Stempel wie die von n. 364, 1.)

371
K 24

ΑΛΕΞΑΝΔΡΥ Kopf mit Diadem im fliegenden Haar nach r., unter dem Hals Keule mit dem Griff nach l.

KOINON MAKEΔONΩN NEΩ Reiter mit Panzer, Stiefeln und flatterndem Mantel nach r. sprengend (vgl. zu n. 348) und mit der erhobenen R. den Speer abwärts gegen eine Schlange richtend, die sich unter dem Pferde nach r. ringelt

Gewicht: 11,00 (gekörnt)

1 Kopenhagen; Ramus cat. 1, 127, 46. — (Die Vs. ist aus demselben Stempel wie die von n. 381a, 1. 2 = 2. 396, 1. 3. 4. 6. 7.)

372
K 24

ΑΛΕΞΑΝΔΡΟV Ebenso

KOIN|ON| MAKEΔONΩN · NE Ebenso
Gewicht: 12,87

1 Turin Mus. Cat. 2507 (ungenau). (Über die Vs. vgl. zu n. 323, 1. 2.)

[Mit einer Neokorie]

373
K 25/24
......ΔΡΥ Kopf mit Diadem im fliegenden Haar nach r., unter dem Halse Blitz
Gewicht: 8,26

KOINON MAKEΔONΩN NEΩ Reiter mit Panzer, Stiefeln u. flatterndem Mantel nach r. sprengend und mit dem Speer in der erhobenen R. zum Wurf ausholend

1 Lübbecke. — Über den Rs.-Typus vgl. zu a. 350.

374
K 26
ΑΛΕΞΑΝΔΡΟΥ Kopf mit Diadem im fliegenden Haar nach r., unter dem Halse Blitz

K[OI]NON MAKEΔONΩN·NEΩKO Reiter wie vorher nach r. sprengend, aber mit der erhobenen R. den Speer schräg nach unten richtend, unter dem Pferde Stern

1 Wien. — (Der Vs.-Stempel ist = a. 367, 1. 2. 3 = a. 390 = a. 400, 1-4.)
Die Hinterbeine des galoppierenden Pferdes auf dieser und der folgenden Münze sowie bei a. 376 – 381 a, a. 406, a. 423 – 427, a. 443, 1. 2, a. 443 a und a. 444 mit dem gleichen Typus (Reiter den Speer nach unten richtend) sind langgestreckt, dagegen bei a. 352 a, a. 375, a. 421, 1, a. 443, 3 und a. 444 ausnahmsweise eingeknickt. Vgl. auch zu a. 493 und b. 564.

374a
K 27/26
ΑΛΕΞΑΝΔΡΥ Ebenso

KOINON MAKEΔONΩN NEΩ Ebenso

1 St. Florian. — (Der Vs.-Stempel ist = a. 368, 1. 2; über die Rs. vgl. zu a. 376.)

375
K 26/24
ΑΛΕΞΑΝΔΡΥ Ebenso

KO INON MAKEΔONΩNEΩ (so!) Ebenso

Abweichungen: Rs. die Hinterbeine des Pferdes eingeknickt (vgl. zu a. 374) 1. 2 — der Speer fast senkrecht nach unten gerichtet 1 — Blei sieben 2
1 Venedig Museo civico. — ||– 2 (= 1?) Muselli, reges 3, 9. II, 9. — (Der Vs.-Stempel von 1 ist = a. 349, 1 = a. 335 = a. 376 = a. 382 = a. 397 = a. 401, 1. 2; über die Rs. von 1 vgl. zu a. 407, 1. 2.)
Auf dem Rs.-Stempel ist augenscheinlich der Neokosietitel erst nachträglich hinzugefügt worden. Vgl. oben zu a. 352.

376
K 26
Ebenso
(derselbe Stempel)
Gewicht: 13,25

KOINON MAKEΔONΩN u. unten am Rande NEΩ Ebenso

1 Berlin; Zeitschr. f. Num. 24 (1904), VII, 28 Rs. — (Über die Vs. vgl. zu a. 375, 1; die Rs. ist von der Hand desselben Stempelschneiders wie a. 377, 1. 2 und a. 426, ferner wie a. 374 a, a. 423, 1 u. 2, a. 423 a, a. 423 b und endlich wie a. 425, 1. 4, a. 435, 1 u. 2, 3 [= 444a, 2] und a. 442, 1. 3.)

377
K 25
ΑΛΕΞΑΝΔΡΟΥ Ebenso, ohne Blitz

KO INON MAKEΔONΩN u. unten am Rande NEΩ Ebenso

Gewicht: 13,43 (2)

Abweichungen: Vs. das Diadem mit zwei ∗ verziert 2 — verziert 1
1 Haag — 2 Dr. Stutz; Zeitschr. f. Num. 24 (1904), VII, 26. — (2 u. 1 sind aus denselben Stempeln; über die Vs. vgl. zu a. 387a; über die Rs. vgl. zu a. 376.)

378
K 26
ΑΛΕΞΑΝΔΡΟΥ Ebenso, KOINON MAKEΔONΩN NEΩ Ebenso, ohne unter dem Halse Kranz Stern

1 Paris (Schrift der Vs. retouchiert); Mionnet I, 560, 636. (Die Vs. ist aus demselben Stempel wie die von a. 391 = a. 393; vgl. auch zu a. 388e.)

[Mit einer Neokorie]

378
K 25
Ebenso, unter dem Halse   Ebenso, unter dem Pferde Stern
Stern

Abweichungen: Vs. mit ͳ u. das Diadem mit drei ⊙ verziert 1; — Rs. ΛΟΝ ΩΝ
1 — der Speer fast senkrecht nach oben gerichtet 1. 2. 3
1 Brüning — 2 Venedig Museo civico — 3 Dr. Weber. — (Die Rs. von 2. 3 sind stempelgleich; der Vs.-Stempel von 2. 3 ist — n. 337, 1 = n. 506, 1. 2. 3.)

380
K 25/24
ΑΛΕΞΑΝΔΡΟV Ebenso,   ΚΟΙΝΟΝ ΜΑΚΕΔΟΝΩΝ ΝΕΩ Ebenso, unter
ohne Beizeichen   ,   dem Pferde Stern

1 St. Petersburg. — (Die Rs. dieser Münze sowie die Rs. von n. 382 und von der Hand
desselben Stempelschneiders wie oben n. 312 des Severus Alexander.)

380a
K 26; 25
ΑΛΕΞΑΝΑΡΟV Ebenso   [ΚΟΙ]ΝΟΝ ΜΑΚΕΔ[ΟΝΩ]Ν [ΝΕ]Ω Ebenso, ohne
Stern

1 Rollin und Feuardent (1905), vorher Ramus cat. 1. 137, 47 (in Kopenhagen als Dublette
ausgeschieden). — (Über die Vs. vgl. zu n. 363.)

381
K 26/25
ΑΛΕΞΑΝΔΡΟV Ebenso   ΚΟΙΝΟΝ ΜΑΚΕΔΟΝΩΝ ΝΕΩ Ebenso
Abweichungen: Rs. die Schrift mit ihrem ersten Buchstaben unten vor den Hinter-
füssen des Pferdes beginnend (vgl. auch zu n. 480)
1 Brüning. — (Der Vs.-Stempel ist — n. 385, 2 und von denselben Hand wie n. 393.)

381a
K 24
ΑΛΕΞΑΝΔΡΥ Ebenso,   ΚΟΙΝΟΝ ΜΑΚΕΔΟΝΩΝ · ΝΕ Ebenso
unter dem Hals Keule
Abweichungen: Vs. Keule nicht ausgeprägt 1; — Rs. Schrift unvollständig 1
1 Belgrad — 2 Sofia. — (1. 2 sind aus demselben Stempel; über die Vs. vgl. zu n. 371.)

382
K 24
ΑΛΕΞΑΝΔΡΥ Kopf mit   ΚΟΙΝΟΝ ΜΑΚΕΔΟΝΩΝ ΝΕΩ Reiter mit Pan-
Diadem im fliegenden   zer, Stiefeln, flatterndem Mantel und einge-
Haar nach r., unter dem   legter Lanze nach r. sprengend (vgl. zu n. 354);
Halse Blitz   unter dem Pferde Stern (?)
1 Paris; Mionnet 1. 559, 610. — (Über die Vs. und Rs. vgl. zu n. 375, 1 bezw. n. 380.)

383
K 26/24
ΑΛΕΞΑΝΔΡΟV Ebenso,   ΚΟΙΝΟΝ ΜΑΚΕΔΟΝΩΝ ΝΕΩΚ Ebenso, ohne
unter dem Halse Kranz   Stern
Abweichungen: Vs. Anfang der Schrift retrograd 1; — Rs. ΚΟΙΝΟΝ ΜΑΚΕ|
ΔΟΝ.Ω|Ν | ΝΕΩΚ · r. an der Lanzenspitze beginnend 2
1 Paris. — 2 Gotha Graecia XXXIV. 16 [Luxury bibl. Rom. 203; Haverkamp algem.
bibl. 1. XXIV. 5; Gesner reg. Maced. 30. III. 15'

384
K 26
ΑΛΕΞΑΝΔΡΟV (oben beg.) ΚΟΙΝΟΝ ΜΑΚΕΔΟΝΩΝ ΝΕΩ Ebenso, unter
Ebenso, ohne Kranz   dem Pferde Stern
1 München. — (Die Vs. ist aus demselben Stempel wie die von n. 398a, 1. 2.)

385
K 26
ΑΛΕΞΑΝΔΡΟV Ebenso   ΚΟΙΝΟΝ ΜΑΚΕΔ[ΟΝΩ]Ν ΝΕΩ Ebenso, ohne
Stern
Abweichungen: Vs. Schrift mit Σ und oben beginnend 1. 3; — Rs. ΚΟΙΝΟΝ
ΜΑΚΕΔΟΝΩΝ ΝΕΩ·(ω?) 1. 3
1 Brüssel — 2 Imhoof   3 London Cat. 24, 120. — (1. 3 sind aus demselben Stempeln,
über ihre Vs. vgl. zu n. 393a; über Vs. u. Rs. von 2 vgl. zu n. 381 bezw. n. 445, 2.)

[Mit einer Neokorie]

346
K 25
ΑΛΕΞΑΝΔΡΥ Kopf mit   KOINON MAKEΔONΩN NEΩ Reiter mit Pan-
Diadem im fliegenden   zer, Stiefeln, flatterndem Mantel und einge-
Haar nach r.   legter Lanze nach r. im Schritt.
1 Paris; Mionnet S. 3, 396, 430 — 2 Venedig Marciana. — (1 u. 2 sind aus demselben
Stempeln; aber die Vs. vgl. zu n. 365.)

347
K 26/25
ΑΛΕΞΑΝΔΡΥ Ebenso   KOINON MAKEΔON ΩN ᴧ I. A. NEΩ Ebenso
1 Hunter Cat. 358, 11; Combe descr. 181, 29, XXXIV, 14 — 2 Wien. — (1 u. 2 sind aus
denselben Stempeln.)

387a
K 26
ΑΛΕΞΑΝΔΡΟΥ Ebenso | KOINON MAKEΔONΩN ᴧ I. A. NEΩ Ebenso
Gewicht: 12,01
Abweichungen: Vs. das Diadem mit zwei = verziert
1 Weber IIbg. — (Die Vs. ist aus demselben Stempel wie die von n. 377,1, 2 — n. 398.)

348
K 25
ΑΛΕΞΑΝΔΡΟΥ Kopf mit   KOINON MAKEΔONΩN NEΩ Reiter mit Pan-
Diadem im fliegenden   zer, Stiefeln und flatterndem Mantel nach r.
Haar nach r.   sprengend (vgl. zu n. 356) u. die R. erhebend
Abweichungen: Vs. ΑΛΕΞΑΝΔΡΥ u. Rs. KOINON MAKEΔONΩN ᴧ I.A. NEΩ 2
1 Löbbecke. — 2 Agostini dialoghi intorno alle medaglie (ed. Sada 1592) 167, 5
Abb. [Haverkamp allgem. hist. 1, XXIV, 3] — 3 Cat. Thomsen 1 (1869), 897

349a
K 25-24
ΑΛΕΞΑΝΔΡΥ Ebenso   KOINON MAKEΔ ONΩN NEΩ · Ebenso
Abweichungen: Vs. ΑΛΕΞΑΝΔΡΟΥ 2. 3; — Rs. unter dem Pferde Stern 1. 2. 3
1 Belgrad — 2 Glimenopulos (Schrift der Vs. zum Teil retouchiert) — 3 im Handel. —
(Die Rs. von 1. 2. 3 sind stempelgleich; aber die Vs. von 1 vgl. zu n. 365.)

349b
K 24
ΑΛΕΞΑΝΔΡΟΥ Ebenso   KOINON MAKEΔONΩN NEΩ Ebenso
Abweichungen: Rs. KOINON MAKEΔONΩN . Є . 2 — die Hinterbeine des
Pferdes geutrecht (vgl. zu n. 356) r
1 Glimenopulos — 2 Murdmann. — (Der Vs.-Stempel von 1 ist — n. 364, 8. 3.)

349c
K 26
ΑΛΕΞΑΝΔΡΟΥ Ebenso,   KOINON MAKEΔO,NΩN NⵞE Ebenso
unter dem Halse Kranz
1 Frankfurt a. M.; Numoph. Gloch. (1735) 10 (ungenau). — (Die Vs. ist anscheinend von
der Hand desselben Stempelschneiders wie n. 378 (= 391 = 395!.)

349d
K 24
ΑΛΕ[ΞΑΝΔΡ]ΟΥ Ebenso,   KOINO N M AKEΔONΩN und i. F. unten NE
ohne Beizeichen   Ebenso
1 Paris; Zeitschr. f. Num. 24 (1904), 328, VII, 22. — (Die Vs. ist aus demselben Stempel
wie die von n. 375, 2. 3.)
Auf dem Rs.-Stempel ist augenscheinlich der Neokorietitel erst nachträglich hinzugefügt
worden. Vgl. oben zu n. 352.

390
K 26
ΑΛΕΞΑΝΔΡΟΥ Ebenso,   KOINON MAKEΔONΩN ᴧ I. A. NEΩ Reiter
unter dem Halse Blitz   wie vorher, aber im Schritt nach r.
1 Wien; Mus. Theup. 2, 1278. — (Über die Vs. vgl. zu o. 374.)

391
K 26/25
ΑΛΕΞΑΝΔΡΟΥ Ebenso,   KOINON MAK EΔONΩ N N EΩ (I. A. verdreht).
unter dem Halse Kranz   Ebenso
1 Gotha; (Schachmann) Cat. nisoutze 4, 7. — (Über die Vs. vgl. zu n. 378.)

(Mit einer Neokorie)

391a
K 24
ΑΛΕΞΑΝΔΡΟΥ Ebenso,   KOINON MAKEΔONΩN NEΩ Ebenso
ohne Beizeichen
1 Padua. — (Die Vs. ist aus demselben Stempel wie die von a. 364, 3. 4.)

392
K 26
ΑΛΕΞΑΝΔΡΟΥ Ebenso   KOINON MAKEΔONΩN u. L A. NEΩ   Ebenso
1 Belgrad — 1 Kopenhagen. — (Über die beiden Vs.-Stempel vgl. zu n. 399 und n. 362.)

393
K 26
ΑΛΕΞΑΝΔΡΟΥ Kopf mit   (KOINO)N MAKEΔONΩN N ..(L.A. endend). Krie-
Diadem im fliegenden   ger mit Panzer und Stiefeln nach r. sitzend
Haar nach r.   und zurückblickend, die R. auf die um-
                       gekehrte Lanze gestützt, die L. mit dem Para-
                       zonium auf das l. Bein legend; am Sitz hinten
                       der Schild
1 Paris; Mionnet 1, 558. 600 und 8. 3. 226. 424 (ung.). — (Über die Vs. vgl. zu n. 381.)

393a
K 24
ΑΛΕΞΑΝΔΡΟΥ (oben begin-   KOINON MAK(EΔONΩ)N NE Krieger mit Pan-
nend). Ebenso   zer und Stiefeln nach l. sitzend, in der ge-
                         senkten R. Parazonium, die L. auf die um-
                         gekehrte Lanze gestützt; vor ihm am Boden
                         Helm (nach r.), am Sitz hinten der Schild
1 Modena; Zeitschr. f. Num. 25. 1, 19 R1. — (Der Vs.-Stempel ist = n. 385. 1. 3.)

394
K 26
ΑΛΕΞΑΝΔΡΟΥ Kopf mit   KOINON MAKEΔONΩN NEΩ   Krieger mit
Diadem im fliegenden   Panzer und Stiefeln von vorn (etwas nach r.)
Haar nach r.   stehend und linkshin blickend, die R. auf die
                       umgekehrte Lanze gestützt, im l. Arm Para-
                       zonium
1 Wien

395
K 26, 25
ΑΛΕΞΑΝΔΡΟΥ Ebenso,   KOINON MAKEΔONΩN NEΩ   Ebenso
unter dem Halse Kranz
1 Mailand. — (Über der Vs. vgl. zu n. 378.)

395a
K 25/24
ΑΛΕΞΑΝΔΡΟΥ Kopf mit   KOINON MAKEΔONΩN NEΩ (L. in der Mitte be-
Diadem im fliegenden   ginnend). Löwe mit geöffnetem Rachen nach
Haar nach r.   r. schreitend, i. F. oben Stern mit 8 Strahlen
1 Oxford (s. die Bemerkung nach n. 431a). — (Über die Vs. vgl. zu n. 363.)

396
K 24
ΑΛΕΞΑΝΔΡΟΥ Ebenso,   KOINON (L. A.) MAKEΔONΩN N EΩ (oben im
unter dem Hals Keule   Bogen). Löwe wie vorher, L F. oben Keule
mit dem Griff nach l   mit dem Griff nach r.

Gewicht: 9.70 (1) -- 8.75 (3) — 8.52 (2)
Abweichungen: Vs. ΑΛΕΞΑΝΔΡΟΥ 1 — ΑΛΕ........ 3 — Keule nicht an-
    gegeben 3; — Rs. am Schluss NE 2. 3. 5. 6 — Keule fast ganz zerstört 2
1 Dresden — 1 Imhoof   3 London Cat. 24, 117 (Vs. u. Rs. durch Retouchieren verdorben)
-- 4 Paris; Mionnet 1, 561, 637 -- 5 Parma   6 von Rennes — 7 St. Petersburg. —
(Der Vs.-Stempel von 1. 3. 4. 6. 7 ist — n. 371 — n. 381a, 1. 2; aber die Vs. von 1 5 vgl.
zu n. 335. 1. 2; die Rs. von 1. 4. 7 sowie die Rs. von 2. 5 sind stempelgleich.)

(Mit einer Neokorie)

397 ΑΛΕΞΑΝΔΡΥ Ebenso, **KOINON MAKEΔONΩN · NEΩ ·** (L. in der Mitte be-
K 25 unter dem Halse Blitz ginnend). Ebenso

1 London Cat. 24, 118 (Vs. u. Rs. retouchiert). — (Über die Vs. vgl. zu n. 375, 1: die Rs.
ist aus demselben Stempel wie die von n. 452, L.)

398 ΑΛΕΞΑΝΔΡΟV Ebenso, **KOINON MAKEΔONΩN NEΩ** (L. in der Mitte be-
K 26 ohne Blitz ginnend). Ebenso

1 Wien. — (Der Vs.-Stempel ist = n. 377, 1. 1 = n. 387 a, doch sind die zwei ε am Diadem
durch zu scharfes Reinigen unkenntlich geworden; über die Rs. vgl. zu n. 433, 1.)

398 a ΑΛΕΞΑΝΔΡΟV (oben begin- **KOINON MAKEΔONΩN NEΩ** (L. in der Mitte be-
K 26 nend). Ebenso ginnend). Ebenso

1 Belgrad — 2 Brüssel (Schrift der Rs. unvollständig). — (Der Vs.-Stempel von 1. 2 ist
= n. 384, die Rs. von 1. 2 aus demselben Stempel wie n. 452, 1.)

399 [ΑΛΕΞΑΝ'ΔΡΟV Kopf mit **KOINON MAKEΔONΩN NEΩ** Hoher Korb,
K 25 Diadem im fliegenden aus welchem unter dem halbgeöffneten
Haar nach r. Deckel eine Schlange nach r. hervorkriecht

1 Kopenhagen. — (Die Vs. ist aus demselben Stempel wie die von n. 392, 1.)

400 ΑΛΕΞΑΝΔΡΟV Ebenso, **KOINON MAKEΔONΩN o. L A. NEΩ** Ebenso
K 26 unter dem Halse Blitz ;

Abweichungen: Vs. Blitz fast ganz abgebrochen 4 — nicht angegeben 5
1 London Cat. 24, 119 (ungenau) — 2 Souzo — 3 Wien; Mus. Theup. 2, 1079 (ungenau.
— 4 im Handel (1905). — — 5 Gotha Graecia XXXIV, 1+4 (Panel de eistophoro 85
(Eckhel d. o. v. 2, 110); Haverkamp algem. hist. 1, XXIII, 6; Gessner reg. Maced. 10,
III, 19). — (1-4 sind aus demselben Stempeln; über ihre Vs. vgl. zu n. 374.)

401 ΑΛΕΞΑΝΔΡΥ Ebenso **KOINON MAKEΔONΩN o. L A. NEΩ** Ebenso
K 26 Abweichungen: Vs. Blitz nicht angegeben 3: — Rs. M'AKEΔONΩN ?. 3

1 Athen (neue Erw.); Zeitschr. f. Num 24 (1904), VII, 32 Vs. — 2 Leake Europ. Gr. 66
(ungenau). — "— 3 Pembroke (1746) 2, LII; Cat. (1848) 619. — (Über die Vs. von 1. 2
vgl. zu n. 375, 1: über ihre beiden Rs. vgl. zu n. 453 bezw. n. 437.)

Vs. Kopf nach links (n. 402—404)

402 ΑΛΕΞΑΝΔΡΟV (L. von unten). **KOINON MA KEΔONΩN o. L A. NEO** Athena
K 26 Kopf mit Diadem im nach l. sitzend, in der R. Schale, im l. Arm
fliegenden Haar nach l. die Lanze (Spitze oben); am Sitz (mit Löwenbein) hinten der Schild

1 Berlin — 2 Braunlg — 3 München — 4 Paris; Mionnet 1. 559, 618. — (1. 2. 3. 4 sind
aus demselben Stempeln.)
Das Ω von MAKEΔONΩN ist aus O im Stempel korrigiert. — Über die Schreibung NEO
bezw. NEOKO auf dieser n. den beiden folgenden Münzen vgl. die Bemerkung zu n. 301.

403 Ebenso **KOINON MAKEΔONΩN NEOKO** Reiter mit
K 26 (derselbe Stempel) Panzer, Stiefeln, flatterndem Mantel und eingelegter Lanze nach r. im Schritt

T. IV, 13 Abbildung
a. V, 3 1 Imhoof; Imhoof Porträtköpfe 14, II. 5 Abb. d. Vs.

(Mit einer Neokorie.)

404
K 26

Ebenso
(anderer Stempel)

KOINON MAKEΔONΩN NEO (i. A. ændend). Krieger mit Panzer und Stiefeln von vorn (etwas
nach L) stehend und rechtshin blickend, die
R. auf die umgekehrte Lanze gestützt, im l.
Arm Parazonium

ı Lübbecke. — (Von der Hand desselben Stempelschneiders wir n. 401 und n. 403.)

Vs. Brustbild nach links (n. 405-407)

405
K 26

A ΛΕ ΞΑΝΔ POV (L. und r.).
Brustbild mit Diadem
im fliegenden Haar, Pan-
zer u. Mantel nach l.,
vom Rücken gesehen, an
der linken Schulter der
Schild, in der (nicht
sichtbaren) R. Lanze

'KOINON MAKEΔONΩN NEΩ (vgl. zu n. 408a).
Reiter mit Panzer, Stiefeln, flatterndem Mantel und eingelegter Lanze nach r. sprengend
(vgl. zu n. 354)

T. IV, 18

Abbildung der Vs.

ı Berlin; Zeitschr. f. Num. 24 (1904), VII, 31. — (Die Rs. ist von der Hand desselben
Stempelschneiders wie die von n. 354. r. n. 354.2 [= 423, 2.4], n. 428a und der Münze
des Severus Alexander oben n. 308.)

An dem Schild des Alexanderbrustbildes, der leider stets arabe oder weniger verrieben ist,
scheint ein linkshin sprengendes Pferd (oder Reiter?) dargestellt zu sein.

406
K 24

Ebenso
(derselbe Stempel)

[KOINO]N MAKEΔONΩN NEΩ Reiter mit Panzer, Stiefeln und flatterndem Mantel nach r.
sprengend und mit der erhobenen R. den
Speer (fast senkrecht) nach unten richtend

Abweichungen: Vs. u. Rs. Aufschrift zum Teil undeutlich

ı Bologna Bibliothek. — Über den Rs.-Typus vgl. zu n. 374.

407
K 26

Ebenso
(derselbe Stempel)

KOINON MAKEΔONΩN NEΩ Reiter wie vorher, aber mit grüssend erhobener R.

ı Berlin — 2 Hunter Cat. 339, 22; Combe descr. 182, 31, XXXIV. 15 [Mionnet S. 3, 326,
426]. — (ı und 2 sind aus den gleichen Stempeln; die Rs. ist von derselben Hand wie
n. 375.1 und n. 429.2) — Über den Rs.-Typus vgl. zu n. 356.

Vs. Kopf mit Löwenfell (n. 408-437)

408
K 25

AΛΕΞΑΝΔPOV Kopf mit
Löwenfell nach r.

KOINON MAK EΔONΩN NEΩ (i. A. endend). Zeus
nach l. thronend, in der R. Schale, die L. auf
das Scepter gestützt

ı Hunter Cat. 357, 6; Combe descr. 182, 36, XXXIV, 19 — 2 Kopenhagen, vorher Cat.
Welzl 2613. — (ı und 2 sind aus denselben Stempeln; über die Vs. vgl. zu n. 431b, 1.2.)

409
K 25

AΛ[ΕΞ]ΑΝΔPOV Ebenso

KOINON MAK EΔONΩN ΜΕ Ebenso

ı Paris; Mionnet 1, 555, 585. — (Der Vs.-Stempel [= n. 413 = n. 417 c?] hat, nachgraviert,
auch zur Prägung von n. 413.1 [= 429.2] gedient; über die Rs. vgl. zu n. 435.)

(Mit einer Neokorie.)

410
K 25
ΑΛΕΞΑΝΔΡΟΥ Kopf mit KOINON MAKEΔONΩN ▲ L A NEΩ Athena
Löwenfell nach r.   nach l. sitzend, auf der R. die linkshin ge-
                                   wendete Nike, im l. Arm die Lanze (Spitze
                                   oben); am Sitz (mit Löwenbein) hinten der
                                   Schild

   1 Berlin. — (Der Vs.-Stempel ist — n. 330 = n. 417 = n. 435, 1-4 = n. 417 b — n. 428 b
   = n. 431 a.)

411
K 26
ΑΛΕΖΑΝΔΡΟΥ (ohne begin- KOINON MA K EΔONΩN NE Ω (l. A. endend).
nend). Ebenso   Ebenso, aber die Nike nach r. gewendet

   1 Berlin — 2 München; Sestini descr. 132, 7 [Mionnet S. 3, 223, 406]. — (Die Rs. von 1.
   2 sind stempelgleich; der Vs.-Stempel von 1. 2 ist — n. 412, 1. 2 = 6. 416a, 1. 2 = n. 419,
   1. 2 u. von derselben Hand wie n. 414 [= 418, 1-6 = 428, 1. 3 = 428a! und n. 428, 1. 4.)

411a
K 25
Ebenso (stempelgleich) KOINON MA KEΔO NΩN NE Ebenso

   1 Belgrad — 2 Rollin und Feuardent (1905). — (1 und 2 sind aus denselben Stempeln.)

412
K 26
ΑΛΕ....... Kopf mit KOINON MAKEΔONΩN ▲ L A NEΩ Athena
Löwenfell nach r.   nach r. sitzend, auf der l. die rechtshin (?)
                         gewendete Nike, die R. auf den hinter dem
                         Sitz (mit Löwenbein) stehenden Schild gestützt

   1 Meletopulos

413
K 24
ΑΛΕΞΑΝΔΡΟΥ Kopf mit KOINON MA K EΔONΩN NΩ(Ω) Athena mit
Löwenfell nach r.   Schale, Lanze und Schild nach l. sitzend wie
                         bei n. 402

   1 Paris; vorher Wilde num. sel. 15, 23, 11, 12 (Gessner rег. Macred. 19, 111, 4). — (Über
   die Vs. vgl. zu n. 409.)

413a
K 27/26
Ebenso   KOINON MAKEΔONΩN NEΩ Ebenso

   1 Im Handel (Abdruck vorhanden). — (Über die Vs. vgl. zu n. 409.)

414
K 25
ΑΛΕΞΑΝΔΡΟΥ (ohne begin- KOINON MAKEΔONΩN NEΩ (l. A. endend).
nend). Ebenso   Ebenso

   1 Athen (neue Erw.). — (Der Vs.-Stempel ist = n. 418, 1-6 = n. 428, 1. 3 = n. 428a und
   von derselben Hand wie n. 411, 1. 2 [= 412, 1. 2 = 416a, 1. 2 = 419, 1. 2] und n. 428, 1. 4.)

414a
K 25
ΑΛΕΞΑΝΔΡΟΥ Ebenso KOINON MA(KE)ΔONΩN ▲ L A NEΩ· Ebenso,
                   aber ohne die Lanze im l. Arm

   1 Hollschek. — (Die Vs. ist aus demselben Stempel wie die von n. 436, 1. r. 3.)

415
K 26
ΑΛΕΞΑΝΔΡΟΥ Kopf mit KOINON MAKEΔONΩN ▲ und L Y, unten NEΩ
Löwenfell nach r.   Nike mit flatterndem Gewand im rechtshin
                         eilenden Zweigespann, mit der erhobenen
                         R. die Geissel über den Pferden schwingend,
                         mit der l. die Zügel haltend

T. IV, 23   Abbildung der Rs. (1)

   1 Berlin — 2 Paris. — (1 u. 2 sind aus demselben Stempeln; über die Vs. und Rs. vgl.
   zu n. 416, 1 bezw. n. 366, 1. 2. 3.)

(Mit einer Nebewrm)

416
K 26
ΑΛΕΞΑΝΔΡΟΥ Kopf mit
Löwenfell nach r.

KOINON MAKEΔONΩN ᴜ ʟ ᴀ (N EΩ Olympias mit Schleier auf einem Sessel mit Löwenbein (ohne Lehne) nach l. sitzend, mit der R.
die vor ihr aufgerichtete Schlange aus einer
Schale fütternd, mit der L. den Zipfel des den
Unterkörper bedeckenden Mantels fassend

1 Paris; Mionnet 1, 535, 583.   Hierher oder zur folgenden n., wenn nicht zu n. 721 a
gehörig, 2 Sestini nws. Herders. 133, 206 (Schrift der Rs. zerstört). — (Der Vs.-Stempel
von 1 ist = n. 328 — o. 415, 1. 2.) — Über den Rs.-Typus vgl. die Bemerkung zu n. 347 a.

416 A
K 26
ΑΛΕΞΑΝΔΡΟΥ Ebenso,
l. unten Blitz

KOINON MAKEΔONΩN NEΩ (L A. endend),
Ebenso

1 Belgrad. -- (Über die Vs. vgl. zu n. 420; der Rs.-Stempel ist — n. 347 a.)

416 a
K 26
ΑΛΕΖΑΝΔΡΟΥ (oben begin-
nend). Kopf mit Löwen-
fell nach r.

KOIN ON MAKEΔONΩ N NEΩ (L A. endend).
Alexander nackt, mit flatt. Mantel, nach r.
vortretend und den sich bäumenden Bukephalos mit beiden Händen am Zügel fassend

Gewicht: 12,36(1) — 12,14 (2)

1 Berlin — 2 Vignab, —¹— Hierher, wenn nicht zu n 722 gehörig, noch 3 Pembroke
(1746) 2, 1.III; Cat. (1848) 619 (Schrift der Vs. und Rs. zerstört). — (1 und 2 sind aus
demselben Stempeln: aber ihre Vs. vgl. zu n. 411,1.2.) — Vgl. auch unten n. 722*.

417
K 26
ΑΛΕΞΑΝΔΡΟΥ Kopf mit
Löwenfell nach r.

· KOINON MAKEΔON ΩN UƆN ᴸ ᴀ endend). Der
Kaiser mit Panzer, Stiefeln, flatterndem Mantel und eingelegter Lanze nach r. sprengend,
vor ihm Nike nach r. schreitend und zurückblickend, mit der R. die Zügel haltend, mit
der L. ein Tropaion schulternd

Taf. V. 1   Abbildung der Rs.

1 Hunter Cat. 357, 4. XXIV. 17; Combe descr. 181, 33, XXXIV, 16 [Mionnet S. 3, 223, 404].
— (Die Rs. ist aus demselben Stempel wie die Münze des Severus Alexander oben
n. 310; über die Vs. vgl. zu o. 410.)
Auf dem Rs.-Stempel ist augenscheinlich der Neokorietitel erst nachträglich hinzugefügt
worden; vgl. oben zu n. 352. Die Darstellung ist nach Auswahl der römischen Münzen
als PROFECTIO AVGVSTI zu deuten und bezieht sich auf des Severus Alexander Auszug
zum Kriege gegen Artaxerxes im J. 231; vgl. Zeitschr. f. Num. 24 (1904), 305 fg. u. 318.

418
K 25
ΑΛΕΖΑΝΔΡΟΥ (oben begin-
nend). Kopf mit Löwen-
fell nach r.

KOINON MAKEΔONΩN NEΩ Reiter nach r.
sprengend und den erhobenen Speer abwärts
gegen einen unter dem Pferde nach l. liegenden Feind richtend (= n. 348, ders. Stempel)

Taf. V, 3   Abbildung der Rs. (3)

1 Berlin — 2 Florenz — 3 Kopenhagen; Zeitschr. f. Num. 24 (1904). VII, 29 — 4 Paris
(Vs. und Rs. durch Retouchieren verdorben); Mionnet 1, 554, 577 ungenau — 5 Sophia
— 6 Turin Kgl. Slg. — (1-6 sind aus demselben Stempeln; über die Vs. vgl. zu n. 414.)
Die Darstellung der Rs. bezieht sich auf den Sieg des Severus Alexander über Artaxerxes
im J. 232; vgl. Zeitschr. f. Num. 24 (1904). 327 wie auch unten n. 705.

(Mit einer Neokorie)

410
K 25
ΑΛΕΞΑΝΔΡΟΥ (oben begin-
nend). Kopf mit Löwen-
fell nach r.

KOINON MAKEΔONΩN NEΩ Reiter nach r.
sprengend und mit der erhobenen R. den
Speer abwärts gegen einen Löwen richtend
wie bei n. 370

Gewicht: 12,76 (1) — 12,31 (2)

1 Berlin; vorher Wiczay 2921; Sestini mus. Hedervr. 133, 210 — 2 London Cat. 22, 102;
Mowat, Revue num. 1903, 3, 6, IV, 1. — (1 u. 2 sind aus denselben Stempeln; aber die Vs.
vgl. zu n. 411, 1. 2.)

420
K 25
ΑΛΕΞΑΝΔΡΟΥ Ebenso, KOIN:ON MA;KEΔONΩN NEΩ Ebenso
1. unten Blitz

Abweichungen: Rs. die Hinterbeine des Pferdes geknickt (vgl. zu n. 348)
1 Wien; Mus. Theup. 2, 1379. — (Der Vs.-Stempel ist = n. 416A = n. 429, 1 = n. 432a.)

421
K 26/25
[A;A;ΕΞ]ANΔP[OY] Kopf
mit Löwenfell nach r.

KOINON MAKEΔONΩ;N; NE Reiter mit Panzer, Stiefeln und flatterndem Mantel nach r.
sprengend (vgl. zu n. 350) u. mit dem Speer
in der erhobenen R. zum Wurf ausholend

Gewicht: 12,93 (gedacht)

1 Berlin, vorher Cat. Welcher 1102 (wegenau). — (Über die Vs. vgl. zu n. 423, 1. 2.)

422
K 27/26
ΑΛΕ;ΞΑΝΔΡΟΥ (oben begin-
nend). Kopf mit Löwen-
fell nach r.

KOINON MAKEΔONΩN NEΩ Reiter wie vorher nach r. sprengend, aber mit der erhobenen
R. den Speer schräg nach unten richtend,
unter dem Pferde Stern

Gewicht: 11,31 (1, gedacht) — 10,64 (2, Schrötling nur 24 23 mm groß)

Abweichungen: Vs. ΑΛΕΞΑΝΔΡΟΥ r. und unten 2; — Rs. die Hinterbeine des
Pferdes geknickt (vgl. zu n. 374) 1 — der Stern verrieben 2

1 Berlin — 2 Rollin und Feuardent (1905). — (Der Vs.-Stempel von 1 ist = n. 432, 3;
über die Vs. von 2 vgl. zu n. 432.)

423
K 26
ΑΛΕΞΑΝΔΡΟΥ Ebenso | Ebenso
Abweichungen: Rs. der Stern verrieben 1

1 Gotha — 2 Sophia. — (Der Vs.-Stempel von 1, 2 ist = n. 421 = n. 433; über die beiden
Rs.-Stempel vgl. zu n. 423a.)

423a
K 26
ΑΛΕΞΑΝΔΡΟΥ (oben begin-
nend).

KOINON MAKEΔONΩN·NEΩ Ebenso
Ebenso

1 Modena (gefehlt). — (Die Rs. ist von derselben Hand wie n. 374a, n. 423, 1 u. 2,
n. 423b und die ähnlichen zu n. 376 genannten Stempel.)

**422*
K (25)**
ΑΛΕΞΑΝΔΡΟΥ Kopf mit Lo-
wenfell nach r, unter dem
Halse Blitz

KOINON MAKEΔONΩN NEΩKOΡΩN Nackter Reiter
mit flatterndem Mantel nach r. sprengend, in der R.
Palmazweig; unter dem Pferde Stern

1 Goltz Graecia XXXIII, 12 (Jobert la science des médailles, ed. 1717, (IV), 4 = 1 (1739),
IV, 4; Haverkamp algem. hist. I, XXIV, 7; Gessner reg. Maced. ao. III, 17

Ein Stück mit dieser Rs. hat sich nicht nachweisen lassen. Vielleicht lag eine mangelhaft
erhaltene Münze — n. 422 zu Grunde, auf welcher der mit dem Speer erhobene r. Arm
des Reiters undeutlich war und irrig für einen Palmzweig gehalten wurde.

{Mit einer Neokorie}

421b ΑΛΕΞΑΝΔΡΟΥ (oben begin- KOINON MAKEΔONΩN NEΩ Ebenso
K 26 nend). Ebenso

    1 Mailand. — (Über die Vs. vgl. zu n. 434,1; über die Rs. vgl. zu n. 423 a.)

424 Ebenso KOINON MAKEΔONΩN NE Ebenso
K 26/24 Abweichungen: Rs. KOINION MAKEΔOMΩN NE 1 — der Mantel ohne das
    flatternde Ende 1

    1 München — 2 Oxford. — (Die Vs. von 1 und 2 sind stempelgleich.)

425 ΑΛΕΞΑΝΔΡΟΥ Ebenso KOINON MAKEΔO NΩN·EΩ (sol) Ebenso
K 26 Abweichungen: Rs. ohne den Punkt 11, 2, 3 — der Speer fast senkrecht 1 u. 2, 3
    1 Imhoof — 1 a Lanbe Europ. Gr. 66 (ungenau) — 2 London Cat. 22, 103; Zeitschr. f.
    Num. 24 (1904). 328, VII, 24 Rs. — 3 Turin Kgl. Slg. — 4 Weber Hamburg; Zeitschr. f.
    Num. 24 (1904). 328, VII, 25. — (Über die Vs. von 1–4 vgl. zu a. 410; die Rs. von 1, 4
    sind stempelgleich, der Rs.-Stempel von 1 u. 2, 3 ist — n. 444 a, 2 und von derselben Hand
    wie n. 425, 1. 4, n. 444 a, 1, 3 und die ähnlichen zu n. 376 genommen.)
    Auf den beiden Rs.-Stempeln 1, 4 und 1 u. 2, 3 ist augenscheinlich der Neokorietitel erst
    nachträglich hinzugefügt worden. Vgl. oben zu n. 353.

426 ΑΛΕΞΑΝΔΡΟΥ (oben begin- KOINON MAKEΔONΩN· u. unten am Rande NEΩ
K 26/25 nend). Ebenso Ebenso

    1 München; Zeitschr. f. Num. 24 (1904), VII, 27 Rs. — (Die Vs. ist aus demselben Stempel
    wie die von n. 433,1; über die Rs. vgl. zu n. 376.)

[427] ΑΛΕΞΑΝΔΡΟΥ Kopf mit KOINON MAKEΔONΩN NEΩ K· Reiter mit
K (25) Löwenfell nach r. [Panzer, Stiefeln u.] flatterndem Mantel linkshin sprengend und mit der erhobenen R. den Speer schräg nach unten richtend

    1 Golts Graecia XXXIII, 13 [Haverkamp algem. hist. 1, XXIV, B; Gessner reg. Maced. zu,
    III, 26]. — Über den Rs.-Typus vgl. zu n. 374.

427a ΑΛΕΞΑΝΔΡΟΥ Kopf mit KOINON MAKE[ΔONΩN] NEΩKO Reiter mit
K 25 Löwenfell nach r. Panzer, Stiefeln, flatterndem Mantel u. eingelegter Lanze nach r. sprengend (vgl. zu n. 354)

    1 Giloecnopulos. — (Über die Vs. vgl. zu n. 431b, 1, 2; über die Rs. vgl. zu n. 497.)

427b ΑΛΕΞΑΝΔΡΟΥ Ebenso KOINON MAKEΔONΩN NEΩK Ebenso
K 26 1 Braunschweig. — (Über die Vs. vgl. zu n. 410.)

427c ΑΛΕΞΑΝΔΡΟΥ Ebenso KOINON MAKEΔONΩN NEΩ Ebenso
K 26 1 Rollin und Feuardent (1905). — (Über die Vs. vgl. zu n. 409.)

428 ΑΛΕΞΑΝΔΡΟΥ (oben begin- KOINON MAKEΔONΩN NEΩ Ebenso
K 25 nend). Ebenso
Abweichungen: Rs. K[OINON MAKEΔONΩ]N NEΩ (1. in der Mitte beg.) 1, 4
    1 Berlin — 3 London Cat. 23, 104 — 3 Mailand (retombiert) — 4 Rollin und Feuardent
    (1904); vorher Wiczay 1917; Sestini mus. Hederv. 133, 209. — (Die Vs.-Stempel von
    1, 3 [= 414 = 418 = 428a] und von 2, 4 sind von derselben Hand wie n. 411, 1, 3 [=
    411a = 416a, 1, 2 = 419, 1, 2]; die Rs. von 1, 3 sind stempelgleich; über die Rs. von 2, 4
    vgl. zu n. 354, 2.)

    Die antiken Münzen Nord-Griechenlands III.   8

(Mit einer Nachfrage)

428a Ebenso　　　　　KOINON MAKEΔONΩN NEΩ Ebenso
K 25

1 Gottingen. -- (Die Rs, ist von derselben Hand wie n. 354.1. n. 354.1 [~ 428.2. 4], n. 405 u. die Münze des Severus Alexander oben n. 308; über die Vs. vgl. zu n. 486.1. 3.) Die Rs. dieser Münze teilt mit den von gleicher Hand herrührenden Stempeln n. 308 (Rev. Alex.), n. 354.1 u. n. 405 die Besonderheit, dass die Umschrift mit ihrem ersten Buchstaben (κ) unten vor den Hinterfüssen des Pferdes beginnt. Das folgende O steht aber nicht wie auf den genannten 3 Stempeln zwischen Hinterfüssen und Schweif, sondern erst zwischen letzterem und dem Lanzenende, wo bei n. 354.1 u. n. 405 der dritte Buchstabe (Ι) eingeschoben ist, während bei n. 308 die etwas härtere Lanze eine ununterbrochene Weiterführung der Schrift gestattete. Vgl. auch zu n. 498b.

428b ΑΛΕΞΑΝΔΡΟΥ Kopf mit KOINON MAKEΔONΩN n. L A. NEΩ Reiter
K 26 Löwenfell nach r.　　　wie vorher, aber im Schritt nach r.

1 Mordtmann. — (Über die Vs. vgl. zu n. 410.)

429 ΑΛΕΞΑΝΔΡΟΥ Kopf mit KO INON MAKEΔONΩN NEΩ Reiter mit
K 25 Löwenfell nach r.　　　Panzer, Stiefeln u. flatterndem Mantel nach
　　　　　　　　　　　　　r. sprengend (vgl. zu n. 356) und die R. er-
　　　　　　　　　　　　　hebend

Abweichungen: Vs. L unten Blei 1; — Rs. KOINON MAKEΔONΩN NEΩ 1 — KOIN|ON MAKEΔO|N Ω N NΕΩ. der Anfang retouchiert zu KOPN[ON] 3 — unter dem Pferde Stern 1

1 Mailand — 2 München; Servati deser. 132, 6 [Mionnet S. 3, 273, 405] ungenau — 3 Wien; Mus. Theup. 2, 1179 (ungenau MAKEΔONΩN NEΩKOP) — (Über die Vs. von 1 vgl. zu n. 410; über Vs. und Rs. von 2 vgl. zu n. 409 bezw. n. 407, 1. 3; die Vs. von 3 ist aus demselben Stempel wie die von n. 430, t. 2. 3 = n. 433. 2.)

430 ΑΛΕΞΑΝΔΡΟΥ Ebenso KOINON MAKEΔONΩN NE Ebenso
K 25

1 London Cat. 13. 107 — 2 Rollin und Feuardent (1905) — 3 Rom Vatican. · (1. 2. 3 sind aus demselben Stempel; aber die Vs. vgl. zu n. 479. 3.)

431 ΑΛΕΞΑΝΔΡΟΥ Kopf mit [KOINON M]AKEΔONΩ N n. L A ... Reiter
K 25 Löwenfell nach r.　　　wie vorher, aber im Schritt nach r.

1 Löbbecke. — (Die Vs. ist aus demselben Stempel wie die von n. 433. 2.)

431a ΑΛΕΞΑΝΔΡΟΥ Kopf mit KOINON MAKEΔONΩN NEΩ Krieger mit
K 25 Löwenfell nach r.　　　Panzer und Stiefeln von vorn (etwas nach l.)
　　　　　　　　　　　　　stehend und rechtshin blickend, die R. auf
　　　　　　　　　　　　　die umgekehrte Lanze gestützt, im L. Arm
　　　　　　　　　　　　　Parazonium

1 Rollin und Feuardent (1905). — (Die Rs. ist aus demselben Stempel wie die von n. 450, t. 2; aber die Vs. vgl. zu n. 410.)

Diese erst 1905 zu meiner Kenntnis gelangte Münze ist in der (1904 gedruckten) Zusammenstellung Zeitschr. f. Num. 25, 11 fg. nachzutragen, desgleichen n. 361a und n. 393a.

431b ΑΛΕΞΑΝΔΡΟΥ Ebenso KOINON MAKEΔONΩN NEΩ Krieger wie
K 26　　　　　　　　　　　　vorher, aber von vorn (etwas nach r.) stehend
　　　　　　　　　　　　　und linkshin blickend

1 Klagenfurt — 2 Mordtmann. — (1 und 2 sind aus demselben Stempeln; für Vs.-Stempel ist — n. 408, 1. 2 — n. 437a.)

(Mit einer Neuform)

432
K 26

ΑΛΕΞΑΝΔΡΟΥ Kopf mit Löwenfell nach r.

ΚΟΙΝΟΝ ΜΑΚΕΔΟΝ ΩΝ ΝΕΩ (L in der Mitte beginnend und L A. endend). Löwe mit geöffnetem Rachen nach r. schreitend, i. F. oben Stern mit 8 Strahlen

Abweichungen: Vs. Schrift zerstört 2 - oben beginnend 3; — Rs. Schrift unvollständig 2 — KOINON M(AKEΔONΩ)N NEΩ ohne Teilung 3

1 Berlin — 2 Gotha — 3 Paris. - (1 u. 2 sind aus demselben Stempeln; aber die Vs. von 3 vgl. zu n. 432,1.)

432a
K 26

ΑΛΕΞΑΝΔΡΟΥ Ebenso, links unten Blitz

ΚΟΙΝΟΝ ΜΑΚΕΔΟΝΩΝ ΝΕΩΚΟ (L in der Mitte beginnend und endend). Löwe wie vorher, i. F. oben Keule mit dem Griff nach r.

1 Mordtmann. — (Über die Vs. vgl. zu n. 420.)

433
K 25

ΑΛΕΞΑΝΔΡΟΥ Ebenso, ohne Beizeichen

ΚΟΙΝΟΝ ΜΑΚΕΔΟΝΩΝ ΝΕΩ (L in der Mitte beginnend). Ebenso

Abweichungen: Vs. Schrift oben beginnend 2

1 Imhoof — 2 Paris; Mionnet S. 3, 233, 407. — (Die Rs. von 1 ist aus demselben Stempel wie die von n. 398 — n. 452n; über die beiden Vs. vgl. zu n. 426 bezw. n. 429, 3.)

434
K 26

ΑΛΕΞΑΝΔΡΟΥ (oben beginnend). Ebenso

ΚΟΙΝΟΝ ΜΑΚΕΔΟΝΩΝ ΝΕΩ (L in der Mitte beginnend). Ebenso

Abweichungen: Vs. Schrift r. und unten stehend 2

1 Neapel Cat. 6643 (ungenau) — 2 Wien. — (Die Vs. von 1 ist aus demselben Stempel wie die von n. 333 — n. 423b — n. 437.)

435
K 25

ΑΛ[ΕΞΑΝΔ]ΡΟΥ Ebenso

ΚΟΙΝΟΝ ΜΑΚΕΔΟΝ ΩΝ ΝΕΩ (L in der Mitte beginnend und L A. endend). Ebenso

1 München; Sestini descr. 132,8. — (Über die Vs. vgl. zu n. 423, 1. 2.)

436
K 25

ΑΛΕΞΑΝΔΡΟΥ Ebenso

ΚΟΙΝΟΝ (L A.) | ΜΑΚΕΔΟΝΩΝ ΝΕ (oben im Bogen). Ebenso

1 Kopenhagen; Ramus cat. 1, 137, 44 — 2 Lübbecke — 3 Rollin und Feuardent (1905). — (1. 2. 3 sind aus demselben Stempeln; über ihre Vs. vgl. zu n. 414a.)

437
K 25

ΑΛΕΞΑΝΔΡΟΥ (oben beginnend). Kopf mit Löwenfell nach r.

ΚΟΙΝΟΝ ΜΑΚΕΔΟΝΩΝ u. L A. ΝΕΩ · Hoher Korb (cista mystica), aus welchem unter dem halbgeöffneten Deckel eine Schlange nach r. hervorkriecht

1 London Cat. 22, 99. - (Die Rs. ist von der Hand desselben Stempelschneiders wie die von n. 361. 1 [— 401, 2]; über die Vs. vgl. zu n. 434, 1.)

Vs. Kopf mit Helm (n. 438-453)

438
K 25

ΑΛΕΞΑΝΔΡΟΥ Kopf mit attischem Helm nach r., am Kessel ein rechtshin eilender Greif

ΚΟΙΝΟΝ ΜΑΚΕΔΟΝΩΝ ΝΕ Zeus nach L thronend, in der R. Schale, die L. auf das Scepter gestützt (= n. 409, derselbe Stempel)

1 Berlin. — (Die Vs. ist aus demselben Stempel wie die von n. 443 n. 2 — n. 448.)

8*

[Mit einer Neokorie]

439 A ΑΕΞΑΝΔΡΥ (oben begin- **KOINON MAKEΔONΩN N EΠ** (l. A. endend).
K 25   nend). Ebenso   Athena Nikephoros mit Lanze und Schild
                              nach L sitzend wie bei n. 343

Abweichungen: Vs. ΑΛΕΞΑΝΔΡΟV ?; — Rs. KOINON MAKEΔONΩN NE ?
1 Löbbecke. · · ' — 2 Wiczay 1318; Sestini mus. Hedevv. 132, 803 (ein brig 1920 citiert ist).
— (Die Vs. von 1 ist von der Hand derselben Stempelschneiders wie die folgende.)

440 A ΑΕΞΑΝΔΡΥ (oben begin- [KOIN]ON MAKEΔONΩN ». L A. [N]EΠ Athena
K 25   nend). Ebenso   mit Schale, Lanze und Schild nach L sitzend
                              wie bei n. 345

1 Paris. — (Über die Vs. vgl. zu n. 439,1 und zu n. 452 s.)

441 ΑΛΕΞΑΝΔΡΟV Ebenso, [KOINON M]AK EΔONΩN N,E,Π] (l. A. endend).
K 26   unter dem Halse Kranz   Ebenso

1 Imhoof. — (Die Vs. ist aus demselben Stempel wie die von n. 442 s, 1. 2.)

442 ΑΛΕΖΑΝΔΡΟV Ebenso, KOINON MAKEΔONΩN N ». L A. EΠ Olympias
K 26   unter dem Halse Kranz   mit Schleier auf einem Sessel mit Löwen-
                              bein (ohne Lehne) nach r. sitzend, mit der L
                              die vor ihr aufgerichtete Schlange aus einer
                              Schale fütternd, mit der R. den Zipfel des
                              den Unterkörper bedeckenden Mantels fassend
J. IV. 10   Abbildung der R.

1 Imhoof. — Über den Rs.-Typus vgl. die Bemerkung zu n. 347 s.

442a ΑΛΕΞΑΝΔΡΟV Ebenso, KOIN ON MAKEΔ N'ΩN; (l. A. endend) und i. F.
K 26   unter dem Halse Kranz   in der Mitte N E Π Alexander nackt, mit
                              flatterndem Mantel, nach r. vortretend und
                              den sich bäumenden Bukephalos mit bei-
                              den Händen am Zügel fassend

1 Abramow — 2 Turin Kgl. Slg. — (1 u. 2 sind aus demselben Stempeln; über die Vs.
vgl. zu n. 441.)

442b ΑΛΕΞΑΝΔΡΟV Kopf mit KOINON MAKEΔONΩN ». am Rande unten NE Π
K 25   attischem Helm nach r.,   Reiter nach r. sprengend und den Speer
        am Kessel der rechts-   abwärts gegen einen Löwen richtend
        hin eilende Greif   (= n. 370, derselbe Stempel)

1 Rom Vatican. — (Über die Vs. vgl. zu n. 443 s, 1.)

443 ΑΛΕΞΑΝΔΡΟV Kopf mit KOINON MAKEΔONΩN NEΠ Reiter mit Pan-
K 26   attischem Helm nach r.,   zer, Stiefeln und flatterndem Mantel nach r.
        am Kessel der rechtshin   sprengend und mit der erhobenen R. den
        eilende Greif   Speer schräg nach unten richtend

Abweichungen: Vs. des Greif verwischt ?. 4; — Rs. die Hinterbeine des Pferdes
geknickt (vgl. zu n. 370) 3 — der Speer fast senkrecht 1
1 Amsterdam — 2 Berlin — 3 London Cat. 76, 141 (Vs. und Rs. völlig überarbeitet).
— '— 4 Wiczay 2924; Sestini mus. Hedevv. 132, 802. · · (Der Vs.-Stempel von 1 ist —
n. 445,1 — n. 451, l. 2, der Vs.-Stempel von 3 annehmbar — n. 445 s.)

[Mit einer Neoherie]

443a
K 26
ΑΛΕΞΑΝΔΡΟV Ebenso   KOINON ΜΑΚΕΔΟΝΩΝ ΝΕΩ Ebenso

Abweichungen: Rs. KOINON MAKEΔO NΩN NEΩ und der Speer fast senkrecht 2
1 Mionnet.ann — 1 von Renner. — (Die Vs. von 1 ist aus demselben Stempel wie die
von n. 442 b und von demselben Hand wie n. 333; aber die Vs. von 2 vgl. zu n. 438.)

444
K 25
ΑΛΕΞΑΝΔΡΥ Ebenso   KOINON ΜΑΚΕΔΟΝΩΝ ΝΕΩ Ebenso, unter
dem Pferde Stern

Abweichungen: Rs. KOINON MAKE........ 3 — die Hinterlarbe des Pferdes
geknickt (vgl. zu n. 374) 1. 2. 3 — der Speer fast senkrecht 1. 2. 3
1 Brüssel — 2 Mionnet — 3 Paris; Mionnet S. 3, 130. 438. — (1. 2. 3 sind aus denselben
Stempeln; über die Vs. vgl. zu n. 452. 1. 2, aber die Rs. vgl. zu n. 352 a.)

444a
K 25
Ebenso (stempelgleich)   KOINON ΜΑΚΕΔΟ ΝΩΝ ΕΥ (so!) Ebenso

Abweichungen: Rs. KOI(NON) MAKE Δ O NΩNEΩ (so!) und der Speer fast
senkrecht 2
1 Constantinopel Russ. arch. Inst. — 2 Turin Mus. Cat. 2595 — 3 Dr.
Weber. — (Über die Vs. vgl. zu n. 452. 1. 2; die Rs. von 1. 3 sind stempelgleich und von
demselben Hand wie 2 (= n. 443. 1. 2. 3), n. 445, 1. 4 und die ähnlichen zu n. 376 genannten Stempel.)
Auf den beiden Rs.-Stempeln 1. 3 und 2 ist augenscheinlich der Neokorietitel erst nachträglich hinzugefügt worden. Vgl. oben zu n. 352.

445
K 26
ΑΛΕΞΑΝΔΡΟV Ebenso   KOINON ΜΑΚΕΔΟΝΩΝ ΝΕΩ Reiter wie vor-
her nach r. sprengend, aber mit eingelegter
Lanze (vgl. zu n. 354)

Abweichungen: Vs. ΑΛΕ........ 1: — Rs. [KOI]NON MAKCΔ O ΝΩΝ N[EΩ] 2
1 Lobbecke — 2 London Cat. 16. 139 — 3 Meletopulos. — (Die Rs. von 2 ist aus demselben Stempel wie die von n. 385, 2; aber die Vs. von 1 vgl. zu n. 443. 1.)

446
K 25
ΑΛΕΞΑΝΔ ΡΟV Ebenso,   KOINON ΜΑΚΕΔΟΝΩΝ ΝΕΩ Reiter mit Pan-
am Helmkessel Gruppe   zer, Stiefeln, flatterndem Mantel und einge-
von 4 Figuren   legter Lanze nach r. im Schritt

1 Kopenhagen; Ramus cat. 1, 137, 45 — 2 Lobbecke. — (1 u. 2 aus denselben Stempeln.)
Die Gruppe am Helmkessel ist leider auf beiden Exemplaren ganz unteils verrieben. Mit
Sicherheit ist zu erkennen ein nach r. gewendeter Reiter, der einen am Boden linkshin
liegenden Feind (mit erhobener R. und Schild am l. Arm) bekämpft. Hinter dem Reiter
scheint Nike dargestellt zu sein und noch weiter l. ist ein zweiter nach r. gewendeter
Reiter (mit eingelegter Lanze!) sichtbar. Vgl. auch n. 767.

447
K 25
ΑΛΕΞΑΝΔΡΥ Ebenso,   KOINON ΜΑΚΕΔΟΝΩΝ ΝΕΥ (i. A. endend)
am Kessel der Greif   Ebenso

1 Brüssel — 2 Florenz — 3 Sophia. — (1. 2. 3 sind aus denselben Stempeln; aber die
Vs. vgl. zu n. 452. 1. 2.)

448
K 25
ΑΛΕΞΑΝΔΡΟV Ebenso   K OINON ΜΑ Κ Ε ΔΟΝΩΝ ΝΕΩ Reiter mit
Panzer, Stiefeln u. flatterndem Mantel nach r.
sprengend (vgl. zu n. 356) u. die R. erhebend

1 Berlin (Schrift der Vs. zum Teil etwas retouchiert). — (Über die Vs. vgl. zu n. 438.)

448a
K 26/25
[ΑΛΕΞΑΝ]ΔΡΟV Ebenso ' [KOINON ΜΑΚΕΔΟΝΩΝ Ν[ΕΩ] Ebenso
1 Wien Mechitaristen. — (Über die Vs. und Rs. vgl. zu n. 443. 3 bezw. n. 356.)

(Mit einer Nrohntir)

[449]   ΑΛΕΞΑΝΔΡΟΥ   Kopf mit   KOINON ΜΑΚΕΔΟΝΩΝ ΝΕ Ω (L.A. endend).
K (25)   attischem Helm nach r.   Reiter wie vorher, aber im Schritt nach r.
1 Chaix descr. 137

450   ΑΛΕΞΑΝΔΡΥ   Kopf mit   KOINON ΜΑΚΕΔΟΝΩΝ ΝΕΩ   Krieger mit
K 26   attischem Helm nach   Lanze u. Parazonium von vorn (etwas nach
r., am Kessel der rechts-   l.) stehend und rechtshin blickend wie bei
hin eilende Greif   n. 431a
1 Berlin — 2 Gotha. — (1 u. 2 sind aus demselben Stempeln; aber die Vs. und Rs. vgl. zu n. 452,1. 2 bezw. n. 431a.)

451   ΑΛΕΞΑΝΔΡΟΥ   Ebenso   [KOINO]N ΜΑΚΕΔΟΝΩΝ ΝΕΩ   Krieger wie
K 26   vorher, aber von vorn (etwas nach r.) stehend
                    und linkshin blickend
Abweichungen: Vs. Schrift unvollständig 1. 2 — der Greif verrieben 3; — Rs.
KOINON ΜΑΚΕΔΟΝΩΝ ΝΕΩ 1 — KOINON ΜΑ[ΚΕΔΟ]ΝΩΝ ΝΕΩ 2
1 London Cat. 26, 138 angenm — 2 München — 3 Paris; Mionnet 1, 568, 644. — (1 u. 2 sind aus demselben Stempeln; aber ihre Vs. und Rs. vgl. zu n. 445. 1 bezw. n. 339a.)

452   ΑΛΕΞΑΝΔΡΥ   Ebenso   KOINON ΜΑΚΕΔΟΝΩΝ · ΝΕΩ · (l. in der Mitte be-
K 26   ginnend). Löwe mit geöffnetem Rachen nach
r. schreitend, darüber Keule mit dem Griff
nach r.
Abweichungen: Rs. mit ΝΕΩΚΟ J — KOINON ΜΑΚΕΔΟΝΩ N] ΝΕΩ 1
1 London Cat. 27, 143 angenm — 2 Paris (gelocht); Trésor de num., roll grees 31, XVII, 6. — |— 3 Patin imp. (1671) 11 Abb. d. Rs. — imp. (1697) 9 Abb. d. Rs. [Haverkamp algem. hist. 1. XXV, 5]. — (Der Vs.-Stempel von 1. 2 ist — n. 444. 1-3 — n. 444a. 1-3 — o. 447; 1-3 — n. 450, 1. 2 — n. 453; aber ihre beiden Rs.-Stempel vgl. zu n. 398a bezw. n. 397.)

452a   ΑΛΕΞΑΝΔΡΥ   (oben begin-   KOINON ΜΑΚΕΔΟΝΩΝ ΝΕΩ (l. in der Mitte be-
K 26/25   nend.)   Ebenso   ginnend). Ebenso
Gewicht: 11,37
1 Vigani. - (Der Vs.-Stempel ist — n. 440 und von demselben Hand wie n. 439,1; aber die Rs. vgl. zu n. 433. 1)

453   = n. 450   KOINON ΜΑΚ ΕΔΟΝΩΝ u. l A. ΝΕΩ   Hoher
K 25   (derselbe Stempel)   Korb (cista mystica), aus welchem unter dem
halbgeöffneten Deckel eine Schlange nach
r. hervorkriecht
1 Lobbecke. — (Die Rs. ist aus demselben Stempel wie die von n. 361, 2 — o. 401, 1.)

Hohlstücke (n. 454–458)

454   ΑΛΕΞΑΝΔΡΟΥ   Kopf mit   [KOI NON ΜΑ] ΚΕΔΟΝΩΝ Ν[ΕΩ] (r. in der Mitte
K 19   Löwenfell nach r.   beginnend). Löwe mit geöffnetem Rachen
nach r. schreitend
Gewicht: 4,90
1 Mailand. - (Die Vs. ist aus demselben Stempel wie die von n. 456.)

(Mit einer Neokorie)

455 ΑΛΕΞΑΝΔΡΟΥ Kopf mit   ΚΟΙΝΟΝ ΜΑΚΕΔΟΝΩΝ ΝΕΩ ■ Köcher mit
K 20 Löwenfell nach r.   3 Pfeilen u. an der l. Seite herabhängendem
                                    Riemen (senkrecht) zwischen (l.) Bogen (die
                                    Sehne r.) und (r.) Keule (Griff oben)
         Gewicht: 5,12
         1 Berlin

456 Ebenso   ΚΟΙΝ
K 19   ΟΝΜΑΚ
                              ΕΔΟΝ im unten gebundenen Lorbeerkranz
                              ΥΝΝΕ
                              Υ

T. V, 16 | Abbildung
         Gewicht: 4,50
         1 Imhoof; Zeitschr. f. Num. 25, I, 18 Vs. — (Die Vs. ist aus demselben Stempel wie die
         von n. 454.)

457 ΑΛΕΞ[ΑΝΔΡΥ] Kopf mit ΚΟΙΝΟ
K 20 attischem Helm nach   ΜΑΚΕΔΟ
         r., am Kessel der Greif; ΝΩΝ·ΝΕ im unten gebundenen Lorbeerkranz
         unter dem Halse Blitz   Ω·ΚΟ
         Gewicht: 5,77
         1 Paris; Mionnet 1, 567, 654. — (Die Vs. ist aus demselben Stempel wie die von n. 340. 1. 3
         und hernach ihre Aufschrift an eigenem, deren zweite, undeutlich gewesene Hälfte durch
         rohes Retouchieren völlig verdorben worden.)

458 ΑΛΕ....... Ebenso,   ΚΟΙΝ
K 21/17 ohne Beizeichen (?) ΜΑΚΕΔΟ
                                  ΝΩΝ im unten gebundenen Eichen(?)kranz
                                  ΝΕ
         1 Paris

C. Mit zwei Neokorien

a. Zeit des Elagabalus (n. 459–491)

Vs. Kopf mit Diadem im lang herabhängenden Haar (n. 459—461)

459 ΑΛΕΞΑΝΔΡΟC Kopf mit ΚΟΙ ΜΑΚΕΔΟΝΩΝ Β ΝΕΩΚ (l. oben beginnend)
K 26 Diadem im lang herab- Zwei fünfsäulige Tempelfronten mit zwei-
         hängenden Haar nach r. stufigem Unterbau
         Gewicht: 12,95 (?)
         1 Berlin (Vs. retouchiert) — 2 Paris; Mionnet 1, 556, 597. — (r. u. 2 sind aus denselben
   | Stempeln; aber die Vs. vgl. zu n. 461, 1.)

460 ΑΛΕΞΑΝΔΡΟC Ebenso   Ebenso (derselbe Stempel)
K 26 Gewicht: 13,15 (?)
         1 Bologna Bibliothek; Zeitschr. f. Num. 24 (1904), VI, 10 — 2 Rollin und Feuardent (1905,
         2. die Bemerkung nach n. 474). — (Der Vs.-Stempel von r. 2 ist von denselben Hand wie
         n. 461, 2, n. 461a und n. 462.)

[Mit zwei Neukorien; Zeit der Elagabalus]

461 AΛEΞANΔΡOC Kopf mit |<OI MA|<EΔONΩN B N EΩ|<O (L. oben beginnend).
K 26 Diadem im lang herab- Vierbeiniger Tisch mit Löwenfüssen von
hängenden Haar nach r. vorn gesehen, darauf zwei Preiskronen je
mit Palmzweig, darunter Amphora

Abweichungen: Vs. AΛE[ΞANΔP]OC ?: — Rs. die Amphora verwischt 2
2 München; Zeitschr. f. Num. 25, I, 13 Vs. — 2 Wien; Mus. Theup. 2, 1181. — (Der Vs.
Stempel von 1 ist — n. 459, 1. 2 und anscheinend auch — n. 503; aber die Vs. von 2
vgl. zu n. 460, 1. 2.)

461a AΛEΞANΔΡOC Ebenso |<OI MA|<EΔONΩN B NEΩ|<O (r. oben beginnend).
K 25/24   Vierbeiniger Tisch von vorn gesehen, darauf
zwei Preiskronen je mit Palmzweig

1 Rollin und Feuardent (1905, z. die Bemerkung nach n. 474). — (Über die Vs. vgl. zu
n. 460, 1. 2.)

462 AΛEΞANΔΡOC Ebenso |<OI MA|<EΔO NΩN B NEΩ (oben beginnend).
K 26   Ebenso

Gewicht: 13,10

1 Athen Cat. 1367 (ungenau). — (Über die Vs. vgl. zu n. 460, 1. 2.)

Vs. Kopf mit Diadem im fliegenden Haar (n. 463—471)

463 AΛEΞANΔPOV Kopf mit |<OI MA|<EΔONΩN B NEΩ|<O PΩN (l. A. endend).
K 25 Diadem im fliegenden Alexander nackt, mit flatterndem Mantel,
Haar nach r. nach r. vortretend und den sich bäumenden
Bukephalos mit beiden Händen am Zügel
haltend

Abweichungen: Rs. Schrift unvollständig 1. 2
1 Löbbecke; wohl dies Exemplar vorher Cat. Bentinck, Suppl. 3 — 2 Oxford (retouchiert,
bes. die Rs.) — 3 Verona; Muselli, regex 3. 6, II, 6 (ungenau). — (1. 2. 3 sind aus denselben Stempeln; aber die Vs. vgl. zu n. 468.)
Das erste Omega der Rs.-Umschrift ist aus versehentlichem O im Stempel korrigiert.

464 AΛEΞANΔPOV Ebenso |<OI MA|<EΔ ONΩN B NEΩ |<OP (L. oben beginnend).
K 26   Reiter mit Panzer, Stiefeln, flatterndem Mantel und eingelegter Lanze nach r. sprengend

1 Löbbecke. — (Der Vs.-Stempel ist — n. 467 — n. 472, 1-3; über die Rs. vgl. zu n. 481.)
Die Hinterbeine des galoppierenden Pferdes auf dieser und der folgenden Münze sowie
bei n. 474 und n. 479-481 mit dem gleichen Typus (Reiter mit eingelegter Lanze) sind
gestreckt, aber nicht so vollkommen wie bei n. 354 und n. 366, sondern mit leichter Einbiegung im Gelenk, eine Besonderheit, welche diese Stempel unzweifelhaft als Arbeiten derselben Hand erkennen lässt. — Der r. Arm des Reiters ist nach hinten gestreckt, doch mit
so stark gebremstem Ellenbogen, dass die Hand in der Hüftengegend liegt. Die Lanze
ist bei n. 464 (— n. 481) wagerecht, sonst ein wenig nach vorn gesenkt und stets mit ihrer
Spitze auf dem Vorderkörper des Pferdes endend. Vgl. auch zu n. 354 und n. 366.

465 AΛEΞANΔPOV Ebenso |<OI MA|<EΔONΩN B N EΩ|< (L. oben beginnend).
K 26   Ebenso

1 Brüning — 2 Paris; Mionnet 1, 560, 615. — (1 und 2 sind aus denselben Stempeln.)

[Mit zwei Nebenarm: Zeit des Klagenbalos]

468
K 25
ΑΛΕΞΑΝΔΡΟΥ Kopf mit Diadem im fliegenden Haar nach r.

ΚΟΙΝΟΝ ΜΚΕΔΟΝΩΝ Β ΝΕΩ (mit L oben beginnend). Zwei viersäulige Tempelfronten mit einstufigem Unterbau, dazwischen auf einer hohen Säule die Statue eines von vorn (etwas nach r.) stehenden u. linkshin blickenden Kriegers, der die R. auf die umgekehrte Lanze stützt und im l. Arm das Parazonium hält

1 Athen (neue Erwerbung). — (Der Va.-Stempel hat == a. 470, 1. 2.)
Über den Rs.-Typus vgl. die Einleitung S. 61 und ausführlicher Zeitschr. f. Num. 24, 321 sowie ebenda 25, 9.

467
K 27/26
ΑΛΕΞΑΝΔΡΟΥ Ebenso

ΚΟΙ ΜΑΚΕΔΟΝΩΝ Β ΝΕΩΚΟΡΩ (L A. endend). Vierbeiniger Tisch mit Löwenfüssen von vorn gesehen, darauf zwei Preiskronen je mit Palmzweig, darunter Amphora

1 Paris (durch schlechtes Reinigen verdorben). — (Über die Vs. vgl. zu a. 466.)

468
K 26
ΑΛΕΞΑΝΔΡΟΥ Ebenso

ΚΟΙ ΜΑΚΕΔΟΝΩΝ Β ΝΕΩΚΟ (L oben beginnend). Ebenso

Gewicht: 15,12
1 Berlin. — (Der Va.-Stempel ist == a. 463, 1. 2. 3 == a. 469.)

468
K 26/25
Ebenso
(derselbe Stempel)

ΚΟΙ ΜΑΚΕΔΟΝΩΝ Β Ν ΕΩΚΟΡΩ (L A. endend). Vierbeiniger Tisch von L gesehen, darauf zwei Preiskronen je mit Palmzweig

1 Florenz (Vs. und Rs. durch Retouchieren verdorben)
Auf der Rs. ist aus Ν Β ΝΕΩΚΟΡΩ von unkundiger Hand Ν ΔΙΕ|. ΩΔΟΚΟ gemacht worden.

470
K 26
ΑΛΕΞΑΝΔΡΟΥ Ebenso

ΚΟΙ ΜΑΚΕΔΟΝΩΝ Β ΝΕΩ ΚΟΡ ΩΝ (oben beginnend). Vierbeiniger Tisch von vorn gesehen, darauf zwei Preiskronen je mit Palmzweig

1 Solun — 2 Wien. (1 und 2 sind aus denselben Stempeln; aber die Vs. vgl. zu a. 466.)

471
K 26
Ebenso
(anderer Stempel)

ΚΟΙ ΜΑΚΕΔΟΝΩΝ Β ΝΕΩ (r. oben beginnend). Ebenso

1 Paris; Mionnet 1, 556, 594: Vivenzu Icouogr. greeque 2, 51, XXXIX°, 7

472
K 26
ΑΛΕΞΑΝΔΡΟΥ Ebenso

ΚΟΙ ΜΑΚΕΔΑ ΟΝΩΝ Β ΝΕΩΚΟΡ (oben beginnend). Ebenso

Gewicht: 12,22 (2) — 11,54 (1)
Abweichungen: Rs. ΚΟΙ ΜΑΚΕΔΑΟΝΩΝ|Β ΝΕΩΚΟ (oben beginnend; 1 — der Tisch mit Löwenfüssen 2
1 Bruning — 2 Imhoof: Zeitschr. f. Num. 24 (1904), VI, 11 — 3 M. Florino (L die Bemerkung nach a. 474). — (Der Vs.-Stempel von 1. 1. 3 ist == a. 464 == o. 467; die Rs. von 1. 3 sind stempelgleich.)

[Mit zwei Nominalien; Zeit des Elagabalus]

Vs. Kopf nach links (n. 473–475a)

473
K 26

ΑΛΕΞΑΝΔΡΟΥ (L. von oben). Kopf mit Diadem im fliegenden Haar nach L., unter dem Halse Blitz

KOI (L A.) | NON | MAKEΔONΩN NEΩ B Alexander nackt, mit flatterndem Mantel, nach r. vortretend und den sich bäumenden Bukephalos mit beiden Händen am Zügel haltend

Gewicht: 14,32 (1) — 13,59 (4) — 10,98 (2) — 9,00 (3)

Abweichungen: Vs. Blitz übersehen 6; — Rs. am Schluss irrig K statt der B 6
1 Berlin — 2 Kopenhagen (durch schlechtes Reinigen verdorben) — 3 Leipzig – 4 London Cat. 16, 136; Combr 96, 12; Zeitschr. f. Num. 24 (1904), VI, 6 — 5 Paris; Mionnet 1. 558, 610; Trésor de num., roit gross 29, XVI, 19; Mawat, Revue num. 1903. 17, f, IV,7, – || — 6 Gotha Graecia XXXIV, 15 'Lacanry bist. Rum. 203; Gessner reg. Maced. 20, III, 24; — (1–5 sind aus demselben Stempeln.)
Der gemeinsame Rs.-Stempel von n. 473, 1–5 und n. 477, 1. 2 stimmt mit demjenigen der Elagabalus-Münze n. 301 in der Gesamtanlage und vielen charakteristischen Besonderheiten vollkommen überein, unterscheidet sich von ihm jedoch durch die wesentlich bessere Zeichnung einzelner dort missratener Partien (vgl. bes. die Arme Alexanders und die Vorderbeine des Pferdes) sowie das mittelst Anfügung zweier kleiner Striche in Omega verwandelte O von NEO. Es kann nicht zweifelhaft sein, dass nur in dem angegrenzten Stempel eine Vervielfältigung des anderen vorliegt, die auf mechanischem Wege gewonnen wurde, und zwar durch Abformen in einer modellierfähigen Masse, an welcher die erwähnten Korrekturen vorgenommen werden konnten. Vgl. Zeitschr. f. Num. 24 (1904), 291 sowie auch die Bemerkung hinter n. 636.

474
K 25

Ebenso
(anderer Stempel von demselben Hand)

KOINON MAKEΔONΩN B , NE· (L. oben beginnend). Reiter mit Panzer, Stiefeln, flatterndem Mantel und eingelegter Lanze nach r. sprengend

1 Karlsruhe — 2 Paris; Choiseul-Gouffier voyage pittor. 2, 1 (1809), 40, Vignette 8, 1 (Vs. ungenau); Mionnet S. 3, 227, 436. — (Die Vs. von 1. 2 sind aus demselben Stempel wie n. 475; über die Rs. von 1. 2 vgl. zu n. 479.)
Das erst Ende 1904 zu meiner Kenntnis gelangte Exemplar 1 ist in der (1903 gedruckten) Zusammenstellung Zeitschr. f. Num. 24 (1904), 321 fg. nachzutragen, desgleichen n. 460, 1, n. 461a, n. 472, 3 und n. 490, 1.

475
K 26/25

Ebenso
(aus gleichem Stempel)

Gewicht: 15,80

KOINON MAKEΔONΩN B NEΩ (nach aussen, r. oben beginnend). Zwei sechssäulige Tempelfronten mit dreistufigem Unterbau

1 St. Petersburg
Vs.- und Rs.-Aufschrift dieser Münze sind linksherum laufend, so dass die Buchstaben mit ihrer Basis nach aussen, d. h. nach dem Münzrande zu, gerichtet stehen. Die gleiche Schriftanordnung findet sich ausserdem nur noch auf den Vs.-Stempeln n. 473, n. 474, n. 476 [= 477 = 479 = 485] und n. 489 [= 490 = 491] aus derselben Zeit (Elagabalus), während sie vorher häufiger gewählt wurde (vgl. oben zu n. 230), später aber gar nicht mehr vorkommt.

475a
K 28/26

Ebenso
(dritter Stempel von demselben Hand)

KOI MAKEΔONΩN B NEΩKOPΩ (r. oben beginnend). Vierbeiniger Tisch von r. gesehen, darauf zwei Preiskronen je mit Palmzweig

1 Gaudin

(Mit zwei Nekorien; Zeit des Elagabalus)

Vs. Kopf mit Löwenfell (n. 476–483)

476
K 26

AΛΕΞΑΝΔΡΟΥ (r. von unten, ' ΚΟΙΝΟ ΜΑΚΕΔΟΝΩΝ Β ΝΕΩ (l. A. endend).

vgl. zu n. 475). Kopf mit   Alexander nackt, mit am Rücken lang herab-
Löwenfell nach r., un-   hängendem Mantel, nach l. vortretend und
ter dem Halse Blitz   den sich bäumenden Bukephalos mit beiden
               Händen am Zügel haltend

Gewicht: 12,06 (1) — 10,50 (2)

1 Berlin — 2 Gotha. — (Die Rs. von 1. 2 sind aus demselben Stempel wie die Münze des Elagabalus oben n. 300; über die Vs. von 1. 2 vgl. zu n. 485, 1. 2.)

477
K 25

Ebenso   ΚΟΙ (l. A.) ΝΟΝ ΜΑΚΕΔΟΝΩΝ ΝΕΩ Β
(derselbe Stempel)   Alexander nach rechts vortretend und den
               Bukephalos bändigend wie bei n. 473

Gewicht: 13,32 (2)

1 Hollschek — 2 London Cat. 23, 108 [Mowat, Revue num. 1903, 17, 8]; Zeitschr. f. Num. 24 (1904), VI, 9. — (Über die Vs. und Rs. von 1. 2 vgl. zu n. 485, 1. 2 bzw. n. 473, 1·3.)

478
K 26

AΛΕΞΑΝΔΡΟΥ Kopf mit   ΚΟΙ ΜΑΚΕΔΟΝΩΝ ; Β ΝΕΩ (l. oben beginnend).
Löwenfell nach r.   Ebenso

Abweichungen: Vs. Schrift retoniert 3; — Rs. Schluss der Schrift retouchiert 1
1 Mailand – 2 Meletopulos — 3 München — 4 St. Petersburg — 5 Wien; Mus. Theup. 2, 1281 (ungenau). — (Die Rs. von 1·5 sind stempelgleich, ebenso die Vs. von 1. 5; über die Vs. von 2. 3. 4 vgl. zu n. 486.)

479
K 26/25

AΛΕΞΑΝΔΡ.ΟΥ (r. von unten, ΚΟΙΝΟΝ ΜΑ ΚΕΔΟΝΩΝ Β ΝΕ· (l. oben beginnend).
vgl. zu n. 475). Kopf mit   Reiter mit Panzer, Stiefeln, flatterndem Man-
Löwenfell nach r., un-   tel und eingelegter Lanze nach r. sprengend
ter dem Halse Blitz

1 Vignan. — (Die Rs. ist aus demselben Stempel wie die von n. 474, 1. 2; über die Vs. vgl. zu n. 485, 1. 2.)

480
K 26

AΛΕΞΑΝΔΡΟΥ Kopf mit   ΚΟΙΝΟΝ ΜΑ ΚΕΔΟΝ ΩΝ Β ΝΕ (l. oben beginnend).
Löwenfell nach r.   Ebenso

Abweichungen: Vs. und Rs. Schrift unvollständig 2
1 London Cat. 23, 105; Zeitschr. f. Num. 24 (1904), VI, 8 Rs. — 2 Moskau Universität Cat. 1043. — (Die Rs. von 1 und 2 sind stempelgleich.)

481
K 27

AΛΕΞΑΝΔΡΟΥ Ebenso   ΚΟΙ ΜΑΚΕ ΟΝΩΝ Β ΝΕΩ ΚΟΡ (l. oben beginnend).
                   Ebenso

Gewicht: 12,52

1 Brüning. — (Die Rs. ist aus demselben Stempel wie die von n. 464; über die Vs. vgl. zu n. 488.)

482
K 25

Ebenso   ΚΟΙ ΜΑΚΕΔΟΝΩΝ Β ΝΕΩ ΚΟ (l. oben beginnend).
(derselbe Stempel)   Ebenso

Gewicht: 10,43 (1)

1 London Cat. 23, 106; Combe 96, 16 — 2 Oxford. — (1 und 2 sind aus demselben Stempeln; über die Vs. vgl. zu n. 488.)

[Mit zwei Neokorien; Zeit des Elagabalus]

483 AAEΞANΔPOV Kopf mit | ΚΟΙ ΜΑΚΕΔΟ ΝΩΝ Β ΝΕΩ (l. oben beginnend).
K 26 Löwenfell nach r. | Zwei siebensäulige Tempelfronten mit zwei-
                                 | stufigem Unterbau
        Gewicht: 13,03 (r)

   a Bräning — a Paris; Micouri N. J. 335, 417 — 3 Wien, vorher Cat. Welzl 4858 (unter
   Kyzikos). — (Die Rs. von 1, 2, 3 sind stempelgleich, ebenso die Vs. von 1, 1; über die
   Vs. von 3 vgl. zu n. 486.)

484 AAEΞANΔPOV Ebenso | ΚΟΙ ΜΑΚΕΔ ΟΝΩΝ Β (l. oben beginnend). Zwei
K 26 | ΝΕ
                             | fünfsäulige Tempelfronten mit einstufigem
                             | Unterbau

   a Maseben — a Paris. — (1. 2 sind aus demselben Stempeln; über die Vs. vgl. zu n. 487.)

485 AAEΞANΔP OV (r. von unten, | ΚΟΙ ΜΑΚΕΔΟΝΩΝ Β ΝΕΩΚΟΡΩ (r. oben be-
K 26 vgl. zu n. 475). Kopf mit | ginnend). Vierbeiniger Tisch von r. gesehen,
        Löwenfell nach r., un- | darauf zwei Preiskronen je mit Palmzweig
        ter dem Halse Blitz |

   a Hoßmcheh — a Lobbecke. — (Die Rs. von 1, 2 sind stempelgleich; der Vs.-Stempel
   von 1, 2 ist — n. 476, 1, 2 — n. 477, 1, 3 — n. 479.)

486 AAEΞ[ANΔPOV] Kopf mit | ΚΟΙ ΜΑΚΕΔΟΝΩΝ Β ΝΕΩΚΟΡΩΝ (l. oben be-
K 25 Löwenfell nach r. | ginnend). Vierbeiniger Tisch von vorn ge-
                                   | sehen, darauf zwei Preiskronen je mit
                                   | Palmzweig
        Gewicht: 11,27

   a Weber Ilbg. — (Der Vs.-Stempel ist — n. 478, 2, 3, 4 — n. 483, 3.)

487 AAEΞANΔPOV Ebenso | ΚΟΙ ΜΑΚΕΔΟ ΝΩΝ Β ΝΕΩΚΟΡ (oben beginnend).
K 26 | Ebenso

   a Mehrlopulos — a München; Sestini descr. 138, 10 [Mionnet N. J. 335, 421]. — (Die Rs.
   von 1, 2 sind stempelgleich; der Vs.-Stempel von 2 und wahrscheinlich auch 1 ist —
   n. 484, 1. 2.)

488 AAEΞANΔPOV Ebenso | ΚΟΙ ΜΑΚΕΔ ΟΝΩΝ Β ΝΕΩΚΟ· (oben beginnend).
K 26 | Ebenso, der Tisch mit Löwenfüssen

   a Paris; Mionnet 1, 555, 586. — (Der Vs.-Stempel ist — n. 481 — n. 482, 1. 2.)

Halbstücke (n. 489–491)

489 AAEΞANΔPOV (r. von unten, | ΚΟΙ ΜΑΚΕΔΟΝΩΝ Β ΝΕΩ (l. A. endend). Vier-
K 21 vgl. zu n. 475). Kopf mit | beiniger Tisch von vorn gesehen, darauf
        attischem Helm nach r., | Preiskrone mit Palmzweig
        am Kessel ein rechtshin |
        eilender Greif; unter |
        dem Halse Blitz |
        Gewicht: 6,00 (1) — 5,80 (2)

   1, 2 Winterthur. — (1 und 2 sind aus demselben Stempeln.)

[Mit zwei Neokorien; Zeit des Elagabalus]

490
K 21
Ebenso
(derselbe Stempel)

ΚΟΙ ΜΑΚΕΔΟΝΩΝ Β ΝΕΩ (r. oben beginnend).
Ebenso

Gewicht: 7,11 (3) — 6,63 (1) — 4,44 (1)

Abweichungen: Rs. ΚΟΙ|ΜΑΚΕΔΟΝΩΝ Β ΝΕΩ (l. oben beginnend) 1 — ΚΟΙ
ΜΑ(ΚΕΑΔ)ΝΩΝ|Β ΝΕ (l. oben beginnend) 3

1 Berlin (s. die Bemerkung nach n. 474) — 1 Hunter Cat. 360, 23; Combe descr. 183. 49.
XXXV, 5 — 3 Paris; Mionnet 1, 562, 646

491
K 22/20
Ebenso
(derselbe Stempel)

ΚΟΙ ΜΑΚΕΔΟΝΩΝ Β ΝΕΩ (l. oben beginnend).
Bogen (senkrecht, die Sehne r.) zwischen (l.)
Keule (Griff oben) und (r.) Köcher mit
Pfeilen und an der r. Seite herabhängendem
Riemen

Gewicht: 7,16

1 Paris. — Der Schluss der Rs.-Umschrift ist durch Retouchieren entstellt.

---

b. Erste Zeit des Severus Alexander (n. 492—525)

Vs. Kopf mit Diadem im lang herabhängenden Haar (n. 492—510?)

492
K 25/24
ΑΛΕΞΑΝΔΡΟΥ Kopf mit
Diadem im lang herab-
hängenden Haar nach r.

ΚΟΙ|ΝΟΝ ΜΑ ΚΕΔΟΝΩΝ Β ΝΕ Athena nach
l. sitzend, auf der R. die rechtshin gewendete
Nike, im l. Arm die Lanze (Spitze oben); am
Sitz (mit Löwenbein) hinten der Schild

1 Kopenhagen; Ramus cat. 1, 187, 52. — (Der Vs.-Stempel ist — n. 494 — n. 495 — n. 496
— n. 499 — n. 502, 1. 3 ~ n. 504, r — n. 510 — n. 510a und von denselben Hand wie n.
493 [— 497], n. 498 [— 500], n. 500 [— 501 — 508, 1. 3 — 509, 1. 2', n. 503 und n. 346;
über die Rs. vgl. zu n. 493.)

493
K 26/25
ΑΛΕΞΑΝΔΡΟΥ Ebenso

ΚΟΙΝΟΝ ΜΑΚΕΔΟΝΩΝ Β ΝΙΕ (l. A. endend).
Ebenso

1 Rom Vatican; Zeitschr. f. Num. 25, 1, 9. — (Vs.-Stempel [~ n. 493] und Rs.-Stempel sind
von derselben Hand wie die der vorigen Münze.)

494
K 26/25
ΑΛΕΞΑΝΔΡΟΥ Ebenso

ΚΟΙΝΌΝ ΜΑΚΕΔΟΝΩΝ Β ΝΕ Ebenso

1 Turin Kgl. Slg. — (Über die Vs. vgl. zu n. 492; der Rs.-Stempel ist von denselben Hand
wie n. 511.)

495
K 26
Ebenso
(derselbe Stempel)

ΚΟΙΝΟΝ ΜΑΚΕΔΟΝΩΝ · Β · ΝΕΩ Reiter mit
Panzer, Stiefeln und flatterndem Mantel nach
r. sprengend und mit der erhobenen R. den
Speer schräg nach unten richtend

Gewicht: 11,72

1 London Cat. 34, 132; Zeitschr. f. Num. 25, 1, 5 Vs. — (Über die Vs. vgl. zu n. 492.)
Die Hinterbeine des galoppierenden Pferdes auf dieser und der folgenden Münze sind
hoggestreckt (vgl. zu n. 374 und n. 564). Auf beiden Rückseiten sind an mehreren Stellen,
besonders deutlich unten zwischen Hinterhufen und Schriftende, Spuren sichtbar, welche
erkennen lassen, dass die betr. Stempel im vorliegenden Gepräge erst nach Tilgung eines
anderen, ähnlichen erhalten haben. Vgl. zu n. 525, n. 563 und n. 591.

[Mit zwei Neokorien; erste Zeit des Sev. Alex.]

496 Ebenso   KOI MAKEΔONΩN B NEO   Ebenso
K 27/26   (derselbe Stempel)
   1 Wien (gelocht). — ((Über die Vs. vgl. zu n. 492.)

497 AΛEΞANΔPOV Kopf mit   KOINON MAKEΔONΩN B NEΩKO Reiter mit
K 24/23   Diadem im lang herab-   Panzer, Stiefeln, flatterndem Mantel und ein-
   hängenden Haar nach r.   gelegter Lanze nach r. sprengend

   1 Frankfurt a. M. — (Die Rs. ist von derselben Hand wie n. 417 a mit NEΩKO (ohne B);
   über die Vs. vgl. zu n. 493.)
   Die Hinterbeine des galoppierenden Pferdes auf dieser und den folgenden Münzen sowie
   bei n. 512 515 und n. 522 mit dem gleichen Typus (Reiter mit eingelegter Lanze) sind
   langgestreckt. Der r. Arm des Reiters ist gewöhnlich mit leichter Krümmung zurück-
   gezogen, nur bei n. 498 a und n. 512 mit so stark geknicktem Ellenbogen, dass die Hand in
   der Hüftengegend liegt, und bei n. 499 ohne Einbiegung. Die Lanze steigt im letzteren
   Falle ausnahmsweise nach vorn etwas an, während sie sonst sich mehr oder weniger senkt
   und bei n. 497 und n. 501 wagerecht liegt. Sie endet bei n. 498 · 499 a, n. 500, n. 512
   und n. 522 mit ihrer Spitze auf dem Vorderkörper des Pferdes, aber dass sie auf den
   anderen Stempeln hinausragt. Vgl. auch zu n. 354, n. 464 und n. 566.

498 AΛEΞANΔPOV (oben begin-   KOINON MAKEΔONΩN B NEΩKO   Ebenso
K 27/26   nend). Ebenso
   1 Rom Vatican. — (Der Vs.-Stempel ist — n. 506 und von derselben Hand wie n. 493 u. s. w.)

498a AΛEΞANΔPOV Ebenso   KOINON MAKEΔONΩN B NEΩ   Ebenso
K 25/24   Gewicht: 13.43
   1 Rollin und Feuardent (1905, t. die Bemerkung nach n. 510 a). — (Der Vs.-Stempel ist
   von derselben Hand wie n. 498 b und n. 511 [— 513 — 516 — 517]; aber die Rs. vgl. zu
   n. 511.)

498b AΛEΞANΔPOV Ebenso   KOINON MAKEΔONΩN B NEΩ   Ebenso
K 24/23   1 Rollin und Feuardent (1905, t. die Bemerkung nach n. 510 a). — (Über die Vs. vgl. zu
   n. 494 a.)
   Der Rs.-Stempel erinnert sowohl durch die Anordnung der Umschrift, die mit ihrem ersten
   Buchstaben (K) unten vor den Hinterfüssen des Pferdes beginnt, als auch im Stil der
   Darstellung an die zu n. 425 a besprochenen Stempel aus der Spätzeit des Severus Alexander,
   verrät aber einen ziemlich geringeren Grad von Kunstfertigkeit und dürfte demnach eine
   weiter zurückliegende Arbeit desselben Stempelschneiders sein, wozu vortrefflich stimmt, dass
   die obige Münze nach ihrer Vs. zu den Zeitschr. f. Num. 25, 1 fg. zusammengestellten allerersten Emissionen unter dem genannten Kaiser gehört.

499 AΛEΞANΔPOV Ebenso   KOINON MAKEΔONΩN B NEΩ   Ebenso
K 26   1 Turin Kgl. Slg. — ((Über die Vs. vgl. zu n. 492.)

499a AΛEΞANΔPOC Ebenso   KOI MAKEΔONΩN · B · NEΩ   Ebenso
K 26/23   1 St. Petersburg: Zeitschr. f. Num. 25, 6 fg. 1, 16 Vs. — (Der Vs.-Stempel ist — n. 507 und
   von derselben Hand wie n. 505 [— 459, 1, 1 — 461, 1]; aber die Rs. vgl. zu n. 511.)

500 AΛEΞANΔPOV Ebenso   KOINON MAKEΔONΩN B NEO (r. unten beginnend).
K 27/26   Ebenso
   1 Neapel Cat. 6647 (ungenau) — (Der Vs.-Stempel ist — n. 501 — n. 508, 1, 2 — n. 509, 1, 2
   und von derselben Hand wie n. 493 u. s. w.)

[Mit zwei Neokorien; erste Zeit des Sev. Alex.]

501
K 27/25
Ebenso KOINON MAKEΔONΩN B NE Ebenso
(derselbe Stempel)

1 Modena. — (Über die Vs. vgl. zu n. 500; der Rs.-Stempel ist von derselben Hand wie n. 503 und n. 515.)

502
K 26
ΑΛΕΞΑΝΔΡΟΥ Ebenso KOINON MAKEΔONΩN · B · NE Ebenso
Gewicht: 11,44 (1)

1 Lewin (s. die Bemerkung nach n. 510a) — 1 Paris; Mionnet 1, 559, 691 — S. 3, 237, 437. — (1 und 1 sind aus denselben Stempeln; über die Vs. vgl. zu n. 492.)

503
K 26
ΑΛΕΞΑΝΔΡΟΥ Ebenso KOINON MAKEΔONΩN B NE Ebenso

1 München; Zeitschr. f. Num. 25, 1, 8 Rs. — (Der Vs.-Stempel ist von derselben Hand wie n. 491 u. s. w.; über die Rs. vgl. zu n. 501.)

504
K 26
ΑΛΕΞΑΝΔΡΟΥ Kopf mit KOINON MAKEΔONΩN B NE Reiter mit Panzer,
Diadem im lang herab- Stiefeln und flatterndem Mantel nach r. spren-
hängenden Haar nach r. gend und die R. senkrecht emporstreckend
Gewicht: 10,88 (1)

Abweichungen: Rs. angeblich mit B NE 1

1 Athen Cat. 1563 β; Zeitschr. f. Num. 25, 1, 6 Rs. —[1 — 3 Patin Imp. (1671) 11 Abb. d. Rs. — imp. (1697) 10 Abb. d. Rs. — 3 Chaix descr. 132. — (Über die Vs. von 1 vgl. zu n. 492; der Rs.-Stempel von 1 ist von derselben Hand wie n. 513. 1. 3 und oben n. 305 des Severus Alexander.)

Die Hinterbeine des galoppierenden Pferdes auf dieser und der folgenden Münze sowie bei n. 513 sind Imggestreckt; vgl. oben zu n. 305 sowie Zeitschr. f. Num. 24 (1904), 305 und ebenda 25, 8 fg.

505
K 26
ΑΛΕΞΑΝΔΡΟC Ebenso KOINON MAKE[ΔO]NΩN · B · NE Ebenso
Gewicht: 12,87

1 Turin Mus. Cat. 2596 — Lavy 1412; Zeitschr. f. Num. 25, 6 fg., 1, 14. — (Der Vs.-Stempel ist unscheinbar — n. 459, 1. 2 (— 461, 1) und offenbar von derselben Hand wie n. 499a (— 507].)

506
K 26/25
ΑΛΕΞΑΝΔΡΟΥ (oben begin- KOINON MAKEΔ,ONΩN B NEO Krieger mit
nend). Kopf mit Dia- Panzer und Stiefeln von vorn (etwas nach r.)
dem im lang herab- stehend und linkshin blickend, im r. Arm
hängenden Haar nach r. Parazonium, die L. auf die umgekehrte Lanze
gestützt

1 Hunter Cat. 358, 15; Combe descr. 182, 46 (ungenau). — (Über die Vs. vgl. zu n. 498.)

507
K 25
ΑΛΕΞΑΝΔΡΟC Ebenso KOI MAKEΔONΩN und i. A. · B · NEΩKO Zwei
PΩN
viersäulige Tempelfronten mit einstufigem
Unterbau; dazwischen auf hoher Säule die-
selbe Kriegerstatue wie bei n. 466
Gewicht: 11,18

1 Löbbecke. — (Über die Vs. vgl. zu n. 499a und n. 505; der Rs.-Stempel ist von derselben Hand wie n. 515, 1-3, n. 519, 1-3, n. 519, 2.4 und n. 519, 5.)
Über den Rs.-Typus vgl. das Citat zu n. 466.

[Mit zwei Neokorien; erste Zeit des Sev. Alex.]

508
K 26
ΑΛΕΞΑΝΔΡΟΥ Kopf mit Diadem im lang herabhängenden Haar nach r. — KOINON MAKEΔONΩN B NE Vierbeiniger Tisch mit Löwenfüssen und Querleisten zwischen den Beinen von r. gesehen, darauf kleiner Beutel zwischen zwei Preiskronen mit je einem Palmzweig

1 München — 2 Warren. — (1 und 2 sind aus denselben Stempeln; über die Vs. vgl. zu n. 500.)

509
K 26
Ebenso (derselbe Stempel) — KOINON MAKEΔONΩN B NE Vierbeiniger Tisch mit Löwenfüssen und Querleisten zwischen den Beinen von r. gesehen, darauf zwei Preiskronen je mit Palmzweig

1 Mordtmann — 2 Paris (durch Retuschieren verdorben). — (1, 2 sind aus denselben Stempeln; über die Vs. vgl. zu n. 500.)

510
K 26
ΑΛΕΞΑΝΔΡΟΥ Ebenso | Ebenso
Gewicht: 10,53

1 Windisch-Grätz Cat. 5 (1899), 43. 704 (ungenau). — (Über die Vs. und Rs. vgl. zu n. 493 bezw. 509.)

510a
K 26
Ebenso (derselbe Stempel) — [KOINON MAKEΔ]ONΩN B NE Ebenso, aber der Tisch von l. gesehen

1 Kopenhagen, vorher Cat. Thomsen 2, 898 (ungenau). — (Über die Vs. vgl. zu n. 493.) Diese erst nach der Drucklegung des Aufsatzes »Zur Münzkunde Makedoniens. V.« (Zeitschr. f. Num. 35) zu meiner Kenntnis gelangte Münze ist dieselbe N. afg. nachzutragen, desgleichen n. 498a, n. 498b und n. 502, r.

Vs. Kopf mit Diadem im fliegenden Haar (n. 511—521)

511
K 27/26
ΑΛΕΞΑΝΔΡΟΥ (oben beginnend). Kopf mit Diadem im fliegenden Haar nach r. — KOINON MAKEΔONΩN B NE (l. A. endend). Athena nach l. sitzend, auf der R. die rechtshin gewendete Nike, im l. Arm die Lanze (Spitze oben); am Sitz (mit Löwenbein) hinten der Schild

1 Mordtmann. — (Der Vs.-Stempel ist er n. 515 — n. 516 — n. 517 und von derselben Hand wie n. 498a, n. 498b und anscheinend auch n. 512 [= 520, 1 — 521, 1, 3], n. 513 und n. 514 [= 518, 1-3 — 519, 1-3]; über die Rs. vgl. zu n. 494.)

512
K 26/25
ΑΛΕΞΑΝΔΡΟΥ Ebenso — KOINON MAKEΔONΩN · B NEΩ Reiter mit Panzer, Stiefeln, flatterndem Mantel und eingelegter Lanze nach r. sprengend

1 Gotha. — (Über den Vs.-Stempel [= n. 520, 2 — n. 521, 1, 3] vgl. zu n. 511; die Rs. ist von derselben Hand wie n. 498a und n. 499a.)

513
K 25
ΑΛΕΞΑΝΔΡΟΥ (oben beginnend). Ebenso — KOINON MAKEΔONΩ N B NEO Ebenso

1 Thorwaldsen Cat. 154, 59. — (Vs.- und Rs.-Stempel sind von derselben Hand wie die der folgenden Münze; aber der Vs. vgl. auch zu n. 511.)

[Mit zwei Neokorino; erste Zeit des Sev. Alex.]

514
K 26 24

ΑΛΕΞΑΝΔΡΟΥ (oben begin- KOINON MAKEΔONΩN B NEO Ebenso
nend). Ebenso

1 Paris; Mionnet S. 3, 387, 436. — (Der Vs.-Stempel ist = n. 518, 1-3 = n. 519, 1-5;
vgl. auch zu n. 511 und zu n. 513.)
Über die abweichende Schreibung des Neokorietitels (mit O in der zweiten Silbe) auf
dieser und der vorhergehenden Münze sowie bei n. 493 fg., n. 498, n. 500 und n. 506 zu
der gleichen Prägeperiode s. Zeitschr. f. Num. 15, 3 fg., woselbst die entsprechende Angabe
aber die gotdionische Zeit durch das inzwischen bekannt gewordene Exemplar n. 558 a
eine Einschränkung erfährt.

515
K 28 27

ΑΛΕΞΑΝΔΡΟΥ (oben begin- KOINON MAKEΔONΩN B NE Ebenso
nend). Ebenso

1 Wien; Mus. Theup. 3, 1280; Zeitschr. f. Num. 25, 1, 7 Rs. —·(Über die Vs. und Rs. vgl.
zu n. 511 bezw. n. 501.)

516
K 25

Ebenso
(derselbe Stempel)

KOINON MAKEΔONΩN B NE Krieger mit
Panzer und Stiefeln von vorn (etwas nach r.)
stehend und linkshin blickend, die R. auf
die umgekehrte Lanze gestützt, im l. Arm
Parazonium

1 Turin Kgl. Slg.; Zeitschr. f. Num. 25, 1, 11. — (Über die Vs. vgl. zu n. 511.)

517
K 27 26

Ebenso
(derselbe Stempel)

KOINON MAKEΔONΩN · B · NE Krieger wie
vorher, aber im r. Arm Parazonium, die L.
auf die umgekehrte Lanze gestützt

1 Rom Vatican; Zeitschr. f. Num. 25, 1, 15 Rs. — (Über die Vs. vgl. zu n. 511.)

518
K 26

ΑΛΕΞΑΝΔΡΟΥ (oben begin-
nend). Kopf mit Dia-
dem im fliegenden Haar
nach r.

KOI · MAKEΔONΩN B NE (L. A. endend). Zwei
viersäulige Tempelfronten mit einstufigem
Unterbau; dazwischen auf einer hohen Säule
die Statue eines von vorn (etwas nach r.) stehenden und linkshin blickenden Kriegers,
der die R. auf die umgekehrte Lanze stützt
und im l. Arm das Parazonium hält

Gewicht: 14,77 (1) — 12,00 (2)

1 London Cat. 13, 127; Combe 96, 13 — 2 Mordtmann — 3 Rom Vatican. — (1, 2, 3
sind aus demselben Stempel; über die Vs. und Rs. vgl. zu n. 514 bezw. n. 507.)
Über den Rs.-Typus vgl. die Citate zu n. 466.

519
K 26 24

Ebenso
(derselbe Stempel)

KOI · MAKEΔONΩN und L A. B NE Ebenso

Gewicht: 10,25 (1 Erh. m.) — 9,65 (1, Erh. g.)

Abweichungen: Rs. Schrift zum Teil undeutlich 2. 3 — Schrift L A. nicht sichtbar 4

1 Berlin; Zeitschr. f. Num. 25, 1, 17 — 2 Berlin — 3 Constantinopel Russ. arch. Inst. —
4 München; Sestini descr. 131, 1 [Mionnet S. 3, 225, 422] ungenau — 5 Walcher Cat. 1101 a
(ungenau). — (Über die Vs. von 1-5 vgl. zu n. 514; über die 3 Rs.-Stempel: 1, 3, r. 4, 5
vgl. zu n. 507.)

Die antiken Münzen Norddmakedonlands III.   9

(Mit zwei Neokorien; erste Zeit des Sev. Alex.)

520 ΑΛΕΞΑΝΔΡΟΥ Ebenso ΚΟΙΝΟΝ ΜΑΚΕΔΟΝΩΝ Β ΝΕ (i. A. endend).
K 25   Ebenso

Abweichungen: Rs. angeblich ΚΟΙΝΟΝ | ΜΑΚΕΔΟΝΩΝ Β · ΝΕΟΚ · und die
Tempelfronten sechsstellig mit dreistufigem Unterbau, der Krieger von vorn (etwas
nach L) stehend und rechtshin blickend ?

1 Mordtmann. — — Hierher wohl noch 1 Galtz Graecia XXXIV, 1+5 [Haverkamp algem.
hist. 1, XXVII, 4; Gessner reg. Maced. 19, III, 13]. — (Über die Vs. von 1 vgl. zu n. 512.)

521   Ebenso   ΚΟΙΝΟΝ ΜΑΚΕΔΟΝΩΝ Β ΝΕ (i. A. endend). Vier-
K 26 (derselbe Stempel)   beiniger Tisch mit Löwenfüssen und Quer-
                              leisten zwischen den Beinen von vorn gesehen,
                              darauf zwei Preiskronen je mit Palmzweig
        Gewicht: 11,89(1)

1 Bründing — 2 Moskau Univers. Cat. 2146 — 3 Turin Kgl. Slg. — (1. 3 und vermutlich
auch 2 (Abdruck fehlt) sind aus denselben Stempeln; über ihre Vs. und Rs. vergl. zu n. 511
bezw. n. 524.)

            Vs. Kopf mit Löwenfell (n. 521—525)

522   ΑΛΕΞΑΝΔΡΟΥ (oben begin- ΚΟΙΝΟΝ ΜΑΚΕΔΟΝΩΝ Β ΝΕ Reiter mit Panzer,
K 26 nend). Kopf mit Löwen-   Stiefeln, flatterndem Mantel und eingelegter
          fell nach r.   Lanze nach r. sprengend (vgl. zu n. 497)
        Gewicht: 11,62

1 Löbbecke. — (Der Vs.-Stempel ist = n. 524.)

523   ΑΛΕΞΑΝΔΡΟΥ (oben begin- ΚΟΙΝΟΝ ΜΑΚΕΔΟΝΩΝ Β ΝΕ Reiter mit Panzer,
K 26 nend). Ebenso   Stiefeln und flatterndem Mantel nach r. spren-
                                  gend (vgl. zu n. 504) und die R. senkrecht
                                  emporstreckend
        Gewicht: 10,82 (1)
        Abweichungen: Rs. ΚΟΙΝΟΝ ΜΑΚΕΔΟΝΩΝ Β ΝΕ ?

1 Löbbecke — 2 Rom Nationalmuseum (durch Retouchieren verdorben) — 3 Wien; Eckhel
cat. 93, 103 [Mionnet S. 3, 324, 412]: Zeitschr. f. Num. 35, I, 3 Rs. — (Der Vs.-Stempel von
1. 2. 3 ist = n. 525; über die Rs. von 1, 3 vgl. zu n. 504, 1.)

524   = n. 523   ΚΟΙΝΟΝ ΜΑΚΕΔΟΝΩΝ Β ΝΕ (i. A. endend). Vier-
K 25/24 (derselbe Stempel) beiniger Tisch mit Löwenfüssen und Quer-
                              leisten zwischen den Beinen von vorn gesehen,
                              darauf zwei Preiskronen je mit Palmzweig

1 Paris. — (Der Rs.-Stempel ist = n. 521, 1. 3.)

525   = n. 523   ΚΟΙΝΟΝ ΜΑΚΕΔΟΝΩΝ Β ΝΕ Ebenso, aber der
K 26/25 (derselbe Stempel) Tisch von r. gesehen

1 Sophia; Zeitschr. f. Num. 35, I, 4 Vs. — (Der Rs.-Stempel ist = n. 510.)

Der Rs.-Stempel hat, wie sich aus zahlreichen Spuren feststellen lässt, seine vorliegende
Umschrift erst nach Tilgung einer anders angeordneten erhalten, von welcher unten zuheben
ΝΕ und dem mit einem Α zusammengezeichneten Κ die Buchstaben ΟΝ besonders deutlich
sichtbar geblieben sind. Vgl. zu n. 495, n. 563 und n. 501.

[Mit zwei Neokorien]

c. Zeit des Gordianus III. (n. 526—825)

Vs. Kopf mit Widderhorn (n. 526—529a)

528
K 27

ΑΛΕΞΑΝΔΡΟΥ Kopf mit Widderhorn und Diadem im lang herabhängenden Haar nach r.
Gewicht: 13,43

ΚΟ[ΙΝΟΝ ΜΑΚΕΔΟ]ΝΩΝ ΔΙC ΝΕΩΚΟΡ Zeus nach l. thronend, auf der R. die linkshin gewendete Nike, die L.. auf das Scepter gestützt.

1 Paris; Mionnet S. 3, 225, 418, X, 6; Commisery voyage 1, 260, V, 9 (die Abb. der Rs. gibt das Sphygelbild); Heania manuel XXI, 3; Zeitschr. f. Num. 25, II, 34 Vs. — (Der Vs.-Stempel ist == n. 527 == n. 528 und von derselben Hand wie n. 542, t. 3 [== 543 == 363 == 386, t-6], n. 561 und n. 806 [== 802a == 807]; die Rs. ist aus dem gleichen Stempel wie n. 710, t. 2.)

527
K 27

Ebenso
(derselbe Stempel)

I ΚΟΙΝΟΝ ΜΑΚΕΔΟΝΩΝ ΔΙC ΝΕ[Ω (r. oben beginnend). Olympias mit Schleier auf einem Thron mit hoher Rückenlehne, auf die sie den l. Arm legt, nach l. sitzend und mit der R. die vor ihr aufgerichtete Schlange aus einer Schale fütternd

1 Klagenfurt. — (Der Rs.-Stempel ist == n. 551, 2; aber die Vs. vgl. zu n. 526.)
Über den Rs.-Typus vgl. die Bemerkung zu n. 547 a.

528
K 26/24

Ebenso
(derselbe Stempel)

ΚΟΙΝΟ'Ν ΜΑΚΕ'ΔΟΝΩΝ ΔΙC ΝΕΩ Hoher Korb, aus welchem unter dem halbgeöffneten Deckel eine Schlange nach r. hervorkriecht

Abweichungen: Rs. aus ΚΟΙΝΟ'Ν] durch Retouchieren ΚΟΡΟ gemacht
1 Paris (Vs. und Rs. retouchiert); Pellin imp. (1671) 13 Abb. d. Rs. == (1697) 11 Abb. d. Rs. [Gessner erg. Macrd. 20, III, 21']; Mionnet 1. 560, 634; Trésor de num., rois grecs 31, XVII, 5. — (Über die Vs. vgl. zu n. 526.)

529
K 27·26

Ebenso
(anderer Stempel)

ΚΟΙΝΟΝ ΜΑΚΕΔΟ ΝΩΝ ΔΙC ΝΕΩ (r. oben beginnend). Olympias nach l. thronend und die Schlange fütternd wie bei n. 527

T. IV, 27

Abbildung der Rs. (1)

1 Lobrecht; Zeitschr. f. Num. 25, II, 35 Vs. — 2 im Handel (1905. Abdruck vorhanden). — (1 und 2 sind aus demselben Stempel.)

529a
K 26

ΑΛΕΞΑΝΔΡΥ Ebenso, aber das Diadem mit vier · verziert

ΚΟΙΝΟΝ ΜΑΚΕΔΟΝΩ Ν ΝΕΩΚΟ (l. A. endend) n. l. V. oben in der Mitte • Β • Zwei viersäulige Tempel mit einstufigem Unterbau im Profil einander gegenüber auf einer gemeinsamen langen Bodenlinie

1 Sophia. — (Der Vs.-Stempel ist von derselben Hand wie n. 559 [== 602, 1, te. 3]; aber die Rs. vgl. zu n. 596.)
Diese vorher als n. 596, 2 verzeichnete Münze (s. Zeitschr. f. Num. 25, 21, Stemma V) hat, wie eine erneute Untersuchung ergab, auf der Vs. Kopf mit Widderhorn und ist demgemäß in der Zusammenstellung n. n. O. S. 25fg. nachzutragen.

9*

Mit zwei Neokorien; Zeit des Gordianus III.]

Vs. Kopf mit Diadem im lang herabhängenden Haar (n. 530—611)

530)
K 26
ΑΛΕΞΑΝΔΡΟΥ Kopf mit ' KOINON MAKEΔONΩN ΔIC NEΩK Zeus nach
Diadem im lang herab- L. thronend, auf der R. die linkshin gewendete
hängenden Haar nach r. Nike, die L. auf das Scepter gestützt

Abweichungen: Vs. Schrift zerstört 2; — Rs. Δ|Κ] NEΩK 1

1 Hunter Cat. 359, 19; Combe descr. 181, 35. XXXIV. 18 [Mionnet S. 3, 416, 417' ungenau —
1 Wien. — (1 und 2 sind aus denselben Stempeln; über die Vs. vgl. zu n. 544, über die
Rs. vgl. zu n. 613, 3.)

[531]
K (25)
ΑΛΕΞΑΝΔΡΟΥ Kopf mit KOINON MAKEΔONΩN Β NEΩKO Ebenso
Diadem nach r.

Abweichungen: Rs. |KOI'NON MAKEΔON........ 1

1 Chaix descr. 134 — 2 Cat. Thomsen 1, 806
Der Kopftypus der Vs. ist nicht genauer beschrieben, so dass diese beiden Münzen auch zu
n. 613fg. gehören konnten.

532
K 25
ΑΛΕΞΑΝΔΡΟΥ Kopf mit KOINON MAK EΔON ΩN · Β · NE Zeus nach L.
Diadem im lang herab- thronend, in der R. Schale, die L. auf das
hängenden Haar nach r. Scepter gestützt

1 Paris; Mionnet S. 3, 225, 419 (ungenau)

533
K 27
ΑΛΕΞΑΝΔΡΟΥ Kopf mit KOINON MAKEΔONΩN Β NEΩ Athena nach
Diadem im lang herab- L. sitzend, auf der R. die linkshin gewendete
hängenden Haar nach r. Nike, im L. Arm die Lanze (Spitze oben); am
Sitz (mit Löwenbein) hinten der Schild

1 Berlin — 2 Sophia. — (1 und 2 sind aus denselben Stempeln; über die Vs. vgl. zu
n. 545.)

534
K 26-25
ΑΛΕΞΑΝΔΡΟΥ Ebenso, KOINON MAKEΔONΩN Β NEΩ Ebenso
unter dem Halse Blitz

Abweichungen: Vs. das Diadem mit vier e verziert 1. 2

1 Belgrad — 2 Odessa Museum. — (1 und 2 sind aus denselben Stempeln; über die Vs.
vgl. zu n. 558b.)

535
K 26/25
ΑΛΕΞΑΝΔΡΥ Ebenso, KOINON MAKEΔONΩN Β u. l. A. NEΩ Ebenso
aber ohne Beizeichen

1 Constantinopel Russ. arch. Inst. — (Der Vs.-Stempel ist — n. 545a, 1·3 — n. 549. 1
— n. 564 — n. 575b — n. 584, 1. 2 — n. 585, 1. 2 — n. 611, 1. 2; über die Rs. vgl. zu n. 545 a.)
Die Lanze im l. Arm der Athena ist infolge starker Korrosion nicht mit völliger Sicherheit
festzustellen, so dass diese Münze eventuell auch zu n. 542fg. gehören könnte.

536
K·27
ΑΛΕΞΑΝΔΡΟΥ Ebenso KOINON MAKEΔONΩN · Β · NE · Ebenso

1 Hunter Cat. 358, 9; Combe descr. 182, 42. XXXV, 6. — (Der Rs.-Stempel ist von derselben Hand wie n. 620, 1 und n. 620, 2. 3; über die Vs. vgl. zu n. 620.)

537
K 25
ΑΛΕΞΑΝΔΡΟΥ] Ebenso KOINON MAKEΔONΩN · Β NE · Ebenso, aber
die kleine Nike nach rechts gewendet

1 Paris; Mionnet 1, 595, 614. — (Der Vs.-Stempel ist — n. 558, 1. 2 — n. 541, 3, 4 — n. 581
und falls nicht auch —, dann sicher von derselben Hand wie n. 611, 1. 2.)

[Mit zwei Neukorien; Zeit des Gordianus III.]

538
K 26
ΑΛΕΞΑΝΔΡΟΥ Ebenso   KOINON MAKEΔONΩN B NE Ebenso

1 Belgrad — 2 Wien; früher Froelich annales compendiarii (1759) 1, 1, 10 (ungenau).
— 3 Wiczay 2920; Sestini mus. Hedervar. 132, 192 (wo irrig 1918 citiert ist). — (1 und 2 sind aus demselben Stempeln; aber über Vs. vgl. zu n. 537.)

539
K 27/26
ΑΛΕΞΑΝΔΡΟΥ Ebenso   KOINON MAKEΔONΩN B N· Ebenso

1 Hunter Cat. 358, 9; Combe descr. 282, 43. — (Der Vs.-Stempel ist = n. 568a.)

539a
K 26.25
ΑΛΕΞΑΝΔΡΟΥ Ebenso   KOINON MAKEΔONΩN B N (i. A. endend). Ebenso

1 Berlin. — (Die Vs. ist aus demselben Stempel wie die von n. 558a = n. 568.)

540
K 26
ΑΛΕΞΑΝΔΡΟΥ Ebenso   KOINON MAKEΔONΩN B· N (i. A. endend). Ebenso

1 Paris; Mionnet 1, 558, 613. — (Über den Vs.-Stempel vgl. zu n. 507.)

541
K 26
T. IV. 22
ΑΛΕΞΑΝΔΡΟΥ (oben beginnend). Ebenso   KOINON MAKEΔONΩN B N (i. A. endend). Ebenso

Abbildung der Rs. (1)
Gewicht: 13,42 (1) — 13,31 (3) — 10,80 (2)
Abweichungen: Vs. ΑΛΕΞΑΝΔΡΟΥ rechts 2, 4
1 Löbbecke — 2 London Cat. 24, 116 — 3 Rollin und Feuardent (1903) — 4 St. Florian. — (Die Rs. von 1-4 sind stempelgleich, ebenso die Vs. von 1, 3; über den Vs.-Stempel von 2, 4 vgl. zu n. 537.)

542
K 27
ΑΛΕΞΑΝΔΡΟΥ (l. und r.). Ebenso   KOINON MAKEΔONΩN ΔIC NEΩ Athena wie bei n. 533, aber ohne die Lanze im l. Arm

1 Löbbecke — 2 Niz. — (1, 2 sind aus demselben Stempeln; aber die Vs. vgl. zu n. 543.)

543
K 28/27
Ebenso (derselbe Stempel)   KOINON MAKEΔONΩN a. L A. (klein) ΔIC NEΩ Ebenso

1 Wien Mechitaristen. — (Der Vs.-Stempel ist = n. 542, L 2 = n. 563 = n. 556, L 5 und von derselben Hand wie n. 526 [= 527 = 528, n. 561 und n. 507 (= 502 = 617) .)

543a
K 28
ΑΛΕΞΑΝΔΡΟΥ Ebenso   KOINON MAKEΔONΩN B NEΩ Ebenso

1 Leiden. — (Über die Vs. vgl. zu n. 545.)

544
K 27
ΑΛΕΞΑΝΔΡΟΥ Ebenso   KOINON MAKEΔONΩN B NE (r. oben beginnend). Ebenso

1 München. — (Der Vs.-Stempel ist = n. 530, L 3 = n. 550, 1-3 = n. 551, L 4 = n. 587, L 5 und anscheinend von derselben Hand wie n. 536, L 2 [= 558b = 601, L 2] n. 560 [= 588 = 589, L 2] und wohl auch n. 552 [= 599, 1-6] und n. 703 [= 704, L 4 = 704a].)

544*
K 25
ΑΛΕΞΑΝΔΡΟΥ Kopf mit Diadem im lang herabhangenden Haar nach r.   KOINON MAKEΔONΩN · B NE (r. oben beginnend). Athena auf einem Panzer nach l. sitzend, in der R. Kranz, den l. Arm auf den Schild legend, hinter welchem zwei Speere schräg nach r. emporstehen

1 Florenz
Die Münze ist in ungeschickter Weise mit dem Grabstichel gefälscht, und zwar, wie gewisse Einzelheiten noch erkennen lassen, aus einem (anscheinend stempelgleichen) Exemplar = oben n. 544.

134   MAKEDONIA

[Mit zwei Neokorien; Zeit des Gordianus III.]

545 ΑΛΕΞΑΝΔΡΟΥ Ebenso | KOINON MAKEΔONΩN B NE Ebenso
K 27
    † Mailand. — (Der Vs.-Stempel ist = n. 533, 1. 2 = n. 543a = n. 547, 1. 2. 3 = n. 554, 1. 2
    = n. 579 = n. 591 a und von derselben Hand wie n. 555, 1. 2 = 566, 2 = 595, 1], n. 566, 2
    [= 581] und n. 577.)

545a ΑΛΕΞΑΝΔΡΥ Kopf mit   KOINON MAKEΔONΩN B u. i. A. NEΩ Athena
K 26 Diadem im lang herab-   mit Schale in der R. nach l. sitzend und die
    hängenden Haar nach r.   L. auf den hinter dem Sitz (ohne Löwenbein)
                              stehenden Schild legend·

    Gewicht: 9,87 (3) — 8,18 (2)

    Abweichungen: Rs. Schrift i. A. nicht ausgeprägt 3

    1 Paris (Vs. und Rs. durch Retouchieren verdorben); Mionnet 1, 559. 615 — 2. 3 Rollin
    und Feuardent (1903). — (Über die Vs. von 1. 2. 3 vgl. zu n. 535; ihr gemeinsamer Rs.-
    Stempel ist von derselben Hand wie n. 535. n. 625—639, n. 718, (und n. 764 n.)
    Auf der Rs. des 1. Exemplars ist statt der Schale, von der noch deutliche Reste zu erkennen
    sind, durch Retouchieren eine roh gezeichnete Nike (nach r.) der Athena als Attribut gegeben
    worden. Gemäss dieser erst durch die Exemplare 2. 3 ermöglichten Sicherstellung ist die
    Münze in der (1904 gedruckten) Tabelle Zeitschr. f. Num. 25, 84 fg. nachzutragen.

546 ΑΛΕΞΑΝΔΡΟΥ Kopf mit   KOINON MAKEΔONΩN B NEΩ; Athena auf
K 26 Diadem im lang herab-   einem Thron mit hoher Rückenlehne, an die
    hängenden Haar nach r.   sie den l. Arm stützt, nach l. sitzend und in
                                 der vorgestreckten R. eine Schale haltend, aus
                                 welcher die um einen l. stehenden Ölbaum
                                 geringelte Schlange frisst

T. IV, 21 Abbildung der Rs. (2)

    1 Berlin — 2 Imhoof — 3 Wien, vorher Cat. Welzl 2628; Zeitschr. f. Num. 25, II, 37 Rs. —
    (1. 2. 3 sind aus demselben Stempeln; aber die Vs. vgl. zu n. 548.)

547 ΑΛΕΞΑΝΔΡΟΥ Kopf mit   KOINON MAKEΔONΩN ΔIϹ NE ΩKO (l. oben
K 28 Diadem im lang herab-   beginnend). Nike mit flatterndem Gewand im
    hängenden Haar nach r.   rechtshin eilenden Zweigespann, in der R.
                                   (vor der Brust) die Geissel, mit der L. die
                                 Zügel haltend

    Abweichungen: Vs. ΑΛΕΞΑΝΔΡΟΥ 4; — Rs. KOINON MAKΕ ΔONΩN ΔIϹ
    NEΩ KOP · (l. oben beginnend) 4

    1 Turin Kgl. Slg. — 2 Wien; Eckhel cat. 93. 105 [Mionnet N. 3, 838, 448] — 3 Wien;
    Mus. Theup. 2, 1379. — — 4 Gotz. Graecia XXXIV, 17 [Haverkamp algem. hist. 1,
    XXIV, 10]. — (Die beiden Rs.-Stempel von 1. 3 und von 2 sind von derselben Hand wie
    der von n. 631, 1-4 [= 766, 1. 2]; aber die Vs. von 1, 2. 3 vgl. zu n. 545.)

548 ΑΛΕΞΑΝΔΡΟΥ Ebenso   KOINON MAKEΔONΩN · B · NEΩK · Nike wie
K 27   vorher, aber mit der erhobenen R. die Geissel
                             über den Pferden schwingend

    Gewicht: 11,99

    Abweichungen: Rs. die Hinterbeine der Pferde eingeknickt

    1 Lobbecke. — (Der Vs.-Stempel ist = n. 546, 1-3 = n. 554, 1.2 = n. 595, 1. 2 = n. 796,1.2;
    über die Rs. vgl. zu n. 632.)

[Mit zwei Neokorien; Zeit des Gordianus III.]

549
K 26,25
ΑΛΕΞΑΝΔΡΥ Kopf mit
Diadem im lang herab-
hängenden Haar nach r.

KOINON MAKEΔONΩN·B·|NEΩ] Nackter bär-
tiger Herakles nach r. vortretend, mit der
erhobenen R. die Keule schwingend und mit
der L. den nach r. springenden Stier an der
Kehle packend

Abweichungen: Rs. angeblich KOINON MA|KEΔONΩ,N B·NEΩK·2
1 Kiew. — 2 Gotha Graecia XXXIV, 14 [Hinterkamp allgem. Mat. 1, XXIV, 11]. —
(Die Rs. von 2 ist aus demselben Stempel wie die von n. 731; über die Vs. von 2 vgl. 10
n. 535.)

550
K 26
ΑΛΕΞΑΝΔΡΟΥ Kopf mit
Diadem im lang herab-
hängenden Haar nach r.

KOINON MAKEΔONΩN ΔIC NEΩ (r. oben beginnend). Olympias nach l. thronend und die
Schlange fütternd wie bei n. 527

1 Paris (Rs. verprägt); Mionnet S. 3. 228, 440 (ungenau) — 2 Rom Vatican — 3 Sophia;
Zeitschr. f. Num. 25, III, 39 Vs. — (Über den Vs.-Stempel von 1-3 vgl. zu n. 544: über
die Rs. von 2 vgl. zu n. 527.)
Das Pariser Exemplar ist durch doppelten Schlag ausgeprägt worden, einen ersten, zu
schwachen, dem ein zweiter, jedoch nur auf der unteren Hälfte stärkerer folgte. Inzwischen
hatte sich aber der Rs.-Stempel etwas nach l. gedreht. So kommt es, dass, von sonstigen
Spuren der Verschiebung abgesehen, zwischen ganz flachem KOIN · · · · · · · · · · ΔIC
NEΩ mit kräftigen Buchstaben MAKEΔONΩN ΔIC statt ON MAKEΔONΩN sieht.
Über den Rs.-Typus vgl. die Bemerkung zu n. 347 a.

551
K 27
Ebenso
(derselbe Stempel)

KOINON MAKEΔONΩN B NEΩ (r. oben beginnend).
Ebenso

Abweichungen: Vs. Schrift unvollständig 1,2; — Rs. KOI|NON M'AKEΔONΩN
B NEΩ (r. oben beginnend) 2 — der Thron vorn mit Löwenbein 2
1 Berlin — 2 Oxford Christ Church. — (Über die Vs. von 1,2 vgl. zu n. 544; der Rs.-
Stempel von 2 ist wie n. 635.)

552
K 25
ΑΛΕΞΑΝΔΡΟΥ Kopf mit
Diadem im lang herab-
hängenden Haar nach r.,
unter dem Halse Blitz

Gewicht: 8,28

KOINON MAKEΔONΩN B N EΩKO (l. A. endend).
Alexander nackt, mit flatterndem Mantel,
nach r. vortretend und den sich bäumenden
Bukephalos mit beiden Händen am Zügel
haltend; i. F. in der Mitte Stern

Abweichungen: Vs. das Diadem mit vier a versehen
1 Athen Cat. 15655. — (Der Vs.-Stempel ist — n. 599, 1-6 und abscheinend von derselben Hand wie n. 530, 1, 2 [— 544 — 550. 1·3 — 551, 1, 2 — 587, 1, 2], n. 554, 1, 2
[— 558 b — 601, 1, 2], n. 500 [— 568 — 584, 1, 2] und n. 703 [— 704, 1, 2 — 704a].)
Über den Rs.-Stempel dieser Münze und sein Verhältnis zu dem von n. 637 vgl. die Bemerkung hinter n. 638.

553
K 26
ΑΛΕΞΑΝΔΡΟΥ Ebenso,
ohne Blitz

KOINON MAKEΔONΩN·B· NEΩ (l. A. endend).
Ebenso, i. F. links Stern

1 Athen (neue Erw.) — 2 Paris (mit etwas Doppelschlag auf der Rs.). — (1 und 2 sind
aus denselben Stempeln; über die Vs. vgl. zu n. 572.)
Über den Rs.-Stempel dieser Münze und sein Verhältnis zu dem von n. 639, 1, 2 vgl. die
Bemerkung hinter n. 638.

[Mit zwei Neokorien; Zeit des Gordianus III.]

554
K 26

ΙΑΛΕΞΑΝΔΡΟΥ Ebenso ΚΟΙΝΟΝ ΜΑΚΕΔΟΝΩΝ Β ΝΕΩ (L. A. endend).
       Ebenso, ohne Stern

Gewicht: 11,49 (0) — 9,75 (1)

1 Athen Cat. 1564 (ungenau) — 2 Lewis. — (1 und 2 sind aus denselben Stempeln; aber die Vs. vgl. zu n. 548.)

555
K 27

ΑΛΕΞΑΝΔΡΟΥ Ebenso ΚΟΙΝΟΝ ΜΑΚΕΔΟΝΩΝ [Β ΝΕ (oben beginnend).
             Ω
       Ebenso

Gewicht: 11,75 (1)

1 Dresden (durch Retouchieren verdorben) — 2 Florenz. — (Über die Vs. von 1. 2 vgl. zu n. 595, 1; der Rs.-Stempel von 1. 2 [= n. 556, 1. 2 = n. 764, 1-3] hat, durch Nachgravieren abgenutzter Teile zweimal wieder brauchbar gemacht, welche zur Prägung von n. 641 und sodann n. 640, 1-3 gedient und ist von derselben Hand wie n. 557, 1-3.)

556
K 27
T. IV, 34

ΑΛΕΞΑΝΔΡΟΥ Ebenso Ebenso (derselbe Stempel)
       Abbildung der Rs. (2)
       Gewicht: 11,95 (2)

1 Berlin — 2 Imhoof; Zeitschr. f. Num. 25, III, 42. — (1 und 2 sind aus den gleichen Stempeln; aber die Vs. und Rs. vgl. zu n. 545 bezw. n. 555, 1. 2.)

557
K 27

ΑΛΕΞΑΝΔΡΟΥ Ebenso ΚΟΙΝΟΝ ΜΑΚΕΔΟΝΩΝ Β ΝΕ (oben beginnend).
               Ω
       : Ebenso

Gewicht: 14,50 (2)

Abweichungen: Rs. angeblich Β ΝΕ (das Schluss-Ω I. F. wohl nur übersehen) 4

1 Moskau Universität Cat. 2047 — 2 St. Petersburg — 3 Winterthur; Zeitschr. f. Num. 25, III, 44 Ks. — Hierher oder zu einer der beiden vorhergehenden n., wenn nicht zu n. 641 fg. gehörig. 4 Chaix deser. 131. — (Der Vs.-Stempel von 1. 2. 3 ist = n. 590 = n. 591, 1-3 = n. 798 = n. 801, 1. 2; aber den Rs.-Stempel von 1. 2. 3 vgl. zu n. 555, 1. 2.)

558
K 26, 25

ΑΛΕΞΑΝΔΡΟΥ Kopf mit ΚΟΙΝΟΝ ΜΑΚΕΔΟΝΩΝ ᴧ LA. Β ΝΕΩΚ Reiter
Diadem im lang herab- mit Panzer, Stiefeln, flatterndem Mantel und
hängenden Haar nach r. eingelegter Lanze im Schritt nach r.; vor ihm
        ein rechtshin stehender Soldat (mit Panzer
        und Stiefeln), der die R. auf die Hüfte stützt
        und in der gesenkten L. eine Lanze (Spitze
        oben) hält

Taf. V, 2 Abbildung der Rs. (1)
      Gewicht: 12,75 (1)

1 Lübbecke. — — 2 Cat. Bllain (1886) 372. — (Die Vs. von 1 ist aus demselben Stempel wie die von n. 576; über die Rs. von 1 vgl. zu n. 767, 1. 2.)

558a
K 25

ΑΛΕΞΑΝΔΡΟΥ Ebenso ΚΟΙΝΟΝ ΜΑΚΕΔΟΝΩΝ Β ΝΕΟ (L. A. endend).
       Ebenso, aber der Soldat, nach r. schreitend
       und zurückblickend, fasst mit der R. die Zügel
       des Pferdes

1 Belgrad. — (Der Vs.-Stempel ist = n. 539a = n. 568.)
Über die Schreibung ΝΕΟ vgl. die Bemerkung zu n. 514.

[Mit zwei Neokorate; Zeit des Gordianus III.]

358 b
K 25
ΑΛΕΞΑΝΔΡΟV Kopf mit punktverziertem Diadem im lang herabhängenden Haar nach r., unter dem Halse Blitz

ΚΟΙΝΟΝ ΜΑΚΕΔΟΝΩΝ Β ΝΕΩΚΟΡ (L = der Mitte beginnend). Reiter mit Panzer, Stiefeln und flatterndem Mantel nach r. sprengend (vgl. zu n. 559) und mit der erhobenen R. den Speer abwärts gegen einen Löwen richtend, welcher unter dem Pferde mit geöffnetem Rachen nach r. trabt

† Belgrad (s. die Bemerkung zu b n. 764 a). — (Der Vs.-Stempel ist = n. 534, 1. 2 = n. 602, 1. 2 und von derselben Hand wie n. 560 [= 588 = 589, 1. 2] und anscheinend auch n. 530, 1. 1 [= 544 = 550, 1. 3 = 551, 1. 3 = 587, 1. 3]. n. 552 [= 599, 1. 6] und n. 703 [= 704, 1. 3 = 704 a].)

358
K 26/25
ΑΛΕΞΑΝΔΡΟV Ebenso, ohne Blitz

ΚΟΙΝΟΝ ΜΑΚΕΔΟΝΩΝ Β ΝΕΩ Reiter wie vorher, aber statt des Löwen eine Schlange, die sich unter dem Pferde nach r. ringelt

† Merkur Universität Cat. 2043. — (Über die Vs. vgl. zu n. 602.)

Die Hinterbeine des galoppierenden Pferdes auf dieser und der folgenden Münze sowie bei n. 643, n. 703, n. 723—727 und n. 768 mit gleichem oder ähnlichem Typus (Reiter im Kampfe mit Feind, Löwe oder Schlange) sind langgestreckt, dagegen bei n. 558 b senkabwärts eine eingeknickt. Vgl. auch zu n. 348.

360
K 25
ΑΛΕΞΑΝΔΡΟV Ebenso, unter dem Halse Blitz

ΚΟΙΝΟΝ ΜΑΚΕΔΟΝΩΝ · Β · ΝΕΩΚΟΡΩΝ (oben beginnend). Reiter mit Panzer, Stiefeln, flatterndem Mantel und eingelegter Lanze nach r. sprengend (vgl. zu n. 559); unter dem Pferde Hund rechtshin laufend

† Paris: Mionnet 1, 530, 630 = K. 3, 887, 434. — (Der Vs.-Stempel ist = n. 588 = n. 589, 1. 2 und von derselben Hand wie n. 534, 1. 1 [=558 b = 602, 1. 2] und anscheinend auch n. 530, 1. 2 [= 544 = 550, 1. 3 = 551, 1. 2 = 587, 1. 1]. n. 552 [= 599, 1. 6] und n. 703 [= 704, 1. 2 = 704 a].)

361
K 29/28
ΑΛΕΞΑΝΔΡΟV Kopf mit Diadem im lang herabhängenden Haar nach r.

ΚΟΙΝΟΝ ΜΑΚΕΔΟΝΩΝ und L. F. unten (kleiner) · Β · ΔΙС ΝΕΩΚΟ ΡΩΝ Reiter mit Panzer, Stiefeln und flatterndem Mantel nach r. sprengend und mit dem Speer in der erhobenen R. zum Wurf ausholend

† Leake Europ. Gr. 66 (ungenau). — (Auf der Vs. ist statt des (noch schwach sichtbaren) Mehlsieb(?) des Schädel durch Kratzschlagen ein Ϛ hergestellt worden; vgl. auch zu n. 526.) Die Hinterbeine des galoppierenden Pferdes auf dieser und den folgenden Münzen sowie bei n. 644 fg. n. 843 fg. und n. 849 mit dem gleichen Typus (Reiter mit dem Speer zum Wurf ausholend) sind langgestreckt. Vgl. auch zu n. 350. Über das Β vor ΔΙС vgl. die Bemerkung zu n. 716.

362
K 26
ΑΛΕΞΑΝΔΡΟV Ebenso ΚΟΙΝΟΝ ΜΑΚΕΔΟΝΩΝ · Β ΝΕΩΚ Ebenso, unter dem Pferde Stern

Abweichungen: Vs. des Diadem mit zwei + verziert 1. 2
† Rollin und Feuardent (1903) — 2 Turin Kgl. Slg. — (Der Vs.-Stempel von 1. 2 ist = n. 583, 1. 4; die Rs. von 1. 2 sind stempelgleich.)

[Mit zwei Neukaten; Zeit des Gordianus III.]

543
K 27
ΑΛΕΞΑΝΔΡΟΥ (l. und r.).   K OINON ; ΜΑΚΕΔΟΝΩΝ ΔΙC ΝΕΩ Ebenso,
Ebenso   aber ohne Stern

T. IV, 11
T. V, 4
Abbildung
Abweichungen: Ks. mit einem Fell als Schulterstück (vgl. die Einleitung S. 19)
1 Paris; vorher Wiczay 2925; Sestini num. Hedera. 132, 199 die Vs., verschentlich mit
der Ks. von 2926 verbunden, während die zugehörige Hs. bei 132, 100 steht, vgl. unten
zu n. 374. — (Über die Vs. vgl. zu n. 543.)
Der Ks.-Stempel hat, wie zahlreiche Spuren erkennen lassen, sein vorliegendes Gepräge erst
nach Tilgung eines anderen, ähnlichen erhalten. Vgl. zu n. 493, n. 525 und n. 591.

544
K 26
ΑΛΕΞΑΝΔΡΥ Kopf mit [ΚΟΙΝΟΝ] ΜΑΚΕΔΟΝΩΝ Β ΝΕΩ;Κ| Reiter
Diadem im lang herab- mit Panzer, Stiefeln und flatterndem Mantel
hängenden Haar nach r.   nach r. sprengend und mit der erhobenen R.
den Speer schräg nach unten richtend, unter
dem Pferde Stern
1 Paris; Mionnet 1, 560, 633 = S. S. 227, 431. — (Über die Vs. und Rs. vgl. zu n. 535
bezw. n. 723.)
Die Hinterbeine des galoppierenden Pferdes auf dieser und den beiden folgenden Münzen
(n. 563) sowie bei n. 647—649, n. 728, n. 768a und n. 795 mit dem gleichen Typus (Reiter
den Speer nach unten richtend) sind langgestreckt, dagegen bei n. 630 ausnahmsweise eingeknickt. Vgl. auch zu n. 374.

563
K 26
ΑΛΕΞΑΝΔΡΟΥ Ebenso   ΚΟΙΝΟΝ ΜΑΚΕΔΟΝΩΝ Β ΝΕ Ebenso, aber
ohne Stern
Abweichungen: Rs. Schrift ohne Unterbrechung :
1 Brünlng — 2 Mardimann. — (1 und 2 sind van der Hand derselben Stempelschneiders.)

578
K 27
ΑΛΕΞΑΝΔΡΟ V Kopf mit ΚΟΙΝΟΝ ΜΑΚΕΔΟΝΩΝ Β ΝΕΩ Reiter mit
Diadem im lang herab- Panzer, Stiefeln, flatterndem Mantel und einem
hängenden Haar nach r. Fell als Schabracke nach r. sprengend, mit
eingelegter Lanze
Abweichungen: Ks. mit ΚΟΙΝΟΝ 3 ...... ΜΑΚΕΔΟΝΩΝ Β ΝΕΩ 3
1 Florenz — 2 St. Petersburg; Zeitschr. f. Num. 15, II, 26 Rs. — — 3 Gronovius thes.
graec. ant. 6, II, 10 [Haverkamp allgem. hist. 1, XXIV, 6) ungenau — (Der Vs.-Stempel
von 1 ist zu n. 581 und von derselben Hand wie n. 566, 2 [= 555, 1. 2 = 595. 1),
n. 533, 1. 2 [= 543a = 545 = 547. 1. 2. 3 == 536. 1. 2 == 579 == 591a] und n. 577.)
Die Hinterbeine des galoppierenden Pferdes auf dieser und den folgenden Münzen sowie
bei n. 651 fg., n. 730 fg., n. 770 fg. u. a. 85a mit dem gleichen Typus (Reiter mit eingelegter
Lanze) sind langgestreckt, dagegen bei n. 652a und a. 769 ausnahmsweise eingeknickt.
Der zurückgreifende r. Arm des Reiters ist gewöhnlich so stark gekrümmt, dass die Hand
in der Hüftengegend (n. 508, 3 (?), n. 560z, n. 569, n. 652, 3) oder (am häufigsten) nahe
derselben liegt; doch erscheint er auch bisweilen (n. 566, 1. 2, n. 566z, n. 567, n. 568z,
n. 573, n. 652, 1. 2, n. 653) nur leicht gebogen u. einmal (n. 566 b) ganz gerade nach hinten
gestreckt. Die Lanze ist in der Regel mehr oder weniger nach vorn gesenkt, dagegen
bei n. 566, 1, n. 566b. n. 653 ausnahmsweise wagerecht u. dreimal (n. 566a, n. 651, n. 772)
sogar etwas ansteigend. Sie endet mit ihrer Spitze bald auf dem Vorderkörper des Pferdes,
bald ragt sie über denselben hinaus, u. zwar bei n. 566, 1, n. 566 b, n. 567, n. 568a, n. 651,
n. 653, n. 769, n. 771, n. 772 oberhalb der gekrümmten Vorderbeine, seltener (n. 652, 1,
n. 770, n. 830) zwischen ihnen u. zweimal (n. 566 c, n. 733) unterhalb derselben. Vgl. auch
zu n. 354, n. 464 und n. 497. — Über das als Schabracke dienende Fell vgl. oben S. 19.

[Mit zwei Senatoren; Zeit des Gordianus III.]

566a ΑΛΕΞΑΝΔΡ[ΟΥ] (r. und l). KOINON [ΜΑΚΕΔΟ]ΝΩΝ Β ΝΕΩ Ebenso
K 27/25 Ebenso

> Gewicht: 14,84
>
> 1 Rollin und Feuardent (1905). — (Der Vs.-Stempel ist wie n. 580.)

566b ΑΛΕΞΑΝΔΡΟΥ Ebenso KOINON ΜΑΚΕΔΟΝΩΝ Β ΝΕΩ Ebenso, aber
K 26 ohne die Schabracke

> Gewicht: 13,50 (1, beschädigt) — 12,43 (2)
>
> 1. 1 Rollin und Feuardent (1905); 2 — Combe ann. num. Krit. 90, 15 (in London als Dubletteausgeschieden). — (Die Rs. von 1. 2 sind stempelgleich und ergänzen einander; aber den gemeinsamen Vs.-Stempel vgl. zu n. 566e und n. 567.)

566c Ebenso (stempelgleich) KO[IN]ON ΜΑ[Κ]ΕΔΟΝΩΝ Β ΝΕΩ Ebenso
K 26/25 Gewicht: 12,85

> 1 Rollin und Feuardent (1905). — (Der Vs.-Stempel ist — n. 566b, 1. 2 — n. 597; vgl. auch zu n. 567.)

567 ΑΛΕΞΑΝΔΡΟΥ Ebenso KOINON ΜΑΚΕΔΟΝΩΝ Β ΝΕ Ebenso
K 28/26 1 im Handel (1903, Abdruck vorhanden)

> Der Vs.-Stempel dieser Münze, mit welchem auch n. 590 und n. 597 geprägt sind, läßt an mehreren Stellen, besonders augenfällig in der Schrift und in der Zeichnung des Diademendes, ein ziemlich weitgehendes Nachgravieren erkennen. Aus mancherlei Kreise, die bei der Umarbeitung nicht zu beseitigen waren, kann seine ursprüngliche Form mit Sicherheit festgestellt werden. Sie liegt uns vor in den gemeinsamen Vs.-Stempel der Emissionen n. 566b, n. 566e und n. 597.

568 ΑΛΕΞΑΝΔΡΟΥ Ebenso KOINON ΜΑΚΕΔΟΝΩ· Ν·Β·ΝΕ Ebenso
K 27 1 London Cat. 24, 131. — (Über die Vs. vgl. zu n. 539a.)

568a ΑΛΕΞΑΝΔΡΟΥ Ebenso KOINON ΜΑΚΕΔΟΝ Ω Ν·Β·ΝΕ Ebenso
K 26/25 1 Belgrad. — (Die Vs. ist aus demselben Stempel wie die von n. 539.)

569 ΑΛΕΞΑΝΔΡΟΥ Ebenso KO[I]NON ΜΑΚΕΔΟΝΩ Ν Β ΝΕ Ebenso
K 27/26 1 Kopenhagen. — — Therker oder zu n. 632fg. nach 2 Chan. deser. 133. — (Der Vs.-Stempel von 1 ist — n. 603 — n. 604, r. 2 — n. 607, 1, 2, 3.)

570 ΑΛΕΞΑΝΔΡΟΥ Ebenso KOINON ΜΑΚΕΔΟΝΩΝ Β ΝΕ· Ebenso
K 26 1 Modena — 2 Rom Vatican. — (Die Rs. von 1. 2 sind stempelgleich.)

571 ΑΛΕΞΑΝΔΡΟΥ Ebenso KOINON ΜΑΚΕΔΟΝΩΝ Β Ν (I. in der Mitte beginnend). Ebenso
K 26 1 Florenz — 2 St. Petersburg. — (1 und 2 sind aus denselben Stempeln; über die Vs. vgl. zu n. 575a.)

572 ΑΛΕΞΑΝΔΡΟΥ Ebenso KOINON ΜΑΚΕΔΟΝ ΩΝ Β Ν (I. in der Mitte beginnend). Ebenso, unter dem Pferde Stern
K 27/25 1 Lablaveke. — (Der Vs.-Stempel ist — n. 553, 1. 2 — n. 575, 1.)

573 ......ΔΡΟΥ Ebenso KOINON] ΜΑΚΕΔΟΝΩΝ Β... Reiter wie
K 27/26 vorher, aber im Schritt nach r.

> 1 Neapel Cat. 6648 (ungenau)

[Mit zwei Neokorien; Zeit des Gordianus III.]

574
K 26
ΛΛΕΞΛΝΔΡΟV (r. von unten). Κopf mit Diadem im lang herabhängenden Haar nach r.

Gewicht: 12,26

ΚΟΙ · ΜΑΚΕΔΟΝΩΝ · Β · ΝΕΩΚΟ · (l. in der Mitte beginnend). Reiter mit Panzer, Stiefeln und flatterndem Mantel nach r. sprengend und die R. erhebend

1 Frankfurt a. M.; vorher Froelich annales compend. (1750) 3. I, 11 (ungenau); Wiczay 1796; Sestini mus. Hederv. 132. und die Vs., verschreiblieb mit der Rs. von 1915 verbunden, während die angehörige Rs. (ungenau beschrieben) bei 132, 170 steht, vgl. oben zu n. 563 Das ΛΛΕΞΛΝΔΡΟV der Vs. ist durch Retouchierrn mit dem Grabstichel hergestellt. Die ursprüngliche, offenbar sehr zerriebene geweisene Aufschrift lief, wie ihre ganz schwach sichtbaren Reste noch erkennen lassen, in umgekehrter, also der gewöhnlichen Richtung: r. von oben nach unten. Vgl. die Bemerkung zu n. 473.

Die Hinterbeine des galoppierenden Pferdes auf dieser und den folgenden Münzen sowie bei n. 656 fg., n. 735 fg. n. n. 773 fg. mit dem gleichen Adventus-Typus (Reiter mit grüssend erhobener R.) sind eingehnlicht (vgl. auch zu n. 338, n. 356 und n. 826). Die Darstellung berieht sich, ebenso wie die ähnliche von n. 578 und n. 779 fg., auf den Gordianus Ankunft in Makedonien im Spätherbst 242; vgl. die Einleitung S. xxx und ausführlicher Zeitschr. f. Num. 24, 358 sowie ebenda 25, 58.

575
K 26
ΛΛΕΞΛΝΔΡΟV Ebenso

Gewicht: 12,13 (1)

ΚΟΙΝΟΝ ΜΑΚΕΔΟΝΩΝ · Β · ΝΕΩ Ebenso, unter dem Pferde Stern

Abweichungen: Rs. mit Β ΝΕΩΚ 2 (nach Sestini).] — Stern nicht angegeben 3 1 Wien. — 2 Wiczay 1943; Sestini mus. Hederv. 131, 505 — 3 Cat. Billois (1886) 373. — (Über die Vs. von 1 vgl. zu n. 573.)

575a
K 26
ΛΛΕΞΛΝΔΡοV Ebenso

ΚΟΙΝΟΝ ΜΑΚΕΔΟΝΩΝ Β ΝΕΩ (l. in der Mitte beginnend). Ebenso, aber ohne Stern

1 Berlin. — (Der Vs.-Stempel ist = n. 571, 1. 2 = n. 602, 1. 2 = n. 604, 1. 2 = n. 608 a, 1. 2 = n. 609, 1 · 3 = n. 612 und von derselben Hand wie n. 336 [= 605, 1. 3 = 610].)

575b
K 26/25
ΛΛΕΞΛΝΔΡΥ Ebenso

Κ'ΟΙΝΟΝ] ΜΑΚΕΔΟΝΩΝ · Β · ΝΕ Ebenso

1 Rollin und Feuardent (1905). — (Über die Vs. vgl. zu n. 335.)

576
K 25
ΛΛΕΞΛΝΔΡΟV Ebenso

Gewicht: 12,92

ΚΟΙΝΟΝ ΜΑΚ|ΕΔΟΝΩΝ · Β · Ν|Ε (l. in der Mitte beginnend. Ebenso

1 Wien. — (Über die Vs. vgl. zu n. 538, 1; die Rs. ist aus demselben Stempel wie die von n. 778, 1. 1.)

577
K 26
ΛΛΕΞΛΝΔΡ.ΟV Ebenso

ΚΟΙΝΟΝ ΜΑΚΕΔΟΝΩΝ · Β · ΝΕ (l. in der Mitte beginnend). Ebenso, unter dem Pferde Stern

1 Venedig Marciana. — (Der Vs.-Stempel ist von derselben Hand wie n. 533, 1. 1 [= 543 = 545 = 547, 1. 1. 3 = 556, 1. 2 — 579 = 591 a], n. 555, 1. 3 [= 566, 1 = 595, 1] und n. 566, 1 [= 581]; aber die Rs. vgl. zu n. 662 a.)

578
K 26
Taf. V. 6
ΛΛΕΞΛΝΔΡΟC (oben beginnend). Ebenso

Abbildung der Rs.

1 Leake Europ. Gr. 66

ΚΟΙΝΟΝ ΜΑΚΕΔΟΝΩΝ Ι Β Ν · (l. A. endend). Reiter wie vorher, aber im Schritt nach r.

(Mit zwei Neokorien; Zeit des Gordianus III.)

579
K 29/27
ΑΛΕΞΑΝΔΡΟΥ Kopf mit
Diadem im lang herab-
hängenden Haar nach r.

KOINON MAKEΔONΩN B NE Krieger mit
Panzer und Stiefeln von vorn (etwas nach l.)
stehend und rechtshin blickend, die R. auf
die umgekehrte Lanze gestützt, im l. Arm
Parazonium

r Paris; Mionnet I. 557, 613 (angenom). — (Über die Vs. vgl. zu n. 543; die Rs. ist von
der Hand desselben Stempelschneiders wie n. 666, r, n. 664, 2. 3 und n. 739, 1. 2. 3.)

580
K 28
ΑΛΕΞΑΝΔΡΟΥ (r. und l.)
Ebenso

KOINON MAKEΔONΩN B NEΩ (l. A. anderd).
Krieger wie vorher, aber von vorn (etwas
nach r.) stehend und linkshin blickend

2 Paris; Paula Imp. (1631) 14 Abb. d. Rs. — Imp. (1607) 12 Abb. d. Rs. Gessner reg.
Maced. 19, III, 9]; Mionnet I. 557, 614. — (Über die Vs. vgl. zu n. 566a.)

581
K 27
Taf. V, 7
ΑΛΕΞΑΝΔΡΟΥ Ebenso
Abbildung der Rs.

KOINON MAKEΔONΩN B NE Ebenso

1 Wien; Mus. Theup. 2, 1280. — (Über die Vs. vgl. zu n. 566, 1.)

582
K 26/24
ΑΛΕΞΑΝΔΡοΥ Ebenso

KOINON MAKEΔONΩN B N Ebenso

1 Berlin. — (Über die Vs. vgl. zu n. 537.)

583
K 26
ΑΛΕΞΑΝΔΡΟΥ Kopf mit
Diadem im lang herab-
hängenden Haar nach r.

KOINON MAKEΔONΩN B NEΩK (l. in der Mitte
beginnend). Löwe mit offenem Rachen nach r.
schreitend, darüber Keule mit dem Griff r.

Gewicht: 9,91 (4) — 9,78 (3)

Abweichungen: Vs. das Diadem mit zwei + verziert 1. 2. 3. 4

1 Belgrad — 2 München — 3 Rollin und Feuardent (1903) — 4 Wien; Mus. Theup. 1, 1279.
— (1-4 sind aus denselben Stempeln; über die Vs. vgl. zu n. 562, 1. 2.)

584
K 26
ΑΛΕΞΑΝΔΡΥ Ebenso

KOINON MAKEΔONΩN · B · NE (l. in der Mitte beginnend). Ebenso

Gewicht: 10,28 (1) — 8,80 (2)

2 Athen Cat. 1566 — 2 Paris (retouchiert); Mionnet I, 561, 636. — (Der Rs.-Stempel von
1. 2 ist an n. 315 des Gordianus und von derselben Hand wie n. 784, 1-7; über die Vs.
von 1. 2 vgl. zu n. 535.)

585
K 25
ΑΛΕΞΑΝΔΡΥ Kopf mit
Diadem im lang herab-
hängenden Haar nach r.

KOINON MAKEΔONΩN B, l. A. NEΩKO Hoher
Korb, aus welchem unter dem halbgeöffneten
Deckel eine Schlange nach r. hervorkriecht

2 Paris; Mionnet 1, 561, 635 — 2 Turin Kgl. Slg. — (1 und 2 sind aus demselben Stempeln;
über die Vs. vgl. zu n. 535. über die Rs. vgl. zu n. 742.)

586
K 26
ΑΛΕΞΑΝΔΡΟΥ (l. und r.).
Ebenso

KOINON MAKEΔONΩN ΔIC NEΩ Ebenso

Abweichungen: Vs. ... ΞΑΝΔΡΟΥ 6 — ...·. ΝΔΡ. . 1: — Rs. ΔIC N)EΩ 1 —
Δ'IC NE'Ω 4 — Anfang der Schrift retouchiert 2

1 Bologna Universität — 2 Florenz — 3 Hunter Cat. 358, 10; Combe deser. 18), 47 —
4 Paris — 5 Turin Kgl. Slg. — 6 Windisch-Grätz Cat. 5 (1899), 45, 706. — (Die Rs. von
1. 4. 5 sowie die Rs. von n. 3. 6 sind stempelgleich; über die Vs. von 1-6 vgl. zu n. 543.)

142 MAKEDONIA

[Mit zwei Neokorien; Zeit des Gordianus III.]

687
K 26
ΑΛΕΞΑΝΔΡΟΥ Ebenso KOINON MAKEΔONΩN ΔΙC NEΩ (r. oben beginnend). Ebenso

Abweichungen: Rs. Schrift unvollständig!

1 Leake Europ. Gr. 66 — 2 Mailand. — 3 Chain deser. 136. — (1 und 2 sind aus denselben Stempeln; über ihre Vs. vgl. zu n. 544.)

688
K 26
ΑΛΕΞΑΝΔΡΟΥ Kopf mit Diadem (das mit vier • verziert ist) im lang herabhängenden Haar nach r., unter dem Halse Blitz KOINON MAKEΔONΩN B (r. oben beginnend) NEΩKO P Zwei viersäulige Tempel mit dreistufigem Unterbau im Profil einander gegenüber und über jedem eine Preiskrone mit Palmzweig; dazwischen auf einer hohen Säule die Statue eines von vorn (etwas nach l.) stehenden und rechtshin blickenden Kriegers, der die R. auf die [umgekehrte] Lanze stützt und in der gesenkten L. das Parazonium hält

1 Hunter Cat. 359, 16; Combe deser. 182, 40, XXXIV, 22. — (Die Rs. ist von der Hand desselben Stempelschneiders wie n. 675 [= 786, 2-5]; über die Vs. vgl. zu n. 560.) Über den Rs.-Typus dieser Münze sowie von n. 675fg., u. 762a und n. 786fg. vgl. die Einleitung S. 21 und ausführlicher Zeitschr. f. Num. 24, 322 sowie ebenda 25, 9.

689
K 25
Ebenso (derselbe Stempel) KOINON oben, MAKEΔONΩN B NEΩKO[P] unten. Zwei viersäulige Tempel mit dreistufigem Unterbau im Profil einander gegenüber; i. F. oben in der Mitte 2 Preiskronen je mit Palmzweig

1 Löbbecke — 2 München; Sestini deser. 132, 5 (ungenau). — (1 und 2 sind aus denselben Stempeln und ergänzen einander; über die Vs. vgl. zu n. 560.)

690
K 29
ΑΛΕΞΑΝΔΡΟΥ Kopf mit Diadem im lang herabhängenden Haar nach r. KOI oben, NON MAKE ΔONΩN B unten. Zwei siebensäulige Tempelfronten mit zwei- und einstufigem Unterbau

Gewicht: 19,30

1 Löbbecke (auf einem besonders grossen und dicken Schrötling geprägt); Zeitschr. f. Num. 25, III, 43 Vs. — (Über die Vs. vgl. zu n. 557, 1.2.3.)

691
K 28-26
Ebenso (derselbe Stempel) KOI oben, NON MAKE ΔONΩN unten. Zwei sechssäulige B NEΩ Tempelfronten mit zweistufigem Unterbau

1 Mailand (von Esta) — 2 München — 3 Rollin und Feuardent (1903). — (1.2.3 sind aus denselben Stempeln; über die Vs. vgl. zu n. 557, 1.2.3.) Der Rs.-Stempel hat sein vorliegendes Gepräge erst nach Tilgung eines anderen, ähnlichen erhalten, von welchem (besonders deutlich auf dem Ex. 1) am Rande r. eine linke Giebelhälfte nebst Teilen dreier Mittelsäulen sowie ein Stückchen Hals und darunter K sichtbar sind. Vgl. zu n. 495, n. 575 und n. 563.

(Mit zwei Neokorien; Zeit des Gordianus III.)

591a
K 29/27
ΑΛΕΞΑΝΔΡΟΥ Ebenso KOINON .... ΚΕΔΟΝΩΝ unten. Ebenso, aber
MA B NEΩ mit nur einstufigem Unterbau

I Arolsen. — (Über den Vs.-Stempel vgl. zu n. 543.)

592
K 27/26
ΑΛΕΞΑΝΔΡΟΥ Ebenso {KOIN}ON MAKEΔO NΩN B N .. (l. in der Mitte
beginnend u. rodrnd). Ebenso

I Paris; Mionnet S. 3. 289. 445. — (Über die Vs. vgl. zu o. 567.)

593
K (26)
ΑΛΕΞΑΝΔΡΟΥ Ebenso KOINON MAKEΔONΩN B NEΩKOPΩN Zwei
fünfsäulige Tempelfronten

I Mionnet S. 3. 320. 447 (steht in Paris)
Was Mionnet in der Beschreibung der Vs. mit „derrière, Z vel ν" wiedergibt, ist das
flatternde Diademende, welches bei dem Kopf-Typus A (mit lang herabhängendem Haar)
häufig diese oder eine ähnliche Form zeigt. Vgl. auch zu o. 830.

594
K 28
ΑΛΕΞΑΝΔΡΟΥ # (unten, von KOI MA oben, ΚΕΔΟΝΩΝ unten. Zwei fünfsäulige
r. nach l.). Ebenso B NEΩ
Tempel mit dreistufigem Unterbau im Profil
einander gegenüber

I Paris (ganz roh überarbeitet,; Mionnet I, 357, 602 — 2 Rom Vatican. — (1 und 2 sind
aus denselben Stempeln.)
Die perspektivische Zeichnung der Tempel ist auf dieser Münze sowie o. 747. o. 747b und
o. 748 arg missraten, indem die Spitze des Giebeldreiecks bis über die zurücktretende
Frontecke verschoben ist, so dass der verkürzte Schenkel mit der Giebelbasis einen rechten
Winkel bildet.

595
K 28/27
ΑΛΕΞΑΝΔΡΟΥ Ebenso KOINON MA
ΚΕΔΟΝΩΝ unten. Zwei viersäulige Tempel
B NE mit fünf- und vierstufigem Unter-
bau im Profil einander gegenüber

I London Cat. 35, 130; Combe 96, 14. — ' — 2 Reger Ihes, Palat. 136 Abb. [Eckhel d.
n. v. 8, 110] mit irrig KHC statt B NE und als Silber bezeichnet. — (Der Vs.-Stempel von
I ist = n. 555, I. 2 = n. 566, r und von derselben Hand wie o. 533. I. 2 [= 543a =
545 = 547, I. 2, 3 = 556, I. 2 = 579 = 591a], n. 566, I [= 581] und n. 577.)

596
K 26
'ΑΛΕΞΑΝΔΡ.. Kopf mit KOINON MAKEΔONΩ N NEΩKO (i. A. endend) und
Diadem nach r. i. F. oben • B • Ebenso, aber mit einstufigem
Unterbau und gemeinsamer langer Bodenlinie

I Meletopulos. — (Der Rs.-Stempel ist = n. 5/9a = n. 685b und von derselben Hand
wie n. 685, n. 685a und n. 749, I. 2.)
Von der Vs. war ein Abdruck nicht zu beschaffen, so dass die Frage offen bleiben muss,
ob die Münze nicht vielleicht zu n. 5/9a oder n. 685b gehört.

597
K 28/27
ΑΛΕΞΑΝΔΡΟΥ Kopf mit KOINON MAKEΔONΩN B NEΩK Vierbeiniger
Diadem im lang herab- Tisch mit Löwenfüssen und Querleisten
hängenden Haar nach r. zwischen den Beinen von r. gesehen, darauf
Beutel zwischen zwei Preiskronen mit je
einem Palmzweig

I Rom Nationalmuseum. — (Über den Vs.-Stempel vgl. zu n. 566c und n. 567.)

[Mit zwei Neokorien; Zeit des Gordianus III.]

594   ΑΛΕΞΑΝΔΡΟΥ Kopf mit   ΚΟΙΝΟΝ ΜΑΚΕΔΟΝΩΝ Θ Ν ΕΩΚΟΡ (l. A. endend).
K 26   Diadem im lang herab-   Vierbeiniger Tisch mit Löwenfüssen von l.
hängenden Haar nach r.   gesehen, darauf zwei Preiskronen je mit
Palmzweig, darunter Amphora

1 Lübbecke (überprägt) — 1 London Cat. 26, 134. — (1 und 2 sind aus denselben
Stempeln; über die Vs. vgl. zu n. 548.)

595   ΑΛΕΞΑΝΔΡΟΥ Ebenso,   ΚΟΙΝΟΝ ΜΑΚΕΔΟΝΩΝ ΝΕΩΚΟΡΩ (l. A. endend)
K 26   unter dem Halse Blitz   und l. F. oben in der Mitte Θ   Ebenso
Taf. V, 12   Abbildung der Rs. (4)
Abweichungen: Vs. das Diadem mit vier o verziert 1-6 — der Blitz unvollständig
umgeprägt 5, 6; — Rs. mit . ΝΕΩΚΟ . (l. A. endend) 4
1, 2 Berlin — 3 Constantinopel Rev. arch. Inst. — 4 Imhoof — 5 Mordtmann — 6 Dr.
Weber. — (Die Rs. von 1, 2, 3, 5, 6 stempelgleich; über die Vs. von 1-6 vgl. zu n. 552.)

596   ΑΛΕΞΑΝΔΡΥ Ebenso,   ΚΟΙΝΟΝ ΜΑΚΕΔΟΝΩΝ ΝΕΩΚ und l. F. oben in
K 26   ohne Blitz   der Mitte Θ   Ebenso
Gewicht: 10,48 (2)
1 London (neue Erw.); Zeitschr. f. Num. 25, II, 23 — 2 Dr. Stutz. — (1 und 2 sind aus
denselben Stempeln; über die Vs. vgl. zu n. 535. über die Rs. vgl. zu n. 753.)

597   ΑΛΕΞΑΝΔΡΟΥ Kopf mit   ΚΟΙΝΟΝ ΜΑΚΕΔΟΝΩΝ Θ ΝΕΩΚΟΡΩ · Vier-
K 25   Diadem im lang herab-   beiniger Tisch mit Löwenfüssen und Quer-
hängenden Haar nach r.,   leisten zwischen den Beinen von r. gesehen,
unter dem Halse Blitz   darauf zwei Preiskronen je mit Palmzweig
Abweichungen: Vs. das Diadem mit vier o verziert 1, 2
1 Athen Cat. 1568 — 2 Gotha (überprägt). — (1 und 2 sind aus denselben Stempeln;
über die Vs. vgl. zu n. 558b, über die Rs. vgl. zu n. 792.)

598   ΑΛΕΞΑΝΔΡΟΥ Ebenso,   ΚΟΙΝΟΝ ΜΑΚΕΔΟΝΩΝ, l. F. oben in der Mitte Θ,
K 26   ohne Blitz   l. A. ΝΕΩΚ · Ebenso
Abweichungen: Vs. das Diadem mit vier o verziert 1, 2, 3 und wohl auch 2
1 Belgrad — 2a Berlin — 2 Meletopulos — 3 Turin Kgl. Slg. — (Die Rs. von 1, 2a, 2, 3
sind stempelgleich; der Vs.-Stempel von 1, 2a, 3 und wahrscheinlich auch 2 (Abdruck
fehlt) ist = n. 559 und von denselben Hand wie n. 529a.)

599   ΑΛΕΞΑΝΔΡΟΥ Ebenso,   ΚΟΙΝΟΝ ΜΑΚΕΔΟΝΩΝ ΔΙC ΝΕΩΚΟ (l. oben
K 27/26   ohne Blitz   beginnend). Ebenso, aber ohne Querleisten
1 Oikonomopulos. · (Über die Vs. vgl. zu n. 569, l.)

600   Ebenso   ΚΟΙΝΟΝ ΜΑΚΕΔΟΝΩΝ Θ ΝΕΩΚΟ (oben begin-
K 27   (derselbe Stempel)   nend). Ebenso
1 Bräuning — 2 Paris; Mionnet I, 555. 390. — (1 und 2 sind aus denselben Stempeln;
über die Vs. vgl. zu n. 569, l.)

601   ΑΛΕΞΑΝΔΡΟΥ Ebenso   ΚΟΙΝΟΝ ΜΑΚΕΔΟΝΩΝ ΔΙC ΝΕΩ (l. oben begin-
K 26   nend). Ebenso
1 Imhoof — 2 Turin Kgl. Slg. — — 3 Mionnet S. 3. 228, 443 von La Goy — 4 Chaix
descr. 135. — (1, 2 sind aus denselben Stempeln; über ihre Vs. vgl. zu n. 610.)

(Mit zwei Neukorien; Zeit des Gordianus III.]

606
K 27 ΑΛΕΞΑΝΔΡοΥ Ebenso   KOINON MAKEΔONΩN N Β NEΩ (oben beginnend).
Ebenso

Gewicht: 11,88 (2) — 10,49 (1)

1 Bröning. — 2 Philippen. — (1 und 2 sind aus denselben Stempeln; über die Vs. vgl. zu n. 575a.)

607
K 27 ΑΛΕΞΑΝΔΡοΥ Ebenso   KOINON MAKEΔONΩN Β NEΩ (r. oben beginnend).
Ebenso

1 Berlin (gelocht) — 2 Kopenhagen — 3 Mordimann. — (1, 2, 3 sind aus denselben Stempeln; über die Vs. vgl. zu n. 569, 1.)

608
K 26 ΑΛΕΞΑΝΔΡοΥ Ebenso   KOINON MAKEΔONΩN Β NE Ebenso

1 London Cat. 25, 131; Combe 96, 11 — 2 Turin Kgl. Slg. — (1, 2 sind aus denselben Stempeln; über die Vs. vgl. zu n. 575a.)

608a
K 26 Ebenso   Ebenso, unter dem Tische Stern
(derselbe Stempel)

Abweichungen: Rs. der Stern zerstört 1

1 Agram — 2 Karlsruhe. — (Der Rs.-Stempel von 1, 2 ist = n. 606, 1, 2 und von derselben Hand wie o. 606, 3 und n. 607 [= 698]; über die Vs. von 1, 2 vgl. zu o. 575a.)

609
K 26 Ebenso   KOINON MAKEΔONΩN · Β · NE · Ebenso, i. F.
(derselbe Stempel)   r. Stern

1 Glinzoopulos — 2 Hunter Cat. 350, 17; Combe descr. 182, 41, XXXIV, 23 Rs. — 3 Löbbecke. — (1, 2, 3 sind aus denselben Stempeln; über die Vs. vgl. zu n. 575a.)

610
K 26 ΑΛΕΞΑΝΔΡοΥ Ebenso   KOINON MAKEΔONΩN Β NE Ebenso, ohne
Stern

1 Kopenhagen, vorher Cat. Welzl 2617. — (Der Vs.-Stempel ist = n. 536 = n. 605, 1, 2 und von derselben Hand wie o. 571, 1, 2 [= 575a = 606, 1, 1 = 608 (g. = 612].)

611
K 26 ΑΛΕΞΑΝΔΡοΥ Ebenso   KOINON MAKEΔ[ON ΩN] Β NE (l. A. endend).
Ebenso

2 Berlin (Schrift der Vs. verwischt) — 2 St. Petersburg. — (Die Rs. von 1, 2 sind stempelgleich; die [sehr schlecht erhaltenen] beiden Vs. sind entweder von derselben Hand oder vielleicht sogar aus dem ähnlichen Stempel wie o. 537 [= 538, 1, 2 = 541, 1, 2 = 582].)

612
K 26 ΑΛΕΞΑΝΔΡοΥ Kopf mit   Das Vs.-Gepräge vertieft und im Gegensinne
Diadem im lang herab-   hängenden Haar nach r.

Gewicht: 13,47

1 Berlin. — (Der Vs.-Stempel ist = n. 571, 1, 2 = n. 575a = o. 606, 1, 2 = n. 608, 1, 2 = n. 608 2, 1, 2 = n. 610, 1-3 und von derselben Hand wie n. 536 [= 605, 1, 2 = 610].) Die vertiefte Wiederholung des Averses auf der Ks. ist dadurch entstanden, dass ein Exemplar nach erfolgter Prägung an dem Rs.-Stempel haften blieb und mit dem nächsten Schlage auf den folgenden Schrötling (n. 612) gepresst wurde, der auf diese Weise zwar richtig das Vs.-Gepräge empfing, statt des Reverses aber den Eindruck der Kopfseite jenes nicht rechtzeitig entfernten Exemplars erhielt. Unter den griechischen Münzen findet sich solches verprägte Stücke selten, unter den römischen dagegen ziemlich häufig; vgl. z. B. für die Zeit der Republik M. Bahrfeldt, Berliner Münzblätter, Neue Folge. 1 (1905), 438 fg.

Die antiken Münzen Nord Griechenlands III.   10

[Mit zwei Neokorien; Zeit des Gordianus III.]

Vs. Kopf mit Diadem im fliegenden Haar (n. 613—702)

613
K 26
ΑΛΕΞΑΝΔΡΟV (l. und r.). KOINON MAKEΔΟΝΩΝ ΔiC ΝΕΩΚ Zeus nach
Kopf mit Diadem im   l. thronend, auf der R. die linkshin gewendete
fliegenden Haar nach r.   Nike, die l. auf das Scepter gestützt

Abweichungen: Rs. KOINON MAKEΔ|ΟΝΩΝ ΔiC ΝΕΩΚ 2
1 Berlin — 2 Löbbecke. — (Der Vs.-Stempel von 1, 2 ist — n. 613° — n. 650; — n. 701;
der Rs.-Stempel von 2 — n. 613°' hat, nachgraviert, auch zur Prägung von n. 530, 1. 2
gedient.) — Vgl. auch oben n. 532.

614
K 26

T. IV, 10
ΑΛΕΞΑΝΔΡΟV Ebenso   KOINON MAKEΔΟΝΩΝ ΔiC ΝΕΩ · (r. oben be-
                                  ginnend). Ebenso

Abbildung der Rs. (1)

Abweichungen: Rs. KOINON MAKEΔΟΝΩΝ ΔiC ΝΕΩ (r. oben beginnend) 2
1 Gotha — 2 Madras — 3 Moskau Univers. Cat. 2045. — (Die Rs. von 1 und 3 sind
stempelgleich; über die Vs. von 1, 2, 3 vgl. zu n. 622, 1-6.)

615
K 26
ΑΛΕΞΑΝΔΡΟV Kopf mit   KOINON MAKEΔΟΝΩΝ Β ΝΕΩΚΟ ΡΩ (l. A. en-
Diadem im fliegenden   dend). Athena nach l. sitzend, auf der R.
Haar nach r., unter dem   die linkshin gewendete Nike, im l. Arm die
Hals eine sich rechtshin   Lanze (Spitze oben); am Sitz (mit Löwen-
ringelnde Schlange   bein) hinten der Schild

Abweichungen: Vs. Schrift undeutlich 1 — das Diadem mit drei × verziert 1, 3;
— Rs. |KOINON MA|KEΔΟΝΩΝ Β ΝΕΩΚΟ'[ΡΩ] (l. A. endend) 1
1 Haag — 2 im Handel (1898, Abdruck vorhanden). — (Der Vs.-Stempel von 1, 3 ist —
n. 686, 1-4; über die Rs. von 1, 3 vgl. zu n. 760.)

616
K 26-25
ΑΛΕΞΑΝΔΡΟV Ebenso,   KOINON MAKEΔΟΝΩΝ Β ΝΕΩΚ Ebenso
unter dem Halse Stern

Abweichungen: Vs. ohne Stern 3; — Rs. KOINON MAKEΔΟΝΩΝ Β ΝΕΩ·
(l. A. endend) 3 — angeblich Parazonium statt Lanze 3
1 Kopenhagen — 2 Neapel Cat. 6651. —| — 3 Goltz Graecia XXXIV, 1+9 [Haverkamp
allgem. bist. 1, XXIII, 10]. · (2 und 3 sind aus demselben Stempeln.)

617
K 28/26
ΑΛΕΞΑΝΔΡΟV Ebenso,   KOINON MAKEΔΟΝΩΝ Β ΝΕ (l. in der Mitte be-
ohne Stern   ginnend). Ebenso
1 Mailand. — (Der Vs.-Stempel ist — n. 662, 1-5 — n. 663, 1-3 — n. 695, 1-3.)

618
K 26
ΑΛΕΞΑΝΔΡΟV Ebenso   KOINON MAKEΔΟΝΩΝ Β ΝΕ Ebenso
1 Frankfurt a. M. — 2 Oxford Christ Church — (Die
Rs. von 1 und 2 sind stempelgleich; über die Vs. von 1, 2, 3 vgl. zu n. 660.)

619°
K 27
ΑΛΕΞΑΝΔΡΟΥ (oben n. r.). Kopf   KOINON MAKEΔΟΝΩΝ ΒΜΙ ΝΩΚ (sol) Zeus Nike-
nach r. wie oben bei n. 613   phoros nach l. thronend wie oben bei n. 613
1 Paris; Mionnet S. 3, 238, 439 angenom
Die Aufschriften dieser Münze sind, wie schon Mionnet bemerkt, durch Retouchieren verdorben. Auf der Vs., welche denselben Stempel wie n. 613, 1, 2 enthält, sind oben die
3 ersten Buchstaben von moderner Hand hinzugefügt, während von dem ursprünglichen
ΑΛΕ l. noch deutliche Spuren zu erkennen sind. Die Rs. ist aus dem gleichen Stempel
wie n. 613, 1 bezw. n. 530, 1. 2 und ihre Aufschrift demnach zu berichtigen.

(Mit zwei Neokoren; Zeit des Gordianus III.)

819
K 26
ΑΛΕΞΑΝΔΡοV Ebenso   Ebenso, i. F. r. Stern

1 Paris: Mionnet I, 559, 644. — (Der Vs.-Stempel ist = n. 690, z. 3 = n. 662 und von derselben Hand wie n. 600, I [= 639, I, z = 640, I. 2]. n. 661, I. 2. 3 [= 665]. n. 664, I. 2 [= 668] und n. 696, 3.)

820
K 26
ΑΛΕΞΑΝΔΡοV Ebenso   KOINON MAKEΔONΩN B N Ebenso

Abweichungen: Vs. Schrift abgebrochen 1; — Rs. KOINON MAKE ΔONΩ|N B N 2
— KOINON MAKt ΔONΩ|N B N 3
1 Berlin — 2 Jakunischikoff — 3 London Cat. 24, 115 (irrig ohne BL — (Vs. u. Rs.-Stempel von 2 sind = 3 u. von derselben Hand wie 1; vgl. auch 28 n. 619 herw. n. 556.)

821
K 26
ΑΛΕΞΑΝΔΡοV Ebenso   KOINON MAKEΔONΩN B NE Ebenso, aber
die kleine Nike nach rechts gewendet; i. F.
nichts

Abweichungen: Vs. ΑΛΕΞΑΝΔΡδ 2; — Rs. mit MAKEΔONΩN 3 — KOINON
MAK 2
1 Berlin — 2 Gotha (Vs. und Rs. durch Retouchieren verdorben) — 3 Turin Kgl. Slg. —
(Die Vs. von I. 3 sind stempelgleich; aber die Vs. von 2 vgl. 28 n. 702*.)

822
K 26-25
ΑΛΕΞΑΝΔΡοV Kopf mit   KOINON MAKEΔONΩN B NEΩ (r. oben beginnend).
Diadem im fliegenden   Athena Nikephoros nach l. sitzend wie bei
Haar nach r.   n. 615, aber ohne die Lanze im l. Arm
Gewicht: 13,54 (6) — 11,50 (4)
1 Berlin — 2 Florenz — 3 Gotha — 4 Löbbecke — 5 Turin Kgl. Slg. — 6 Dr. Webr.
— (Ihr Vs.-Stempel von 1-6 ist = n. 614, 1-3 = n. 634, 1-3 = n. 635 = n. 651b, I. 2;
ausserdem sind die Rs. von 3. 4. 5. 6 stempelgleich.)

(823)
K (25)
ΑΛΕΞΑΝΔΡοV Ebenso   KOINON MAKEΔONΩN B·NEΩK· Ebenso,
aber die kleine Nike rechtshin gewendet
1 Gotz Graecia XXXIV, 1 ¾ [Baverkamp algem. hist. 1, XXII), 9; Gessner reg. Mured. 19,
III, 11°

824
K 27
ΑΛΕΞΑΝΔΡοV Kopf mit   KOINON MAKEΔONΩN B NE Athena nach
Diadem im fliegenden   l. sitzend, in der R. Schale, im l. Arm die
Haar nach r.   Lanze (Spitze oben); am Sitz (mit Löwenbein)
hinten die Schild
1 Brüning — 2 Brüssel. — (1. 2 sind aus den gleichen Stempeln; die Vs. ist von derselben
Hand wie die von n. 641 und n. 651a (= 654).)

825
K 26/25
ΑΛΕΞΑΝΔΡΥ Ebenso   KOINON MAKEΔONΩN B NEΩK Ebenso, aber
ohne die Lanze im l. Arm
1 Solon. — (Der Vs.-Stempel ist = n. 630 = n. 647a = n. 649 = n. 671 = n. 674 =
n. 685 = n. 687, I. 2 und von derselben Hand wie n. 643 [= 671 a = 685 a = 688, r. 2];
der Rs.-Stempel ist von gleicher Hand wie die vier folgenden (n. 626—629), ferner wie
n. 533, n. 534, 1-3, n. 715, I und n. 704a.)

826
K 26
ΑΛΕΞΑΝΔΡοV Ebenso   KOINON MAKEΔONΩN B und i. A. NEΩKO
Ebenso
1 Leake Eurep. Gr. 66 angenom. — (Der Vs.-Stempel ist = n. 670, I. 2; über den Rs.-
Stempel vgl. zu n. 676.)

10*

[Mit zwei Neukorwas: Zeit des Gordianus III.]

627
K 26
ΑΛΕΞΑΝΔΡΟΥ Ebenso, **KOINON MAKEΔONΩN B** und **L A. NEΩK**
unter dem Halse Stern   Ebenso

1 München. — (Der Vs.-Stempel ist = n. 685 b = n. 600; aber den Rs.-Stempel vgl. zu n. 625.)

628
K 26
ΑΛΕΞΑΝΔΡΟΥ Ebenso, **KOINON MAKEΔONΩN B** und **L A. NEΩ**
unter dem Hals Schlange ' Ebenso
sich rechtshin ringelnd

1 Paris; Mionnet t. 359. 617. — (Der Vs.-Stempel ist = n. 633 = n. 637 = n. 648, 1. 2 = n. 673 = n. 699, 1-3 und von derselben Hand wie n. 638, 1-5 (= 673 = 678 = 795, 1. 2. 3]; über den Rs.-Stempel vgl. zu n. 625.)

629
K 25
ΑΛΕΞΑΝΔΡΟΥ Ebenso, **KOINON MAKEΔONΩN. L A. NEKO** (so) und **L F.**
unter dem Halse Kranz   l. oben B Ebenso

1 Berlin — 2 St. Petersburg. — (Der Vs.-Stempel von t. 1 ist = n. 655, 1. 2 = n. 676, 1. 3 = n. 399 und von derselben Hand wie n. 673; über den Rs.-Stempel von t. 1 vgl. zu n. 625.)

630
K 24
ΑΛΕΞΑΝΔΡΥ Kopf mit **KOINON MAKEΔONΩN B** und **L A. NEΩKO**
Diadem im fliegenden   Athena unbedeckten Hauptes auf einem
Haar nach r.   Panzer(?) nach l. sitzend, in der vorgestreckten
              R. den Helm haltend, den l. Arm auf den
              Schild gelehnt

T. IV, 23   Abbildung der Rs.

1 Paris; Mionnet t. 354. 619; Imhoof, Num. Zeitschr. 16 (1884). 238. 12. IV, 8 Abb. d. Rs. — (Über die Vs. vgl. zu n. 625.)

631
K 28
ΑΛΕΞΑΝΔΡΟΥ (r. und L) **KOINON MAKEΔONΩN ΔIC NE ΩKO** (l. oben
Kopf mit Diadem im   beginnend). Nike mit flatterndem Gewand im
fliegenden Haar nach r.   rechtshin eilenden Zweigespann, in der R.
              (vor der Brust) die Geissel, mit der L. die
              Zügel haltend

1 Berlin — 2 Constantinopel Russ. arch. Inst. — 3 Löbbecke — 4 Paris; Mionnet t. 358. 608. — (Der Vs.-Stempel von 1-4 ist = n. 640, 1. 2. 3 und von derselben Hand wie n. 666, 1. 2. 3 [= 683 a]; der Rs.-Stempel von 1-4 bis = n. 766, 1. 2 und von derselben Hand wie n. 547, 1-3 und n. 547. 2.)

632
K 26
ΑΛΕΞΑΝΔΡΟΥ Ebenso, **KOINON MAKEΔONΩN B NEΩK** Nike wie
unter dem Hals Schlange   vorher, aber mit der erhobenen R. die Geissel
sich rechtshin ringelnd   über den Pferden schwingend

Abweichungen: Rs. die Hinterbeine der Pferde eingeknickt

1 Hunter Cat. 359. 10; Combe descr. 191, 37. — (Die Rs. ist von derselben Hand wie n. 548; über die Vs. vgl. zu n. 628.)

633
K 26
ΑΛΕΞΑΝΔΡΥ Ebenso, **KOINON MAKEΔONΩN NEΩ** (L oben beginnend)
ohne Schlange   und **L F. unten B** Ebenso

Abweichungen: Vs. ΑΛΕ 1

1 Gotha — 2 Paris (gelocht); Mionnet 3. 358. 607. — (1 und 2 sind aus demselben Stempeln; der Vs.-Stempel ist = n. 689, 1. 2.

[Mit ... ; Neokorien; Zeit des Gordianus III.]

634
K 27

ΑΛΕΞΑΝΔΡΟΥ Kopf mit
Diadem im fliegenden
Haar nach r.

KOINON MAKEΔONΩN ΔIC NEΩ (r. oben beginnend). Olympias mit Schleier auf einem Thron mit hoher Rückenlehne, auf die sie den l. Arm auflegt, nach l. sitzend und mit der R. die vor ihr aufgerichtete Schlange aus einer Schale fütternd

Gewicht: 12,07 (3)

1 R. Dino — 2 Wien (gelocht) -- 3 im Handel (1915, Abdruck vorhanden). — (1, 2, 3 sind aus demselben Stempeln; über ihre Vs. und Rs. vgl. zu n. 637, 1-6 bezw. n. 321a.)
Über den Rs.-Typen vgl. die Bemerkung zu n. 347a

635
K 26, 25

Ebenso
(derselbe Stempel)

KOINON MAKEΔ ONΩN B NEΩ (r. oben beginnend).
Ebenso

Abweichungen: Rs. der Thron vorn mit Löwenbein

1 Mailand. — (Der Rs.-Stempel ist = n. 551, 2; über die Vs. vgl. zu n. 622, 1-6.)

636
K 26

ΑΛΕΞΑΝΔΡΟΥ Ebenso

KOIN ON MAKEΔONΩN B und l. Λ NEΩ
Ebenso

Abweichungen: Rs. KOINON MAKEΔONΩN BIC NEΩK - (irrig statt ΔIC) r. oben beginnend 1

1 Berlin (mit Doppelschlag auf Vs. und Rs.). — '. — 2 Golta Graecia XXXIV, 1+3 (Haverkamp algem. bhl. 1, XXIII, 5; Gessner reg. Maced. 19, III, 15]. — (Der Vs.-Stempel von 1 ist = n. 637.)

637
K 27, 26

ΑΛΕΞΑΝΔΡΟΥ Kopf mit
Diadem im fliegenden
Haar nach r., unter dem
Hals eine sich rechtshin
ringelnde Schlange

Gewicht: 9,20

KOINON MAKEΔONΩN B N EΩKO (l. A. endend).
Alexander nackt, mit flatterndem Mantel, nach r. vortretend und den sich bäumenden Bukephalos mit beiden Händen am Zügel haltend; i. F. in der Mitte Stern

1 Berlin (mit Sprung): Zeitschr. f. Num. 25, II, 27. — (Der Vs.-Stempel ist = n. 628 = n. 633 = n. 648, 1, 2 = n. 672 = n. 673, 1, 2, 3 und von demselben Hand wie der folgende; über die Rs. vgl. die Bemerkung hinter n. 638.)

638
K 26

Ebenso (anderer Stempel)   Ebenso (anderer Stempel)

Gewicht: 14,45 (5) — 12,31 (1)

1 Berlin; Zeitschr. f. Num. 25, II, 30 — 2 Glimenopulos — 3 Leake Europ. Gr. 16 (ungenau) — 4 München — 5 Wien; Mus. Theup. 2, tab... — (Der Vs.-Stempel von 1-5 ist = n. 633 = n. 672 = n. 793, 1, 2.) und von derselben Hand wie der vorhergehende.) Ihr beiden Rs.-Stempel n. 637 und n. 638, deren letzterer auch zur Prägung von n. 552 gedient hat, welchen, während sie in der Gesamtanlage und vielen charakteristischen Einzelheiten einander vollkommen decken, doch andererseits auch mancherlei kleine Verschiedenheiten auf, durch die ihre Identität ausgeschlossen wird. Es kann nicht zweifelhaft sein, dass der Künstler entweder die beiden Stempel nach einer gemeinsamen Vorlage gearbeitet oder den einen mittels einer mechanischen Kopie des anderen hergestellt hat, wobei durch das unvermeidliche Nachschneiden die geringen Abweichungen entstanden sind. In dem gleichen engen Verhältnis zu einander stehen, wie der Augenschein lehrt, die von ebendemselben Künstler herrührenden Rs.-Stempel n. 553 und n. 639. Vgl. Zeitschr. f Num. 24 (1904), 291ff. und 25, IX, 20 sowie auch die Bemerkung hinter n. 473.

[Mit zwei Neukorien; Zeit des Gordianus III.]

639   ΑΛΕΞΑΝΔΡΟΥ Ebenso,   ΚΟΙΝΟΝ ΜΑΚΕΔΟΝΩΝ · Β · ΝΕΩ (i. A. endend).
K 27   ohne Schlange   Ebenso, L F. I. Stern
T. IV, 17   Abbildung der Vs. (?)

   1 Guths — 2 Lobbecke. — — 3 Agostini dialoghi intorno alle medaglie (ed. Nada 1592)
167, 4 Abb. — (2 und 3 sind aus demselben Stempeln; aber die Vs. vgl. zu n. 619.)
Über den Rs.-Stempel von 1, 2 vgl. die Bemerkung hinter n. 638.

640   ΑΛΕΞΑΝΔΡΟΥ (r. und l.)   ΚΟΙΝΟΝ ΜΑΚΕΔΟΝΩΝ   Β ΝΕ (oben beginnend).
K 27   Ebenso   Ω
                       Ebenso, ohne Stern

   Gewicht: 12,36 (3)

   1 Paris; Mionnet I, 558, 630; — 2 Philippopel (zweimal gelocht; Schrift der Vs. und Rs.
unvollständig) — 3 im Handel (1903). — (1, 2, 3 sind aus denselben Stempeln; aber die
Vs. und Rs. vgl. zu n. 631, 1-4 bezw. n. 555, 1, 3.) — Vgl. auch oben n. 557, 4.

641   ΑΛΕΞΑΝΔΡΟΥ Ebenso   Ebenso (derselbe Stempel)
K 28 27   1 London Cat. 26, 135. — (Der Vs.-Stempel ist — n. 608 — n. 683, 1, 2 — n. 702; aber
die Rs. vgl. zu n. 555, 1, 3.)

642   ΑΛΕΞΑΝΔΡΟΥ Ebenso   ΚΟΙΝ ΜΑΚΕΔΟΝΩΝ . . . . . (l. in der Mitte begin-
K 26   nend). Ebenso

   1 Turin Mus. Cat. 1599 zu Lavy 1411 (Vs. und Rs. durch rohes Überarbeiten völlig verdorben). — (Die Vs. ist von demselben Hand, vielleicht sogar aus dem gleichen Stempel wie
die von n. 651 [— 654]; vgl. auch zu n. 624, 1, 2.)

643   ΑΛΕΞΑΝΔΡΥ Kopf mit   ΚΟΙΝΟΝ ΜΑΚΕΔΟΝΩΝ · Β · ΝΕ (unten in der Mitte
K 26   Diadem im fliegenden   beginnend). Reiter mit Panzer, Stiefeln und
     Haar nach r.   anliegendem Mantel nach r. sprengend (vgl.
                       zu n. 559) und mit der erhobenen R. den
                       Speer abwärts gegen einen Löwen richtend, den
                       unter dem Pferde rechtshin springt und
                       mit geöffnetem Rachen emporblickt

   1 Neapel Cat. 6840; Pedrusi i Cesari 8, 114, XI, 2 (Havekamp allgem. hist. 1, XXIV, 4;
Gessner reg. Maced. 19, 111, 6); Zeitschr. f. Num. 25, 11, 28 Vs. — (Der Vs.-Stempel ist
— n. 671 — n. 683 — n. 688, 1, 2 und von demselben Hand wie o. 625 [— 630 — 647 —
— 649 — 671 — 674 — 685 — 687, 1, 2); aber die Rs. vgl. zu n. 646.)

644   ΑΛΕΞΑΝΔΡΟΥ Kopf mit   ΚΟΙ · ΜΑΚΕΔΟ ΝΩΝ · Β · ΝΕΩ · ΚΟΡΩΝ (l. oben
K 28   Diadem im fliegenden   beginnend). Reiter mit Panzer, Stiefeln, flattern-
     Haar nach r., unter dem   dem Mantel und einem Fell als Schabracke
     Halse Stern   nach r. sprengend (vgl. zu n. 561) und mit
                       dem Speer in der erhobenen R. zum Wurf
                       ausholend

   Gewicht: 13,50

   1 Imhoof; Zeitschr. f. Num. 24 (1904), 202 Abb. d. Rs. — (Der Vs.-Stempel ist — n. 662
und von demselben Hand wie n. 645 [— 640, 1, 2]; aber die Rs. vgl. zu n. 645.)
Der Schluss der Rs.-Umschrift (ΚΟΡΩΝ) ist im Stempel geändert aus ΒΕΡΟΙΣ, was man
unter der Korrektur noch deutlich lesen kann; vgl. die Einleitung S. 32 und Zeitschr. f.
Num. 24, 202. — Über das dem Reiter als Schabracke dienende Fell vgl. oben S. 10.

[Mit zwei Neokorien; Zeit des Gordianus III.]

645
K 28 ΑΛΕΞΑΝΔΡΟV Ebenso KOINON MAKEΔONΩN ΔIC NEΩ (oben beginnend). Ebenso
(anderer Stempel)

: Murdtmann. — (Der Rs.-Stempel ist von derselben Hand wie n. 644, n. 646, 1 und n. 646, 2; über die Vs. vgl. zu n. 644.)

846
K 27 Ebenso KOINON MAKEΔONΩN B N EΩ (oben beginnend).
(aus gleichem Stempel) Ebenso

Abweichungen: Rs. KOINON MAKEΔONΩN B NEΩ (l. oben beginnend) 2

1 Athen (Rs. retouchiert) — 2 Rom Vatican. (Über die beiden Rs. vgl. zu n. 645.) Bei 2 ist das Ω von MAKEΔONΩN aus versehentlichem N im Stempel korrigiert; vgl. zu n. 463, n. 650, n. 747 und n. 758.

647
K 26 ΑΛΕΞΑΝΔΡΟV Kopf mit KOINON MAKEΔONΩN B NEΩKO Reiter
Diadem im fliegenden mit Panzer, Stiefeln und flatterndem Mantel
Haar nach r. nach r. sprengend (vgl. zu n. 564) und mit
der erhobenen R. den Speer schräg nach
unten richtend, unter dem Pferde Stern

: Knechtel (Schrift der Rs. unvollständig) — : London Cat. 24, 123. . . (Der Vs.-Stempel von 1, 2 ist = n. 638, 1-3; über den Rs.-Stempel von 1, 2 vgl. zu n. 727.)

647a
K 26 ΑΛΕΞΑΝΔΡΥ Ebenso ·KOINON MAKEΔONΩN·B·NEΩKO Ebenso
Gewicht: 11,14

: Berlin. — (Über die Vs. und Rs. vgl. zu n. 615 bezw. n. 727.)

648
K 26 ΑΛΕΞΑΝΔΡΟV Ebenso, KOINON MAKEΔONΩN B NEΩK Ebenso
unter dem Hals Schlange
sich rechtshin ringelnd

: Agram — 2 Paris; Mionnet 1, 560, 631; Zeitschr. f. Num. 25, II, 24 Rs. — (1 und 2 sind aus demselben Stempeln; über die Vs. und Rs. vgl. zu n. 628 bezw. n. 727.)

649
K 27 ΑΛΕΞΑΝΔΡΥ Ebenso, KOINON MAKEΔONΩN·B·NEΩK Ebenso,
ohne Schlange ohne Stern

Abweichungen: Rs. der Mantel ohne das flatternde Ende

: Klagenfurt. - (Über die Vs. vgl. zu n. 625; der Rs.-Stempel ist von derselben Hand wie n. 643, n. 708, 1. 2 und wohl auch n. 769) und n. 657.)

650
K 26 ΑΛΕΞΑΝΔΡΟV Ebenso KOINON MAKEΔONΩN·B·NE Ebenso

Abweichungen: Rs. die Hinterbeine des Pferdes eingeknickt (vgl. zu n. 564)

: Berlin. — (Die Vs. ist aus demselben Stempel wie die von n. 651, 1. 2.) Das Ξ der Vs.-Aufschrift ist aus versehentlichem Γ im Stempel korrigiert; vgl. zu n. 463, n. 646, n. 747 und n. 758.

650a
K 28/27 ΑΛΕ ΞΑΝΔΡΟV (l. und r.) KOINON MAKEΔONΩN ΔIC NEΩK Reiter mit
Kopf mit Diadem im Panzer, Stiefeln, flatterndem Mantel und ein-
fliegenden Haar nach r. gelegter Lanze nach r. sprengend (vgl. zu
n. 566)

Gewicht: 15,91

Abweichungen: Rs. die Hinterbeine des Pferdes eingeknickt (vgl. zu n. 566)

: Im Handel 1903, Abdruck vorhanden). - (Über die Vs. vgl. zu n. 613, 1. 2.)

[Mit zwei Neokorien; Zeit des Gordianus III.]

651 ΑΛΕΞΑΝΔΡΟΥ Ebenso   K|OINON ΜΑ ΚΕΔΟΝ ΩΝ Β Ν·ΕΩ; Ebenso
K 26,25
    Abweichungen: Rs. 'KOINO;N MAKEΔON ΩΝ Β ΝΕΩ *
    1 Berlin — 2 Verona (Vs. retouchiert); Mandli, reges 3, B, U, R (ungenau). — (1 und 2
    sind aus denselben Stempeln; über die Vs. und Rs. vgl. zu n. 650 bezw. n. 712.)

651a ΑΛΕΞΑΝΔΡΟΥ Ebenso   KOINON MAKEΔONΩN Β ΝΕ · Ebenso
K 26
    1 Rollin und Feuardent (1905). — (Die Vs. ist aus dem gleichen Stempel wie n. 654 und
    vielleicht auch n. 641 und von derselben Hand wie n. 634, 1, 2.)

651b ΑΛΕΞΑΝΔΡΟΥ Ebenso   KOINON MAKEΔO ΝΩΝ · Β · ΝΕ · (i. oben begin-
K 26/25   nend). Ebenso
    Abweichungen: Rs. KOIN O Ν MANE ΔO ΝΩΝ · Β · Ν'Ε| (r. oben beginnend) 2
    2 Belgrad — 2 Oxford. — (Über den Vs.-Stempel von 1, 2 vgl. zu n. 622, 3-6; die Rs.
    von 1 ist aus demselben Stempel wie die von n. 734.)

652 ΑΛΕΞΑΝΔΡΟΥ Ebenso   KOINON MAKEΔONΩΝ Β ΝΕ Ebenso
K 26
    Abweichungen: Rs. Ν ΟINON MAKEΔONΩΝ Β ΝΕ 2, 3
    1 Berlin — 2 Philippopel — 3 Wien; Eckhel cat. 93, 206.   (Die Vs. von 1, 2, 3 sowie
    die Rs. von 2, 3 sind stempelgleich.) — Vgl. auch oben n. 567, 2.

653 ΑΛΕΞΑΝΔΡΟΥ Ebenso   KOINON MAKEΔO ΝΩΝ Β ΝΕ Ebenso
K 26
    1 Berlin

654 ΑΛΕΞΑΝΔΡΟΥ Ebenso   K OI · MAKEΔONΩΝ · Β · ΝΕΩΚ · Ebenso
K 26
    1 Berlin. — (Die Vs. ist aus dem gleichen Stempel wie n. 651a und vielleicht auch n. 642
    und von derselben Hand wie n. 634, 1, 2.)

655 ΑΛΕΞΑΝΔΡΟΥ Ebenso, KOINON MAKEΔONΩN · Β · |ΝΕΩΚΟΡ · Reiter
K 27·26   unter dem Halse Kranz   wie vorher, aber im Schritt nach r.
    Abweichungen: Vs. der Kranz fast völlig zerstört 1
    1 Philippopel — 2 Vigani (Vs. und Rs. durch Retouchieren verdorben). — (1 und 2 sind
    aus denselben Stempeln; über die Vs. vgl. zu n. 629, 1-3.)

656 ΑΛΕΞΑΝΔΡΟΥ Kopf mit KOINON MAKEΔONΩΝ Β ΝΕΩΚ'ΟΡΩΝ| (l. in
K 28/25   Diadem (das mit drei •   der Mitte beginnend). Reiter mit Panzer, Stiefeln
    versiert ist) im fliegen-   und flatterndem Mantel nach r. sprengend
    den Haar nach r.   (vgl. zu n. 574) und die R. erhebend, unter
                                dem Pferde Stern
    1 Wien (gelocht); Mus. Theup. 2, 1280. — (Der Vs.-Stempel ist = n. 679 = n. 680 =
    n. 691, 1, 2, der Rs.-Stempel = n. 713.)

657 [ΑΛΕΞΑΝΔΡ]ΟΥ Kopf mit KOINON MAKEΔONΩΝ Β ΝΕΩΚΟ Ebenso
K 25/23   Diadem im fliegenden
    Haar nach r.
    1 Paris; Mionnet S. 3, 337. 435 (ungenau). — (Die Vs. ist aus dem gleichen Stempel wie
    n. 656, 1; der Rs.-Stempel ist von derselben Hand wie n. 769 und wohl auch n. 643,
    n. 644 und n. 768, 1, 2.)

658 ΑΛΕΞΑΝΔΡΟΥ Ebenso   KOINON MAKEΔONΩΝ · Β · ΝΕΩΚΟ · Ebenso
K 26
    1 Dresden (Vs. und Rs. retouchiert) — 2 Lambros — 3 von Rennet. — (1, 2, 3 sind
    aus denselben Stempeln; aber die Vs. vgl. zu n. 647, 1, 2.)

[Mit zwei Neokorien: Zeit des Gordianus III.]

659
K 25/24

ΑΛΕΞΑΝΔΡΟV Ebenso   KOINON MAKEΔONΩN B NEΩKO Ebenso
r Rom Vatican (barbarinsch)

660
K 27/26

ΑΛΕΞΑΝΔΡΟV Ebenso   KOINON MAKEΔONΩN · B · NEΩK (l. in der Mitte
beginnend). Ebenso

Abweichungen: Rs. Stern nicht sichtbar (wohl nur weggeretouchiert)

1 Florenz (retouchiert). — (Der Vs.-Stempel ist — n. 618, 1. 2. 3 — n. 667, 1. 2 — n. 694
und von derselben Hand wie n. 691.)

661
K 27

ΑΛΕΞΑΝΔΡΟV Ebenso   KOINON MAKEΔONΩN · B · NE · (l. in der Mitte
beginnend). Ebenso

1 Altenburg — 2 Paris; Mionnet I, 550, 622 — 3 Wien. — (Der Vs.-Stempel von 1. 2. 3
ist — n. 657 und von derselben Hand wie n. 619 (— 610, 2. 3 — 662 a', n. 620, 1 (— 639, 1. 2
— 696, 1. 2). n. 664, 1. 2 (— 698) und n. 696, 3; der Rs.-Stempel von 1. 2. 3 ist von derselben Hand wie n. 577 (— 662 a'.)

662
K 26

ΑΛΕΞΑΝΔΡΟV Ebenso   KOINON MAKEΔONΩN B NE (l. in der Mitte beginnend). Ebenso

1 Bern; Haller cat. (1829) 3. 8 ongeraa — 2 Haag — 3 London Cat. 25. 424 — 4 Sophia
— 5 Wien; Mus. Theup. 2, 1180. — (1-5 aus denselben Stempeln; über die Vs. vgl. zu n.617.)

662a
K 27/26

ΑΛΕΞΑΝΔΡΟV Ebenso   KOINON MAKEΔONΩN · B · NE (l. in der Mitte beginnend). Ebenso

1 Oxford Christ Church. — (Der Rs.-Stempel ist — n. 577 und von derselben Hand wie
n. 661, 1. 2. 3; über die Vs. vgl. zu n. 619.)

663
K 26

ΑΛΕΞΑΝΔΡΟV Ebenso   KOINON MAKEΔONΩN · B · N · Ebenso
Gewicht: 13,75 (1)

1 Arolsen — 2 Mowat — 3 Paris; Mionnet 1, 560, 629. — (1. 2. 3 sind aus denselben
Stempeln; über die Vs. vgl. zu n. 617.)

664
K 25

ΑΛΕΞΑΝΔΡΟV Ebenso | KOINON MAKEΔONΩN · B N Ebenso
Gewicht: 10,42 (1)

1 Berlin — 2 Hunter Cat. 358, 13; Combe descr. 182, 38, XXXIV, 20. — (1. 2 sind aus
den gleichen Stempeln; der Vs.-Stempel ist — n. 698 u. von derselben Hand wie n. 619
(— 610, r. 3 — 662 a), n. 620, 1 (— 639, 1, 2 — 696, 1. 2', n. 661, 1-3 (— 697) u. n. 696, 3.)

{665}
K (25)

ΑΛΕΞΑΝΔΡΟV Kopf mit   KOINON MAKEΔONΩN B · NEΩK · Krieger
Diadem im fliegenden   mit Panzer und Stiefeln von vorn (etwas
Haar nach r.   nach l.) stehend und rechtshin blickend, die
R. auf die umgekehrte Lanze gestützt, im l.
Arm Parazonium

Abweichungen: Vs. unter dem linke Kranz 2; — Rs. mit B · NEΩK 2
1 Gotz Graeca XXXIV, 1+7 (Gessner reg. Maced. 29, zu III, 9; — 2 Haverkamp algem.
hist. 1, XXIII, B

666
K 26

ΑΛΕΞΑΝΔΡΟV (r. und l.)   KOINON MAKEΔONΩN B NE Ebenso
Ebenso

1 Florenz — 2 Hunter Cat. 358, 14; Combe descr. 182, 45, XXXV, 3 — 3 Nordmann. —
(Der Vs.-Stempel von 1. 2. 3 ist — n. 683a und von derselben Hand wie n. 631, 1-4 — 640,
1. 2. 3; über die beiden Rs.-Stempel von 1 und von 2. 3 vgl. zu n. 579.)

(Mit zwei Neokorien; Zeit des Gordianus III.)

687
K 26
ΑΛΕΞΑΝΔΡΟΥ   Ebenso   KOINON ΜΑΚΕΔΟΝΩΝ Β ΝΕ   Ebenso

Abweichungen: Vs. mit undeutlichem Gegenstempel 1: — Ks. |KOIN.ON ΜΑ·
ΚΕΔΟΝΩΝ [Β ΝΕ] 1 — Β ΝΕ nicht angegeben (wohl verrieben wie bei 1) 3
1 Berlin — 2 Sophia. — — 3 (wahrscheinlich = 1) Nestiel deser. 131, 2 [Mionnet S. 3, 115,
413] von Cousinéry (nicht in München). — (1 und 2 sind aus denselben Stempeln; über
die Vs. vgl. zu n. 660.)

688
K 26
ΑΛΕΞΑΝΔΡΟΥ   Ebenso   KOINON ΜΑΚΕΔΟΝΩΝ Β Ν   Krieger wie
vorher, aber von vorn (etwas nach r.) stehend
und linkshin blickend

1 Athen (neue Erwerbung). — (Über die Vs. vgl. zu n. 641.)

689
K 26
ΑΛΕΞΑΝΔΡΟΥ   Kopf mit   KOINON ΜΑΚ ΕΔΟΝΩΝ Β und 1. F. in der Mitte 1.
Diadem im fliegenden und r. Ν Ε Krieger mit Panzer und Stiefeln
Haar nach r.   von vorn (etwas nach r.) stehend und linkshin
blickend, im r. Arm Parazonium, die L. auf
die umgekehrte Lanze gestützt

1 Wien; Mus. Theup. 2, 1380

690
K 25
ΑΛΕΞΑΝΔΡΟΥ   Kopf mit   KOINON ΜΑΚΕΔΟΝΩΝ · Β · ΝΕΩ (L in der Mitte
Diadem im fliegenden beginnend und endend). Löwe mit geöffnetem
Haar nach r.   Rachen nach r. schreitend, darüber Keule
mit dem Griff nach r.

1 Berlin — 2 Mailand. — (1. 2 sind aus denselben Stempeln; aber die Vs. vgl. zu n. 636.)

691
K 26
ΑΛΕΞΑΝΔΡΥ   Ebenso   Ebenso (derselbe Stempel)

1 Rom Vatican. — (Über die Vs. vgl. zu n. 623.)

691a
K 26/25
ΑΛΕΞΑΝΔΡΥ   Ebenso   KOINON ΜΑΚΕΔΟΝΩΝ · Β · ΝΕΩ (L in der Mitte
beginnend und L A, endend). Ebenso

Gewicht: 9,88

1 Rollin und Feuardent (1905). — (Über die Vs. vgl. zu n. 643.)

692
K 27/25
ΑΛΕΞΑΝΔΡΟΥ   Ebenso,   KOINON ΜΑΚΕΔΟΝΩΝ (L in der Mitte beginnend)
unter dem Hals Schlange und i. A. · Β · ΝΕΩ   Ebenso
sich rechtshin ringelnd

Gewicht: 10,14

1 St. Petersburg. — (Über die Vs. vgl. zu n. 628.)

693
K 26/25
ΑΛΕΞΑΝΔΡΟΥ   Ebenso,   KOINON ΜΑΚΕΔΟΝΩΝ · Β · ΝΕΩ   a   Hoher
unter dem Halse Kranz Korb, aus welchem unter dem halbgeöffneten
Deckel eine Schlange nach l. hervorkriecht

Gewicht: 9,11

1 Dresden. — (Über die Vs. vgl. zu n. 629, 1. 2.)

694
K 26/25
ΑΛΕΞΑΝΔΡΥ   Ebenso,   KOINONON ΜΑΚΕΔΟΝΩΝ Β ΝΕΩ (so!) Ebenso
ohne Beizeichen

1 Mordtmann. — (Über Rs.-Stempel ist er n. 785; über die Vs. vgl. zu n. 623.)

[Mit zwei Neokoraat Zeit des Gordianus III.]

075
K 26/25

ΑΛΕΞΑΝΔΡΟΥ Kopf mit
Diadem im fliegenden
Haar nach r., unter dem
Hals eine sich rechtshin
ringelnde Schlange

ΚΟΙΝΟΝ ΜΑΚΕΔΟΝΩΝ · Β · (r. oben beginnend)
und unten ΝΕΩΚΟ Zwei viersäulige Tempel
Ρ mit dreistufigem Unterbau
im Profil einander gegenüber und über jedem
eine Preiskrone mit Palmzweig; dazwischen
auf einer hohen Säule die Statue eines von
vorn (etwas nach l.) stehenden und rechtshin
blickenden Kriegers, der die R. auf die umgekehrte Lanze stützt und in der gesenkten
L. das Parazonium hält

1 Turin Kgl. Slg. — (Der Rs.-Stempel ist — n. 786, 1-5 und von derselben Hand wie
n. 583; über die Vs. vgl. zu n. 638, 1-5.)
Über den Rs.-Typus dieser und der folgenden Münze sowie von n. 588, n. 762a und
n. 786fg. vgl. oben S. 21 und ausführlicher Zeitschr. f. Num. 24, 311 sowie ebenda 23, 9.

076
K 26

ΑΛΕΞΑΝΔΡΟΥ Ebenso,
unter dem Halse Kranz

ΚΟΙΝΟΝ ΜΑΚΕΔΟΝΩΝ und unten · Β · ΝΕΩΚΟ
ΡΩΝ
Ebenso, aber ohne die beiden Preiskronen

1 Paris; Mionnet 1, 557, 600; Cousinéry voyage 1, Taf. V unten (ungenau) — 2 Solon. —
(1 und 2 sind aus denselben Stempeln; über die Vs. vgl. zu o. 639, 1. 2.)

077
K 26

ΑΛΕΞΑΝΑ . . . Kopf mit
Diadem im fliegenden
Haar nach r.

ΚΟΙΝΟΝ oben (in gerader Zeile) und r. (in der Mitte).
ΒΜΑΚΕΔΟΝΩΝ
ΡΝΕΩΚΟ (so?) unten. Zwei sechssäulige
Tempelfronten mit zweistufigem Unterbau;
im Aussenfeld oben L und r. je eine Preis-
krone mit Palmzweig

1 Bologna Bibliothek
Die Rs. dieser Münze ist von rohem Stil und flüchtiger Arbeit; die Buchstaben Β und Ρ
der Rs.-Aufschrift sind vom Stempelschneider versehentlich an falsche Stelle gesetzt worden
und sollten beide je eine Zeile tiefer stehen.

078
K 25

ΑΛΕΞΑΝΔΡΟΥ Ebenso,
unter dem Hals eine
sich rechtshin ringelnde
Schlange
Gewicht: 9,52

ΚΟΙΝΟΝ ΜΑΚΕΔΟΝΩΝ · ΝΕΩΚΟΡ · Zwei dreisäulige Tempel mit dreistufigem Unterbau
im Profil einander gegenüber; i. F. unten B
zwischen 2 Preiskronen je mit Palmzweig

1 Löbbecke. — (Der Rs.-Stempel ist von derselben Hand wie n. 761; über die Vs. vgl.
zu o. 638, 1-4.)

079
K 26

ΑΛΕΞΑΝΔΡΟΥ Kopf mit
Diadem (das mit drei o-
verziert ist) im fliegenden
Haar nach r.

ΚΟΙΝΟΝ ΜΑΚΕΔΟΝΩΝ Β und unten ΝΕΩΚΟΡΩ
Ν
Zwei viersäulige Tempel mit vierstufigem
Unterbau im Profil einander gegenüber und
dazwischen i. F. oben eine Preiskrone mit
Palmzweig

1 Paris; Mionnet 1, 557, 592. — (Über die Vs. vgl. zu n. 656.)

[Mit zwei Nebenaxen; Zeit des Gordianus III.]

6(M)
K 26/25
Ebenso   **KOINON** oben in gerader Zeile,
(derselbe Stempel)   **MAKEΔONΩN**
         NEΩKO unten, i. F. in der Mitte **B**
         PΩN

Ebenso, aber die Perlenkrone ohne Palmzweig

1 Turin Kgl. Slg. — (Der Rs.-Stempel ist = n. 788, 1. 1 und von derselben Hand wie die Münze des Gordianus oben n. 316 [= 681]; über die Vs. vgl. zu n. 656.)

6(M)
K 27
AΛEΞANΔPOV Ebenso,   **KOINON** oben in gerader Zeile,
unter dem Halse Blitz   **MAKEΔONΩN**
         B·NEΩKO unten. Ebenso
         ·P·

1 Wien. — (Die Rs. ist aus demselben Stempel wie die Münze des Gordianus oben n. 316 und von demselben Hand wie n. 680 (= 788, 1. 2).)

(6M)
K (25)
AΛEΞANΔPOV Kopf mit   **KOINON MAKEΔONΩN B · NEΩKOPΩN** Zwei
Diadem im fliegenden   sechssäulige Tempelfronten mit drei-
Haar nach r.   stufigem Unterbau

1 Cella Graecia XXXIV, 1+2 (Haverkamp allgem. hist. 1, XXIII, 3; Gessner reg. Maced. 19, III, 14)

(6M)
K 26
AΛEΞANΔPOV Ebenso   **KOINON** oben, **KEΔONΩN** unten. Ebenso, aber
         MA   **B NEΩ** mit einstufigem Unterbau

1 Berlin — 1 Paris; Mionnet 1, 356, 59n. — (1 und 2 sind aus demselben Stempel; über die Vs. vgl. zu n. 641.)

(6M)
K 26
AΛEΞANΔPOV (r. und l.)   **KOI** oben. **MAKEΔONΩN**
Ebenso   **NON**   **·B·NEΩKO** unten. Zwei fünf-
         PΩN säulige Tempel-
         fronten mit zweistufigem Unterbau

Gewicht: 12,66

1 Dr. Weber. — (Über die Vs. vgl. zu n. 666, 1. 2. 3; die Rs. ist aus demselben Stempel wie n. 708, 1. 2.)

(6M)
K (25)
AΛEΞANΔPOV Kopf mit   **KOINON MAKE**
Diadem im fliegenden   **ΔONΩN B·** unten. Zwei fünfsäulige Tempel
Haar nach r.   **NEΩ·** mit dreistufigem Unterbau im
         Profil einander gegenüber

1 Cella Graecia XXXIV, 1+6 (Haverkamp allgem. hist. 1, XXIII, 7; Gessner reg. Maced. 19, III, 8)

(6M)
K 26
AΛEΞANΔPΥ Kopf mit   **KOINON MAKEΔONΩN·**, l.F. oben in der Mitte · **B** ·
Diadem im fliegenden   und i. A. **NEΩKOP** Zwei viersäulige Tempel
Haar nach r.   mit einstufigem Unterbau im Profil einander
         gegenüber auf einer gemeinsamen langen Bo-
         denlinie

1 Constantinopel Russ. arch. Inst. — (Der Rs.-Stempel ist von derselben Hand wie n. 685 a, n. 685 b (= 329 = 596) und n. 749, 1. 2; über die Vs. vgl. zu n. 625.)

(Mit zwei Neokoren; Zeit des Gordianus III.)

645a　ΑΛΕΞΑΝΔΡΥ　Kopf mit　KOINON MAKEΔO. i. A. NΩN NEΩ and L F. oben
K 26　Diadem im fliegenden　　　　　　　　　　　KOP
　　　Haar nach r.　　　　In der Mitte · B ·　Ebenso
　　　Gewicht: 9,86
　　　1 Rollin und Feuardent (1905). — (Über Vs. und Rs. vgl. zu n. 643 bezw. n. 645.)

645b　ΑΛΕΞΑΝΔΡΟV　Ebenso,　KOINON MAKEΔONΩ N NEΩKO (L A. endend)
K 26/25　unter dem Halse Stern　　and I. F. oben in der Mitte · B ·　Ebenso
　　　Gewicht: 12,14
　　　1 Kopenhagen. — (Über Vs. und Rs. vgl. zu n. 627 bezw. n. 596.)

645c　ΑΛΕΞΑΝΔΡΟV　Ebenso,　KOINON MAKEΔONΩN. i. F. oben in der Mitte B,
K 27/24　ohne Beizeichen　　　　L A. NEΩK　Ebenso
　　　Gewicht: 9,85
　　　1 Rollin und Feuardent (1905)
　　　Das Münzbild der Rs. ist von besonders ungeschickter Zeichnung; hiernus erklärt sich ohne
　　　Zweifel auch die ganz singuläre Art, wie die sonst stets getrennten Unterbauten der beiden
　　　Tempel durch eine zusammenbiegende, ungleichmäßig verdickte Linie wiedergegeben sind.

646　ΑΛΕΞΑΝΔΡΟV　Kopf mit　KOINON MAKEΔONΩN · B · NEΩKOP ·　Vier-
K 25　Diadem im fliegenden　beiniger Tisch mit Löwenfüssen und Quer-
　　　Haar nach r., unter dem　leisten zwischen den Beinen von r. gesehen,
　　　Hals eine sich rechtshin　darauf Beutel zwischen zwei Preiskronen
　　　ringelnde Schlange　　　mit je einem Palmzweig
　　　Abweichungen: Vs. das Diadem mit drei o verziert t. 2. 3. 4
　　　1 Florenz　2 Kopenhagen; vorher Wiczay 1937; Sestini mus. Hedervar. 131, 195 (un-
　　　genau) — 3 Paris; Mionnet 1, 556, 591 — 4 Wien; Eckhel cat. 93, 107 [Mionnet S. 3,
　　　229, 451] — (1. 2. 3. 4 sind aus denselben Stempeln; über ihre Vs. vgl. zu n. 615, t. 2.)

647　ΑΛΕΞΑΝΔΡΥ　Kopf mit　KOINON MAKEΔONΩN. L F. oben in der Mitte · B ·,
K 26　Diadem im fliegenden　i. A. NEΩKO　Vierbeiniger Tisch mit Löwen-
　　　Haar nach r.　　　　füssen von L gesehen, darauf zwei Preiskro-
　　　　　　　　　　　　nen je mit Palmzweig, darunter Amphora
　　　Abweichungen: Vs. ΑΛΕ . . . . . Η Δ
　　　1 Paris; Mionnet S. 3, 229, 450 — 2 Wien; Mus. Theup. 2, 1280 ungenau. — (1 und 2
　　　sind aus denselben Stempeln; über die Vs. vgl. zu n. 625.)

648　ΑΛΕΞΑΝΔΡΥ　Ebenso　KOINON MAKEΔONΩ N · NEΩK (i. A. endend) und
K 26　　　　　　　　　　I. F. oben in der Mitte · B ·　Ebenso
　　　1 Constantinopel Russ. arch. Inst. — 2 Paris; Mionnet 1, 556, 592. — (1 und 2 sind aus
　　　denselben Stempeln; über die Vs. und Rs. vgl. zu n. 643 bezw. n. 689, t. 2.)

689　ΑΛΕΞΑΝΔΡΥ　Ebenso　KOINON MAKEΔONΩ N B NE (L A. endend).
K 26/25　　　　　　　　　　Ebenso
　　　1 Belgrad — 2 Constantinopel Russ. arch. Inst. — 3 Halle (moderner Guss, u. zwar nach
　　　dem Exemplar 1); Agnethler nomoph. Schulz. 1, 27. 45 = Beschreibung des Nebulanchen
　　　Münzkab. 1, 7. 45. — (Der Rs.-Stempel von 1. 2 ist von denselben Hand wie n. 688, t. 2;
　　　über die Vs. von 1. 2 vgl. zu n. 633, t. 2.)

[Mit zwei Neokorien; Zeit des Gordianus III.]

690 ΑΛΕΞΑΝΔΡΟΥ Kopf mit   KOINON MAKEΔONΩN B NEΩKOP · Vier-
K 25 Diadem im fliegenden   beiniger Tisch mit Löwenfüssen von l. ge-
Haar nach r., unter dem   sehen, darauf zwei Preiskronen je mit Palm-
Halse Stern   zweig
      Gewicht: 13,15

   1 Lobbecke. — (Über die Vs. vgl. zu n. 617.)

691 ΑΛΕΞΑΝΔΡΟΥ Kopf mit   KOINON MAKEΔONΩN B N EΩKO (l. oben be-
K 28/27 Diadem im fliegenden   ginnend). Vierbeiniger Tisch mit Löwen-
Haar nach r.   füssen und Querleisten zwischen den Beinen
   von r. gesehen, darauf zwei Preiskronen je
   mit Palmzweig
      Gewicht: 13,06

   1 Dresden (Vs. und Rs. retouchiert). — (Über die Vs. vgl. zu n. 694.)

692 ΑΛΕΞΑΝΔΡΟΥ Ebenso   KOINON MAKEΔONΩN NEΩKOPΩ! und l. F.
K 26   unten in der Mitte · B · Ebenso, l. F. oben in
   der Mitte Stern

   Abweichungen: Vs. das Diadem mit drei · verziert r. 2; — Rs. NEΩKOPN
   retouchiert zu: NEΩKOPΩ !
   1 Odessa Universität — 2 Rollin und Feuardent (1905; durch Retouchieren verdorben). —
   (1 und 2 sind von denselben Stempeln; über die Vs. vgl. zu n. 656.)

693 ΑΛΕΞΑΝΔΡΟΥ Ebenso   KOINON MAKEΔONΩN B NEΩ· Ebenso, aber
K 26   ohne Querleisten und ohne das Beizeichen

   1 München

694 ΑΛΕΞΑΝΔΡΟΥ Ebenso   KOINON MAKEΔONΩN B NE Ebenso
K 28/27   1 Klagenfurt. — (Der Vs.-Stempel ist — n. 618, l. 2. 3 — n. 660 — n. 667, l. 2 und von
   denselben Hand wie n. 691.)

695 ΑΛΕΞΑΝΔΡΟΥ Ebenso   KOINON MAKEΔONΩN · B · NE Ebenso, l. F.
K 26   r. Stern

   1 Frankfurt a. M. — 1 London Cat. 23. 132; Combe 95, 10. — (1 und 2 sind aus denselben Stempeln; über die Vs. vgl. zu n. 617.)

696 ΑΛΕΞΑΝΔΡοΥ Ebenso   KOINON MAKEΔONΩN B NE Ebenso, aber
K 26   unter dem Tische Stern

   1 London Cat. 26, 133 — 2 Turin Kgl. Slg. — 3 Verona; Muselli, Suppl. 2, 2, erster l. r
   (ungenau). — (Vs. und Rs.-Stempel von 1 sind — 2 und von derselben Hand wie 3: vgl.
   auch zu n. 661, l. 2. 3 bezw. n. 618, l. 2.)

697 — n. 656   KOINON MAKEDONUN NEOKORUN Mensa supra quam
K (16)   duae urnae laterum unicuique palmae ramus, tertia inter-
   media

   1 Wiczay 2928; Sestini mus. Hederv. 130. 194
   Die Neokorienziffer B, die auf der Münze nicht gefehlt haben kann (vgl. die Einleitung
   S. 311, stand vermutlich l. F. oben und war nur undeutlich sichtbar, so dass Sestini aus
   ihrer einen dritten Palmzweig zu erkennen meinte, der jedoch unmöglich ist und auch von
   Caronni nicht angegeben wird. Es handelt sich also wahrscheinlich um eine Rs. — n. 700.

[Mit zwei Neukoren: Zeit des Gordianus III.]

697
K 25

ΑΛΕΞΑΝΔΡοV Ebenso KOINON MAKEΔONΩN Θ Η Ebenso, unter
dem Tische Stern

1 Paris (retouchiert): Mionnet 1, 556, 593 = S. 3, 2 ru. 449; Hennin manuel XXI, 4: dies
Exemplar aus der Sammlung der Königin Christine vorher angenom. bei Patin imp. (1671)
12 Abb. d. Rs. — imp. (1697) 10 Abb. d. Rs. (Havercamp algem. hist. 1. XXV, 4 mit
einer nicht zugehörigen Vs. verbunden; Gessner reg. Macard. 23, IV, 35]; Cammien num.
ant. 54. — (Über die Vs. und Rs. vgl. zu n. 661, 1. 2. 3 bezw. n. 60Xa, 1. 2.)

698
K 25/24

ΑΛΕΞΑΝΔΡΟV Ebenso   Ebenso (derselbe Stempel)

1 Berlin (retouchiert). — (Über die Vs. und Rs. vgl. zu n. 604, 1. 2 bezw. n. 60Xa, 1. 2.)
Auf der Rs. ist mit dem Grabstichel das erste Wort der Umschrift in KOINΩN verdorben
und aus der Preiskrone zur l. eine einhenklige Vase (nach L) gemacht worden.

699
K 26

ΑΛΕΞΑΝΔΡΟV Kopf mit   KOI
Diadem im fliegenden   NON MA
Haar nach r., unter dem KEΔONΩ im unten gebundenen Lorbeerkranz
Hals Schlange nach r.   ·Β·ΝΕΩΚ
OPΩ

Gewicht: 12,07 (3) — 10,13 (1)

1 Berlin — 2 Löbbecke — 3 im Handel (1903). — (1. 2. 3 sind aus denselben Stempeln;
über die Vs. und Rs. vgl. zu n. 628 bezw. n. 794.)

700
K 27/26

ΑΛΕΞΑΝΔΡΟV Ebenso,   KOI
ohne Schlange   NON MA
KEΔONΩ im unten gebundenen Eichenkranz
N ΔIC NE
ΠKOPΩ

1 Löbbecke. — (Der Vs.-Stempel ist = n. 641 = n. 665 = n. 683, 1. 2.)

701
K 27

ΑΛΕ ΞΑΝΔΡΟV (L und r.)   KOI
Ebenso   NON MA
KEΔO
NΩN im unten gebundenen Eichenkranz
ΔIC NE
Ω

1 Wien; Mus. Theup. 2, 1279. — (Über die Vs. vgl. zu n. 613, 1. 2.)

702
K 27

ΑΛΕΞΑΝΔΡοV Ebenso   KOI
NON MA ebenso, unten ausserhalb des
KEΔO Kranzes ΝΕΩΚ
NΩN
ΔIC

1 Paris; Mionnet 1, 558, 611 ungranu

702*
K 26

ΑΛΕΞΑΝΔΡΣ Kopf mit ver- ΑΛΕΞΑΝΔΡΣ Kopf mit verziertem Diadem im fliegenden
ziertem Diadem im fliegen- Haar nach r., unter dem Halse Stern
den Haar nach r., unter dem (mit der Vs. identisch)
Halse Stern

Gewicht: 13,47

1 Berlin. — (Über Vs.-Stempel ist anscheinend von derselben Hand wie der von n. 621, 2.)
Das etwas zu dicke Zweitstück ist aus einer regulären Münze auf die Weise zurechtge-
macht worden, dass ein dünner Abguss ihrer Vs. hergestellt und auf die zu diesem Zweck
wohl flachgeschliffene Kehrseite festgeschweisst wurde.

[Mit zwei Neokorien; Zeit des Gordianus III.]

Vs. Brustbild nach rechts (a. 703—709)

703
K 25

AΛE ΞΑΝΔΡΟΥ (l. und r.). Brustbild mit punktverziertem Diadem im lang herabhängenden Haar, Panzer u. Mantel nach r. (die Brust nach vorn)

KOINON MAK.EΔONΩN B NEΩKOP (r. oben beginnend). Nackter bärtiger Herakles nach r. in der Stellung des farnesischen innerhalb einer aedicula mit 4 Säulen in der Front u. hohem Halbkuppeldach, das auf den beiden inneren Säulen ruht und mit einer Wetterfahne (Triton nach l.) bekrönt ist; die beiden äusseren Säulen tragen je eine Preiskrone mit Palmzweig

T. IV, 23 ' Abbildung der Rs.

1 Löbbecke; Zeitschr. f. Num. 25, II, 33. — (Der Vs.-Stempel ist = n. 704, 1. 2 = n. 704 u. anscheinend von derselben Hand wie n. 530, 1. 2 [= 544 = 550, 1-3 = 551, 1. 2 = 567, 1. 2], n. 534, r. 2 [= 558 h = 601, 1. 2], n. 552 [= 599, 1. 6] und n. 560 '= 588 = 589, 1. 2].) Über den Rs.-Typus vgl. Zeitschr. f. Num. 25, 26 und 32.

704
K 26

Ebenso (derselbe Stempel)

KOINON MAKEΔONΩN · B · NEΩKOPΩN Zwei viersäulige Tempelfronten mit zweistufigem Unterbau, darw. oben 2 Preiskronen je mit Palmzweig; i. F. unten in der Mitte Stern

Abweichungen: Rs. der Stern zerstört ?

1 Berlin — 2 Paris; Mionnet S. 3, 330, 452 [Mowat, Revue num. 1903, 8, 4]. — (1 und 2 sind aus demselben Stempeln; aber die Vs. vgl. zu n. 703.) Auf der Rs. des Pariser Exemplars glaubte Mionnet i. F. unten ITYΘIA OA (zweizeilig) zu lesen. Der mir vorliegende Gipsabguss lässt jedoch deutlich erkennen, dass die angeblichen Buchstaben vielmehr nur durch Oxyd und Korrosion entstandene Unebenheiten sind.

704a
K 27/25

Ebenso (derselbe Stempel)

KOINON MAKEΔONΩN B NEΩKOPΩN Vierbeiniger Tisch mit zwei Preiskronen wie bei n. 691; i. F. oben in der Mitte Stern

Abweichungen: Vs. die Schrift r. nicht auf dem Schrötling

1 Belgrad. - (Über die Vs. vgl. zu n. 703; der Rs.-Stempel ist = n. 763b und von denselben Hand wie n. 763 und n. 791.)

705
K 25

AΛEΞΑΝΔΡοV (oben beginnend). Brustbild mit Diadem im lang herabhängenden Haar und mit Panzer nach r. (die Brust nach vorn)

KOINON MAKEΔONΩN B NE Reiter mit Panzer, Stiefeln und flatterndem Mantel nach r. sprengend (vgl. zu n. 559) und mit der erhobenen R. den Speer abwärts gegen einen Feind (mit Chiton und Hosen) richtend, der mit aufgestütztem l. Ellenbogen und emporgezogenem r. Knie unter dem Pferde nach l. liegt und die R. flehend erhebt; zu seinen Füssen der verlorene Schild

1 Odessa Museum; Zeitschr. f. Num. 25, II, 25 Rs. — (Der Vs.-Stempel ist = n. 706, 1.) Die Darstellung der Rs. bezieht sich vermutlich auf des Gordianus siegreichen Feldzug gegen Sapor im J. 243; vgl. Zeitschr. f. Num. 25, 27 wie auch oben n. 348 (= n. 418).

[Mit zwei Neokoren: Zeit des Gordianus III.]

706
K 26

Ebenso
KOINON MAKEAONΩN B NE Vierbeiniger
Tisch mit Löwenfüssen und Querleisten
zwischen den Beinen von r. gesehen, darauf
zwei Preiskronen je mit Palmzweig

Gewicht: 10,35 (1)

Abweichungen: Vs. Schild u. Panzer verrieben 2: — Rs. KOINON·MAKEAONΩN
·B·NEΩ· 1 — KOINON MAKEAONΩN B N 3
1 Vignoli, —·— 1 Haverkamp allgem. hist. 1, XXIII, 1 aus meiner Sammlung — 3 Sestini
mus. Hedery. 138, 196. — (Über die Vs. von 1 vgl. zu n. 705.)

707
K 27/25

ΑΛΕΞΑΝΔΡΟV (l. und r.).
Brustbild mit Diadem
im lang herabhängen-
den Haar, Panzer und
Mantel nach r. (die Brust
nach vorn)

KOINON MAKEΔONΩN, ΔIC· (r. oben beginnend)
und l. P. unten NEΩKOP in gerader Zeile. Be-
helmter Reiter mit Panzer, Stiefeln und
flatt. Mantel nach r. sprengend (Hinterbeine
des Pferdes gestreckt) und in der gesenkten
R. die Lanze schräg nach r. aufwärts haltend

1 München; Sestini descr. 133, 18 [Mionnet S. 3, 218, 441] ungenau; Zeitschr. f. Num.
25, III, 46 Rs. — (Die Rs. ist aus derselben Stempel wie n. 729, 1-5.)
Die Vs. dieses und der beiden folgenden Münzen (n. 707—709) ist mit einem der für die
Teilstücke (unten n. 868 fg.) bestimmten Stempel geprägt, der einen etwa 3 mm kleineren
Durchmesser hat als der Rs.-Stempel. Vgl. oben zu n. 237 und n. 248 sowie Zeitschr. f.
Num. 25, 37.

708
K 26

Ebenso
(derselbe Stempel)

KOI MAKEAONΩN
NON oben. ·B·NEΩKO unten. Zwei fünfsäulige
PΩN Tempelfronten mit
zweistufigem Unterbau

Gewicht: 11,60 (1)

1 Athen Cat. 2369; Zeitschr. f. Num. 25, III, 45 Vs. — 2 Thorwaldsen Cat. 154,61. —
(1 u. 2 sind aus derselben Stempeln; über die Vs. und Rs. vgl. zu n. 707 bzw. n. 683a.)

709
K 25

Ebenso
(derselbe Stempel)

KOINON MA
KEAONΩN unten. Viersäuliger Tempel mit
B·NE vierstufigem Unterbau im Profil
nach r. und ihm gegenüber (r.) ein vierbeiniger
Tisch (mit Löwenfüssen von vorn gesehen),
auf welchem zwei Preiskronen, über der l.
ein Beutel, in der r. ein langer Palmzweig;
unter dem Tisch Amphora

1 Paris; Mionnet 1, 557, 603 = S. 3, 239, 441 (ung.). — (Über die Vs. vgl. zu n. 707.)

Vs. Kopf mit Löwenfell (n. 710—759)

710
K 27

ΑΛΕΞΑΝΔΡΟV (oben begin-
nend). Kopf mit Löwen-
fell nach r.

KOINON MAKEAONΩN ΔIC NEΩKOP Zeus
nach l. thronend, auf der R. die linkshin gewendete Nike, die L. auf das Scepter gestützt

1 München — 2 Wien; Mus. Theup. 2, 1379. — (1 und 2 sind aus denselben Stempeln;
aber die Vs. vgl. zu n. 715, 1. 2, über die Rs. vgl. zu n. 526.)

Die antiken Münzen Nord-Griechenlands III.

11

[Mit zwei Neukorern; Zeit des Gordianus III.]

711
K 26

ΑΛΕΞΑΝΔΡΟC Ebenso | KOINON MAKEΔONΩN B NEΩKOP Ebenso

1 Neapel Cat. 6645 (ungenau). — 2 Serdini anw. Hederr. 133, 204. — (Der Vs.-Stempel von 1 ist = n. 728, 1. 2 = n. 731, 1. 2 = n. 751, 2. 2 = n. 737.)

712
K 26

ΑΛΕΞΑΝΔΡοC (oben begin- | K.OI]N MAKEΔONΩN · B · NEΩK Ebenso
nend). Ebenso |

1 Wien (retouchiert); Eckhel cat. 92, 101 [Mionnet S. 3, 324, 411] ungenau; vorher Fraelich maales camprend. (1750) 3, I, 13 (ungenau). — (Der Vs.-Stempel = n. 740 = n. 754, 1. 2.)

713
K 27

ΑΛΕΞΑΝΔΡΟ[V] Kopf mit | KOINON MAKEΔONΩN B NEΩKO PΩ (L A. re-
Löwenfell nach r. | dend). Athena nach l. sitzend, auf der R.
| die linkshin gewendete Nike, im L Arm die
| Lanze (Spitze oben); am Sitz (mit Löwen-
| bein) hinten der Schild

1 Egger

714
K 26

ΑΛΕΞΑΝΔΡΟV (oben begin- | KOINON MAKEΔONΩN B NEΩ Ebenso
nend). Ebenso |

1 Hunter Cat. 357, 5; Combe descr. 182, 44. XXXV, 2 [Mionnet S. 3, 324, 409] = 2 Neapel Santangelo Cat. 10170. — (1. 2 aus demselben Stempeln; über die Vs. vgl. zu n. 732, 1.)

715
K 27/26

ΑΛΕΞΑΝΔΡΟV Ebenso | KOINON MAKEΔONΩN ΔIC NEΩ (r. oben begin-
| nend). Ebenso

T. IV. 14 | Abbildung der Vs. (1)

1 Berlin — 2 Stx. — (Der Vs.-Stempel von 1, 2 ist = n. 710, 1. 2 = n. 716, 1. 2 = n. 717, 1. 2. 3 = n. 721 = n. 733, 1. 2; die Rs. von 1, 2 sind stempelgleich.)

716
K 27

Ebenso | KOINON MAKEΔONΩN · B · ΔIC NEΩKOPΩN
(derselbe Stempel) | Ebenso, aber ohne die Lanze im l. Arm

1 Neapel Cat. 6644 ungenau; Pedrusi I Cesari 8, 116, XI, 3 [Havertkamp algem. bibl. 1, XXV, 2; Gesner reg. Maced. 20, III, 18] — 2 Paris; Patin imp. (1671) 14 Abb. d. Rs. = imp. (1697) 12 Abb. d. Rs. [Gesner reg. Maced. ro. ev III, 18; Eckhel d. n. v. 8, 110]; Mionnet 1, 554, 581; Couináry voyage 1, 165, V, 4. — (1 und 2 sind aus denselben Stempeln; über die Vs. vgl. zu n. 715, 1. 2.)

Das B vor ΔIC erscheint auch auf der Rs. von n. 561 und kann deshalb wohl nicht mit Eckhel (d. n. v. 2, 110) als Versehen des Stempelschneiders aufgefasst werden. Ob es jedoch li(ipsalius) bedrutet, wie Couináry (voyage 1, 165) meint, muss dahngestellt bleiben.

717
K 26

Ebenso | KOINON MAKEΔONΩN ΔIC NEΩK · Ebenso
(derselbe Stempel) |
Gewicht: 13,25 (2) — 12,28 (1)

1 Berlin, vorher Cat. Walcher 1099 (ungenau) — 2 Dresden (Vs. und Rs. retouchiert) — 3 Paris (Schnift der Vs. zerstört); Mionnet S. 3, 324, 410. — (1. 2. 3 sind aus demselben Stempeln; aber die Vs. vgl. zu n. 715, 1. 2.)

718
K 26

ΑΛΕΞΑΝΔΡΟV Ebenso | KOINON MAKEΔONΩN B NE ═ l.A. ΩKO
| Ebenso

Abweichungen: Vs. und Rs. Schrift unvollständig 2

1 Rollin und Freudrent (1905). — 2 Cat. Thomsen 1, 893 (gelocht). — (Über die Vs. und Rs. von 1 vgl. zu n. 721 bezw. n. 543 6, 1-3.)

[Mit zwei Neokorien; Zeit des Gordianus III.]

719
K 26

ΑΛΕΞΑΝΔΡΟΥ (oben beginnend). Kopf mit Löwenfell nach r.

ΚΟΙΝΟΝ ΜΑΚΕΔΟΝΩΝ Β ΝΕΩ Athena auf einem Thron mit hoher Rückenlehne, an die sie den l. Arm stützt, nach l. sitzend und in der vorgestreckten R. eine Schale haltend, aus welcher die um einen l. stehenden Ölbaum geringelte Schlange frisst

Gewicht: 10,95 (3)

Abweichungen: R. ΚΟΙΝΟΝ ΜΑΚΕΔΟΝΩΝ Β ΝΕΩ) 1
1 Berlin — 2 Venedig Museo civico — 3 Vignab. — (1. 2. 3 sind aus demselben Stempel; über die Vs. vgl. zu n. 732, 1.)

720
K 26

ΑΛΕΞΑΝΔΡΟΥ Kopf mit Löwenfell nach r.

ΚΟΙΝΟΝ ΜΑΚΕΔΟΝΩΝ] Β ΝΕΩΚΟΡ Nike mit flatterndem Gewand im rechtshin eilenden Zweigespann wie bei n. 632, unter den Pferden Schlange sich rechtshin ringelnd

1 Paris (retauchiert); Tristan rummelt. hist. I (1644). addition 13. Abb. d. Rs. 5, 12; Paris Imp. (1671) 13 Abb. d. Rs. — Imp. (1697) 11 Abb. d. Rs. [Haverkamp algem. hist. 1, XXIII, 2 mit verichtiger Vs.; Gessner reg. Macred. 83, IV, 39'; Mionnet 1, 554, 380. — (Der Vs.-Stempel ist — n. 736 — 0. 737, 1. 2 — n. 749. 1. 3 — n. 732, 1. 2 und von derselben Hand wie n. 725, 1. 2 (— 735, 1. 2) und n. 706 (— 738, 1. 2 — 741'.)
Die Schrift der Rs. ist retauchiert; Mionnet las richtig Β ΝΕΩΚΟΡ, während Tristan und Paris irrig ΔΙΟ ΝΕΩΚΟΡ angeben.

721
K 26

ΑΛΕΞΑΝΔΡΟΥ Kopf mit Löwenfell nach r.

ΚΟΙΝΟΝ ΜΑΚΕΔΟΝΩΝ · Β · ΝΕΩ Nackter bärtiger Herakles nach r. vortretend, mit der erhobenen R. die Keule schwingend und mit der l. den nach r. springenden Stier an der Kehle packend

T. IV, 32

Abbildung der Rs.

1 Lobbecke; Zeitschr. f. Num. 23, II, 82 Rs. — (Der Vs.-Stempel ist — n. 708, 1 — n. 727 — n. 742 — n. 753; über die Rs. vgl. zu n. 549, 1.)

721a
K 26/25

ΑΛΕΞ[ΑΝΔΡΟΥ] Kopf mit Löwenfell nach r.

ΚΟΙΝΟΝ ΜΑΚΕΔΟΝΩΝ ΔΙΟ ΝΕΩ (r. oben beginnend). Olympias mit Schleier auf einem Thron mit hoher Rückenlehne, auf die sie den l. Arm legt, nach l. sitzend und mit der R. die vor ihr aufgerichtete Schlange aus einer Schale fütternd

1 Rollin und Feuardent (1905, 1. die Bemerkung nach n. 764a). — (Der Rs.-Stempel ist — n. 634, 1-3; über die Vs. vgl. zu n. 715, 1. 2.) — Vgl. auch oben n. 416, 7.
Über den Rs.-Typus vgl. die Bemerkung zu n. 347a.

[722]
K (26)

ΑΛΕΞΑΝΔΡΟΥ Kopf mit Löwenfell nach r.

ΚΟΙΝΟΝ ΜΑΚΕΔΟΝΩΝ Β ΝΕΩΚΟΡ Alexander nackt, mit flatterndem Mantel, nach r. vortretend und den sich bäumenden Bukephalos mit beiden Händen am Zügel haltend

1 Wiczay 3929; Sestini mus. Hedervr. 133, 204 (mit Druckfehler ΝΕΟΚΟΡ). — Vgl. auch n. 711[*] und oben n. 416a, 3.

11*

'Mit zwei Neokorien; Zeit des Gordianus III.]

733
K 26

ΑΛΕΞΑΝΔΡΟΥ Kopf mit
Löwenfell nach r., l.
unten Stern

KOINON ΜΑΚΕΔΟΝΩΝ ΔΙC ΝΕΩ ΚΟΡ (l. oben
beginnend). Reiter mit Panzer und Stiefeln
nach r. sprengend (vgl. zu n. 559), am l. Arm
den Schild, mit der erhobenen R. den Speer
schleudernd; unter dem Pferde sitzt nach l.
ein nackter Verwundeter, der mit der R.
das emporgezogene r. Knie umfasst und in
der lose herabhängenden L. einen Zweig hält

Abweichungen: Rs. KOINON ΜΑΚΕΔΟΝΩ.........., (oben beginnend) 2 —
der Verwundete die R. auf das ausgestreckte r. Bein legend (?) 2

1 Imhoof; Zeitschr. f. Num. 15, 111, 47 — 2 Paris (Rs. retouchiert); Mionnet 1, 554, 376. —
(Der Vs.-Stempel von 1, 2 ist = n. 729, 1-5 = n. 739, 1, 8, 3 = n. 743—747 = n. 730 und
von derselben Hand wie unten n. 861, 1, 2, 3 (= 863) mit ΒΕΡΟΙΕ auf der Rs.)
Auf dem Pariser Exemplar, dessen Schwefelpaste mir vorliegt, sind von der ursprünglichen
Umschrift der Rs. nur die ersten 14 Buchstaben erhalten, der Rest [N ΔΙC ΝΕΩΚΟΡ] war
verwischt und ist von ungeschickter moderner Hand falsch ergänzt worden, so dass jetzt
auf den rechten Anfang nach einer Lücke von einem Buchstaben [N] das Wort ΝΕΩΚΟΡΩΝ
mit grösseren unregelmässigen Buchstaben folgt. Auch das plumpe und viel zu lange 1.
Bein des Verwundeten ist wohl nur missglückter Retouchierung zuzuschreiben, da die beiden
Rs. sonst in allen Einzelheiten so genau übereinstimmen, dass man sie als Stempelgleichheit
denken könnte, mit Sicherheit aber die Hand desselben Stempelschneiders erkennt. — Vgl.
auch Zeitschr. f. Num. 15, 57.

734
K 26

ΑΛΕΞΑΝΔΡΟΥ (oben begin-
nend). Kopf mit Löwen-
fell nach r.

KOINON ΜΑΚΕΔΟΝΩΝ Β ΝΕΩ Reiter mit
Panzer, Stiefeln, flatterndem Mantel und einem
Fell als Schabracke nach l. sprengend (Kopf
des Pferdes nach vorn), in der L. zwei Speere
haltend und mit der erhobenen R. einen Speer
abwärts gegen einen Löwen richtend, welcher
unter dem Pferde linkshin läuft und mit geöffnetem Rachen nach oben zurückblickt (vgl.
zu n. 559)

Gewicht: 12, 13 (1)

Abweichungen: Rs. KOINON ΜΑΚΕΔΟ [ΝΩΝ Β ΝΕ|Ω 2

1 London Cat. 22, 103 — 2 Paris; vorher Wilde num. ed. 16, 13, II, 13 [Haverkamp
algem. blot. 1, XXV, 1; Gessner reg. Maced. 19, 111, 5]; Mowat, Revue num. 1903, 7,4,
IV, 5. — (1 und 2 sind aus denselben Stempeln; aber dir Rs. vgl. zu n. 735, 1 und 3.)
Über das dem Reiter als Schabracke dienende Fell vgl. die Einleitung S. 19.

735
K 25/24

[ΑΛΕΞΑΝΔΡΟΥ] (oben begin-
nend). „Kopf r."

KOINON ΜΑΚΔΟΝΩΝ ... „Figur stehend mit Palme
und Füllhorn"

1 Cat. Windisch-Grätz 5 (1899), 45, 705
Wie ich an dem (sehr schlecht erhaltenen) Original feststellen konnte, trägt die Vs. den
Kopf Alexanders mit Löwenfell, während auf der Rs. Alexander den Bukephalos
bändigend wie oben bei n. 732 dargestellt ist. Ob aber die Münze hierher gehört oder
zu n. 416a (Zeit des Severus Alexander), wird sich erst mit Hülfe eines besseren Exemplars
aus dem gleichen Rs.-Stempel entscheiden lassen, das entweder den Schluss der Rs.-Schrift
vollständiger gibt oder wenigstens über den Stil der Vs., ein Urteil gestattet.

[Mit zwei Neokorien: Zeit des Gordianus III.]

725
K 26
ΑΛΕΞΑΝΔΡΟΥ Kopf mit KOINON MAKEΔONΩN B NEΩ Ebenso
Löwenfell nach r.

Gewicht: 11,82 (1)

1 Dresden (retouchiert) — 2 Sophia. — (Der Vs.-Stempel von 1. 2 ist — 2. 735, 1. 2 und
vom derselben Hand wie n. 720 [— 736 — 733], 1. 2 — 749, 1. 2 — 752, 1. 2] n. n. 726 [— 732,
1. 2 — 741]; der Rs.-Stempel von 2 und anscheinend auch 1 ist — n. 724, 1. 2 und von
derselben Hand wie n. 726.)

726
K 26
ΑΛΕΞΑΝΔΡΟΥ Ebenso KOINON [MA]KEΔONΩN : NEΩ Ebenso,
B
aber der Löwe unter den Vorderbeinen des
Pferdes

1 London Cat. 22, 100; Mowat. Revue num. 1903. 7, 4°. IV, 4. — (Der Vs.-Stempel ist
— n. 738, 1. 2 — n. 741 n. von derselben Hand wie n. 720 [— 736 — 737, 1. 2 — 749, 1. 2
— 752, 1. 2] und n. 725, 1. 2]; über die Rs. vgl. zu n. 725, 1 und 2.)

727
K 26
ΑΛΕΞΑΝΔΡΟΥ; Kopf mit KOINON MAKEΔONON·B·NEΩ (so!) Reiter mit
Löwenfell nach r. Panzer, Stiefeln und flatterndem Mantel nach
r. sprengend (vgl. zu n. 559) und mit der er-
hobenen R. den Speer abwärts gegen eine
Schlange richtend, die sich unter dem Pferde
nach r. ringelt

1 Leake Europ. Gr. 66; Zeitschr. f. Num. 23, II, 21. — (Die Rs. ist aus dem gleichen
Stempel wie eine in Florenz befindliche Münze des Gordianus (Zeitschr. f. Num. 25, 16)
und von derselben Hand wie n. 564, n. 647, 1. 2, n. 647a und n. 648, 1. 2; über die Vs.
vgl. zu n. 721.)

728
K 27
ΑΛΕΞΑΝΔΡΟC Kopf mit KOINON MAKEΔ ONΩN·B·NE (r. unten beginnend).
Löwenfell nach r. Reiter mit Panzer, Stiefeln und flatterndem
Mantel nach l. sprengend (vgl. zu n. 564) und
mit der erhobenen R. den Speer schräg nach
unten richtend

1 Paris; Mionnet 1, 554. 579 — 2 Parma. — (Der Vs.-Stempel von 1. 2 ist — n. 711, 1
— n. 731, 1. 2 — n. 731, 1. 2 — n. 737.)

729
K 26
ΑΛΕΞΑΝΔΡΟΥ Kopf mit KOINO N MAKE ΔON ΩN Δ IC · (r. oben beginnend)
Löwenfell nach r., L und l. F. unten NEΩKOP in gerader Zeile. Be-
unten Stern helmter Reiter mit Panzer, Stiefeln und
flatterndem Mantel nach r. sprengend (Hinterbeine des Pferdes gestreckt) und in der gesenkten R. die Lanze schräg nach r. aufwärts
haltend

Gewicht: 13,32 (1) — 12,61 (5) — 10,32 (3)

1 Frankfurt a. M. (Schrift der Rs. zum Teil retouchiert) — 2 Leake Europ. Gr. 66 (durch
Bronzchieren völlig verdorben; der angebliche Palmzweig des Reiters ist der einzelne
flatternde Mantel) — 3 Mordtmann — 4 München; Sestini descr. 133, 17 [Mionnet S. 3,
114, 415] — 5 Tübingen. — (1-5 sind aus denselben Stempeln; über die Vs. und Rs.
vgl. zu n. 723, 1. 2 bezw. n. 707.)

(Mit zwei Nebkraten; Zeit des Gordianus III.)

[730]
K (26)
ΑΛΕΞΑΝΔΡΟV Kopf mit Löwenfell nach r. — KOINON MAKEΔONΩN B NEΩKO Reiter mit Panzer, Stiefeln, flatterndem Mantel und eingelegter Lanze nach r. sprengend (vgl. zu n. 566)

1 Chaix deser. 130

731
K 26
ΑΛΕΞΑΝΔΡΟΣ Ebenso | KO·INON MAKEΔO,NΩN B (NEΩ) Ebenso

Abweichungen: Rs. KOI MAKEΔO|NΩN B NEΩ'KO (L. in der Mitte beg.) 1

1 Haag — 2 Sophia. — (Über die Vs. von 1, 2 vgl. zu n. 711, 1.)

732
K 26
ΑΛΕΞΑΝΔΡΟV (oben beginnend). Ebenso | KOINON MAKEΔON ΩN · B · NEΩ · Ebenso; unter dem Pferde Stern

Abweichungen: Rs. mit angeblich MAKEΔONON und ohne Stern 1

1 Kopenhagen; Ramus cat. 1. 127, 49. —||— Hierher oder zur folgenden n. auch 2 Sestini deser. 132, 12 [Mionnet S. 3, 224, 414] von Cousinéry (nicht in München). — (Der Vs.-Stempel von 1 ist = n. 714, 1. 2 = n. 719, 1. 2. 3.)

733
K 26
ΑΛΕΞΑΝΔΡΟV (oben beginnend). Ebenso — KOINON MAKEΔONΩN · B · NEΩ (r. oben beginnend). Ebenso, ohne Stern

1 Kopenhagen; Ramus cat. 1. 127, 48 — 2 Wien; Mus. Theup. 2, 1279; Zeitschr. f. Num. 13, III, 38 Vs. — (1 und 2 sind aus demselben Stempeln; aber die Vs. vgl. zu n. 715, 1. 2.)

734
K 34
ΑΛΕΞΑΝΔΡΟV Ebenso — KOINON MAKEΔO,NΩN · B · NE · (r. oben beginnend). Ebenso

Gewicht: 20,55

1 Imhoof; Imhoof monnaies grecques 60, n. — (Die Rs. ist aus demselben Stempel wie die von n. 651b, 1.)

Der Schrötling dieser Münze ist von der gewöhnlichen Dicke, aber im Durchmesser etwa 1 mm grösser als die Stempel erfordertten. Vgl. n. 590 und n. 743.

735
K 26·24
ΑΛΕΞΑΝΔΡΟV Kopf mit Löwenfell nach r. — KOINON MAKEΔONΩN · B · NEΩKOP · Reiter mit Panzer, Stiefeln und flatterndem Mantel nach r. sprengend (vgl. zu n. 574) und die R. erhebend; unter dem Pferde Stern

1 München — 2 Paris; Mionnet S. 3, 224, 413. — (1 und 2 sind aus demselben Stempeln; über ihre Vs. vgl. zu n. 725, 1. 2.)

736
K 26/25
ΑΛΕΞΑΝΔΡΟV Ebenso — KOINON MAKEΔONΩN [·B·NEΩKO]P (L. in der Mitte beginnend). Ebenso

1 Berlin. — (Über die Vs. vgl. zu n. 720.)

737
K 26·25
Ebenso (derselbe Stempel) — KOINON MAKEΔONΩN · B · NEΩK Ebenso, ohne Stern

1 Belgrad — 2 Frankfurt a. M.; Numoph. Glück. (1735) 11. — (1 u. 2 sind aus demselben Stempeln; aber die Vs. vgl. zu n. 720.)

738
K 26
ΑΛΕΞΑΝΔΡΟV Ebenso — KOINON MAKEΔONΩN · B · | NEΩ Ebenso

1 Neapel Cat. 6642 (Rs. vertauscht!) ungenau; Pedrusi I Cesari 8, 111, XI, 1 [Haverkamp algem. hist. 1, XXIV, 9; Gesner reg. Maced. 19, III, 10] — 2 Paris; Mionnet 1, 554, 378. — (1 und 2 sind aus demselben Stempeln; aber die Vs. vgl. zu n. 736.)

[Mit zwei Neukaufen; Zeit des Gordianus III.)

739
K 27

ΑΛΕΞΑΝΔΡΟΥ Kopf mit
Löwenfell nach r., l.
unten Stern

KOINON MAKEΔONΩN B NE Krieger mit
Panzer und Stiefeln von vorn (etwas nach l.)
stehend und rechtshin blickend, die R. auf
die umgekehrte Lanze gestützt, im l. Arm
Parazonium

1 Gotha — 2 Kopenhagen; Ramus cat. 1, 627, 51 — 3 Mardtmann. — (1, 2, 3 sind aus
denselben Stempeln; über die Vs. vgl. zu n. 713, 1. 2, über die Rs. vgl. zu n. 579.)

740
K 26

ΑΛΕΞΑΝΔΡΟC (oben be-
ginnend). Kopf mit Lö-
wenfell nach r.

KOINON MAKEΔONΩN·B·NE· Krieger wie
vorher, aber von vorn (etwas nach r.) stehend
und linkshin blickend

1 Rom Vatican. — (Der Vs.-Stempel ist == n. 713 == n. 714, 1. 2.)

740a
K 27

ΑΛΕΞΑΝΔΡΟΥ Ebenso

KOINON MAKEΔONΩN B NE Ebenso

1 Rollin und Feuardent (1905). — (Der Vs.-Stempel ist == n. 747a, 1. 2 == n. 747b == n. 758
== n. 860, 1. 2 und von demselben Hand wie n. 748, 1 (== 798a.)

741
K 26

ΑΛΕΞΑΝΔΡΟΥ Kopf mit
Löwenfell nach r.

KOINON MAKEΔONΩN B NEΩ (L in der Mitte beginnend). Löwe mit geöffnetem Rachen nach
r. schreitend, darüber Keule mit dem Griff
nach r.

1 Paris; Mionnet S. 3, 224, 416. — (Über die Vs. vgl. zu n. 726.)

742
K 24/23

ΑΛΕΞΑΝΔΡΟΥ] Kopf mit
Löwenfell nach r.

KOINON MAKEΔ[ON,ΩN B und l. A. NEΩKO
Hoher Korb, aus welchem unter dem halbgeöffneten Deckel eine Schlange nach r.
hervorkriecht

1 Turin Kgl. Slg. — (Der Rs.-Stempel ist == n. 585, 1. 2; über die Vs. vgl. zu n. 721.)

743
K 31/28

ΑΛΕΞΑΝΔΡΟΥ Kopf mit
Löwenfell nach r., l.
unten Stern

KOINON MA
KEΔONΩN
B NEΩKO   unten. Zwei viersäulige Tempel
PΩN   mit dreistufigem Unterbau im
           Profil einander gegenüber und über jedem
           eine Preiskrone (ohne Palmzweig)

1 Paris; Mionnet 1, 554, 581; Trésor de num., rois grecs 29, XVI, 18; Hennin manuel
XXI, 3. — (Über die Vs. vgl. zu n. 723, 1. 2.)
Die Stempel sind auf einem besonders grossen Schrötling geprägt; vgl. n. 590 u. n. 734.

744
K 26

Ebenso
(derselbe Stempel)

KOINON MAKE
ΔONΩN B   unten. Ebenso, aber mit vier-
NEΩKO   stufigem Unterbau

1 Sophia (gelocht). — (Über die Vs. vgl. zu n. 723, 1. 2.)

745
K 26

Ebenso
(derselbe Stempel)

KOI oben. NON MAKE
ΔONΩN   unten. Zwei sechssäulige
B NE   Tempelfronten mit
zweistufigem Unterbau

1 Lobbecke. — (Über die Vs. vgl. zu n. 723, 1. 2.)

[Mit zwei Neokorien; Zeit des Gordianus III.]

746   Ebenso   KOINON oben, KEΔONΩN unten. Zwei fünf-
K 26   (derselbe Stempel)   MA   B NE   säulige Tempel-
                     fronten mit zweistufigem Unterbau

Gewicht: 14,49

1 London Cat. 13, 110. — (Über die Vs. vgl. zu n. 733, 1. 2.)

747   Ebenso   KOINON MAKE
K 26   (derselbe Stempel)   ΔONΩN ΔIC   unten. Zwei fünfsäulige Tempel
               NEWKOP   mit fünfstufigem Unterbau im
               WN   Profil (vgl. zu n. 747b) einander gegenüber

Gewicht: 12,43

1 Berlin; vorher Sestini mus. Hedervar. 133, 208. — (Über die Vs. vgl. zu o. 733, 1. 2.)
Das MA in der ersten Zeile der Rs.-Aufschrift ist aus versehentlichem ON im Stempel
korrigiert; vgl. zu n. 463, n. 646, n. 650 und n. 758.

747a   AΛEΞANΔPOY Kopf mit   KOINON MA
K 27/26   Löwenfell nach r.   KEΔONΩN unten. Ebenso, aber mit nur drei-
                     B NEΩ   stufigem Unterbau

Gewicht: 10,47 (?)

1 Berlin — 2 Venedig Marciana. — (1 und 2 sind aus denselben Stempeln; über die Vs.
vgl. zu n. 740a.)

747b   Ebenso   KOI MA oben, KEΔONΩN
K 26   (derselbe Stempel)   B NEΩ   unten. Zwei viersäulige
                     Tempel mit vierstufigem Unterbau im Profil
                     einander gegenüber

Gewicht: 13,37

1 Dr. Weber. — (Über die Vs. vgl. zu n. 740a.)
Die perspektivische Zeichnung der Tempel ist auf dieser und der folgenden Münze sowie
n. 747, n. 594 und auch unten n. 863 arg mißraten, indem die Spitze des Giebeldreiecks
bis über die zurücktretende Frontecke verschoben ist, so daß der verkürzte Schenkel mit
der Giebelbasis einen rechten Winkel bildet.

748   AΛEΞANΔPOY Kopf mit   KOINON oben, MAKEΔONΩ
K 27/25   Löwenfell nach r.   N B NEΩ   unten. Ebenso,
                     aber mit nur dreistufigem Unterbau

Abweichungen: Rs. KOINON (wohl oben), MAKEΔONΩN i B NEΩ (in 2 Zeilen,
wohl unten) 2

1 Lübbecke. — [— Hierher wohl auch 2 Sestini mus. Hedervar. 133, 207. — (Der Vs.-Stem-
pel von 1 ist anscheinend = n. 798a und von derselben Hand wie n. 740a [= 747a, 1. 2
= 747b = 758 = 860, 1. 2.].)

749   AΛEΞANΔPOY Kopf mit   KOINON MAKEΔONΩN NEΩKOP · und i. F. oben
K 26   Löwenfell nach r.   in der Mitte · B · Ebenso, aber mit zweistufi-
                     gem Unterbau und gemeinsamer langer Bo-
                     denlinie; i. F. unten in der Mitte Stern

1 Paris — 2 Rollin und Feuardent (1905). — (1 und 2 sind aus denselben Stempeln;
über ihre Vs. und Rs. vgl. zu n. 761 bezw. n. 685.)

(Mit zwei Neokorien; Zeit des Gordianus III.)

750 AΛΕΞΑΝΔΡΟΥ Kopf mit | KOINON MAKEΔONΩN ΔIC (l. oben beginnend)
K 27 Löwenfell nach r., l. | und l. F. unten NEΩKOP Viersäuliger Tempel
unten Stern | mit vierstufigem Unterbau im Profil nach r.,
| ihm gegenüber (r.) ein vierbeiniger Tisch
| (mit Löwenfüssen von vorn gesehen), auf
| welchem zwei Preiskronen, über der l. ein
| Beutel, in der r. ein langer Palmzweig

Taf. V, 11 | Abbildung der Rs.
| Gewicht: 10,61

1 Berlin; Zeitschr. f. Num. 25, III, 41 Rs. — (Der Vs.-Stempel ist = n. 723, 1, 2 = n. 729, 1-5 = n. 739, 1, 2, 3 = n. 743—747 und von derselben Hand wie n. 861, 1, 2, 3 (= 863) mit BEPOE auf der Rs.)

751 AΛΕΞΑΝΔΡΟC Kopf mit | KOINON MAKEΔONΩN B NE Vierbeiniger Tisch
K 26 Löwenfell nach r. | mit Löwenfüssen und Querleisten zwischen
| den Beinen von r. gesehen, darauf kleiner
| Beutel zwischen zwei Preiskronen mit je
| einem Palmzweig

1 Florenz (durch Retouchieren verdorben) — 2 Wien Mechitaristen. — (1 und 2 sind aus demselben Stempeln; über die Vs. vgl. zu n. 711, 1.)

752 AΛΕΞΑΝΔΡΟΥ Kopf mit | KOINON MAKEΔONΩN NEΩKOP (l. A. endend)
K 27 Löwenfell nach r. | und l. F. oben in der Mitte · B · Vierbeiniger Tisch
| mit Löwenfüssen von l. gesehen, darauf zwei
| Preiskronen je mit Palmzweig, darunter
| Amphora

Abweichungen: Vs. (AΛΕΞΑΝΔΡ)OV 2; — Rs. (NEΩ)KOP (l. A. endend) 2

1 München; Sestini descr. 132, 9 [Mionnet S. 3, 223, 408] ungenau — 2 Paris; vorher Wild n. nom. sel. 18, 14, II, 14 [Haverkamp signm. hist. 1, XXV, 3; Gessner reg. Maced. 19, III, 1]. — (Die Rs. von 1, 2 sind stempelgleich und von derselben Hand wie die Münze des Gordianus oben n. 317; über die Vs. von 1, 2 vgl. zu n. 780.)

753 AΛΕΞΑΝΔΡΟΥ Ebenso | KOINON MAKEΔONΩN NEΩK und l. F. oben in
K 25/24 | der Mitte B Ebenso

1 Gotha. — (Der Rs.-Stempel ist = n. 600, 1, 2; über die Vs. vgl. zu n. 721.)

754 AΛΕΞΑΝΔΡΟC Ebenso | KOINON MAKEΔONΩN B · NE · Ebenso
K 26 Gewicht: 13,42 (?)

1 Berlin — 2 Bologna Universität (Schrift der Vs. zerstört). — (1 und 2 sind aus denselben Stempeln; über die Vs. vgl. zu n. 740.)

755 AΛΕΞΑΝΔΡΟΥ Kopf mit | KOINON MAKEΔONΩN ΔIC NEΩ (l. oben begin-
K 27-25 Löwenfell nach r. | nend). Vierbeiniger Tisch mit Löwenfüssen
| von r. gesehen, darauf zwei Preiskronen
| je mit Palmzweig

Gewicht: 13,10 (?) — 10,00 (2)?

1 Athen Cat. 1563 — 2 Berlin, vorher Cat. Welzker 1100 (ungenau) — 3 Haag — 4 Modena. — (1, 2, 3, 4 sind aus denselben Stempeln.)

[Mit zwei Neokorien; Zeit des Gordianus III.]

756   Ebenso (stempelgleich) | KOINON MAKEΔONΩN B NE   Ebenso
K 27/26   Gewicht: 13.83

   1 Vigran

757   AΛΕΞΑΝΔPOC   Ebenso | KOINON MAKEΔONΩN · B · N ·   Ebenso
K 26   1 Berlin. — (Über die Vs. vgl. zu n. 711,1.)

758   AΛEΞANΔPOY   Ebenso | KOI
K 27/26   NON MA
              KEΔON im unten gebundenen Lorbeerkranz
              ΩN B N
              EΩ

   1 München; Sestini descr. 138,11 [Mionnet S. 3, 130, 453]. — (Über die Vs. vgl. zu n. 740 u.) Das Ω in der vierten Zelle der Rs.-Schrift ist aus versehentlichem N im Stempel korrigiert; vgl. zu n. 463, n. 646, n. 650 und n. 747.

[759]   AΛEΞANΔPOY   Ebenso | KOI
K (26)   NON MA
              KEΔONΩN
              ΔIC NEΩ   im unten gebundenen Eichenkranz
              KOPΩ
              N

   1 Galta Graecia XXXIII, 14 (Haverkamp eigene Bild. 1, XXIV, 12; Gessner reg. Maced. zu, III, 17)

           Vs. Brustbild mit Löwenfell (n. 760—764)

760   AΛEΞANΔPY   Nacktes   KOINON MAKEΔONΩN B NEΩKO·PΩ (l. A. en-
K 27   Brustbild mit Löwen-   dem). Athena nach l. sitzend, auf der R.
       fell nach r.   die linkshin gewendete Nike, im l. Arm die
                           Lanze (Spitze oben); am Sitz (mit Löwen-
                           bein) hinten der Schild

     Gewicht: 10,25

   1 Löbbecke; Zeitschr. f. Num. 25, 11, 36 Vs. — (Die Rs. ist von der Hand derselben Stempelschneiders wie n. 615, 1. 2; über die Vs. vgl. zu n. 763.)

761   Ebenso   KOINON MAK EΔONΩN NEΩKOPΩ n. l.F. unten
K 26   (derselbe Stempel)   in der Mitte B. Zwei viersäulige Tempel mit
                           zweistufigem (?) Unterbau im Profil einander
                           gegenüber und über jedem eine Preiskrone
                           mit Palmzweig; im Zwischenfeld oben Stern

   1 Löbbecke — 2 Madras. — (1 und 2 sind aus demselben Stempeln; über die Vs. und Rs. vgl. zu n. 763 bzzw. n. 678.)

762   Ebenso   KOINON MAKEΔONΩN · B NEΩ · Vierbeiniger
K 26   (derselbe Stempel)   Tisch mit Löwenfüssen und Querleisten
                           zwischen den Beinen von r. gesehen, darauf
                           zwei Preiskronen je mit Palmzweig

     Gewicht: 12,42(1) — 10,20.(1)

   1 Berlin — 2 St. Petersburg. — (1 und 2 sind aus demselben Stempeln.)

(Mit zwei Neokorien; Zeit des Gordianus III.)

762a
K 26/25

AΛEΞANΔPY Nacktes
Brustbild mit Löwen-
fell nach r.

KOINON MAKEΔONΩN (r. oben beginnend) und
B NEΩKO Zwei dreisäulige Tempel
PΩN mit dreistufigem Unterbau
im Profil einander gegenüber und über jedem
eine Preiskrone mit Palmzweig; dazwischen
auf einer hohen Säule die Statue eines von
vorn (etwas nach l.) stehenden und rechtshin
blickenden Kriegers, der die R. auf die
[umgekehrte] Lanze stützt und in der gesenkten L. das Parazonium hält

1 Belgrad (s. die Bemerkung nach n. 764a). — (Über die Vs. vgl. zu n. 763.)
Über den Rs.-Typus vgl. die Citate zu n. 582.

762b
K 27/26

Ebenso
(derselbe Stempel)

Gewicht: 11,54

KOINON MAKEΔONΩN B NEΩKOPΩN Vierbeiniger Tisch mit zwei Preiskronen wie
bei n. 762; L F. oben in der Mitte Stern

1 Weber Hamburg. — (Über die Vs. und Rs. vgl. zu n. 763 bezw. o. 704a.)

763
K 26

AΛEΞANΔP OV Nacktes
Brustbild wie vorher

KOINON MAKEΔONΩN B NEΩKOPΩ Ebenso,
i. F. oben in der Mitte Stern

1 Paris; Mionnet S. 3. 225. 420. — (Der Vs.-Stempel ist von demselben Hand wie n. 760
[= 761, l. 2 = 762, l. 2] und n. 762a [= 762b]; über die Rs. vgl. zu n. 704a.)

764
K 26

AΛEΞANΔPoY (oben begin-
nend). Nacktes Brust-
bild mit Löwenfell
nach r.

Gewicht: 11,85(?)

KOINON MAKEΔONΩN B NE (oben beginnend).
Ω
Alexander nackt, mit flatt. Mantel, nach r.
vortretend und den sich bäumenden Bukephalos mit beiden Händen am Zügel haltend

1 London Cat. 23. 109 — 2 Mowat — 3 Paris; Patin imp. (1671) 12 Abb. d. Rs. == imp.
(1697) 10 Abb. d. Rs. [Spanheim les Cèsars de l'emp. Julien (1683) 259 Abb. d. Rs.;
Haverkamp algem. hist. 1, XXIV, 8 und Gessner reg. Maced. 20, III, 23. beide mit willkürlich hinzugefügter, vorsichtiger Vs.]; Mionnet 1. 555, 587; Combridry voyage 1, V, 10.
— (1. 2. 3 sind aus demselben Stempeln; über die Rs. vgl. zu n. 555, 1. 2.)

Vs. Kopf mit Helm (n. 764a—794)

764a
K 25

AΛEΞANΔPoV Kopf mit
attischem Helm nach
r., am Kessel [ein rechtshin eilender Greif]

'KOINON MAKEΔONΩN und L A. [B NEΩ]
Athena mit Schale in der R. nach l. sitzend
und die L. auf den hinter dem Sitz (mit
Löwenbein) stehenden Schild legend

1 Brüssel. — (Der Vs.-Stempel ist — n. 763 = n. 768, l. 2 = n. 769 = n. 774 = n. 783,
l. 2 = n. 784. 1. 7 = n. 789, 1. 3; über die Rs. vgl. zu n. 545 2. 1. 3.)
Diese erst 1905 in meiner Kenntnis gelangte Münze ist in der (1904 gedruckten) Tabelle
Zeitschr. f. Num. 25. 84 fg. nachzutragen, desgleichen n. 558 b, n. 721 a, n. 762 a, n. 768 a.
Vgl. auch zu o. 587 a und n. 545 a.

[Mit zwei Neokorien; Zeit des Gordianus III.]

765
K 27/26
ΑΛΕΞΑΝΔΡοV Kopf mit attischem Helm nach r., am Kessel ein rechtshin eilender Greif | KOINON MAKEΔONΩN NE und L F. r. · B · Dionysos nackt nach L stehend, in der gesenkten R. Kantharos, die l., auf den Thyrsos gestützt; vor ihm am Boden der Panther nach L sitzend und zurückblickend

1 Athen (neue Erwerbung). — (Über die Vs. vgl. zu n. 764 a.)

766
K 28
ΑΛΕΞΑΝΔΡΟY Kopf mit attischem Helm nach r., am Kessel der Greif | KOINON MAKEΔONΩN ΔIC NEΩKΟ (L oben beginnend). Nike mit flatterndem Gewand im rechtshin eilenden Zweigespann, in der R. (vor der Brust) die Geissel, mit der L. die Zügel haltend

Abweichungen: Rs. die Schrift unvollständig 1 — angeblich KOINON MAKEΔONΩN ΔIC NEΩ]

1 Wien (durch angeschickten Reinschierer verdorben) — 2 im Handel (1905, Abdruck vorhanden). — || — 3 Sestini descr. 133, 16 [Mionnet S. 3, 330, 456] von Cousinéry (nicht in München). — (Die Vs. von 1, 2 sind stempelgleich; der Rs.-Stempel von 1, 2 ist — n. 631, 1-4 und von demselben Hand wie n. 547, 1, 3 und n. 547, 2.)

766 a
K 26/25
ΑΛΕΞΑΝΔΡΟV Ebenso | KONON MAKEΔONΩN · B · NEΩKΟ (sol) Nike wie vorher aber mit der erhobenen R. die Geissel über den Pferden schwingend

1 Belgrad. — (Der Vs.-Stempel ist — n. 775 — n. 781 = n. 794.)

767
K 26
ΑΛΕΞΑΝΔΡΟV (oben beginnend). Kopf mit attischem Helm nach r., am Kessel Gruppe von zwei Figuren | KOINON MAKEΔONΩN u. L A. B NEΩK Reiter mit Panzer, Stiefeln, flatterndem Mantel und eingelegter Lanze im Schritt nach r.; vor ihm ein rechtshin stehender Soldat (mit Panzer und Stiefeln), der die R. auf die Hüfte stützt und in der gesenkten L. eine Lanze (Spitze oben) hält

1 Bologna Universität — 2 Wien, vorher Cat. Welzl 1643. — (Der Vs.-Stempel von 1, 2 ist — n. 778, 1, 2; der Rs.-Stempel von 1, 2 ist — n. 558, 2.) Am Helmkessel ist ein nach r. sprengender Reiter mit eingelegter Lanze dargestellt, unter den Vorderfüssen des Pferdes liegt am Boden llokshin ein Verwundeter mit aufgestütztem l. Ellenbogen, die R. auf das emporgezogene r. Knie legend; gans L der verlorene Schild. Vgl. auch n. 446.

768
K 26/24
ΑΛΕΞΑΝΔΡοV Kopf mit attischem Helm nach r., am Kessel ein rechtshin eilender Greif | KOINON MAKEΔONΩN B NEΩ Reiter mit Panzer, Stiefeln und anliegendem Mantel nach r. sprengend (vgl. zu n. 559) und mit der erhobenen R. den Speer abwärts gegen eine Schlange richtend, die sich unter dem Pferde rechtshin ringelt

Gewicht: 8,58 (2) — 7,95 (1. dünner Schrötling)

1 Lübbecke — 2 Philipsen. — (1 und 2 sind aus denselben Stempeln; über ihre Vs. und Rs. vgl. zu n. 764 a bezw. n. 649.)

[Mit zwei Neokorien, Zeit des Gordianus III.]

788a
K 26

ΑΛΕΞΑΝΔΡΟΥ Kopf mit
attischem Helm nach
r., am Kessel ein rechts-
hin eilender Greif; unter
dem Halse Stern
Gewicht: 11,60

KOINON MAKEΔΟΝΩΝ B NEΩKOPΩN (l. in
der Mitte beginnend u. endend). Reiter mit Panzer, Stiefeln und flatt. Mantel nach r. sprengend (vgl. zu n. 564) u. mit der erhobenen
R. den Speer schräg nach unten richtend

1 Frankfurt a. M. (s. die Bemerkung nach n. 764a). — (Der Vs.-Stempel ist ~ n. 771
= n. 779, r. 2 = n. 786, 1–3 = n. 787 ~ n. 792 = n. 793, 1, 2.)
Die Rs.-Umschrift besteht aus ungewöhnlich kleinen Buchstaben, welche im letzten Wort
noch winziger werden und, während sie anfangs weitläufig stehen, zum Schluss ganz eng
aneinander gedrängt sind. Trotzdem hat der Stempelschneider, der offenbar den Neokorietitel unverkürzt anbringen wollte, dies bei der ungeschickten Schriftverteilung nur dadurch
zu erreichen vermocht, dass er die r. Hälfte des Schluss-Ω mit dem senkrechten Schenkel
des Anfangs-Ω zusammenfallen liess.

789
K 26

ΑΛΕΞΑΝΔΡΟΥ Ebenso,
ohne Beizeichen

KOINON MAKEΔΟΝΩΝ B NEΩ Reiter mit
Panzer, Stiefeln und anliegendem Mantel
nach r. sprengend, mit eingelegter Lanze;
unter dem Pferde Stern

Abweichungen: Rs. die Hinterbeine des Pferdes eingeknickt (vgl. zu n. 566)
1 Wien: Eckhel cat. 93, 108 [Mionnet S. 3, 230, 457]. — (Über die Vs. und Rs. vgl. zu
n. 764a bezw. n. 637.)

790
K 26

ΑΛΕΞΑΝΔΡΟΥ Kopf mit
attischem Helm nach
r., am Kessel der Greif

KOINON MAKEΔΟΝΩΝ · B NEΩ Reiter wie
vorher, aber mit flatterndem Mantel; unter
dem Pferde Stern

1 Kopenhagen; Ramus cat. 1, 127, 50 — 2 Leake Europ. Gr. 66 — 3 München; Sestini
descr. 133, 14. — (Der Vs.-Stempel von 1. 2. 3 ist von demselben Hand wie n. 781, 1. 2. 3;
der Rs.-Stempel von 1. 2. 3 ist von der gleichen Hand wie n. 771.)

791
K 28/24

Ebenso, unter dem Halse
Stern

KOINON MAKEΔΟΝΩΝ B NEΩ Ebenso
Stern

1 Marchmann. — (Über die Vs. und Rs. vgl. zu n. 768a bezw. n. 770, 1. 2. 3.)

792
K 28/21

ΑΛΕΞΑΝΔΡΟΥ (oben begin-
nend). Ebenso

KOINO'N MA'KEΔO'NΩN B NEΩ] Ebenso,
ohne Stern

1 Basel (ein Stück abgebrochen). — (Die Rs. ist aus demselben Stempel wie n. 651, 1. 2.)

793
K 26/23

ΑΛΕΞΑΝΔΡΟΥ Kopf mit
attischem Helm nach
r., am Kessel ein rechts-
hin eilender Greif

KOINON M'AKEΔΟΝΩΝ B NEΩKOPΩN (l. in der
Mitte beginnend). Reiter mit Panzer, Stiefeln
und flatterndem Mantel nach r. sprengend
(vgl. zu n. 574) und die R. erhebend; unter
dem Pferde Stern

1 Berlin (Vs. retouchiert). — (Über die Vs.-Stempel ist ~ n. 788, 1. 2 = n. 790 = n. 791 und
von derselben Hand wie n. 780; über die Rs. vgl. zu n. 656.)

794
K 24

ΑΛΕΞΑΝΔΡΟΥ Ebenso
Gewicht: 9,44

KOINON MAKEΔΟΝΩΝ · B · NEΩ · Ebenso

1 Brüning. — (Über die Vs. vgl. zu n. 764a.)

[Mit zwei Neokorien; Zeit des Gordianus III.]

775 ΑΛΕΞΑΝΔΡΟΥ   Ebenso   KOINON MAKEΔONΩN B NEΩKO · und i. F. unten
K 27/26 | PΩN Ebenso, ohne Stern

Gewicht: 11,13

1 Bröning (Rs. mit zwei Doppelschlag L und unten). — (Der Vs.-Stempel ist — n. 766a
— n. 783 — n. 794.)

775a ΑΛΕΞΑ[ΝΔΡΟΥ] Ebenso K OINON MAKEΔO]NΩN · B · NEΩK · Ebenso
K 26/19   1 Belgrad (ein Stück abgebrochen). — (Über die Vs. vgl. zu n. 785.)

776 ΑΛΕΞΑΝΔΡΟΥ   Ebenso | KOINON MAKEΔONΩN B NEΩK ·   Ebenso
K 26/25   Gewicht: 11,39

1 Windisch-Grätz Cat. 5 (1899), 45, 703

777 ΑΛΕΞΑΝΔΡΟΥ (oben begin- | KOINON MAKEΔONΩ.N B NE   Ebenso
K 28/25   nend). Ebenso

1 Bröning

778 ΑΛΕΞΑΝΔΡΟΥ (oben begin-   KOINON MAKEΔONΩN · B · NE (l. in der Mitte be-
K 26   nend). Ebenso, aber am   ginnend). Ebenso
         Kessel dieselbe Gruppe
         wie bei n. 767
T. IV, 15   Abbildung der Vs. (1)

1 Imhoof — 2 Lobbecke. — (1 und 2 sind aus denselben Stempeln; über die Vs. und
Rs. vgl. zu n. 767, l. 1 bzw. n. 576.)

779 ΑΛΕΞΑΝΔΡΟΥ Kopf mit KOINON MAKEΔONΩN B NEΩKOPΩN s (oben
K 27   attischem Helm nach   beginnend). Reiter mit Panzer, Stiefeln und
         r., am Kessel der Greif;   flatterndem Mantel nach r. im Schritt, die R.
         unter dem Halse Stern   erhebend
         Abweichungen: Rs. Schrift unvollständig 2

1 Leake Europ. Gr. 63 — 2 London Cat. 26, 140. — (1 u. 2 sind aus denselben Stempeln;
über ihre Vs. vgl. zu n. 768a.)

780 ΑΛΕΞΑΝΔΡΟΥ Ebenso, KOINON MAKEΔONΩN B N   Ebenso
K 27   ohne Stern

1 Florenz (Vs. und Rs. durch Retouchierten verdorben). — (Der Vs.-Stempel ist anscheinend von derselben Hand wie n. 773 — (788, l. 2 — 790 — 791).)

781 ΑΛΕΞΑΝΔΡΟΥ Kopf mit KOINON MAKEΔONΩN · B · NEΩKO (l. A. endend).
K 25/24 attischem Helm nach   Löwe mit geöffnetem Rachen nach r. schrei-
         r., am Kessel der Greif   tend, darüber Keule mit dem Griff nach r.
         Gewicht: 8,80 (2)

Abweichungen: Vs. der Greif nicht angegeben 4; — Rs. mit · B · | N . . . . 2 —
angeblich KOINON MAKEΔONΩN Δ - NEΩKOPΩN (l. in der Mitte beginnend) 4
1 Belgrad — 2 Lobbecke — 3 Oxford. — | — 4 Goltz Graecia XXXV, 1 [Lacrotry hist. Rom.
(1671) 205; Havercamp algem. hist. 1, XXV, 7; Gessner reg. Maced. 19, III, 16]. — (1. 2. 3
sind aus denselben Stempeln; über die Vs. vgl. zu n. 770, l. 2. 3.)
Die angebliche Neokorienziffer Δ bei 4 ist entweder auf der Münze selbst gefälscht gewesen
oder von Goltz irrig statt B in die Abbildung eingesetzt worden.

[Mit zwei Neokorien; Zeit des Gordianus III.]

742
K 28/26
ΑΛΕΞΑΝΔΡΟΥ   Ebenso   KOINON MAKEΔONΩN (l. in der Mitte beginnend)
und l. A. ·Β·NEΩ   Ebenso

Gewicht: 9,07

1 Rötling (mit Doppelschlag auf Vs. und Rs.). — (Der Vs.-Stempel ist = n. 746 a = n. 775 = n. 794.)

743
K 26
ΑΛΕΞΑΝΔΡΟV   Ebenso   KOINON MAKEΔONΩN Β NEΩ (l. in der Mitte beginnend).   Ebenso

1 München; Sestini descr. 133, 13 — s München. — (1 und 2 sind aus derselben Stempeln; über die Vs. vgl. zu n. 764 a.)

744
K 26-25
Ebenso   ·KOINON MAKEΔONΩN · Β · NE· (l. in der Mitte
(derselbe Stempel)   beginnend). Ebenso

Gewicht: 8,94 (3)

Abweichungen: Rs. Anfang der Schrift teils zerstört, teils durch Retouschieren verdorben 5

1 Agram — 2 Athen (neue Erw.) — 3 Berlin — 4 Florenz — 5 Paris; Mionnet 1, 561, 641; Visconti iconogr. grecque 2, 51, XXXIX, 8 — 6 Sophia — 7 Turin Kgl. Slg. — (Der Rs.-Stempel von 1-7 ist von derselben Hand wie die Münze des Gordianus oben n. 325 [= 584, 2. a]; über die Vs. von 1-7 vgl. zu n. 764 a.)

745
K 26
Taf. V, 13
ΑΛΕΞΑΝ[ΔΡΟV] Kopf mit | KOINONON MAKEΔONΩN Β NEΩ (sol) Hoher
attischem Helm nach | Korb, aus welchem unter dem halbgeöffneten
r., am Kessel der Greif | Deckel eine Schlange nach l. hervorkriecht
Abbildung der Rs.

1 Paris (Vs. retouchiert); Mionnet 1, 561, 640; Cousinéry voyage 2, V, 5. — (Die Vs. ist anscheinend aus dem gleichen Stempel wie n. 775a; über die Rs. vgl. zu n. 674.)

746
K 26

T. IV, 16
u. V, 9
ΑΛΕΞΑΝΔΡΟV Kopf mit | KOINON MAKEΔONΩN · Β · (r. oben beginnend)
attischem Helm nach | und unten NEΩKO Zwei viersäulige Tempel
r., am Kessel ein recht- | P mit dreistufigem Unterbau
hin eilender Greif; unter | im Profil einander gegenüber und über jedem
dem Halse Stern | eine Preiskrone mit Palmzweig; dazwischen
| auf einer hohen Säule der Statue eines von
| vorn (etwas nach l.) stehenden und rechtshin
| blickenden Kriegers, der die R. auf die um-
| gekehrte Lanze stützt und in der gesenkten
| L. das Parazonium hält

Abbildung (2)

Gewicht: 9,56 (2) — 9,08 (4)

Abweichungen: Vs. der Stern fast ganz verrieben 2

1 Hunter Cat. 360, 23, XXIV, 19; Combe descr. 181, 34, XXXIV, 17 [Mionnet S. 3, 130, 455] — 2 Imhoof; Imhoof Porträtköpfe auf ant. Münzen 14, II, 6 Abb. d. Vs. — 3 Kopenhagen; Ramus cat. 1, 137, 53 — 4 Mordtmann — 5 München (geloch't) — (1-5 sind aus denselben Stempeln; über die Vs. und Rs. vgl. zu n. 768 a bezw. n. 675.)

Über den Rs.-Typus dieser und der folgenden Münze sowie von n. 588, n. 675 fg. und n. 761 vgl. die Einleitung S. 21 und ausführlicher Zeitschr. f. Num. 24, 322 sowie ebenda 25, 9.

[Mit zwei Neokorien; Zeit des Gordianus III.]

787
K 27/25

Ebenso
(derselbe Stempel)

KOINON MAKEAONΩN B (r. oben beginnend) a.
unten NEΩKO
P   Ebenso, aber der Krieger,
wie es scheint, linkshin blickend

† Paris; Mionnet 1, 362, 643. — (Über die Vs. vgl. zu o. 788a.)

788
K 26/25

AAEIANAPOV Kopf mit
attischem Helm nach
r., am Kessel ein rechts-
hin eilender Greif

KOINON   oben in gerader Zeile,
MAKEAONΩN
NEΩKO   unten, i. F. in der Mitte B   Zwei
PΩN   viersäulige Tempel mit vierstufigem Unterbau im Profil einander gegenüber, dazwischen l. F. oben eine Preiskrone
(ohne Palmzweig)

1 Rollin und Feuardent (1903) — 2 Thorwaldsen Cat. 254, 62. — (1 und 2 sind aus demselben Stempeln; über die Vs. und Rs. vgl. zu n. 773 bezw. n. 680.)

789
K 26

AAEIANAPO V Kopf mit
attischem Helm nach
r., am Kessel ein rechts-
hin eilender Greif
Gewicht: 9,96 (1)

KOINON MAKEAONΩN :, l. F. oben in der Mitte B,
l. A. NEΩKO Vierbeiniger Tisch mit Löwenfüssen von l. gesehen, darauf zwei Preiskronen je mit Palmzweig, darunter Amphora

1 Athen Cat. 1561 — 2 Modena (ein Stück abgehrochen) — 3 Paris; Mionnet S. 3, 231,
461. — (1. 2. 3 sind aus demselben Stempeln; über die Vs. vgl. zu n. 764a.)

790
K 26/25

AAEIANAPOV Kopf mit
attischem Helm nach
r., am Kessel ein rechts-
hin eilender Greif

KOINON MAKEAONΩN, l. F. oben in der Mitte B,
l. A. NEΩKO Vierbeiniger Tisch mit Löwen-
PΩN   füssen und Querleisten zwischen
den Beinen von r. gesehen, darauf zwei
Preiskronen je mit Palmzweig

2 Solon. — (Über die Vs. vgl. zu n. 773.)

791
K 27/25

Ebenso
(derselbe Stempel)
Gewicht: 12,75

KOINON MAKEAONΩN · B · NEΩKOPΩN
Ebenso, i. F. oben in der Mitte Stern

2 Mordimann. — (Der Rs.-Stempel ist von derselben Hand wie n. 704 [= 761b] und
n. 763; über die Vs. vgl. zu n. 773.)

792
K 26/25

AAEIANAPOV Ebenso,
unter dem Halse Stern

KOINON | MAK EAONΩN B NEΩKOPΩ ·
Ebenso, ohne Stern

1 Paris; Mionnet 1, 361, 642; Combefroy voyage 2, V, 8. — (Der Rs.-Stempel ist = n. 601,
1. 2; über die Vs. vgl. zu n. 760a.)

793
K 26

Ebenso
(derselbe Stempel)

KOINON MAKEAONΩN · B NEΩK·P · Ebenso,
i. F. oben in der Mitte Stern

1 Bologna Università (gelocht) — 2 München. — (1 und 2 sind aus demselben Stempeln;
über die Vs. vgl. zu n. 768a.)

Auf der Rs. hat der Stempelschneider das versehentlich fortgelassene Ω des Neokorietitels
durch einen nachträglich zwischen K und P eingeschobenen grossen Punkt angedeutet.

(Mit zwei Neokorien; Zeit des Gordianus III.)

794
K 17/26
AΛΕΞΑ(ΝΔΡΟV) Kopf mit attischem Helm nach r., am Kessel ein rechtshin eilender Greif

ΚΟΙ
ΝΟΝ ΜΑ
ΚΕΔΟΝΩΝ im unten gebundenen Lorbeerkranz
·Β·ΝΕΩΚ
ΟΡΩ

1 Turin Kgl. Sig. — (Der Rs.-Stempel ist — o. 699, 1. a. 3; über die Vs. vgl. su o. 775.)

Mit der Beischrift ΟΛΥΜΠΙΑ (a. 795—800)

795
K 26
AΛΕΞΑΝΔΡΟV Kopf mit Diadem im fliegenden Haar nach r., unter dem Hals eine sich rechtshin ringelnde Schlange

ΚΟΙΝΟΝ ΜΑΚΕΔΟΝΩΝ·Β·ΝΕΩΚΟ Reiter mit Panzer, Stiefeln und flatterndem Mantel nach r. sprengend (vgl. zu n. 564) und mit der erhobenen R. den Speer schräg nach unten richtend; i. F. unten ΟΛΥΜ ΠΙΑ

1. 2 Paris; Mionnet 1, 559, 683 und 560, 684; Muwat, Renat num. 1903, 8, d. e, IV, 9. 10; Zeitschr. f. Num. 25, II. 29 (Rv. von 1) — 3 Im Handel (1914); dies Exemplar ist inzwischen in das Berliner Münzkabinett gelangt. — (1. 2. 3 sind aus demselben Stempeln; über die Vs. vgl. zu n. 638, 1. 5.)
Über die ΟΛΥΜΠΙΑ vgl. die Einleitung S. 135g. und ausführlicher Zeitschr. f. Num. 24 (1904), 306fg. — Vgl. auch a. 801 mit ΟΛΥΜΠΙΑ AΛΕΞΑΝΔΡΙΑ sowie unten n. 896 mit ΟΛΥΝΠΙΑ·Β· und n. 871 mit Β ΟΛΥΝΠΙΑ ΕΝ ΒΕΡΟΙΑ.

796
K 26
AΛΕΞΑΝΔΡΟV Kopf mit Diadem im lang herabhängenden Haar nach r.

ΚΟΙΝΟΝ ΜΑΚΕΔΟΝΩΝ Β ΝΕΩΚΟΡ Zwei viersäulige Tempel mit einstufigem Unterbau im Profil einander gegenüber; i. F. oben ΟΛΥΜ unten ΠΙΑ

1 Belgrad — 2 Florenz (Vs. und Rs. durch Retouchieren verdorben). — (1 und 2 sind aus demselben Stempeln; über die Vs. vgl. zu n. 548, der Rs.-Stempel ist — n. 797.)
Die Vs. dieser Emission ist nicht bloss, wie sich auf Grund des völlig retouchierten Exemplars 2 nur sagen liess (Zeitschr. f. Num. 25, 19, zu Strenna II), von derselben Hand, sondern nach Ausweis des inzwischen bekannt gewordenen Belgrader Stückes vielmehr von dem gleichen Stempel wie n. 548 u. die anderen dort genannten Münzen.

797
K 27
AΛΕΞΑΝΔΡΟV Kopf mit attischem Helm nach r., am Kessel ein rechtshin eilender Greif

Ebenso (derselbe Stempel)

1 München; Sestini descr. 133, 15 [Mionnet S. 3, 231, 462]; Zeitschr. f. Num. 25, II, 31 Rs.

798
K 27/26
AΛΕΞΑΝΔΡΟV Kopf mit Diadem im lang herabhängenden Haar nach r.

ΚΟΙΝΟΝ ΜΑΚΕΔΟΝΩΝ ΔΙC ΝΕΩ (l. oben beginnend u. endend.) Vierbeiniger Tisch von vorn gesehen, darauf zwei Preiskronen je mit Palmzweig, darunter ΟΛΥΜ ΠΙΑ

1 Oxford. — (Der Rs.-Stempel ist — n. 798a; über die Vs. vgl. zu n. 557, l. z. 3.)

798a
K 28/27
AΛΕΞΑΝΔΡΟV Kopf mit Löwenfell nach r.

Ebenso (derselbe Stempel)

1 Wien (Rs. mit Doppelschlag auf der oberen Hälfte). — (Über die Vs. vgl. zu n. 748, 1.)

Die antiken Münzen Nord-Griechenlands III. 12

[Mit zwei Neoborien; Zeit des Gordianus III.]

79Nb **ΑΛΕΞΑΝΔΡΟΥ** Kopf mit **KOINON MAKEΔONΩN N ΕΩΚΟ** (L. A. endend)
K 26   attischem Helm nach   und i. F. oben in der Mitte B Vierbeiniger Tisch
     r., am Kessel ein rechts-   mit Löwenfüssen von l. gesehen, darauf zwei
     hin eilender Greif   Preiskronen je mit Palmzweig, unter dem
                               Tisch M VA O
                                     ΠΙ
                                     A

     1 Belgrad

79B **ΑΛΕΞΑΝΔΡΟΥ** Kopf mit   **KOINON MAKEΔONΩN B NEΩKOP** · Zwei
K 27/26   Diadem im fliegenden   Preiskronen je mit Palmzweig nebeneinan-
     Haar nach r., unter dem   der; i. F. oben ♂AΥM, unten ΠΙΑ
     Halse Kranz

     1 Moskau Universität Cat. 1044; Zeitschr. f. Num. 13, II, 31 Rs. — (Der Vs.-Stempel ist
     = n. 629, 1. 1 = n. 635, 1. 3 = n. 676, 1. 2 und von demselben Hand wie n. 673.)

80D **ΑΛΕΞΑΝΔΡΟΥ** Ebenso,   Ebenso (derselbe Stempel)
K 26/25   unter dem Halse Stern

         Gewicht: 12, 76

     1 St. Petersburg, vorher Chaudoir corr. 56, 3 (ungenau)

                   Mit ΟΛΥΜΠΙΑ ΑΛΕΞΑΝΔΡΙΑ (n. 80f)

81 **ΑΛΕΞΑΝΔΡΟΥ** Kopf mit   **KOINON MAKEΔONΩN B NE** (L in der Mitte be-
K 26   Diadem im lang herab-   ginnend u. endend) und L A. Ω Vierbeiniger Tisch
     hängenden Haar nach r.   von vorn gesehen, darauf zwei Preiskronen
                       je mit Palmzweig, darunter ΟΛΥΜΠΙ
                              A ΑΛΕΞΑ
                              NΔPIA

     1 Berlin; Zeitschr. l. Num. 15, III, 42 Rs. — 2 Paris; Patin imp. (1671) 12 Abb. d. Rs. =
     imp. (1697) 10 Abb. d. Rs. [Haverkamp allgem. hist. I, XXV, 5 mit willkürlich hinzuge-
     fügter, unrichtiger Vs.; Gessner reg. Macrd. 23, IV, 34]; Spanheim de praest. et um 1 (1706).
     382 Abb. [Gessner reg. Macrd. 23, IV, 33]; Fröhlel d. n. v. 1, 110½ Münnet 1, 555, 389
     Seutini letztere cont. 3, 37; unt. Fontana 1, 16, 1]; Mowat, Revue num. 1903, 8, f, IV, 8. —
     (1 und 2 sind aus demselben Stempeln; über die Vs. vgl. m n. 557. 1. 2. 3.)
     Über die Doppelbezeichnung 'Olympia 'Alexandrien vgl. die Einleitung S. 31 und Zeitschr.
     l. Num. 24 (1914), 307 nebst Anm. 3. — Vgl. auch oben zu n. 79S.

81* ΑΛΕΞΑΝΔΡΟΥ Caput regis gale-   ΚΟΙ ΜΑΚ
K (24) atum (nach r.)   ΔΟΝΩΝ
                            B NG
                           ΑΛΕΞΑΝ   *Duae urnae in unoquoque duo palmae rami*
                           ΔΡΟΙΑ
                           ΠΥΒΙΑ

     1 Seutini mus. Fontana 1, 15 [Münnet S. 3, 231, 463] = 3, 15, 1
     Da die zum Landtagsfest in Beroia veranstalteten Spiele nicht Πύθια, sondern 'Ολύμπια
     waren (vgl. die Einleitung S. 13 und 21, sowie Zeitschr. f. Num. 24, 306 fg.), muss die
     Rs.-Aufschrift verlesen sein. Wahrscheinlich handelt es sich um eine ähnliche Rs. wie
     n. 869, deren mangelhaft erhaltene Schlusszeilen von Seutini willkürlich und un-
     richtig ergänzt wurden sind. Auch die befremdliche Verdoppelung des Palmzweiges in
     jeder Krone beruht wohl nur auf einem Versehen des nicht sehr zuverlässigen Autors.

Mit zwei Neokorien; Zeit des Gordianus III.)

Zweidrittelstücke (o. 802—813)

M15
K 24

ΑΛΕΞΑΝ (r.), ΔΡΟΥ (l., der Richtung folgend). Kopf mit Diadem im lang herabhängenden Haar nach r.

Gewicht: 8,97 (2. zweimal gelocht)

ΚΟΙΝΟΝ ΜΑΚΕΔΟΝΩΝ Β ΝΕ Krieger mit Panzer und Stiefeln von vorn (etwas nach l.) stehend und rechtshin blickend, die R. auf die umgekehrte Lanze gestützt, im l. Arm Parazonium

Abweichungen: Rs. ΚΟΙΝΟΝ ΜΑΚΕΔΟΝΩΝ Β Ν Ι

1 Bologna Universität — 2 London Cat. 15, 116; Zeitschr. f. Num. 25, III, 54. — (Der Vs.-Stempel von 1. 2 ist = n. 802) — n. 804 = n. 805.)

Daß diese und die folgenden Münzen Zweidrittelstücke sind, beweist ihr Durchschnittsgewicht von 7,82 g gegenüber 11,42 bzw. 5,69 g für das Ganz- und das Halbstück der gleichen Zeit. Vgl. Zeitschr. f. Num. 25. 30.

M13
K 24/23

Ebenso (derselbe Stempel)

Gewicht: 7,56

1 Lübbecke. — (Über die Vs. vgl. zu n. 802, 1. 1.)

ΚΟΙ ΝΟΝ ΜΑ oben, ΚΕΔΟΝΩΝ Β ΝΕΩ unten. Zwei sechssäulige Tempelfronten mit einstufigem Unterbau, in den Giebeln je ein kleines ▲

M14
K 25/24

Ebenso (derselbe Stempel)

Gewicht: 7,52 (gelocht)

1 Kopenhagen. — (Über die Vs. und Rs. vgl. zu n. 802, 1. 2 bzw. n. 812.)

ΚΟΙΝΟΝ ΜΑ oben, ΚΕΔΟΝΩΝ Β ΝΕ unten. Ebenso, aber in den Giebeln l. ●, r. ▲

M15
K 24

Ebenso (derselbe Stempel)

1 Wien. — (Über die Vs. vgl. zu n. 802, 1. 2.)

Ebenso, aber mit zweistufigem Unterbau und in den Giebeln je ein ●

M16
K 24/23

ΑΛΕΞΑΝΔΡΟΥ (l. und r.). Kopf mit Diadem im lang herabhängenden Haar nach r.

Gewicht: 7.39

1 Dresden. — (Der Vs.-Stempel ist —n n. 816a = n. 807 und von demselben Hand wie n. 526 (= 527 — 528', n. 542. 1. 2 [— 542 — 563 — 586, 1-6] und n. 561.)

ΚΟΙΝΟΝ ΜΑ oben, ΚΕΔΟΝΩΝ Β ΝΕΩ unten. Zwei sechssäulige Tempelfronten mit zweistufigem Unterbau, in den Giebeln je ein kleines ▲

M16a
K 24/23

Ebenso (derselbe Stempel)

1 Knechtel (Rs. retouchiert). — (Über die Vs. und Rs. vgl. zu n. 806 bzw. n. 810, 1. 2.)

ΚΟΙΝΟΝ ΜΑ oben, ΚΕΔΟΝΩΝ Β ΝΕ unten. Ebenso, aber in den Giebeln je ein ●

M17
K 24

Ebenso (derselbe Stempel)

Gewicht: 7,13

1 London Cat. 15, 119 (mit Doppelschlag auf der Rs.). — (Über die Vs. vgl. zu n. 806.)

ΚΟΙ ΝΟΝ ΜΑ oben, ΚΕΔΟΝΩΝ Β ΝΕ unten. Ebenso

12*

Mit zwei Neoboriren; Zeit des Gordianus III.

NON
K 24

ΑΛΕΞΑΝΔΡΟΥ (l. und r.).   ΚΟΙΝΟΝ ΜΑΚΕΔΟΝΩΝ Β ΝΕΩ   Athena nach
Brustbild mit Diadem   l. sitzend, auf der R. die linkshin gewendete
im lang herabhängenden   Nike, im l. Arm die Lanze (Spitze oben);
Haar, Panzer u. Mantel   am Sitz (mit Löwenbein) hinten der Schild
nach r. (Brust nach vorn)

1 Bologna Universität. · (Der Vs.-Stempel ist = a. 809 = o. 810, 1.2 sowie = a. 707—709
und von derselben Hand wie a. 813, 1-3 und o. 817, 1.2.)

NON
K 23
Taf. IV, 19

Ebenso   ΚΟΙΝΟΝ ΜΑΚΕΔΟΝΩΝ Β ΝΕ   Ebenso, aber
(derselbe Stempel) | ohne die Lanze im l. Arm
Abbildung der Vs.
Gewicht: 6,83

1 Löbbecke; Zeitschr. f. Num. 25, III, 48; wohl dies Exemplar vorher Wiczay 2919; Sestini
mus. Hedervr. 132, 198. — (Über die Vs. vgl. zu a. 808.)

NON
K 24

Ebenso   ΚΟΙΝΟΝ oben, ΚΕΔΟΝΩΝ unten. Zwei sechs-
(derselbe Stempel)   ΜΑ   Β ΝΕ   säulige Tempelfronten mit zweistufigem
                            | Unterbau, in den Giebeln je ein ●
Gewicht: 8,67 (2) — 7,42 (1)

1 London Cat. 25, 128 — 2 Paris; Mionnet 1, 556, 598. — (Der Rs.-Stempel von 1. 2 ist
= a. 806a = a. 813, 1-3; aber die Vs. von 1. 2 vgl. zu o. 808.)

NON
K 24

ΑΛΕΞΑΝΔΡΟΥ (l. und r.).   ΚΟΙΝΟΝ ΜΑΚΕΔΟΝΩΝ Β ΝΕΩΚΟ (l.A. endend).
Brustbild wie vorher   Alexander nackt, mit flatt. Mantel, nach r.
                               vortretend und den sich bäumenden Buke-
                               phalos mit beiden Händen am Zügel haltend
Gewicht: 9,23

1 Hunter Cat. 359, 21; Combe descr. 187, 39, XXXIV, 11. — (Der Vs.-Stempel = a. 811.)

NON
K 25/24
Taf. V, 10

Ebenso   ΚΟΙΝΟΝ oben, ΚΕΔΟΝΩΝ unten. Zwei sechs-
(derselbe Stempel)   ΜΑ   Β ΝΕ   säulige Tempelfronten mit einstufigem
                            Unterbau, in den Giebeln l. ●, r. ▲
Abbildung der Rs.
Gewicht: 7,99

1 Imhoof. — (Die Rs. ist aus demselben Stempel wie die von a. 804.)

NON
K 24

ΑΛΕΞΑΝΔΡΟΥ (l. und r.).   ΚΟΙΝΟΝ oben, ΚΕΔΟΝΩΝ unten. Zwei sechs-
Brustbild mit Diadem   ΜΑ   Β ΝΕ   säulige Tempelfronten mit zweistufigem
im lang herabhängenden   Unterbau, in den Giebeln je ein ●
Haar und mit Schuppen-
panzer nach r. (die Brust
nach vorn)
Gewicht: 8,09 (1) — 7,55 (3) — 7,30 (1)

1 Berlin — 2 Mailand — 3 Wien (gelocht); Mus. Theup. 2, 1280. — (1. 2. 3 sind aus
denselben Stempeln; über die Vs. und Rs. vgl. zu a. 808 bezw. a. 810, 1.2.)

[Mit zwei Neohorien; Zeit des Gordianus III.]

Halbstücks (o. 814—825)

814
K 19, 18
|ΛΛΕΞΑΝΔ·ΡΟ·V Kopf mit Diadem im fliegenden Haar nach r.

KOINON MAKEΔONΩ N B NEΩK OP (L in der Mitte beginnend und endend). Nackter bärtiger Herakles nach r. in der Stellung des farnesischen, hinter ihm (L) zwei Preiskronen je mit Palmzweig übereinander

Gewicht: 5,42

1 Berlin; Zeitschr. f. Num. 23, III, 51 Rs. — (Der Vs.-Stempel ist ~ n. 815.)
Über den Rs.-Typus und seinen Zusammenhang mit dem von n. 703 vgl. Zeitschr. f. Num. 23, 31.

815
K 19/18
ΛΛΕΞΑΝΔΡΟV Ebenso (derselbe Stempel)

KOINON MAKEΔONΩN B NEΩNPΩ (so! L in der Mitte beginnend). Löwe mit geöffnetem Rachen nach r. schreitend, darüber Keule (Griff r.)

1 Haag; Zeitschr. f. Num. 23, III, 50 Vs.

816
K 20/19
ΛΛΕΞΑΝΔΡΟV (L, oben v. r.). Brustbild mit Diadem im lang herabhängenden Haar, Panzer u. Mantel nach r.(Brust nach vorn)

· K · MAKEΔONΩN B NEΩ (L in der Mitte beginnend und i. A. endend). Löwe mit geöffnetem Rachen nach r. schreitend

Gewicht: 3,90

1 Berlin. — (Der Rs.-Stempel ist ~ n. 817, 1. r.)

817
K 19
ΛΛΕΞ ΑΝΔΡΟV (L und r.). Ebenso

Ebenso (derselbe Stempel)

Gewicht: 4,35 (1) — 3,81 (1)

1 Frankfurt a. M. (Schrift der Vs. und Rs. unvollständig); Numoph. Glock. (1735) 11 ungenau — 1 Paris; Mionnet 1, 561, 639; Zeitschr. f. Num. 23, III, 49 Vs. — (1 und 2 sind aus demselben Stempeln; aber die Vs. vgl. zu n. 808.)

818
K 21
ΛΛΕΖΑΝΔΡΟV (r. und unten). Kopf mit Löwenfell nach r.

· KOI · MAKEΔONΩN · B · NE (r. oben beginnend). Goryt (senkrecht) mit Bogen und an der r. Seite herabhängendem Riemen, r. daneben Keule (Griff oben)

Gewicht: 6,64 (1. 2) — 5,41 (3)

1 Neapel Cat. 6646 — 2 Paris; Mionnet 1, 555, 388 — 3 Rom Vatican. . . (2 r. 3 sind aus demselben Stempeln; der Vs.-Stempel ist ~ n. 819), über die Rs. vgl. zu n. 813.)
Das Exemplar 1 ist auf einem besonders grossen Schrötling (23 mm Durchmesser) geprägt, aber im Gewicht dem Pariser völlig gleich.

819
K 21
Ebenso (derselbe Stempel)

KOI
MAKE
ΔONΩN im unten gebundenen Lorbeerkranz
B·NEΩ

Gewicht: 6,32

1 Hunter Cat. 357, 7 (Vs. und Rs. retouchiert); Combe descr. 183, 50, XXXV, 6

[Mit zwei Nvokonen; Zeit des Gordianus III.]

620
K 21

ΑΛΕΞΑΝΔΡΟV Kopf mit attischem Helm nach r., am Kessel ein rechtshin eilender Greif

Gewicht: 5,80 (2) — 4,59 (1)

KOINON MAKEΔONΩN B N · Löwe mit geöffnetem Rachen nach r. springend

1 Paris; Mionnet 1, 561, 648 — 2 Wien; Mus. Theup. 2, 1281. — (1 und 2 sind aus denselben Stempeln; über die Vs, vgl. zu n. 822.)

N 20 a
K 22/21

ΑΛΕΞΑΝΔΡₒV (oben beginnend). Ebenso

KOI · MAKEΔONΩN · B N · (L in der Mitte beginnend). Ebenso

1 Agram. — (Die Vs. ist mit demselben Stempel wie n. 825, 1, 2.)

N 21
K 21

ΑΛΕΞΑΝΔΡΟV Kopf mit attischem Helm nach r., am Kessel ein rechtshin eilender Greif

Gewicht: 7,98 (1) — 5,70 (2)

KOINON MAKEΔONΩN B NE (L. oben beginnend). Keule (Griff oben) und r. daneben ein mit Pfeilen gefüllter Köcher, an welchem r. der Bogen (ohne Sehne) herabhängt

1 Berlin — 2 Paris; Patin imp. (1671) 10, 2 + 11, 2 Abb. d. Vs. u. Rs. = imp. (1697) 9, Abb. 2 + 6 'Spanheim les Césars de l'imp. Jobert (1683) 212 Abb. d. Haverkamp algem. hist. 1, XXV, 6, beide unrichtig mit der Vs. 10, 3; Gessner reg. Macrd. 19, III, 7; Froelich annales compend. 3, 1, 11]; Mionnet 1, 561, 647. — (Über die Vs. vgl. zu n. 822.)

N 22
K 21

Ebenso
(derselbe Stempel)

Gewicht: 5.68

KOINON MAKEΔONΩN, L F. in der Mitte B NEΩ (senkrecht, von unten) zwischen (L) Goryt mit Bogen u. an der l. Seite herabhängendem Riemen und (r.) Keule mit dem Griff nach oben

1 London Cat. 27, 143. — (Der Vs.-Stempel ist = n. 80u, 1. 2 = n. 821, 1. 2.)

N 23
K 22/21
Taf. V, 13

ΑΛΕΞΑΝΔΡΟV Ebenso

Abbildung der Rs.

Gewicht: 6,25

KOI · MAKEΔONΩN · B · NE (r. oben beginnend). Goryt mit Bogen und Keule wie bei n. 818

1 Imhoof. — (Die Rs. ist aus demselben Stempel wie die von n. 818, 1. 2.)

N 24
K 21
Taf. V, 14

ΑΛΕΞΑΝΔΡΟV Kopf mit attischem Helm nach r., am Kessel ein rechtshin eilender Greif

Abbildung der Rs.

Gewicht: 4.50

KOINON MAKEΔONΩN B NE Köcher (senkrecht) mit 3 Pfeilen und an der rechten Seite herabhängendem Riemen zwischen (L) Bogen (die Sehne r.) und (r.) Keule (Griff oben)

1 Gotha

N 25
K 21

ΑΛΕΞΑΝΔΡₒV (oben beginnend). Ebenso

Gewicht: 6,35 (2)

KOINON MAKEΔONΩN · B · NE · Keule und r. daneben Köcher nebst Bogen wie bei n. 831

1 Floren — 2 London Cat. 27, 144. — (1. 2 aus denselben Stempeln; vgl. zu n. 810 a.)

[Mit zwei Neukorien]

d. Zeit des Philippus (a. 826—859)

1. Emissionen des Jahres 244

K 26 | ΑΛΕΞΑΝΔΡΟΥ Kopf mit attischem Helm nach r., am Kessel ein rechtshin eilender Greif | KOINON MAKEΔΟΝΩΝ · Β · ΝΕΩΚΟΡΩ Reiter mit Panzer, Stiefeln und flatterndem Mantel nach r. sprengend und die R. erhebend; unter dem Pferde Stern

Gewicht: 10,54 (1)

1 Berlin — 2 Rom Vatikan. — (1 und 2 sind aus denselben Stempeln; aber die Vs. vgl. zu n. 852.)

Die Hinterbeine des galoppierenden Pferdes auf dieser Münze sowie bei n. 827fg. und n. 844 mit dem gleichen Adventus-Typus (Reiter mit grüßend erhabener R.) sind eingeknickt; vgl. zu n. 338, n. 356 und n. 574. Die Darstellung bezieht sich, ebenso wie die ähnliche von n. 838 und n. 851, auf des Philippus Ankunft in Makedonien im Frühjahr 244; vgl. Zeitschr. f. Num. 25, 328g. und speziell über die Datierung der obigen Emission ohne ΕΟC ebenda 25, 335g.

Mit der Jahreszahl ΕΟC (a. 827—835)

K 28/27 | ΑΛΕΞΑΝΔΡΟΥ Kopf mit Diadem im lang herabhängenden Haar nach r. | KOINON MAKEΔΟΝΩΝ Β ΝΕΩΚΟ Reiter mit Panzer, Stiefeln und flatterndem Mantel nach r. sprengend (vgl. zu n. 826) und die R. erhebend; i. F. unten ΕΟC

1 Parma (retouchiert). — (Die Rs. ist aus demselben Stempel wie die von n. 844.)
Über das Datum ΕΟC = 275 der aktischen Aera = 244 nach Chr. vgl. die Einleitung S. 14 und ausführlicher Zeitschr. f. Num. 24, 311fg. sowie ebenda 25, 32.

K 28/27 | ΑΛΕΞΑΝΔΡΟΥ Ebenso | KOINON MAKEΔΟΝΩΝ · Β · ΝΕΩ Ebenso; i. F. unten ΕΟC

1 Paris; Mionnet 1, 560, 627 [Sestini lettere cont. 2. 37] = S. 3. 177, 438: Cousinéry voyage 1, 705, V, 7 [Karsten de arrii 55, 1]. — (Die Rs. ist aus demselben Stempel wie die Münze des Philippus zeigt oben n. 301; der Vs.-Stempel ist = n. 829 = n. 830, 1. 2 = n. 832, 1-3 = n. 833, 1-6 = n. 834, 1. 2.)

K 25 | Ebenso (derselbe Stempel) | KOINON MAKEΔΟΝΩΝ · Β · ΝΕΩ (l. in der Mitte beginnend). Löwe mit geöffnetem Rachen nach r. schreitend, darüber Keule mit dem Griff nach r.; i. F. oben ΕΟC

Gewicht: 9,86

1 Weber Hamburg. — (Der Rs.-Stempel ist = n. 845, 1-4; über die Vs. vgl. zu n. 828.)

[K30]
K (26) | Ebenso | KOINON MAKEΔΟΝΩΝ Β ΝΕΩ Ebenso; i. A. ΕΟC

1 Sestini descr. 133, 19 mit Irrig statt supra in der Rs.-Beschreibung [Mionnet S. 3, 231, 360) und berichtigt bezüglich der Vs. lettere cont. 2, 37, von Cousinéry (nicht in München).
Das angebliche N hinter dem Alexanderkopf ist vielmehr das flatternde Diademende, welches auf beiden Vs.-Stempeln der ΕΟC-Serie mit dem Kopf-Typus A (n. 827 und n. 828 (= n. 829 = n. 831—834)) in seiner Form diesem Buchstaben gleicht. Vgl. auch zu n. 593.

[Mit zwei Nebkorien; Zeit des Philippus]

831 AAEΞANAPOV Kopf mit | KOINON MAKEΔONΩN B NEΩ Hoher Korb,
K 26 Diadem im lang herab- | aus welchem unter dem halbgeöffneten Deckel
hängenden Haar nach r. | eine Schlange nach l. hervorkriecht; i. A.
                                  EOC

        Gewicht: 10,59 (1) — 10,51 (2)

        1 Berlin — 2 Rollin und Feuardent (Schrift der Vs. und Rs. unvollständig). — (1 und 2
        sind aus denselben Stempeln; über die Vs. vgl. zu n. 828.)

        Das erst 1905 zu meiner Kenntnis gelangte Exemplar 2 ist in der (1904 gedruckten) Zu-
        sammenstellung Zeitschr. f. Num. 25, 34 fg. nachzutragen, desgleichen n. 832, 5, n. 844 1
        und n. 845 2.

832 Ebenso | KOINON MAKEΔONON B NEΩ (sol) Ebenso,
K 26 (derselbe Stempel) | i. A. EOC

        1 Gotha — 2 München; Sestini kittere coll. 3, 37 — 3 Thorwaldsen Cat. 254, 60. —
        (1, 2, 3 sind aus denselben Stempeln; über die Vs. vgl. zu n. 828.)

833 Ebenso | KOINON   B NEΩKOPΩN
K 26 (derselbe Stempel) | M AKEΔ O ·oben·   ·E·O·C· unten. Zwei
                           sechssäulige Tempelfronten mit einstufigem
                           Unterbau

        Abweichungen: Vs. Schrift unvollständig 4. 5. 6; — Rs. die oberste Zeile der Auf-
        schrift zerstört 3. 5 — auf dem Schrötling nicht zur Ausprägung gelangt 4 —
        KOINO[N] 1. 6 — die dritte Zeile B NEΩKOPΩ'N] 6
        1 Berlin — 2 Imhoof — 3 Löbbecke — 4 Paris; Mionnet S. 3, 377, 446 — 5 St. Florian
        — 6 Sophia. — (1-6 sind aus denselben Stempeln; über die Vs. und Rs. vgl. zu n. 828
        bezw. n. 835.)

834 Ebenso | KOIN ON MAKEΔO,NΩN ·]B· NEΩKOP· Zwei
K 26 (derselbe Stempel) | viersäulige Tempel mit einstufigem Unter-
                        bau im Profil einander gegenüber; i. F. oben
                        EOC, i. F. unten in der Mitte Stern

        Abweichungen: Vs. Schrift durch Oxyd verdeckt 2; — Rs. KOIN'ON MAKE-
        ΔONΩN · B · [NEΩK]OP· 1
        1 Athen (neue Erw.) — 2 Bologna Universität. — (Der Rs.-Stempel von 1, 2 ist —
        n. 836, 1, 2 — n. 846, 1, 2; über die Vs. von 1, 2 vgl. zu n. 828.)

835 AAEΞANAPOV Kopf mit | KOINON MAKEΔONΩN B NEΩKO Krieger mit
K 28/26 Diadem im fliegenden | Panzer und Stiefeln von vorn (etwas nach l.)
Haar nach r. | stehend und rechtshin blickend, die R. auf
                        die umgekehrte Lanze gestützt, im l. Arm
                        Parazonium; i. F. unten l. und r. EOC

        1 Athen (neue Erwerbung). — (Der Vs.-Stempel ist — n. 836, 1, 2.)

836 Ebenso | KOIN ON MAKEΔONΩN · B · NEΩKOP· Zwei
K 26 (derselbe Stempel) | viersäulige Tempel mit einstufigem Unter-
                        bau im Profil einander gegenüber; i. F. oben
                        EOC, i. F. unten in der Mitte Stern

        1 Berlin (gelocht) — 2 Paris; Mionnet I, 557, 601 — S. 3, 329, 448. — (1 und 2 sind aus
        denselben Stempeln; über die Rs. vgl. zu n. 834, 1, 2.)

[Mit zwei Neokorien; Zeit des Philippus]

437
K 27/26

(ΑΛΕ)ΞΑΝΔΡΥ (l. und r.). Brustbild mit Diadem im lang herabhängenden Haar u. Schuppenpanzer nach r., auf der nach vorn gewendeten Brust Gorgoneion, an der l. Schulter der Schild

KOIN·ON MAKEΔONΩN; Β ΝΕΩ Athena nach l. sitzend, auf der R. die rechtshin gewendete Nike, im l. Arm die Lanze (Spitze oben); am Sitz (mit Löwenbein) hinten der Schild; i. A. ΕΟC

t Turin Kgl. Slg. (gelocht). — (Der Rs.-Stempel ist von derselben Hand wie n. 848, 1, 2; aber die Vs., vgl. zu n. 840.)

438
K 26

ΑΛΕΞΑΝΔΡΥ (l. und r.). Ebenso (derselbe Stempel)

KOINON MAKEΔONΩN · Β · ΝΕΩ Reiter mit Panzer, Stiefeln und flatterndem Mantel nach r. im Schritt, die R. erhebend; i. A. ΕΟC

1 London Cat. 20, 137 — 2 Paris; Chaslaézy voyage 1, 265, V, 6; Mowat, Revue num. 1903, 19, r, IV, 131 Zeitschr. f. Num. 25, III, 55 Vt. — 3 St. Florian — 4 Turin Kgl. Slg. — 5 im Handel (1905, Abdruck vorhanden); 2. die Bemerkung zu n. 837. — (1-5 sind aus demselben Stempeln; über die Vs. vgl. zu n. 840.)

439
K 25

Ebenso (derselbe Stempel)

K OINON MAKEΔONΩN Β ΝΕΩ Löwe mit geöffnetem Rachen nach r. schreitend, darüber Keule mit dem Griff nach r.; i. A. ΕΟC

1 Constantinopel Mus. arch. Inst. (Schrift der Vs. und Rs. unvollständig) — 2 Meletopulos. — (1 und 2 sind aus denselben Stempeln; über die Vs. vgl. zu n. 840.)

440
K 26

Ebenso (derselbe Stempel)

KOINON MAKEΔ O^{oben}. NΩN Β ΝΕΩ unten. Zwei sechssäulige Tempelfronten mit dreistufigem Unterbau; i. F. in der Mitte Stern

1 Mowat. — (Der Vs.-Stempel ist = n. 837 = n. 838, 1-3 = n. 839, 1. 2.)

441
K 27

ΑΛΕΞΑΝΔΡΟV (ohne Legationsende). Kopf mit Löwenfell nach r.

KOINON MAKEΔONΩN Β ΝΕ Athena nach l. sitzend, auf der R. die rechtshin gewendete Nike, im l. Arm die Lanze (Spitze oben); am Sitz (mit Löwenbein) hinten der Schild; i. A. ΕΟC

1 Turin Mus. Cat. 2398. — (Der Vs.-Stempel ist = n. 842, 1-6 = n. 843, 1 = n. 844, 1 = n. 845, 2 = n. 847.)

442
K 26

Ebenso (derselbe Stempel)

KOINON MAKEΔONΩN · Β · u. i. A. ΝΕΩ Athena nach l. sitzend, in der R. Schale, den l. Arm auf den hinter dem Sitz (mit Löwenbein) stehenden Schild gestützt; i. F. l. oben ΕΟC

Taf. IV, 34

Abbildung der Rs. (1)
Gewicht: 12,60 (4) — 12,33 (1) — 8,09 (2, dünner Schrötling)
Abweichungen: Vs. und Rs. Schrift unvollständig 2, 4
1. 2 Berlin — 3 Imhoof — 4 St. Petersburg, vorher Chandoir corr. 56, 7. — (1-4 sind aus denselben Stempeln; über die Vs. vgl. zu n. 841.)

[Mit zwei Neokorien; Zeit des Philippus]

843
K 26
ΑΛΕΞΑΝΔΡΟΥ (oben begin- nend). Kopf mit Löwen- fell nach r.

KOINON MAKEΔONΩN B NEΩKOP Reiter mit Panzer, Stiefeln und flatterndem Mantel nach r. sprengend (vgl. zu n. 561) und mit dem Speer in der erhobenen R. zum Wurf aus- holend; l. F. unten ΕΟϹ

Abweichungen: Rs. B NEΩ'KOP] und l. F. unten ΕΟϹ deutlich 1

1 Parma — 2 St. Petersburg. — (Über die Vs., vier 2 vgl. zu n. 841.)

844
K 26
Ebenso

KOINON MAKEΔONΩN · B · NEΩKO Ebenso; l. F. unten ϹΟΕ (so!)

1 Berlin. — (Der Vs.-Stempel ist — n. 845, 1-4 — n. 846, 1, 2.)

844a
K 27/26
ΑΛΕΞΑΝΔΡΟΥ (oben begin- nend). Kopf mit Löwen- fell nach r.

KOINON MAKEΔONΩN B NEΩKO Reiter mit Panzer, Stiefeln und flatterndem Mantel nach r. sprengend (vgl. zu n. 826) und die R. er- bebend; l. F. unten ΕΟϹ

1 Berlin (s. die Bemerkung nach n. 831). — (Über die Vs. und Rs. vgl. zu n. 841 bezw. n. 827.)

845
K 26
ΑΛΕΞΑΝΔΡΟΥ (oben begin- nend). Kopf mit Löwen- fell nach r.

KOINON MAKEΔONΩN · B · NEΩ (L in der Mitte beginnend). Löwe mit geöffnetem Rachen nach r. schreitend, darüber Keule mit dem Griff nach r.; l. F. oben ΕΟϹ

Taf. V, 8   Abbildung der Rs. (2)

Gewicht: 11,97 (2e) — 9,91 (3) — 9,12 (5) — 8,99 (1)

1 Berlin (Schrift der Rs. unvollständig) — 2 Imhoof; vorher Wiczay 2937; Sestini mus. Hederv. 133. 211 — 2a Lewis — 3 London Cat. 23. 162 — 4 Mowal; Zeitschr. f. Num. 25, 111, 53 Rs. — (1-4 sind aus demselben Stempeln; aber die Vs. und Rs. vgl. zu n. 844 bezw. n. 829.)

844a
K 26/24
Ebenso

KOINON MAKEΔONΩN B NEΩ Ebenso; l. A. ΕΟϹ

1 im Handel (1905, Abdruck vorhanden); s. die Bemerkung nach n. 831. — (Über die Vs. vgl. zu n. 841.)

846
K 26
ΑΛΕΞΑΝΔΡΟΥ (oben begin- nend). Kopf mit Löwen- fell nach r.

KOIN ON MAKEΔONΩN · B · NEΩKOP · Zwei viersäulige Tempel mit einstufigem Unter- bau im Profil einander gegenüber; l. F. oben ΕΟϹ, l. F. unten in der Mitte Stern

1 Kopenhagen; vielleicht dies Exemplar vorher Cat. Northwick 593 — s Hardmann. — (1, 2 sind aus demselben Stempeln; aber die Vs. und Rs. vgl. zu n. 844 bezw. n. 834, 1, 2.)

847
K 26
ΑΛΕΞΑΝΔΡΟΥ (oben begin- nend). Kopf mit Löwen- fell nach r.

KOINON MAKEΔONΩN B NE· Vierbeiniger Tisch mit Löwenfüßen von l. gesehen, darauf zwei Preiskronen je mit Palmzweig; l. A. ΕΟϹ

Gewicht: 10,76

1 London Cat. 23, 111. — (Über die Vs. vgl. zu n. 841.)

[Mit zwei Neukorven; Zeit des Philippus]

N48
K 26

ΑΛΕΞΑΝΔΡΟΥ Kopf mit attischem Helm nach r., am Kessel ein rechtshin eilender Greif

ΚΟΙΝΟΝ ΜΑΚΕΔΟΝΩΝ · Β · ΝΕΩ Athena nach l. sitzend, auf der R. die rechtshin gewendete Nike, im l. Arm die Lanze (Spitze oben); am Sitz (mit Löwenbein) hinten der Schild; i. A. · ΕΟC ·

Gewicht: 10,13 (2)

1 Berlin — 2 Imhoof (Schrift der Vs. unvollständig). — (1 und 2 sind aus denselben Stempeln; über die Vs. und Rs. vgl. zu n. 155 bezw. n. 837.)

N49
K 26

ΑΛΕΞΑΝΔΡΟΥ Ebenso

ΚΟΙΝΟΝ ΜΑΚΕΔΟΝΩΝ · Β · ΝΕΩΚΟ Reiter mit Panzer, Stiefeln und flatterndem Mantel nach r. sprengend (vgl. zu n. 561) und mit dem Speer in der erhobenen R. zum Wurf ausholend; i. F. unten ΕΟC

1 II. Dino — 2 Hollschek — 3 Leake Europ. Gr. 66; Zeitschr. f. Num. 15, III, 56 Vs. — 4 Turin Kgl. Slg. — 5 Winterthur. — (1-5 sind aus denselben Stempeln; über die Vs. vgl. zu n. 852.)

N50
K 26

ΑΛΕΞΑΝΔΡΟΥ Ebenso

ΚΟΙΝΟΝ ΜΑΚΕΔΟΝΩΝ Β ΝΕΩΚΟΡ · Reiter wie vorher, aber mit eingelegter Lanze (vgl. zu n. 566); i. F. unten ΕΟC

Abweichungen: Rs. ΚΟΙΝΟΝ (ΜΑΚΕΔΟΝΩΝ) Β ΝΕΩΚΟΡ · 2
1 Hunting — 2 Paris (gelocht); Mionnet 1, 560, 678 (Sestini letzte cont. 3, 37) — N. 3, 297, 433 ungenau. — (1 und 2 sind aus denselben Stempeln; über die Vs. vgl. zu n. 835.)

N51
K 26

ΑΛΕΞΑΝΔΡΟΥ Ebenso

ΚΟΙΝΟΝ ΜΑΚΕΔΟΝΩΝ · Β · ΝΕΩ Reiter mit Panzer, Stiefeln und flatterndem Mantel nach r. im Schritt, die R. erhebend; i. A. ΕΟC

Abweichungen: Rs. die Umschrift unvollständig 2. 3. 4 — l. A. [ΕΟ]C 3
1 Lobbecke — 2 Venedig Marciana — 3 Wien; Mus. Theup. 2, 12%; ungenau — 4 Wien (unter Bernis). — (1-4 sind aus denselben Stempeln; über die Vs. vgl. zu n. 852.)

N52
K 27/25

Ebenso (derselbe Stempel)

ΚΟΙΝΟΝ ΜΑΚΕΔΟΝΩΝ · Β ΝΕΩΚ (l. in der Mitte beginnend). Löwe mit geöffnetem Rachen nach r. schreitend, darüber Keule (Griff nach r.) und unterhalb derselben (ganz klein) ΕΟC

Gewicht: 13,29

1 Berlin, vorher Cat. Walcher 1101, IX, 1102; Zeitschr. f. Num. 15, III, 58 Rs. — (Der Vs.-Stempel ist — n. 850, 1. 2 — n. 849, 1-5 — n. 851, 1-4 — n. 854.)
Auf dem Rs.-Stempel ist augenscheinlich die Jahreszahl ΕΟC erst nachträglich hinzugefügt worden; vgl. hierüber Zeitschr. f. Num. 15, 34.

N53
K 26

ΑΛΕΞΑΝΔΡΟΥ Ebenso

ΚΟΙΝΟΝ ΜΑΚΕΔΟΝΩΝ Β ΝΕΩΚ (l. in der Mitte beginnend). Ebenso, aber i. F. oben ΕΟC

1 Hunter Cat. 360, 841; Combe descr. 183, 48, XXXV, 4 [Eckhel d. n. v. 2, 110; Sestini letzte cont. 3, 37; Mionnet S. 3, 230, 459] — 2 Jahanschikoff — 3 Rom Vatican (Schrift der Vs. und Rs. unvollständig). — (1. 2. 3 sind aus denselben Stempeln; über die Vs. vgl. zu n. 855.)

Mit zwei Neokorem; Zeit des Philippos)

N14 ΑΛΕΞΑΝΔΡΟΥ Ebenso   KOINON MAKEΔONΩN B NEΩ Ebenso; i. A.
K 26/25   · ΕΟC ·

i Mowat; Revue num. 1903, 20, 2, Abb. — (Über die Vs. vgl. zu n. 832.)

N15 ΑΛΕΞΑΝΔΡΟΥ Ebenso | KOINON   oben.   'B, NEΩKOPΩN   unten. Zwei
K 26   M . AKEΔ O   · E · O · C ·
                                             sechssäulige Tempelfronten mit einstufigem
                                             Unterbau

i Turin Kgl. Slg. — (Die Rs. ist aus demselben Stempel wie die von n. 833, 1-6; der
Vs.-Stempel ist — n. 848, i. 2 — n. 850, i. 2 — n. 853, i. 2, 3 sowie noch — n. 864, 1-7 mit
ΒΕΡΑΙΩΝ auf der Rs.)

2. Emissionen des Jahres 246

N16 ΑΛΕΞΑΝΔ (r.), P^a V (l., der KOIN · MAKEΔONΩN B NEΩKO Vierbeiniger
K 26/25 Richtung folgend.) Kopf   Tisch mit Löwenfüssen von r. gesehen,
         mit attischem Helm   darauf zwei Preiskronen je mit Palmzweig;
         nach r., am Kessel ein   i. F. in der Mitte O_V A
         rechtshin eilender Greif   N   (so! oben)
                                                          Π
                                                          I
                                                          A
                                                         · B · (unter dem Tisch)

        Gewicht: 8,98

i Berlin; Zeitschr. f. Num. 25, 30, III. 57. — (Der Vs.-Stempel ist — n. 857 und von derselben Hand wie n. 858 [— 865], n. 859, i. 2 [— 867, i. 2], n. 866 und n. 868 [— 869].)
Über die Prägezeit dieser Münzgruppe (n. 850—859) vgl. die Einleitung S. 18 und ausführlicher Zeitschr. f. Num. 25, 35 fg., wonach sich mit dem inzwischen bekannt gewordenen Exemplar n. 859, 1 die angezeigte Gesamtzahl von 4 auf 3 erhöht. — Vgl. auch
oben n. 795–807 mit OΛYMΠIΑ bezw. OΛYMΠIΑ ΑΛΕΞΑΝΔΡΙΑ sowie unten n. 871.

N17 Ebenso   KOIN MAKEΔONΩN B · NEΩK · Hoher Korb,
K 25/24 (derselbe Stempel)   aus welchem unter dem halbgeöffneten Deckel
                              eine Schlange nach r. hervorkriecht

i München (Schrift der Vs. grösstenteils zerstört). — (Über die Vs. vgl. zu n. 850.)

N18 ΑΛΕΞΑΝΔ,PO,C Kopf mit   KOI
K 26/24 Diadem im lang herab·   NΩN MA   im unten gebundenen Lorbeer-
         hängenden Haar nach r.   KEΔONΩN   kranz
                                    · B · NEΩKO
                                    PΩN

i Kopenhagen. — (Der Vs.-Stempel ist — n. 865 und von derselben Hand wie n. 856 [—
857], n. 859, i. 2 [— 867, i. 2], n. 866 und n. 868 [— 869]; der Rs.-Stempel — n. 859, i. 2.)

N19 ΑΛΕΞΑΝΔΡΟΥ (oben begin- Ebenso (derselbe Stempel)
K 25   nend). Kopf mit Löwen-
         fell nach r.

i Oxford Christ Church (Schrift der Vs. unvollständig) — 2 Paris; Mionnet 1, 335, 584.
— (1 und 2 sind aus demselben Stempeln; über die Vs. vgl. zu n. 856.)

IV. Parallel-Prägungen der Metropolis Beroia

Die folgenden Münzen (n. 860—871) haben auf der Vs. den Kopf Alexanders des Grossen in derselben dreifachen Auffassung (mit Diadem, Löwenfell oder Helm) und zum Teil sogar aus den gleichen Stempeln wie die voranstehende autonome Provinzialprägung. Auch für die Aufschrift gilt das oben S. 94 zu III. Bemerkte. Über die Datierung der einzelnen Serien vgl. die Einleitung S. 22.

a. Emissionen des Jahres 242

N846
K 28
ΑΛΕΖΑΝΔΡΟΥ Kopf mit · ΚΟΙ · ΜΑΚΕΔΟΝΩΝ Β Ν ΕΩ ΒΕΡΟΙΕ (oben beginnend). Hygieia auf einem Thron mit Rückenlehne, auf die sie den l. Arm auflegt, nach l. sitzend und mit der R. die Schlange, die sich vor ihr auf einem Korbe emporringelt, aus einer Schale fütternd

Taf. XI, 25   Abbildung (1)

Gewicht: 14,55 (1) — 10,50 (2, ein Stück abgebrochen)
1 Berlin Cat. 66, 1 — 2 Turin Kgl. Slg. — (1 und 2 sind aus demselben Stempeln; über die Vs. vgl. oben zu n. 740a.)

N81
K 28
ΑΛΕΖΑΝΔΡΟΥ Ebenso,   ΚΟΙ · ΜΑΚΕΔΟΝΩΝ Β Ν ΕΩ ΒΕΡΟΙΕ (oben beginnend). Ebenso
l. unten Stern
Gewicht: 13,55 (2, gelocht)
Abweichungen: Vs. Schrift unvollständig 2; — Rs. Schrift unvollständig 2, 3
1 Florenz — 2 Paris; Mionnet S. 3, 48, 322, V, 5; Cousinéry voyage 1, 165, V, 8 [Delacoulonche, Revue des soc. sav. 5 (1858), 771] — 3 M. Florian (gelocht). — (1, 2, 3 sind aus denselben Stempeln; über die Vs. vgl. zu n. 863.)

N82
K 28
ΑΛΕΖΑΝΔΡΟΥ Kopf mit | Κ[ΟΙ · ΜΑ]ΚΕΔΟΝΩΝ ΔΙC ΝΕΩ · ΒΕΡΟΙΕ (l. oben Diadem im fliegenden | beginnend). Krieger mit Panzer und Stiefeln Haar nach r., unter dem | von vorn (etwas nach l.) stehend und rechtsHalse Stern | hin blickend, die R. auf die umgekehrte Lanze gestützt, im l. Arm Parazonium
Gewicht: 12,59
1 Berlin Cat. 66, 2. — (Der Vs.-Stempel ist er oben n. 644 und von demselben Hand wie n. 643 [= 646, 1. 2].)

N83
K 27/25
ΑΛΕΖΑΝΔΡΟΥ Kopf mit | ΚΟΙΝΟΝ ΜΑΚΕΔΟΝΩΝ ΔΙC ΝΕΩΚΟ (l. oben beLöwenfell nach r., l. | ginnend) und l. F. unten ΒΕΡΟΙΕΝ Zwei sechsunten Stern | säulige Tempel mit vierstufigem Unterbau im Profil (vgl. zu n. 747b) einander gegenüber
Gewicht: 11,89
1 Athen; Svoronos, journal internat. d'archeol. numism. 7 (1904), 357, 61, XI, 14 (mit Druckfehler 0,89 statt 11,89 g). — (Der Vs.-Stempel ist er n. 861, 1-3 und von demselben Hand wie oben n. 713, 1-2 [= 749, 1-3 = 739, 1-3 = 743 -747 = 750].)

[Parallel-Prägungen der Metropolis Beroa]

b. Emission des Jahres 244

N84
K 26

ΑΛΕΞΑΝΔΡΟΥ Kopf mit attischem Helm nach r., am Kessel ein rechtshin eilender Greif

ΚΟΙΝ · ΜΑΚΕ · Β · ΝΕΩ · ΒΕΡ ΑΙΩΝ · (L in der Mitte beginnend u. l.A. codend). Jüngling mit nacktem Oberkörper und Chlamys um die Hüften und den l. Oberarm nach l. stehend, im l. Arm Peitsche, mit der R. Schale über einen flammenden Altar haltend. Links von diesem vierbeiniger Tisch mit Löwenfüssen (von r. gesehen), auf welchem zwei Preiskronen je mit Palmzweig und in dessen Hintergrund eine Amphora auf hoher Säule; im Zwischenfeld oben ΕΟC

Taf.XI, 24   Abbildung (Vs. von 6 und Rs. von 3)

Gewicht: 11,29 (6) — 10,51 (4) — 10,45 (5) — 9,34 (2) — 9,30 (7)

1 Belgrad (ein Stück abgebrochen) — 2 Berlin Cat. 66, 4 (Konstant de serie 55, 2) — 3 Floreas; Eckhel num. vet. 65; d. n. v. 2, 110; Sestini letztere cont. 3, 36 — 4 Frankfurt a. M. — 5 Kopenhagen — 6 London (die Rs. durch Retouchieren verdorben); vorher Cat. Montagu 2 (1897), 173, 14, 173 — 7 Paris; Pellerio rais 83, 11, 8; recueil 1, 181, XXXI, 319 [Eckhel d. n. v. 2, 69 und 116]; Mionnet 1, 469, 164 [Kretstaerr de serie 55, 2] — h. 3, 48, 313; Cousinéry voyage 1, 165, V, 3 [Delacroulanche, Revue des soc. sav. 3 (1856), 769 fg.]. — — 8 Cat. Rentinck, Suppl. 172. — (1-7 sind aus denselben Stempeln; über die Vs. vgl. oben zu n. 853.)

Über das Datum ΕΟC = 275 der aktischen Aera = 244 nach Chr. vgl. die Citate zu n. 827. — Über die Darstellung der Rs. vgl. oben S. 23 und Zeitschr. f. Num. 14, 314, Anm. 5.

c. Emissionen des Jahres 246

N85
K 26/25

ΑΛΕΞΑΝΔΡΟC Kopf mit Diadem im lang herabhängenden Haar nach r.

ΚΟΙΝΟΝ (ΜΑΚΕΔΟ)ΝΩΝ · Β · ΝΕΩΚΟ und L F. unten ΒΕΡΟΙΑΙΩΝ Reiter mit Panzer, Stiefeln und flatt. Mantel nach r. sprengend und mit dem erhobenen Speer zum Wurf ausholend

1 St. Petersburg: vorher Chaudoir corr. 55, 2 (wogenau). — (Über die Vs. vgl. oben zu n. 858; der Rs.-Stempel ist von demselben Hand wie die beiden folgenden.)
Die Hinterbeine des galoppierenden Pferdes auf dieser und den beiden folgenden Münzen sind langgestreckt. Vgl. oben zu n. 561 bezw. n. 506 und n. 564.

N86
K 26/25

ΑΛΕΞΑΝΑΡΥ (L von unten). Kopf mit Diadem im fliegenden Haar nach l., unter dem Halse Blitz

ΚΟΙΝΟΝ (ΜΑΚΕΔΟΝΩΝ ·] Β · ΝΕΩΚ und L F. unten ΒΕΡΟΙΑΙΩΝ Reiter mit Panzer, Stiefeln, flatterndem Mantel und eingelegter Lanze nach r. sprengend (vgl. zu n. 865)

Taf.XI, 26   Abbildung

Gewicht: 9,87

1 London Cat. 62, 2 (ungenau), Schrift der Vs. etwas retouchiert; Borrell, Num. chron. 3 (1841), 134. — (Der Vs.-Stempel ist von demselben Hand wie n. 803 [= 838], n. 867, 1, 2 [= 839, 1, 2], n. 868 [= 869] und n. 856 [= 855]: über die Rs. vgl. zu n. 865.)
Der r. Arm des Reiters ist mit leichter Krümmung nach hinten gestreckt u. Die etwas nach vorn gesenkte Lanze endet mit ihrer Spitze auf dem Halse des Pferdes. Vgl. zu n. 566.

(Parallel-Prägungen der Metropolis Beroia)

467
K 26·25
ΑΛΕΞΑΝΔΡΟΥ (oben beginnend). Kopf mit Löwenfell nach r.

KOIN MAKEΔON oben im Bogen. NEΩ KOP unten

B
Im Bogen, L. F., unten BEPOIAΩN   Reiter mit Panzer, Stiefeln und flatterndem Mantel nach l. sprengend (vgl. zu n. 865), mit der erhobenen R. den Speer schräg nach unten richtend und mit der L. die Zügel haltend

Gewicht: 9,60 (3)

Abweichungen: Rs. Schrift oben vollständig, unten NE[ΩKOP] B
1 im Handel (früher Wigan; Abguss vorhanden) — 2 im Handel (1905; Abdruck vorhanden); Hirsch: Auktions-Catalog 13 (1905), 52, 936, XII, 836. — (1 und 2 sind aus denselben Stempeln und ergänzen einander; über die Vs. und Rs. vgl. zu n. 866 bezw. n. 865.)

468
K 26/25
ΑΛΕΞΑΝΔΡΟΥ Kopf mit Diadem im lang herabhängenden Haar nach r.

KOINON MAKEΔON oben im Bogen, B NEΩKOP
unten im Bogen, L. F., unten BEPOIAΩ   Zwei vier
N
säulige Tempel mit einstufigem Unterbau im Profil einander gegenüber

Taf. XI, 17
Abbildung
Gewicht: 10,25

1 Berlin Cat. 66, 3 Mowat, Revue num. 1903, 20, 7] ungenau.   (Über die Vs. vgl. zu n. 866.)

469
K 24
Ebenso
(derselbe Stempel)

KOI MAKE oben im Bogen.
ΔO
N   in der Mitte.
B
NEΩ ΕΙΒΕ
POIA   unten in geraden Zeilen.
Zwei Preiskronen je mit Palmzweig

1 Löbbecke. — (Über die Vs. vgl. zu n. 866.) — Vgl. auch die Bemerkung zu n. 801 ¹.

Halbstücke (n. 870. 871)

470
K 20
ΑΛΕΞΑΝΔΡΟ (L. von unten). Kopf mit Diadem im lang herabhängenden Haar nach l.

KOIN MAKEΔON oben im Bogen.
B N   L. F. oben,
ΕΙΒΕΡΟΙ
A   unten in geraden Zeilen.
Zwei Preiskronen je mit Palmzweig

Gewicht: 5,00 (1) — 3,45 (2)

1 Paris; Mionnet I, 556, 595 (ungenau) — 2 St. Petersburg; vorher Chaudoir corr. 53, 1 (ungenau) — (1 und 2 sind aus demselben Stempeln und ergänzen einander.)

471
K 18
ΑΛΕΞΑΝΔΡΥ Kopf mit attischem Helm nach r., am Kessel ein rechtshin eilender Greif

KOIN MAKEΔO oben im Bogen,
B   L. F. oben,
OAYΠΙΑ
ΕΙΒΕΡ ΟΙ   unten in geraden Zeilen.   Ebenso
A

Gewicht: 4,20

1 Paris; Mionnet I, 562, 643 (ungenau); Mowat, Revue num. 1903, 9, 3, IV, 11 (ungenau). — Über die Umschrift vgl. die Citate zu n. 395 u. über das B auch oben S. 13, Anm. 1.

V. Münzähnliche Gepräge aus dem 3. Jahrhundert

a. In Gold (n. 872—884)

N72
G 70/68

Kopf Alexanders des Grossen mit Diadem im fliegenden Haar nach r.

BACIAEYC l. (in gerader Zeile abwärts), AAEZANAPOC l. A. Reiter mit Panzer, Stiefeln, flatterndem Mantel und einem Pantherfell als Schabracke nach r. sprengend und den erhobenen Speer abwärts gegen einen Löwen richtend, welcher unter dem Pferde sich linkshin duckt und mit geöffnetem Rachen aufwärts blickt

Gewicht: 110,30

1 Paris (Fund von Tarson); A. de Longpérier, Revue num. 1868, 311, 3. Taf. XII = œuvres 3 (1853), 189, 3, Taf. VI (Koepp über das Bildnis Alexanders d. Gr. (52, Berliner Winckelm.-Progr., 1892) 3 Abb. (verkleinert); Collignon histoire de la sculpture grecque 2 (1897) 431, Abb. 223 Vs. + 442, Abb. 229 Rs. (verkleinert)]; Koepp Alexander d. Gr. (1899, Monographien zur Weltgeschichte 9) 14, Abb. 11 Vs. + 90, Abb. 82 Rs. (verkleinert); Babelon guide illustré (1900), 191. 490, 3; Ujfalvy le type physique d'Alexandre le Gr. (1902) 147, Abb. 55 Vs. (verkleinert); Schreiber, Abhandl. der Kgl. Sächs. Gesellschaft der Wissensch. 21, 3 (1903), 189, A, XIII, 16 Vs. (verkleinert); Mowat, Revue num. 1903, 3, 2, Taf. II

N73
G 68/65

Nacktes Brustbild des jugendlichen Herakles mit Löwenfell nach r.

Gewicht: 98,65

Ebenso (derselbe Stempel)

1 Paris (Fund von Tarson); A. de Longpérier, Revue num. 1868, 311. 1, Taf. X = œuvres 3, 189, 1, Taf. IV; Première hellenist. Silbergefässe (58, Berl, Winckelm.-Progr.) 14 Abb. (verkl.); Koepp Alex. d. Gr. 15, Abb. 12 Vs. (verkleinert); Babelon guide 191, 490, 2; Ujfalvy a. a. O. 17, Abb. 3 (verkleinert); Schreiber a. a. O. 189, B; Mowat, Revue num. 1903, 2, 6, Taf. I

N74
G 67/64

Bärtiges Brustbild mit Diadem und reichverziertem Schuppenpanzer nach l.

Gewicht: 93,85

BACIAEWC l. (in gerader Zeile) n. oben, AAEZANAPOY l. A. Nike mit flatterndem Gewand im rechtshin schreitenden Viergespann, in der gesenkten R. die Zügel, in der L. einen grossen Palmzweig haltend, an den (um die Mitte) eine Taenie geknüpft ist

1 Paris (Fund von Tarson); A. de Longpérier, Revue num. 1868, 10, 2, Taf. XI = œuvres 3, 189, 1, Taf. V; Babelon guide illustré 191, 490, 4; Ujfalvy a. a. O. 145, Abb. 52 (stark verkleinert); Schreiber a. a. O. 189, C; Mowat, Revue num. 1903, 32, 7, Taf. III

Die Achselstücke des Panzers auf der Vs. zeigen je eine (auch innen gewundete) Nike mit Kranz in der R. und Impalm im L. Arm und unterhalb derselben einen Blitz. Die auf der Panzerbrust dargestellte Gruppe ist nicht mit Sicherheit zu deuten; de Longpérier, Babelon und Mowat erblicken darin den Adler mit Ganymedes. — Mit dem Vs.-Brustbild beabsichtigte der Stempelschneider nach de Longpériers Vermutung ein Porträt von Alexanders des Grossen Vater Philipp II., welchem er eine leise Ähnlichkeit mit Gessius Marcianus, dem Vater des Kaisers Severus Alexander, verliehen habe. Viel wahrscheinlicher ist Schreibers Erklärung, dass der Künstler ein absichtlich idealisiertes Porträt des Caracalla geben wollte. Vgl. die Einleitung S. 15.

(Monatahalche Gepräge in Gold)

675
G 36

Kopf der Athena mit korinthischem Helm und Halsband nach l., am Helmkessel eine sich linkshin ringelnde Schlange

A AΞ L aufwarn. AN ΔPOC obrn (in geraden Zeilen). Reiter mit Panzer, Stiefeln und flatt. Mantel nach r. sprengend u. den erhobenen Speer abwärts gegen einen Löwen richtend, welcher unter dem Pferde rechtshin läuft und mit geöffnetem Rachen nach oben zurückblickt

Taf. IV, 8

Abbildung

Gewicht: 21,41

1 Leake Europ. Gr. 64 (in Serres, dem alten Εἰσσαι unweit des unteren Steymon, erworben) Der Athenakopf auf der Vs. ist offenbar dem der Goldstatere Alexanders des Grossen nachgebildet. Vgl. zu n. 885 sowie auch n. 876 und n. 884.

[676]
G (20)

Brustbild Alexanders des Gr. mit Diadem im lang herabhängenden Haar, Panzer und Mantel nach r. (die Brust nach vorn)

AAEΖAN obrn (in gerader Zeile), ΔPOY LA. Löwe mit geöffnetem Rachen nach r. schreitend

1 Agostini dialoghi intorno alle medaglie (ed. Sada 1592) 167, 2 Abb. (Haverkamp algem. blat. 1, XVIII, 9)

Die Darstellung der Vs. geht nachbringend auf dieselbe Vorbild zurück wie die beiden Vs.-Stempel n. 808 (= 809 n. 810, 2, 2 = 707—709) und n. 817, 1. 2 der autonomen Provinzialmünzen. Vgl. zu n. 884 sowie auch n. 875 und n. 885.

Die Rs-Aufschrift dieses und der vier folgenden Goldstücke sowie von n. 887—889, n. 891—893 u. n. 898 ist in zwei geraden, gleichgerichteten (nicht wie bei n. 872—875 und n. 835 rechtsinhlig zu einander stehenden) Zeilen angeordnet, deren obere bei dem Löwentypus bald wagerecht, also der unteren i. A. parallel, bald mehr oder weniger ansteigend verläuft. Vgl. auch die Einleitung S. 25.

677
G 17
Taf. IV, 9

Kopf Alexanders des Gr. mit Diadem im fliegenden Haar nach l.

AAEIA obrn (in gerader Zeile), ΠΔPOY LA. Ebenso

Abbildung [hiernach Schreiber u. a. O.]

Gewicht: 2,73

1 London Cat. 21, 92 Abb.; vorher Cadalvène recueil 107, 1 Abb. [Trésor de num., rois grecs 49, XXIII, 17 ; Borrell, Num. chron. 3 (1841), 144, 1. Abb. 4 auf der Tafel; Schreiber, Abhandl. der Kgl. Sächs. Gesellschaft der Wissensch. 21, 3 (1903), 188, 5, XIII, 7a + 7b

678
G 13

Kopf des jugendlichen Herakles mit Löwenfell nach r.

AAEIAN obrn (in gerader Zeile), ΔPOY LA. Ebenso

Gewicht: 2,38

1 im Handel (1905, Abdruck vorhanden)

679
G 9
Taf. IV, 10

Brustbild Alexanders des Gr. mit Lorbeer nach r., um den Hals das Löwenfell geknüpft

AAEZA N obrn (in gerader Zeile), ΔPOY LA. Ebenso

Abbildung

Gewicht: 1,17

1 London Cat. 21, 94 Abb.; Num. chron. 1873, 106, 34, IV, 10

Die antiken Münzen Nord-Griechenlands III.

13

(Alexanderähnliche Gepräge in Gold)

NN0
G 11
Kopf der Olympias mit Diadem ΟΛΥΜ oben, ΤΙΛΛΟC unten.
und Schleier nach r.   Schlange sich linkshin ringelnd
Gewicht: 1,15 (gelocht)

1 Berlin; von Sallet, Zeitschr. f. Num. 3 (1876), 56 Abb. (ungenau); Uj'lxlvy le type physique d'Alexandre le Gr. 87, Abb. 26 (vergrössert) [Schreiber, Abhandl. der Kgl. Sächs.
Gesellsch. der Wissensch. 21, 3 (1903), 185, Abb. 88]
Die Typen beziehen sich auf die Sage von Alexanders Erzeugung. Vgl. oben n. 367. —
Die Echtheit des Stückes kann nicht als sicher bezeichnet werden. Bedenken erweckt
bes. die häßliche Form der Buchstaben sowie die sehr auffallende Beschaffenheit der
unteren Schriftzeile. Während nämlich die Rs. sonst nicht die geringste Spur von Doppelschlag aufweist, sind an dem ΤΙΛΛΟC drei Stadien der Prägung festzustellen. Von einem
ersten, in schwachem Schlage ist rechts ΟC in flachen Spuren sichtbar, und zwar in stark
ansteigender Zeile, mit kräftigeren Buchstaben steht links ΤΠΛ in absteigender Richtung,
und zwischen diesen beiden Bestandteilen steht in normaler Schrift ΙΛΛ wagerecht, und
zwar so, daß das i die rechte Haste des älteren A deckt.

Rs. ohne Aufschrift (n. 831)

NN1
G 10
Kopf Alexanders mit Diadem im   Löwe mit geöffnetem Rachen nach
lang herabhängenden Haar nach r. l. schreitend
Gewicht: 1,88

1 London Cat. 21, 93

Ohne Rs.-Gepräge (n. 832—834)

NN2
G 21
Kopf Alexanders des Gr. mit Diadem im lang herabhängenden Haar nach r.
Gewicht: 6,96

1 London (Fund von Tarsos); Wroth, Num. chron. 1895, 99, 3, X, 6; dies Exemplar wor-
bei Cat. Montagu 2 (1897), 118, D, 118

NN3
G 15
Ebenso
Gewicht: 0,80 (sehr dünn)

1 Imhoof; Imhoof Porträtköpfe Taf. II, 4 [Schreiber a. a. O. 188, 3, b, XIII, 9]

NN4
G 13
Brustbild Alexanders des Gr. mit Diadem im fliegenden Haar, Panzer
und Mantel nach l., vom Rücken gesehen, an der l. Schulter der Schild,
in der (nicht sichtbaren) R. die Lanze
Gewicht: 1,76

1 Stz. — Die Darstellung geht ohne Zweifel auf dasselbe Vorbild zurück wie der Vs.-Stempel
n. 405 [= 406 = 407, S. r der autonomen Provinzialmünzen. Vgl. zu n. 876.

b. in Silber (n. 885—903)

NN5
S 16
Kopf Alexanders des Gr. mit Dia- ΑΛΕΞΑΝΔ l. (in gerader Zeile abwärts),
dem im fliegenden Haar nach r.   ΡΟΥ l. Α. Athena nach l. sitzend,
                                  auf der R. die linkshin gewendete
                                  Nike und an ihrer r. Seite schräg
                                  die Lanze (Spitze l. unten); am (ge-
                                  schweiften) Sitz hinten der Schild
Gewicht: 2,18 (ein Stück abgebrochen)

1 Frankfurt a. M. — Für die Rs.-Darstellung hat offensichtlich der Athena-Typus der Lysi-
machos-Statere als Vorlage gedient. Vgl. zu n. 875 sowie auch n. 876 und n. 884.

[Münzähnliche Geprräge in Silber]

H46
S 12
Ebenso
Taf. IV, 1   Abbildung (hiernach Schreiber a. a. O.)

'Α ΑΕΖΑΝΑΡΥ l. A. Geflügelter Eros
auf einem Löwen nach r. reitend
und die R. erhebend

Gewicht: 1,33 (beschädigt)

1 Gotha; Liebe 99 Abb. 'Schlaeger de nano Alexandri Magni (1736), Taf. I, 1 'Eckhel
d. n. v. 2, 108; Mionnet 1, 554. 375 u. hieraus Riggauer, Zeitschr. f. Num. 8 (1881), 85';
Haverkamp algem. hist. 1, XVIII, 60; Gessner reg. Macyd. 31, IV, 13; Froelich annalen
compendiatii 3, 1, 6'; Visconti iconogr. grecque 2, 46, XXXIX', 4 'Coustéry voyage 1,
Taf. V unten); Schreiber, Abhandl. der Kgl. Sächs. Gesellsch. der Wissensch. 21, 3 (1903),
188, 4. XIII, 15 Vs.

H47
S 13
Kopf Alexanders des Gr. mit Wid-
derhorn und Diadem im lang her-
abhängenden Haar nach l.
Taf. IV, 3   Abbildung

ΑΑΕΖΑΝ oben (in gerader Zeile), ΑΡΟΥ
l. A. Löwe mit geöffnetem Rachen
nach r. schreitend

Gewicht: 1,35 (beschädigt)

1 Oxford; dies Exemplar aus der Sammlung des Grafen von Wiscobilen vorher bei Haym
tres. 3, 4, 1, 4 = tesoro 2, 11, Abb. q. 4 'Haverkamp algem. hist. 1, XVIII, 11; Schlaeger
de nomo Alex. Magni 3, 1, 2; Gessner reg. Macyd. 29. V, 9; Froelich annales compend.
3, 1, 5; anolhis elementi. 131, IV, 9' = thesorum 1, 13, L, 11 'Eckhel d. n. v. 1, 108'
Über die Schriftanordnung auf diesem u. den folgenden Silberstücken vgl. oben zu n. 846.

H48
S 12
Ebenso

ΑΑΕΖΑ oben, ΝΑΡΟ|Υ l. A. Ebenso

1 Paris. Mionnet 6. 3. 323. 403 (Erh. wahl, ein Stück abgebrochen)

H49
S 12
Taf. IV, 4
Ebenso, aber rechtshin
Abbildung (hiernach Schreiber a. a. O.)

ΑΑΕΖΑΝ oben, ΑΡΟΥ l. A. Ebenso

Gewicht: 1,20

1 Paris; Mionnet 1. 553. 573; Chonreul-Goulfier voyage pittor. de la Grèce 2, 1 (1809), 41.
Vign. S. 1; Viscont iconogr. grecque 2, 48, XXXIX', 3 '(Comiozey voyage 1, Taf. V unten);
Tresor de num., roix grecs 31, XVII, 4; Schreiber, Abhandl. der Kgl. Sächs. Gesellsch.
der Wissensch. 21, 3 (1903), 187, BB, 2, XIII, 17 Vs.

H50
S 12
Ebenso

ΑΑΕΖΑΝΑΡΟ|Υ l. A. Ebenso

Gewicht: 0,90 (beschädigt)

1 Kopenhagen; Ramus cat. 1, 127, 43. II. 20: Sestni lett, critica 10 (als Alexander von Epeiros)

H51
S 12
Kopf Alexanders mit Diadem im
lang herabhängenden Haar nach r.

ΑΑΕ oben. ΖΑΝΑΡΟ V| l. A. Ebenso

Gewicht: 1,05

1 London Cat. 11. 97

H52
S 12
Ebenso

ΑΑΕΖ Α| oben, ΝΑΡ|ΟΥ l. A. Ebenso

Gewicht: 0,88 (beschädigt)

1 Imhoof. — Von rohem Stil.

H53
S 11
Ebenso

ΑΑΕΖ ΑΝ oben, ΑΡΟΥ l. A. Ebenso

Gewicht: 1,05 (beschädigt)

1 Imhoof

[Makedonische Gepräge in Silber]

894 Ebenso   AAEΞAN oben, ΔP.OY| L A.   Ebenso
S 10   Gewicht: 0.76 (beschädigt)
          1 Gotha; (Gebachmann) Cat. raisonné 2, 6 Abb. [Eckhel d. n. v. 2, 108; Mionnet 1, 556. 578]

895 Kopf des jugendlichen Herakles mit   AAEΞA oben, NΔPOY L A.   Ebenso
S 13   Löwenfell nach r.
          Gewicht: 1,70
          1 London Cat. 21, 95

896 Ebenso | [AA]EΞAN oben, ΔPOY L A.   Ebenso
S 12   1 Paris (ein grosses Stück abgebrochen); Mionnet 1, 546, 458; Visconti Iconogr. grecque
          2, 48. XXXIX°, 3; Trésor de num., rois grecs 29, XVI, 13

897 Ebenso   AAEΞANΔPΩ| i. A.   Ebenso
S 11   Abbildung
Taf. IV, 9 Gewicht: 0.90 (beschädigt)
          1 Imhoof

898 Ebenso   AAEZAN oben, ΔPOY unten (in grossen
S 10   Zeilen). Bogen (wagerecht, die
                                            Sehne nach unten) und darunter
                                            Keule [(Griff nach r.); ganz oben
                                            am Rande Blitz
          Gewicht: 0,95
          1 Paris

          Rs. ohne Aufschrift (n. 899—902)

899 Kopf Alexanders mit Diadem im   Löwe mit geöffnetem Rachen nach
S 12   lang herabhängenden Haar nach r.   r. schreitend
Taf. IV, 6 Abbildung
          Gewicht: 1.22 (beschädigt)
          1 Paris

900 Ebenso | Ebenso
S 11   Abbildung (1)
Taf. IV, 7 Gewicht: 0,65 (2) — 0,59 (1)
          1 Hunter Cat. 357. 3, XXIV, 16 — 2 St. Petersburg

901 Kopf des jugendlichen Herakles mit . Ebenso
S 11   Löwenfell nach r.
Taf. IV, 8 Abbildung (2)
          Gewicht: 0,78 (1) — 0,62 (2)
          1. 2 Berlin

902 Ebenso   Ebenso, aber linkshin
S 13   Gewicht: 0,95
          1 London Cat. 22, 96; Borrell, Num. chron. 3 (1841), 344, 2. Abb. 5 auf der Tafel.

NAKEDONIA UNTER PHILIPP V. UND PERSEUS (1:30)

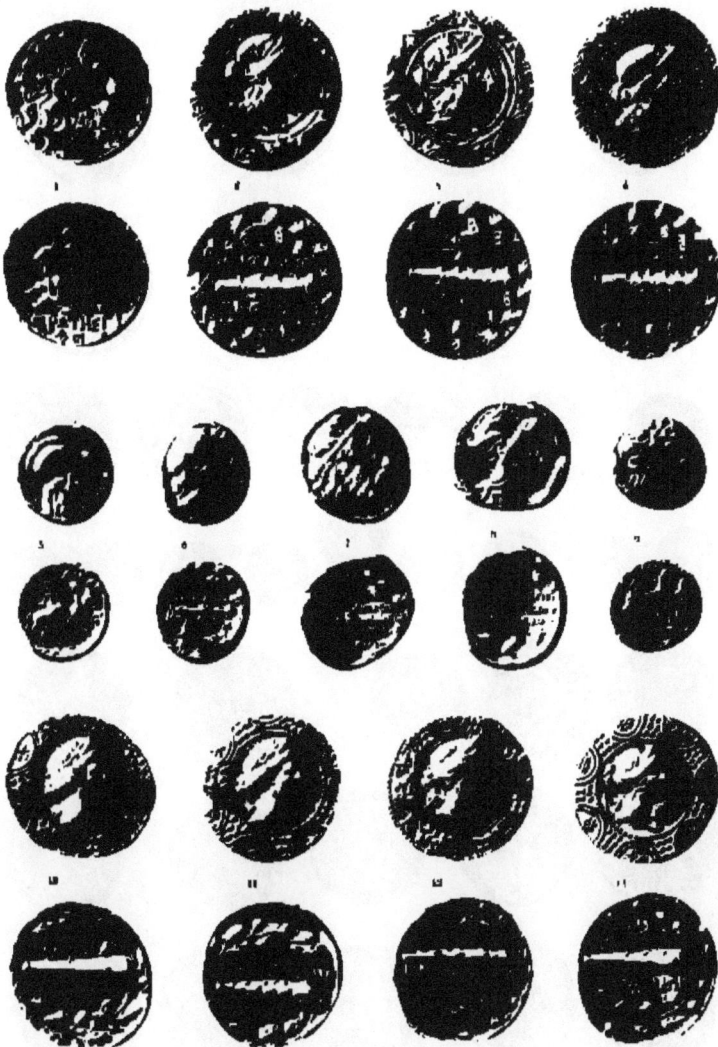

MAKEDONIA UNTER DEN ROMERN (1-13)

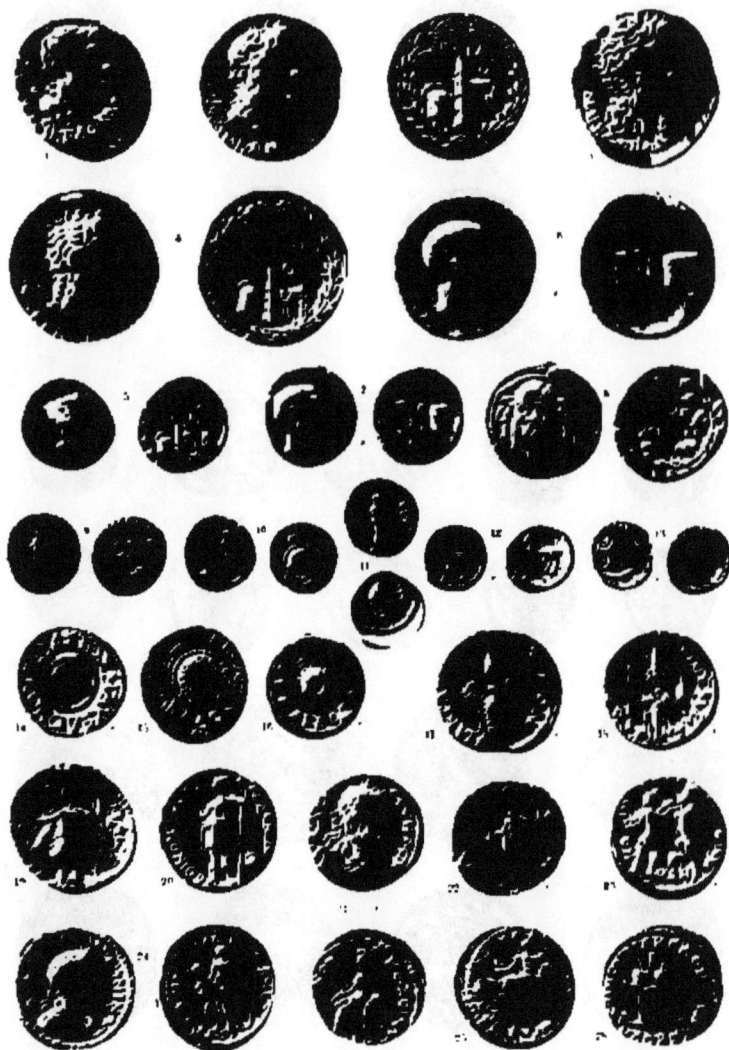

MAKEDONIA BIS AUGUSTUS (1·8) IN DER KAISERZEIT (9·26)

Pchographische Institut A G Zürich

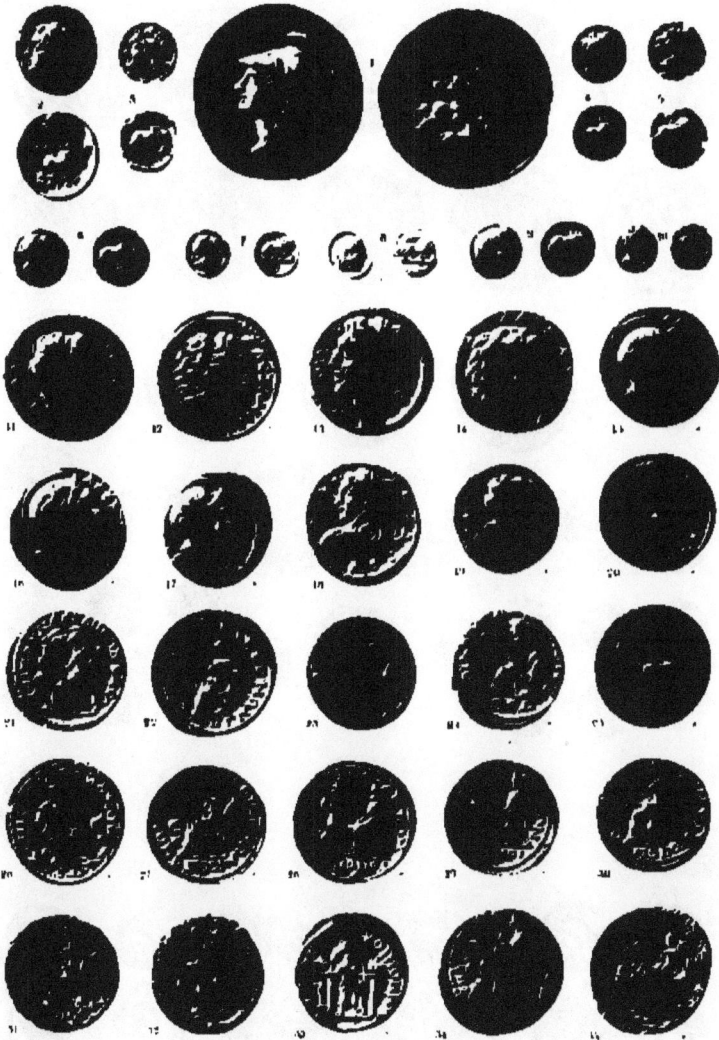

MAKEDONIA IN DER KAISERZEIT (1-35)

Lichtgraphisches Institut A.G. Zürich.

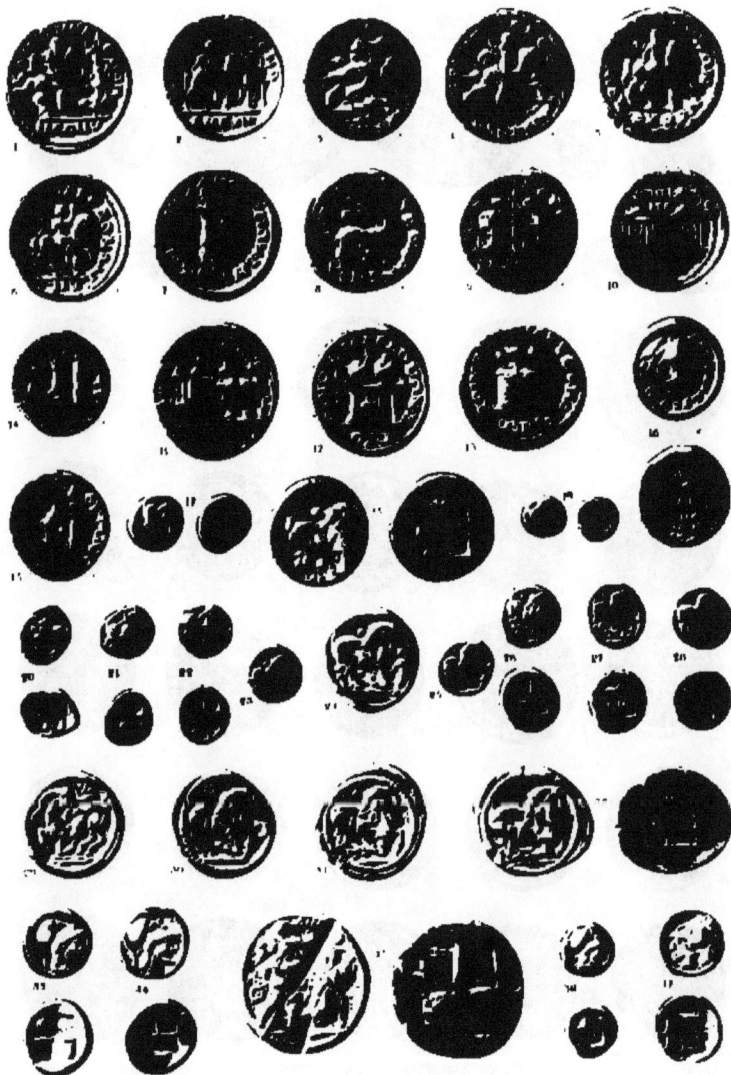

MAKEDONIA IN DER KAISERZEIT (1-16) AIGAI (17-32) AINEIA (33-37)